2030年代へ備える

年代へ
備える

THE TRUTH ABOUT
YOUR FUTURE
The Money Guide You Need
Now, Later, and Much Later

マネー
プラン

シンギュラリティに向けて
急加速する技術革新が
金融・経済・生活を
一変させる

Ric Edelman
リック・イーデルマン

方波見寧＝訳

SHOEISHA

The Truth About Your Future

The Money Guide You Need Now, Later, and Much Later

STEAM教育を支援する方々、
そして科学、技術、工学、芸術、数学に関する
仕事を目指すわが国の学生の皆さんへ。

皆さんは未来の代表であり、そして、
未来こそがすべてである。

日本版まえがき

エクスポネンシャル・テクノロジーは、皆さんの人生を劇的に変化させるだろう。人工知能(AI)、機械学習、ナノテクノロジーと素材科学、拡張現実(AR)と仮想現実(VR)、ロボティクス、3Dプリンティング、生体工学、生命情報科学(バイオインフォマティクス)、医学と神経科学、エネルギーと環境システム、ビッグデータ、教育テクノロジー、余暇と娯楽、ブロックチェーンとデジタル資産を含む金融テクノロジー。これらのイノベーションは教育、職業、家庭、収入と支出、健康と趣味を根底から変えることになるだろう。結婚や子供を持つこと、平均寿命でさえ、永遠に元に戻ることはなくなるはずだ。

結果的に、保険や企業年金や税金だけでなく、大学プラン、退職プラン、相続プランについても戦略を見直す必要が生じてきた。もちろん、投資戦略にも変更が必要だ。

たとえば、自分が年を取らないとしたらどうだろう？ 科学者がこれまでに発見してきたように、これは十分にありうる話だ。加齢というのは人生に備わったものではなく、単なる病気に過ぎないし、処置や治療や予防が可能になる。

公衆衛生の改善、きれいな水、良好な栄養。これらすべてが病気の予防につながり、病気に対する治癒力を高めている。それだけでなく、麻酔や抗生物質からX線、CATスキャンまで、最新の医療テクノロジーを利用することもできる。

さらに、現在の科学者はDNAとは4文字のコードが特定の順序で並んだソフトウェアであることを理解しており、コード

を再配列し、そこに新しいコードを組み込む方法を研究している。その結果、心臓病、呼吸器疾患、がんを含む現在の主要な死因さえも治療が可能となっている。

こうした医学の進歩は、長生きにつながるだけでなく、より健康的で、快適で、見た目を若くしてくれる。たとえば、実年齢が95歳であっても、55歳の並みの体を持っていることは十分にありうる話だ。

世界の環境問題についてはどうだろうか？　エクスポネンシャル・テクノロジーとは環境問題をも改善しうるものだ。石油や石炭などのエネルギーの利用は、地球にとって悪影響であり、いずれ天然資源を枯渇させ、精製は困難となり、入手コストが高くなるだけでなく、健康被害や環境破壊につながるだろう。

しかし、解決策は目の前にある。それは太陽だ。太陽は人類が必要とする1万倍のエネルギーを提供してくれる。砂漠1平方キロメートルに太陽光パネルを敷き詰めるだけで、石油150バレル分、あるいは石炭300トン分のエネルギーを集めることが可能だ。北アフリカの砂漠だけで全世界が必要とするエネルギーの40倍に相当する太陽電気を生み出すことができるだろう。したがって、生活を改善すれば、地球を修復することも可能というわけだ。

こんなふうであるから、多くの投資家がエクスポネンシャル・テクノロジーに関心が高いのもうなずける。環境問題から金融問題へ話を移せば、現在では数千のフィンテック企業が誕生し、資金調達、プラットフォーム、デジタル通貨、決済システムに関して、従来にはなかった画期的な方法を生み出した。たとえばビットコインはその1つであるが、海外送金に要して

いた5日間という日数と6%という費用を、たった10分間、しかも送金手数料はほぼゼロとしてしまった！

　貸し付けでも大きなイノベーションがあり、クラウドファンディングとクラウドソーシングによって、従来よりも低いコストで、より多くの人々に対する貸し付けが可能となった。金融分野でのイノベーションは、グローバル規模で、富の非収益化・中抜き・大衆化を推し進める。テクノロジーによって従来の銀行業務がどのような圧力にさらされているかを考えれば、この点はすぐに理解できるだろう。

　しかも、Covid-19は、エクスポネンシャル・テクノロジーの進歩を止めるどころか、加速させる結果となった。ロックダウンや非常事態宣言の間、私たちの社会を機能させるうえで、テクノロジーは決定的に重要な役割を果たした。

　パンデミックの最中に発達したテクノロジーは、イノベーションに一層の拍車をかけた。たとえば、ワクチン開発に使われたテクノロジーは、いまではインフルエンザやHIVワクチンの製造に利用されている。

　以上のような劇的な変化があるため、これからの時代には、新しい3つのファイナンシャル・プランが必要になる。

　1つ目は、税金、IDの保護、生命保険・介護保険・訴訟保険など、今日の問題に対処するためのファイナンシャル・プランである。これは、従来通りのファイナンシャル・プランニングであり、おそらくはご存じであろう。

　2つ目は、少し先のファイナンシャル・プランである。たとえば、子供や孫だけでなく、ご自身や配偶者の将来の教育費を

どのように確保するかという計画だ。また、ご自身やご両親や義理のご両親の介護費用をどのように確保するかという計画も含まれるだろう。

　3つ目は、だいぶ先のファイナンシャル・プランニングである。たとえば、寿命まで今後20年間であると想定していたものを、今後50年間の寿命が続くと前提を変えたうえでのプランニングである。

　今後50年間にわたって、ライフスタイルが同じようなものであるとは言い切れないが、お金を持っている方が、お金を持っていないよりははるかに状況がマシであるという点だけは、間違いないだろう。

　そんなわけで適切な投資戦略というものも必要となってくる。どれだけ長生きしようとも、どのようなライフスタイルを望もうとも、自分のライフスタイルを維持するのに必要な富を築き上げるためには、適切な投資戦略が必要だ。

　投資戦略は、未来に対して設計されている必要がある。20世紀に有効であった投資対象が、21世紀も好調なパフォーマンスを示すとは限らない。

　だからこそ、エクスポネンシャル・テクノロジーを含む、最新の投資機会をポートフォリオに組み込む必要がある。

　未来に対して、私はワクワクしている。そして、本書を読み終える頃には、皆さんもきっとワクワクしているだろう。

リック・イーデルマン

アメリカNO.1にランキングされたファイナンシャル・アドバイザー

目次

第1部
エクスポネンシャル・テクノロジーへの旅

第 2 部
エクスポネンシャル・テクノロジーは、パーソナル・ファイナンスに対してどのような意味を持つか？

編集部注

- 本書に記載されている情報は、原書刊行時点（2017年）のものです。そのため、日本版刊行の2022年時点では過去になっている年のことであっても、予測として記載されている場合があります（例：「2020年には〜の予定だ」など）。本書の論旨には影響がないため、一部を補足するに留めそのまま掲載しました。

- 企業や団体名は、日本の企業・団体を除き英語で記載しています。

- 国際的な公共団体、省庁、学校、新聞・雑誌名等で日本語の定訳があるものは日本語で記載しています。国名のない省庁は原則アメリカのものです。

- 訳注および編注は〔〕内に記載しました。

- 索引は原書を参考にしながら、日本版独自に作成しました。

謝 辞

執筆は個人活動だと思われがちだが、本書の制作に努力するにあたり、私がいかにほかの方々に頼っていたかを、以下のリストは示している。以下にお名前を挙げる方々には、多大なご支援とご協力をいただいた。1冊の本を出版するためにこんなにも多くの人が必要なことには、驚きしかない。

イーデルマン・フィナンシャル・サービシス社の何十人ものスタッフが、最初の原稿を読んでくれた。彼らから集まったコメント、重要で率直な指摘を見て、本書はほぼ全面的に書き直された。最初の原稿を読んでくれたのは、アーロン・ロウ、ビル・ヘイズ、ブレット・コンロン、キャサリン・カセレス、クリスティーン・ジャナスク、クリスティーナ・リプソン、エレーヌ・パーカー、ジェイムス・メンデルソーン、ジョン・コブ、ジョー・ボタジ、カーラ・ペイン、リズ・ドーハティ、マリベス・ブルーヤス、マット・カフリン、マイケル・ニューハウス、マイク・アティリス、マイク・ギフォード、ネイト・ジェンクス、ニアンビ・ウィンター、ルネ・チェイズ、ロサ・レイ、トム・ベグリーである。

最初の原稿を読んだのは彼らだけではない。私の会社の何十人ものファイナンシャル・プランナーたちも原稿を検討し、ご想像の通り、ほとんどのページに赤い線が入ることになった。その同僚たちとは、アラン・ウィードルトン、アシュレイ・ゼファー、ベス・ロンドン、ボブ・アンドレオア、ブラッド・ハー

ツェル、ブライアン・アンパー、ブライアン・リップス、ブライアン・マクガイア、ブライアン・ミューラー、キャシー・ジョーンズ、クリスティーン・ウェシンガー、クレイ・アーンスト、コービン・ダン、コーリー・ファスト、デイヴィッド・バレストリア、デイヴィッド・ハイネマン、デイヴィッド・ルービッツ、デイヴィッド・モーガン、ダグラス・ウルリッヒ、エーリッヒ・ホフマン、ゲイリー・リーデルマン、ジョージ・ドーハティ、グレッグ・グラッソ、ジェイムス・セル、ジェイソン・ファン、ジェイ・メンデラ、JB・リープシュタイン、ジーン・ボールドウィン、ジェニファー・セビア、ジェレミー・アルブレヒト、ジェシー・ウィルソン、ジョン・マカファーティ、ジョン・シュペルガー、カレン・モース、ケン・マリー、ケヴィン・コラーラン、ケヴィン・ヨーキー、ラキーシャ・ヒル、リンダ・キャンベル、ローラン・コフマン、ローリ・ベンシン、メアリー・エレン・ニコラ、マット・クイフォ、マット・ダスキー、マイケル・ホーン、マイケル・クロウ、マイケル・ムハンマド、ノア・フレンチ、ピーター・ホリデイ、レイチェル・ヴィヴィアン、レイ・ロイ、リック・ミューラー、ルース・サリー、サル・マリーノ、スコット・ブテラ、ショーン・ウィンツ、セス・ケリー、スティーヴ・バーマック、スレンドラ・デイヴ、トム・ウッド、トロイ・ワイマン、ヨランダ・ウォーターズだ(お気づきでないかもしれないが、私たちはファーストネームのアルファベット順でスタッフ名簿を作っている)。

　私の修正作業は、文章の大部分をアレンジし直し、重要な箇所を変更し、章を追加するなど非常に広範囲に及んだので、もう一度読んでくれるボランティアが必要だったが、たくさんの人が協力してくれた。つまり原稿を2回読んでくれたのだ。ア

ンナ・ドーソン、エリック・ジェイコブソン、ブラッド・パーカー、クリスティーン・カタルド、デイヴ・イールマン、デニス・ズッケーリ、エド・ムーア、エド・シュヴァイツァー、キース・スペングル、レスリー・ロバーツ、マイク・ルイス、ライアン・パーカー。そして多くのファイナンシャル・プランナーたち、アダム・カロン、アラン・フェイシー、アレクシス・マッコム、アルフォンソ・ブルゴス、アンダーソン・ウォズニー、アンドリュー・コイン、アンドリュー・マッサーロ、アン・クレハン、オーラ・カルミ、ビル・ホフマン、ブランドン・コルソ、ブレンダン・マクギリック、ケイトリン・チェン、カール・サンガー、カルロス・ロドリゲス、チャーリー・ナルディエロ、クリス・デイヴィッドソン、ダニエル・レノン、デイヴィッド・シーハン、デイヴィッド・スコルニク、ダイアン・ジェンセン、ダグ・ラビル、エドワード・ハングラー、エドワード・スウィカート、エリック・ラッソ、ファヒマ・ショウ、ファーガル・オリアイン、フランシス・マーティン-ファランガ、ジャック・ロンドン、ジャン・コワル、ジェイソン・コワンズ、ジョアンナ・セシリア-フレミング、ジョン・M・デイヴィス、ジョナサン・サクソン、ケヴィン・ガーヴェイ、ケヴィン・マグワイア、リサ・アイツェル、マルセル・ベライル、マライア・デヘイヴン、マーク・パルマー、メアリー・カルーゾ、メアリー・デイヴィス、マット・ヒックス、ニック・フリードマン、パトリック・デイ、リック・フレッチャー、ロブ・ステチュコスキー、ロバート・システィ、ロン・シック、ライアン・ポイエー、ステュアート・ベリン、トッド・ヒルスレッド、ヴァレンチノ・タデイも同じように読んでくれた。

これからご覧いただくように、ほとんどの文章は私が7年以上をかけて集めたデータにもとづいて書かれている。そのため多くの情報が古くなっていて、最新の情報を探す必要が生じた。それらのデータの多くは、ミッチ・ヨークとエリック・オルセンが調査し、一方で私のチームのほかのメンバーがすべての事実確認と統計の検証をした。クレイグ・エンゲル、エミリー・ピーターズ、ジュリア・マジーナ、クリスティーン・オークリー、クリスティーン・ラファティ、マーク・グアリーノ、シャティーラ・ウィンタース、テレンス・ダウニー、トレイシー・シガルスキーが、この非常に細かい作業を行ってくれた。そして、私が書き直すことになったので、チームはこの骨の折れることの2回目に耐えなければならず、エミリー・ピーターズ、ジュリア・マジーナ、リズ・ドーハティ、マーク・グアリーノ、トレイシー・シガルスキーが担当してくれた。

　私のデザインをもとにしたレイアウトは、クリスティーン・ヤナスケとアンドリュー・マコウスキーが作り上げた。ジュリア・マジーナとトレーシー・シガルスキーはすべての画像の許諾を取り、ロブ・ステチュコスキーは私が見つけられなかった写真を撮るためにニューヨークの街を歩き回った（すまないロブ、結局カリブ海の島で見つかった）。

　また、長年の顧客であり、熱心に漫画を収集しているポール・ブルームスティーンにも感謝する。彼の発見した漫画を本書の中でたくさん目にすることになるだろう〔日本版では割愛〕。おそらく今回のプロジェクトで最も困難だったのは、厳しい締め切りの中、全員の活動を調整し、全員の貢献を引き出すことだっただろう。見事に制作の管理と調整をやり遂げたのは、私のオフィスのディレクターであるリズ・ドーハティ（原稿を読

み、事実確認もしてくれた)であり、彼女のアシスタントである
トレイシー・シガルスキーとローザ・レイも協力してくれた。

　長年お世話になっているエージェントのゲイル・ロス、そし
てエグゼクティブ・エディターのベン・ローネンが率いるサイ
モン＆シュスターのチームにお礼申し上げる。その中には、ア
シスタント・エディターのアマール・デオル、マネージング・
エディターのクリステン・レミア、アシスタント・マネージン
グ・エディターのアマンダ・マルホランド、シニア・プロダク
ション・マネージャーのベス・マリオーネ、コピーエディティ
ング・マネージャーのジョナサン・エバンス、コピーエディ
ティング・ディレクターのナヴォーン・ジョンソンも含まれる。

　そして、エクスポネンシャル・テクノロジーの「グラウンド・
ゼロ」であるシンギュラリティ大学の皆さん、特に共同創立者
で学長のレイ・カーツワイル(私をこの分野に導いてくれた)、
創立以来のエグゼクティブ・ディレクターでグローバル・アン
バサダーのサリム・イスマイル、CEOのロブ・ネイルに感謝す
る。ダン・バリー(元NASA宇宙飛行士)、マーク・グッドマン
(政策・法律・倫理学部長)、ニコラス・ハーン(グローバル・グ
ランド・チャレンジ担当部長)、ニール・ジェイコブスタイン
(人工知能・ロボット学部長)、ダン・クラフト(医学・神経科学
部長)、グレッグ・マリニアック(エネルギー・環境システム・
宇宙学共同部長)、レイモンド・マコーリー(デジタル生物学部
長)、アヴィ・ライヒェンタル(3Dプリント製造)、キャスリン・
ミロヌク(金融・経済学名誉学部長)、ラメズ・ナム(エネル
ギー・環境システム学共同部長)、ブラッド・テンプルトン
(ネットワーク・コンピューティングシステム学部長)、アンド

リュー・ヘッセル(医学)にも感謝している。

　私の最大の感謝は、妻のジーンに捧げる。ジーンは、私が(9冊目の)本を書く(そして書き直す)ために閉じこもるのを我慢してくれた。私がすることのすべてにおいて、彼女の愛とサポートを信頼している。彼女は私にとって、あらゆるテクノロジーが提供できるものを完全に超越した存在だ。

　最後に、私のいとこであるジルとジェンナ(当時12歳と10歳)が、私に1ドルずつ支払って『The Lies About Money』の謝辞に名前を載せてもらったことに気づいた、14歳のルーカス・Bにお礼をいいたい。ルーカスは彼らの偉業を真似したいと思いながら、しかし彼らを超えることを決意し、私に2ドル払った。これで彼の名前を最後に掲載するには十分だろう。

序文

　私たちが生きているのは、エキサイティングな時代であるが、激動の時代でもある。この点にはまったく疑いがないが、私たちを待ち受けているのは暗く歪んだ未来ではなく、明るさに満ちあふれた未来であると私は確信している。ただし、これからやってくる未来の姿とは、皆さんが予測しているものとかなり違うものだろう。だからこそ、本書は非常にエキサイティングなのである。

　まずは自己紹介をしておこう。私のキャリアは、とにかく世界をよりよい場所にすることだけを目標とするものであった。1994年にXPRIZE財団を設立し、10年足らずで史上初の民間有人宇宙飛行を成功させ、その宇宙船スペースシップワンは、スミソニアン博物館の中でチャールズ・リンドバーグのスピリット・オブ・セントルイス号の隣に展示されるに至っている。
　また、XPRIZEでは、100MPG（＝1リットルあたり34.5km）以上の燃費能力を持ち、オイル流出を従来の600％も改善する装置を備えた史上初の自動車を作り上げた。これからもXPRIZEでは、健康治療、環境保護、教育など多くの分野で、地球規模の解決策を生み出していくことだろう。
　さらに2008年、シリコンバレーにあるNASAエイムズ研究所にて、レイ・カーツワイル博士と一緒にシンギュラリティ大学を設立したが、いまではシンギュラリティ大学はエクスポネンシャル・テクノロジーとその影響を研究するための「グラウンド・ゼロ〔震源地〕」となっている。そして、本書の著者であるリック・

イーデルマン氏に出会ったのもシンギュラリティ大学である。

　TVやラジオのマネー番組の司会や、ファイナンシャル・プランニング会社の会長として有名であったイーデルマン氏は、2012年にシンギュラリティ大学のエグゼクティブ課程を卒業した。シンギュラリティ大学の卒業生に対しては前例のないリクエストであったが、私とカーツワイル博士がイーデルマン氏にシンギュラリティ大学への出資と客員教授への就任を依頼したところ、快諾していただいた。
　そこから、シンギュラリティ大学のエクスポネンシャル・ファイナンス課程という新しいプログラムをニューヨークで普及させるために、イーデルマン氏にもご尽力いただいてきた。その結果、証券会社、投資銀行、商業銀行、生損保険、そしてクレジットカード産業における多くのCEOに対して、エクスポネンシャル・テクノロジーを紹介することができた。イーデルマン氏と私は、2014年の第1回目のイベントで一緒に講演し、それ以来イーデルマン氏には各イベントでの講演をお願いしている。

　さて、この場を借りて皆さんに本書を強くお勧めする理由とは、エクスポネンシャル・テクノロジー研究の中でも、イーデルマン氏はほかでは見当たらない内容を提供しているからだ。たとえば、加速するテクノロジーという題目1つにしても、イーデルマン氏の場合には、私やほかの研究者とはアプローチの仕方が違う。
　私やほかの研究者の場合には、加速するテクノロジー自体や関係する企業の話が中心となるが、イーデルマン氏の場合には、「加速するテクノロジーによって、皆さんや皆さんの生活がど

のように影響されるのか」「エクスポネンシャル・テクノロジーは、皆さんのお金の問題に関してどのような意味を持つのか」について説明するのだ。

　私のベストセラー書である『The Future Is Better Than You Think』という3部作の中の『Abundance』(邦題：『楽観主義者の未来予測』)では、世界がますますよくなる理由について説明したが、イーデルマン氏の場合には、お金の問題という自分の専門分野の特性を活かして、来るべき変化が皆さんの生活にどのような影響を与えるかについて1つの結論に達している。

　想像を超えたレベルで、いままでよりもはるかに健康長寿となる事実に対応する必要に迫られる中、なぜ生涯学習とキャリアプランニングが緊急的な重要性を持ったのか？　住宅問題、相続問題、介護問題、保険、投資運用に関する戦略をどのように修正・更新していく必要があるのか？　それらが本書では詳細に説明されている。

　その結果、これまでのファイナンシャル・プランニングの常識が時代遅れとなって、通用しなくなった。従来のように、たった1つのファイナンシャル・プランニングを作るだけでなく、現在、近い未来、遠い未来に関して、3つのファイナンシャル・プランニングを設計すべきであると強い説得力を持って説明される。そうすることによって、皆さんやご家族が希望するライフスタイルを実現し、支えていくことになるという。

　本書を読めば、社会的変化、政治的変化、経済的変化、環境的変化によって、皆さんの仕事、住宅、人間関係、健康、そして、財産がどのように影響されていくのか、ファイナンシャル・プランニング界の第一人者であるイーデルマン氏の卓越した見通しを知ることができるはずである。

仮に、皆さんがエクスポネンシャル・テクノロジーという概念をご存じないというのなら、本書によって開眼されることになるだろう。そして、本書を読んでいる最中に、いま読んでいる内容こそが、「皆さんの将来の本当の姿である」と確信できるはずだ。

ピーター・ディアマンディス

シンギュラリティ大学共同創設者兼会長
XPRIZE共同創設者兼会長
ニューヨークタイムズ・ベストセラー、
『The Future Is Better Than You Think』の著者

編注：
『The Future Is Better Than You Think』3部作の邦訳は以下の通り。
・『楽観主義者の未来予測』
・『ボールド　突き抜ける力』
・『2030年　すべてが「加速」する世界に備えよ』

まえがき

　私には『The Truth About Money』〔邦訳は日本用にカスタマイズされ『家庭の金銭学』として刊行〕から始まるファイナンシャル・プランニングとパーソナル・ファイナンスに関係する8冊の著作があり、いずれもアメリカでベストセラーとなった。だから、このジャンルのアドバイスをほとんどすべて網羅してきた。

　それにもかかわらず、ここにさらに1冊を加える理由とは、現在の家計戦略全般を変更せずにいると、皆さん自身やご家族の将来に備えた準備が失敗する可能性が出てきたからだ。

　ややいいすぎかもしれないが、過去7年間にわたって調べた結果、個人の家計管理を、新しい視点で考える必要が生じたことは間違いない。

　ほとんどの方は、人生というものは、60〜70代まで働いて、80〜90代で生涯を終えて、その途中で子供を大学へ進学させ、なんらかの形で亡くなる前には長期介護費用がかかると考えているのではないだろうか?

　この人生のシナリオが間違っているということだ。

　というのも、過去7年間の研究の結果、未来の世界の姿は完全に違ったものとなると確信するに至ったからだ。いまや従来の人生に対する見通しを劇的に変える必要が生じてきた。たとえば、皆さんのご両親のことを思い出してみよう。50歳の頃のご両親と70歳の頃のご両親では、健康状態も、働き方も、収入

もだいぶ違うだろうが、生活していた世界はたいした違いもなく、同じような買い物をして、余暇を楽しんで、旅行へ行って、たまに病院へ行っていたのではないだろうか？

　ところが、皆さんの場合は、ご両親とはまったく状況が異なってくる。皆さんの20年後の未来の生活は、現在の生活とはまるで違っているはずだ。そこで20年後の未来の生活をイメージできるよう、本書で私が説明しているというわけだ。もっとも、こんなことをアドバイスするファイナンシャル・プランナーはきっと私だけだろうが、皆さんがこれから目にする内容は現在の考え方と矛盾するはずだから、ショックだろうし、ワクワクするような楽しさがあるかもしれないが、イライラしたり、不安になったり、反論したい部分もあるだろう。ただし、ばかばかしいとか、ありえないと思っても、最後にはきっと私の話を信じていただけるはずである。

　2010年からの7年間、全米最大規模のファイナンシャル・プランニング会社を経営する傍ら、本書を執筆するために、膨大な時間をかけて未来に関するたくさんの資料を読み漁ってきた。特に重要だったのは、私のTVショーやラジオショーにゲスト出演された、シンギュラリティ大学の数十人の専門家の著作だった。そして、2012年にシンギュラリティ大学のエグゼクティブ・プログラムを修了してから、私自身もシンギュラリティ大学で研究を続けてきている。本書は、それらの研究の成果でもある。

　ただし、ほかの未来学者と違って、私の関心は「わが社のファイナンシャル・プランニングや投資マネジメントのアドバイスは、いまのまま未来においても正しいのであろうか」、「仮に未来には通用しないというのであれば、どのようにアドバイスを

変更しなければならないのか」という点にあり、それのみに焦点を定めて研究を続けている。

　本書は、7年間の研究成果として、上記の問いに回答していくものである。

　読み進んでいくにしたがって、皆さん自身もお子さんたちも、数百万円から数千万円もかかる大学費用にムダ金を費やすべきではない理由が理解できるはずだ。皆さんの職業が消えてなくなる可能性があることや、そこから再就職の準備をどのようにすればよいのかもわかるだろう。長期介護保険や自動車保険は加入する必要がなくなる。劇的に寿命が延びるため、定年退職どころか老後生活というものすら消え失せる。その結果、婚期は大幅に遅れ、何度も結婚を繰り返すことになるだろうが（それが相続問題を複雑化する）、いままでに見たことのない余暇や娯楽を享受することにもなるはずだ。さらに非常に重要な問題として、確定拠出年金などに投資しているとすれば、ポートフォリオや投資戦略を変更する必要があるだろう。

　なお、ここで1つだけお断りしておくが、私はファイナンシャル・プランナーや投資アドバイザーであって、科学者ではない。そのため、科学者の論文で求められるほどには厳密な仮定や条件を満たしていないかもしれないが、一般の読者に対する説明は十分に行っているつもりだ。それでは、本論に入る前に、皆さんには次のクイズに答えていただこう。

未来について以下の質問にお答えください。

定年までいまの仕事を続けている　　　　　　□はい　　　□いいえ

60代か70代初めで仕事をやめる　　　　　　□はい　　　□いいえ

退職後の収入の大半が、公的年金、退職
年金、投資、貯蓄からとなる　　　　　　　□はい　　　□いいえ

おそらく寿命は80代か90代までである　　□はい　　　□いいえ

年齢が上がると、慢性的な健康問題に悩
まされ、どんどん病状は悪化する　　　　　□はい　　　□いいえ

老後生活の間に旅行に行きたいとすれば、
スタミナや健康上の理由から、老後生活
の後半は控え、前半に出かけておく必要　　□はい　　　□いいえ
がある

将来のある時点で、自分自身か配偶者の
介護費用のために、家を売って介護施設　　□はい　　　□いいえ
へ入居する必要がある

自分が亡くなる際には、心臓病、脳卒中、
がん、呼吸器疾患、流感、肺炎、アルツ
ハイマー、糖尿病など、合衆国における　　□はい　　　□いいえ
死因の65%を占める疾病によるものだ
と思う

さて、「はい」と答えた質問がいくつあっただろうか？　実は、先の問いに対する回答は、すべて「いいえ」が正解だ。なぜ「いいえ」が正解なのかは、本書でこれから明かしていく。いままでのような定年退職だとか老後生活はなくなるだろうが、だからといって、いまの職種でずっと働き続けていることもありえない。つまり、生涯にわたって新しい産業で働き続けるために、生涯にわたって教育や職業訓練が必要となってくる。

　それだけでなく、人生100年どころか、120歳が現実となってくる中で、年々健康状態はよくなっていく。たとえば、実年齢が95歳であるのに、健康状態や見た目が55歳時点の状態へ若返り始めるということだ。おそらくは老人介護施設へ入所するなんて、単なる杞憂にすぎないだろう。

　現在の死因上位の病気で亡くなることもまずありえない。むしろ死亡原因の第1位は事故によるものになるだろう（疾病管理予防センター（CDC）の調査によれば、すでに米国人の死因の第4位は事故死となっている）。私のいっている意味がおわかりだろうか？　運が悪いとかおバカな行いというのが、死因の第1位になるということだ。

　こんな話を聞かされたら、誰だって驚いて当然だ。だからこそ、皆さんに本書を読んでいただきたい。「皆さんの未来の本当の姿(The Truth About Your Future)」を知っていただくために！

　未来はどのような職業を消滅させてしまうのか？　収入を稼ぐために必要とされる教育はどうやって手に入れるべきか？　どこに住んだらいいのか？　どのような投資運用が必要になるのか？　長期介護保険は必要なのか？　家族構成が大きく変化する時代に合わせて相続プランをどのようにデザインすべき

か？　本書ではこうした疑問にお答えしていく。

　要するに、偉大なる野球選手のヨギ・ベラがかつて述べたように、「未来は、これまでのものとはまったく違ったものになるだろう」ということだ。

ヨギ・ベラが
正しかった理由

Why Yogi Berra Was Right

　ファイナンシャル・プランニングでは、将来とはどのような
ものであるかを予測し、将来に備える作業を行う。そして、将
来がどのようなものであるかを予測するには、想定していた世
界と現実に起こっている世界が、大きく違ってしまった理由に
ついて理解する必要がある。

　ずばり、その理由はテクノロジーによるものだ。それもそん
じょそこらの技術ではなく、エクスポネンシャル・テクノロ
ジーと呼ばれるものであり、指数関数的に成長を遂げるイノ
ベーションによるものだ。エクスポネンシャル・テクノロジー
と呼ばれる分野としては、人工知能〔以降AIと記す〕、機械学
習、ナノテクノロジー、材料科学、拡張現実〔以降ARと記す〕、
仮想現実〔以降VRと記す〕、ロボティクス、3Dプリンティング、
生体工学(バイオニクス)、生命情報科学(バイオインフォマ
ティクス)、医学と神経科学、エネルギーと環境システム、ビッ
グデータ、教育技術、余暇と娯楽、そして、金融技術などの産
業が考えられる。
　エクスポネンシャル・テクノロジーは、教育、仕事、住まい、
収入、支出、婚姻関係、健康、副業、寿命と、生活のあらゆる
面に影響を及ぼすはずだ。したがって、投資や保険ばかりか、

大学進学プラン、退職プラン、相続プランを修正するためにも、エクスポネンシャル・テクノロジーを理解しておく必要がある。

そこで、本書はファイナンシャル・プランニングに関係するものだが、まずはエクスポネンシャル・テクノロジーから説明していこう。

エクスポネンシャル・テクノロジーの2つの法則

ムーアの法則とデイターの法則はご存じだろうか？　ムーアの法則とは、1966年にIntelの創業者ゴードン・ムーアが発見したもので、24カ月ごとにコンピュータのスピードは2倍になり、その価格は1/2になるというものだ[1]。図P-1のようにトランジスタのサイズは確実に小さくなっており、処理速度は上昇し、価格は下落していることがわかる。

Incidentally ちなみに……
IBMのPC第1号は1981年に発売された際、2万9,000個のトランジスタを持ったコンピュータチップを備えていたが、2016年のNvidia製のタイタンXのチップ上には120億個のトランジスタが搭載されている。

ムーアの法則は有名であるものの、その意味するところはあまり知られていない。セミナーやカンファレンスで、何千人もの参加者にこれまで滔々と説明してきたが、ムーアの法則の意

---

1. 過去50年以上にわたって検証してきた結果：計算速度が2倍となるのは24カ月ごとではなく、18カ月ごとであり、価格の下落は2年ごとに50%ではなく、毎年約30%であった。いい換えれば、ムーアの法則の加速率は加速を続けてきている。

ナノメートル

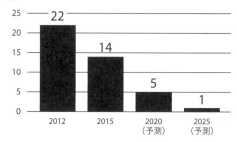

図P-1｜トランジスタのサイズは小さくなっている

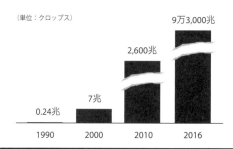

（単位：クロップス）

図P-2｜コンピュータ処理速度は上昇している

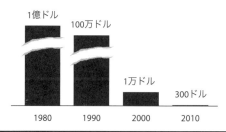

図P-3｜コンピュータの価格は劇的に下がっている

味を説明すると、あっけにとられた参加者は決まってこう口にしてきた。「ばかばかしい」。おそらく本書を読んでいる皆さんも、初めは「ばかばかしい」といって、信じてくれないのではないだろうか?

それこそがデイターの法則だ!

ハワイ大学の未来研究センター理事ジム・デイターによるデイターの法則は、「未来に関するあらゆる有益な情報は、現時点ではすべてがばかばかしく見えるはずである」というものだ[2]。

たとえば「暗闇で輝く猫」を見たいと思うだろうか?

いやいや、確かにばかばかしい質問だ。そんなものいるはずない。ばかばかしい。「そもそもそんなものを見て、何の役に立つんだ」と、皆さんも思ったに違いない。しかし、そうともいえないのだ。「暗闇で輝く猫」は韓国の科学者が作り上げ、現実に存在している[3]。

「暗闇で輝く猫」とは、クラゲのリン光を発するようにした遺伝子を猫の眉毛に埋め込んだものであり、AIDSウィルスが霊長類から人間へとどのように飛来してきたのかを研究する目的で生み出された。ほら、皆さんも「暗闇で輝く猫」の意味がわかったはずだ。不治の病といわれていたAIDSを単なる慢性疾

---

2. 惑星運動に関するケプラーの法則、ニュートンの重力の法則、アインシュタインの相対性理論と違って、ムーアの法則やデイターの法則は現実の物理の法則ではない。ムーアやデイターの法則は商業活動や消費者行動に関するものであり、物理の法則ではないのだ。いい換えれば、ポイントを示しているのであって、普遍の事実を示しているわけではない。

3. 「暗闇で輝く猫」の写真を掲載したいが、ここで白黒写真を掲載してもよくわからない。Googleで検索されてみてはいかがだろうか?

患に変換しようとするために、「暗闇で輝く猫」は極めて重要な実験材料として科学者に利用されている。

　ところで、「暗闇で輝く猫」が誕生したのは、なんと2007年のことだ。つまり、こんなにすごいテクノロジーが10年以上前に誕生していたことになる。あ、ちょっと待った！　この分野の研究がどこまで進んでいるかを調べなくても、ちゃんと第6章で説明する。

　これから本書を読み進めるにあたって、デイターの法則だけは忘れてもらっては困る。もちろん、たまに私の方から思い出す機会を作るだろう。なぜか？　「ばかばかしい」とつぶやきながら、居眠りしそうな隣の人を起こしてあげないといけないからだ。

エクスポネンシャル（指数関数）とは何か？

　皆さんが数字を数えるときは、1、2、3、4、5、6……となるはずだ。これは直線的とか線形的とか呼ばれるやり方だ。これに対して指数関数的な数え方は、1、2、4、8、16、32……という具合になる。

　この2つの違いはやがて驚異的な差になってくる。というのも30歩として数えてみると、線形的には約80フィートの距離になるものの、指数関数的には66万5,000マイルになってくるからだ。

　また、よくある紙の厚さは0.003606インチだが、1枚の紙を2つ折りにすると、0.07212インチになる。仮に2つ折りを9回繰り返せば(2、4、8、16、32、64、128、256と256ページに

なり）、ほぼ1インチの厚さとなる。この作業を20回繰り返す
と、元の紙の厚さから50万倍以上となり、39回繰り返すと元の
紙の厚さから地球の円周に匹敵し、51回繰り返すと地球から太
陽までの距離に匹敵する。2つ折りを9回繰り返せば、紙の厚さ
は1インチとなり、51回繰り返せば、太陽にまで到達してしま
う！[4]　これこそが指数関数の威力というものだ。

　指数関数の威力は、机上の空論ではない。2016年のiPad mini
が1986年のスペースシャトルの5万倍の計算能力を持つに
至った過程を見れば、指数関数的な成長が実感できるのではな
いだろうか？

　ムーアの法則が示すように、コンピュータの処理能力は指数
関数的に速くなったばかりか、指数関数的に価格も安くなって
いる。たとえば、Googleの3D LIDARセンサーは、自動運転車
後部に設置するテクノロジーだが、2007年時点ではセンサーの
単体コストが7万5,000ドルであったところ、2016年時点では
250ドルにまで下がっている。Velodyneというセンサー製造会
社では、控えめに見積もっても2020年までに100ドルまで下がる
だろうと予想している。こうした理由から、MIT（マサチュー
セッツ工科大学）の研究者は、収納スペースをあまり取らず、部
品がガタガタしないLIDARシステムを、1台10ドルで大量生
産することが可能であると2016年時点で予測している。
　1976年時点のデジタルカメラは重量4ポンド、0.01メガピク
セルにすぎない画素数で、価格は1万ドルであったが、現在で
は重量はわずか1/4ポンド未満、10プラス・メガピクセルの画

---

4. この話についてこられているだろうか？

素数で、価格は10ドル以下となっている。画素数、重量、価格ともに1,000倍の進歩を示しており、進化はさらに続いている。そうした進化のおかげで、いまやカメラは電話の中に入ってしまった。

　指数関数的という言葉のゴロが悪いというのなら、複利の成長の威力といい替えてみよう〔指数関数的＝exponentialityは英語ではやや舌が回りにくいようだ〕。ベンジャミン・フランクリンは、「1ペニーを節約することは、1ペニーを儲けたことである」という言葉を残している。それでは、このフランクリンの1ペニー（＝1セント）を使って、複利の力（指数関数的）について説明してみよう。毎日、1ペニーが2倍になるとすれば、1週間後には64セントになっている。14日後には約80ドルに、3週間後には1万ドル以上に、そして、31日後には1,000万ドルになっている（1ドル＝100セント）。

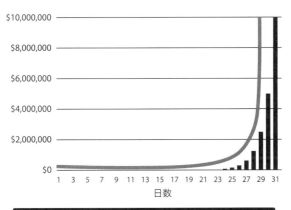

図P-4｜複利による成長曲線

いうまでもなく、たった31日で、1ペニーを1,000万ドルに変えることなど、現実の世界ではありえない。それでは、24カ月ごとにコンピュータ処理能力が2倍になるとはどういう意味だろうか？

　その答えは、コンピュータの処理能力とは情報であるという点だ。モノの商品取引とは違って、情報はそれ自身が餌となって増殖していく。たとえば、自動車にガソリンを入れる場合、ガソリンスタンドに到着する前には、燃料は給油機に入っている。そして、ガソリンスタンドを出発したあとには、燃料は自動車のタンクに入っている。このガソリンをガソリンスタンドのオーナーと運転手が同時に所有することは不可能である。

　ところが、情報の場合には、事情が大きく違ってくるものだ。

　「1＋1＝2」を知っている私が、この情報をどなたか1人に伝える場合、私ともう1人は情報を共有している状態にある。以前は、私1人しか知らなかった情報を、いまでは2人の人間が知っている。私たち2人がそれぞれ別の誰かに情報を伝えれば、4人がこの情報を知る。4人がおのおの別の人とこの情報を共有すれば、8人が1＋1＝2という情報を知る。まもなく16人、32人、64人、128人がこの情報を知ることになるだろうし、最終的には、地球上の全人口がこの情報を共有することになるだろう。

　このように知識というものは、指数関数的に成長する。そして、ひとたび知識の倍加増殖が始まれば、とどまることを知らない。今日、インターネットのおかげで、知識が拡散する速度は増している。2010年時点では、インターネットにアクセスできたのは世界人口の23％にすぎなかったが、2020年までには

50億人になると推定されている(インターネット・セキュリティファームのAVGによれば、アメリカ人の幼児の92％はすでにインターネットにアクセスしているらしい)。知識は以前にも増して加速的に広まっているようだ。

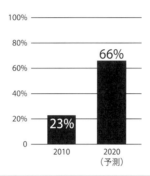

100%
80%
66%
60%
40%
20%
23%
0
2010　　2020
（予測）

図P-5｜インターネットにアクセスできる世界人口

複利の成長曲線

　指数関数の話はさらに続く。毎日1ペニーが2倍に増えると31日後には1,000万ドルになるが、この成長曲線の性質はさらによく観察する必要がある。図P-6では、毎日2倍になるペニーの進行度合いを示している。ただし、23日目までは成長しているのかがまるでわからない。ところが、そこからはロケットの発射のような上昇が始まってくる。この地点は、直線の形が水平から垂直へと変形したようであり、「カーブの膝(knee of the curve)」と呼ばれる。

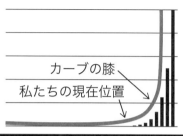

図P-6｜複利の成長曲線

（図中ラベル）
カーブの膝
私たちの現在位置

　加速する未来がやってきたら、皆さんがそれに追いつけなくなる理由は、指数関数によって説明できる。最初の3週間、毎日ずっとペニーを見ていても、ほとんど何も起こらない。だから第4週目も同じだろうと考えがちだ。しかし実際には、同じどころか、爆発的な変化が始まらんとしているわけだ。

　テクノロジー的な話をすれば、まさに同じことが起こるはずだ。現時点の全世界は、〔テクノロジー的には〕「カーブの膝」の地点に到達してしまった。つまり、いま次の瞬間から、驚くべきことがまさに起ころうとしているということになる。

　まだ疑っているだろうか？[5]

　しかし、疑ってばかりでは前に進めないので、さらに人類が明かりを手にした歴史の話をしておこう。ピーター・ディアマンディスの著書『楽観主義者の未来予測』によれば、ランプに明かりを灯すために胡麻油を買おうすると、紀元前1750年には50時間の労働作業が必要だった。西暦1800年には、ろうそくの費用は6時間の労働相当賃金となり、その80年後でも、15分

---

5. デイターの法則を持ち出してこよう。

の労働相当賃金を要していた。

　歴史を紐解けば、そこまでの3,500年間は、ほとんど進化していなかったといってもいい。1880年代には、0.5秒で瞬間的に電気がつくなどとは誰も想像していなかったはずだ。

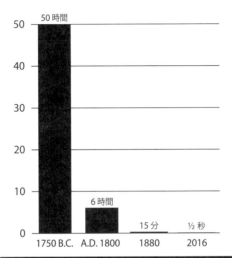

図P-7｜夜の明かりを生み出すための労働時間

　皆さんの〔テクノロジーに対する〕勘違いは、これと同じ感じになっている。たとえば、1950年代には、たった1つのコンピュータを設置するのにビル1個が必要だった。1970年代までには1部屋で可能となった。1980年代にはデスクトップ・コンピュータが登場し、2000年代までには持ち運びが自由となり、2010年代には手首にフィットする大きさになっている。この進化の流れの中で、次は何が起こるんだろうと疑って立ち止まっていただろうか？　間違いなくそんなことはしなかっただろう。

　皆さんが疑って立ち止まろうがどうしようが関係なしに、コ

ンピュータのサイズの進化はとどまるところを知らない。20年以内にコンピュータは砂粒ほどの大きさになるだろう。さらに、第4章で説明するように、皆さんの洋服には確実にコンピュータが埋め込まれるだろうし、電化製品にも間違いなくコンピュータが内蔵されるだろう。おそらく皮膚にもコンピュータが埋め込まれるだろうし、脳にまでコンピュータが埋め込まれる可能性がある[6]。

　指数関数は、サイズだけでなく、スピードにも影響を与える。たとえば、2020年には5Gのスマートフォンが発売される。5G電話は、4G電話の50倍のスピードがあり、1秒間に33のHD（高精細度ビデオ）をダウンロードできるようになる。

　2020年代の中頃までには、パソコンの処理速度が人間の脳の処理速度に追いつくと、コンピュータ・サイエンス分野の科学者が予測しても全然不思議ではないだろうし、2030年までには、パソコンの処理速度が光の速度に匹敵するともいわれている。その時点では、パソコンの処理速度は人間の脳の処理速度の300万倍になるとされるが、そうした高性能パソコンの値段が小売価格でたったの1,000ドルであるとも予測されている。

column The Journak Science Advancesの2015年のレポートによれば、カリフォルニア大学サンディエゴ校の科学者は、人間の脳のようなコンピュータのプロトタイプを作り上げたという。そのプロトタイプは現在の電子工学の限界を超えているそうだ。Memコンピュータと呼ばれる、情報処理と記憶を同時に行うことができる最初のコンピュータである。

---

6. デイター！　デイターを呼んでくれ！

> 現在利用可能なデバイスよりも、Memコンピュータがどれ
> ほど速いかを理解するために、科学者は次のチャレンジを
> 提供している。1,000万の数のリストの中から、10個を抜
> き出して合計した数がいくつあるかをコンピュータに計算
> させると、通常のコンピュータでは30万年かかるが、Mem
> コンピュータではたった116日で完了してしまう。

　コンピュータは速くなったばかりか、小さく、安くなってき
た。さらにAIと機械学習のおかげで賢くなってきた。AIは、周
囲の状況を把握しているコンピュータの情報を入手して、タス
クを完了させる可能性を最大限に引き上げるよう行動する。い
い換えれば、AIは人間と同じことをするようになる。つまり、
AI研究者は、コンピュータがコミュニケーションし、学習し、
知覚し、計画し、判断し、動作するように能力を改善しようと
試行錯誤を繰り返す[7]。そのためAIは、言語学、数学、神経科学、
哲学、そして心理学にも関わるようになる。
　メディアがコンピュータを取り上げると、AIが注目の的にな
るが、機械学習も注目されるべきだ。人間がコンピュータをプ
ログラムして何かを上手にさせること、たとえばチェスで人間
を負かすようなことも注目されるが、教師なし学習でコン
ピュータ自身がノウハウを身につけてしまうことの方がはるか
にすごいことだろう。そんなわけで、人間が学習方法である「特
徴量」を与えなくとも、自ら特徴量を見つけ出して学習できる
マシンを作り上げることこそが、現在のコンピュータ研究で一
番エキサイティングな分野となっている。

---

7. 移動するコンピュータ？　ああ、それはロボットと呼ばれている。第3章で詳しく立ち入ることにしよう。

ドイツのブレーメン大学で作られたロボットは、Wikihow
〔インターネット上のハウツー情報コミュニティ〕を読むこ
とによって、ピザの作り方を独習してしまった。

　コンピュータが自分自身の意思を持ち学習を開始できるよう
になり、その学習速度が光の速度に達するようになると、ソフ
トウェアの知能は生物的知能と区別がつかなくなる。これこそ
がシンギュラリティ（技術的特異点）として知られているもので
あり、テクノロジーと生物が融合する時点を示す。2005年に出
版された『ポスト・ヒューマン誕生』にて未来学者のレイ・カー
ツワイル博士は、2045年にシンギュラリティが起こると予測し
ている。指数関数の性質上、1,000倍だけ楽観的すぎるとすれ
ば、シンギュラリティは8年だけ遅れるだろうし、100万倍だけ
楽観的すぎるとすれば、シンギュラリティは15年だけ遅れる
だろう。仮に10億倍だけ楽観的すぎるとすれば、シンギュラリ
ティは21年だけ遅れるだろう、とカーツワイル博士は予測す
る。
　いい方を変えれば、2045年から2066年までの間のどこかで、
人類の生活は、想像や理解を大幅に飛び越す形へと変化すると
いうことになる。

　本書では、エクスポネンシャル・テクノロジーの旅へと皆さ
んを招待することによって、想像や理解をはるかに超えた形へ
と変化する未来をイメージしていただこうと思う。地球上のあ
らゆる生活を激変させるテクノロジーとは、どのようなもので
あり、私たちの未来はどのような姿になり、それらは家計管理
にどのような意味を持つのかという、重要な問いに取り組む際
の道案内の役目を本書は果たすことになるだろう。

本書を読み終えるまでには、「未来は、これまでのものとはまったく違ったものになるだろう」というヨギ・ベラ〔メジャーリーグ、ニューヨーク・ヤンキースで永久欠番となった打者。独特の発言や思想で知られる〕の声がこだますることになるだろう。

家計管理上の意味合い

1. 複利の成長という大きな恵みは、投資のリターンという形で収穫する必要がある。インフレ率と同じ速さでお金を成長させたところで、目に見える形での利益を生み出すことはない。以前よりも大きな財産を築きたいなら、インフレ率を超える高いリターンを見つける必要があるが、そのためには複利の成長を味方につけるべきである。

2. 重要なことは、先送りせずにいま始めることに尽きる。20年も先送りすれば手遅れになることは、カーブの膝が示しているところである。本書に記載されているエクスポネンシャル・テクノロジーに関する情報を家計管理に役立てようと考えるなら、いまこそ実行に移すべき瞬間ということになる。

PART
ONE

A Tour of Exponential Technologies

第1部 │ エクスポネンシャル・テクノロジーへの旅

互いが
つながる

Connecting with Each Other

　運転免許を取れるのが待ち遠しい！　自動車を手に入れたら（母親の自動車を借りるにしても）、ショッピングモールへ行けるし、友達のピーターのところへも行けるし、仲間の集まりにも駆けつけられる。かつて自動車を持っていることこそが他人とのつながりであり、他人とつながるために10代の若者には不可欠だった。

　他人とつながりたいという気持ちはいまも変わらないようではあるものの、自動車を使って、という感覚はどうやら消え失せてしまったようだ。現在では、オンラインでつながれるため、

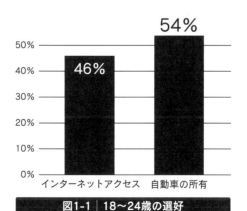

図1-1 | 18〜24歳の選好

物理的な距離は関係がなくなった。だから、現在の若者が自動車にそれほど興味がないというのもまったく驚くには値しない。ミシガン大学交通研究所によれば、18〜24歳のほぼ半数が、自動車を持つより、インターネットアクセスの方が大事であるということだ。

つながるとは、ありふれたものさえも驚異に変えてしまうようだ。ピザは、昔からある広く親しまれたものの1つだが、いまやその販売方法は驚きとしかいいようがない。たとえばDomino Pizzaでは、フォード・フィエスタを運転しながらでも、音声コマンドを通じて注文ができる。皆さんがどこにいて、ご自宅に到着するまでどれだけかかるかをGPSテクノロジーが計算してくれるから、帰宅時間に合わせてピザの宅配がやってくる。

Pizza Hutでは、わざわざゲームを中断する必要もなく、Xboxのプレイ中にピザの注文を完了できてしまう。この2つの会社では、注文の半分はデジタルでやってくるので、両社の成長部門はIT部門であるといわれる。

オンライン接続のおかげで……

● Facebookは巨大になることができた。オンライン中である時間が7分間続くごとに、そのうちの2分間はFacebookにい

ることになる。

- 2015年には300億通のメッセージがWhatsAppを使って送信された。
- YouTubeの10億人のユーザーは、毎日40億のビデオを見ており、1分ごとに300時間分のビデオがアップロードされている。
- Googleの収入は、すべての新聞と雑誌を合わせたものを上回っている。YouTube、iTunes、Netflixは、1つ1つがAMC Cable Network以上の収益を上げている。

そして、こうしたつながりのほとんどがモバイル機器を通じて行われている。アメリカ人の10人に9人が携帯電話を持っているが、いまやインターネットに接続されるモバイル機器の数は、デスクトップコンピュータの数を上回る。実際のところ、モバイルマーケティング協会(MMA)によれば、歯ブラシの数より携帯電話の数の方が多いらしい。しかも、歯ブラシと違って、スマートフォンユーザーの90％以上が24時間365日、スマートフォンを肌身離さず持っている。

多くの人は買い物にスマートフォンを利用している。買い物といっても、Amazonのモバイルアプリを使った商品の購入だけをいっているわけではない。Cheesecake Factoryやほかのレストランでも、モバイルアプリで注文して、いつでも請求書の支払いができる。食事であれば他人と割り勘も可能だし、係の人が請求書を持ってくるまで待つ必要もなくなった。

Sweetgreenレストランチェーン〔アメリカのサラダ・レストラン〕では現金払いを認めず、電子決済での支払いのみだ。Android Payは100万以上のお店で利用できるし、Samsung Pay

はスワイプ専用ターミナルがあれば利用可能だ。Apple Pay では1,300のカード発行会社のクレジットカードに対応しているし、Chase、Capital One、Walmartでは請求書の支払いがしやすくなるよう、モバイル機器による支払いを取り入れている。2015年には、合衆国の全オンライン購入の45％がモバイル機器を通じたものであると、Demandware〔Eコマースのプラットフォーマー。Salesforceに買収された〕は伝えている。

ただし、インターネットに接続させてくれるものが、電話から服になる時代がまもなく到来するだろう。バクテリアを殺菌し、有毒ガスを封じ込め、電気を通し、紫外線を防ぎ、心拍数を測定し、汗を分析し、脳波を観察し、肌を温めたり冷やしたりする。さらに、人間と会話させる服を研究者は開発中だ。

Levi'sはGoogleと提携して導電性生地を作り上げ、Ralph Laurenは呼吸の仕方、心拍数、ストレス度合い、カロリー消費を検査し、個人専用ワークアウトプログラムを作るためのデータをスマートフォンのアプリに送るシャツを販売している。動きと方向を把握するための加速度計とジャイロスコープの特徴を持つシャツも295ドルで販売された。

column フィットネスをトラッキングする手助けとしては、まもなく洋服すら必要なくなるだろう。いくつかの企業では、「テック・タッツ」という、データを収集し、保存し、送信し、受信する、電導性ペイントによる「ハイテク・タトゥー」を作り上げた。「バイオウェアラブル」として知られるように、このテクノロジーはフィットネス・トラッカー以上の役割を果たすだろう。術後の重要なサインをモニターし、腕を振るだけで請求書が支払えるだろうし、MotorolaとMC10によ

り開発されているウェアラブル・電子タトゥーの場合には、
　パスワードの認証すら可能となるはずだ。

　インターネットに接続されたウェアラブル市場の売上は、
2014年には110億ドルだったが、2019年までには400億ドルに
なるとHIS Markit〔アメリカのリサーチ、アナリティクス会社〕
では予想している。ただし、人々をインターネットにつなぐこ
とと、人が使用するモノをインターネットにつなぐことはまっ
たく別だ。プラットフォーム上にあるのは49億デバイスにす
ぎない〔ここでいうプラットフォームはIP（インターネットプ
ロトコル）と同義。詳しくは後述〕。それにもかかわらず、すで
に30億人がインターネットに接続している（1人で複数のデバ
イスを持っていることが多いものの、モバイル機器の数は地球
上の人口を追い越そうとしている）ということは、プラット
フォーム自体が底をついていることはあきらかだ。

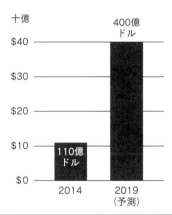

図1-2｜ウェアラブル市場の年間売上

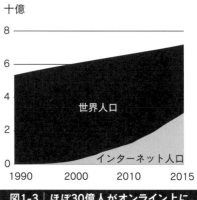

十億

図1-3｜ほぼ30億人がオンライン上に

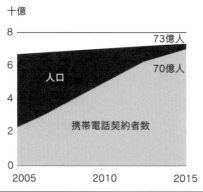

十億

図1-4｜30億人がほぼ70億のデバイスを持っている

　不足問題の解決のために、2020年に新しいプラットフォーム
が打ち出される予定であり、そのキャパシティからすれば、78
オクティリオン（＝10の27乗）のデバイスを取り扱えるはずだ
〔IPv6のことを指している〕。したがって、78 × 10億× 10億×
10億のデバイスを取り扱えることになる。つまり、地球上の砂

粒1つ1つにさえも、1兆個のIPアドレスを割り当てられるほ
ど容量が大きくなる時代が到来するだろう。

The Internet of Things（モノのインターネット）

　次にIoT（the Internet of Things）と呼ばれる、モノとインター
ネットの接続へと話を移そう。今後、電気で動くものはすべて
インターネットに接続されるだろうし、食べ物のような電気を
使わないモノでさえインターネットにつながることとなる。

　すでに日常生活に入り込んでいるように、家にいないのに室
温を変え、部屋に戻ったら室温を調節するには、（スマート）
サーモスタットをインストールしておけばよい。Samsoniteや
Trunkster、Hontus、LugLoc、Lev Technologyは、バッグがど
こにあるかわかるように、Wi-Fiホット・スポット、USB充電
器、デジタルロック、ビルトイン型のスケール、Bluetooth ス
ピーカー、セルラー対応追跡システムを内蔵したバッグを販売
している。近年の冷蔵庫は、ミルクが腐ったり、ミルクの容器
の量が減ったりすると教えてくれる（まもなく冷蔵庫が自動的
に注文して、おそらくドローンでミルクが配達されるようにな
るはずだ）。

　インターネット接続が可能なデバイスは、2015年には40億
個であったが、2020年には500億、2030年には1兆になると予
測されている。現時点では、2030年のたった1〜5％にすぎない。

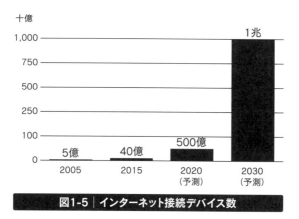

十億

1,000 ──────────────────

750 ──────────────────

500 ──────────────────

250 ──────────────────

100 ──────────────────

0

| | 5億 | 40億 | 500億 | 1兆 |
| 2005 | 2015 | 2020
（予測） | 2030
（予測） |

図1-5｜インターネット接続デバイス数

VRとAR

　モバイル接続と同様に興味深いのが、VRとARという2つの
エクスポネンシャル・テクノロジーだ。VR用のゴーグルで目
を覆うと、まるで違った世界に浸り込んだような感覚になる。
脳神経の地図を探検したり、販売店の新製品を試してみたり、
森を歩き回ったり、森の中でバーチャルな武器を使ってドラゴ
ンと戦うことも可能だ。

　『フォーチュン』誌によれば2020年までに、VRデバイスに
よって自動車購入者は試乗運転ができるようになるし、医師は
外科的措置の練習ができるようになる。軍事兵器調達者は購入
時に防御システムの能力を評価でき、クルーズ船はどのような
バケーションになるかのイメージを提供してくれる。ホテルは
旅行者にホテル内を事前に案内できる。建築家は着工前に建物
の案内ができる。

VRの利用者からはゴーグルがかさばるとの不満も出ている
ようだ。VRのゴーグルを使用している間は、別の現実だけを、
本当の現実とは関係がない世界だけを見ている。ARと呼ばれ
るテクノロジーは、こうした制約すら解決してしまう。

　ARでは、ヘッドギアを装着する代わりに、スマートフォン
やタブレットのカメラを対象物に向けると(将来はメガネやコ
ンタクトレンズになるだろう)、瞬時にディスプレイが飛び出
してきて、探している場所をすべて詳細に教えてくれる。

　野球やサッカーの試合を見ながら、球場の誰かにスマート
フォンのカメラを向ければ、選手の名前や主な実績、ビデオ・
ハイライトが表示される。旅行者がスマートフォンを有名な景
色に向ければ、瞬時にその場所の情報が手に入る。外科医は肉
眼では見えない動脈をARで見ることができる。

　2017年時点で25億ものARアプリが世界中でダウンロード
されている。一番有名なARは、2016年にリリースされたポケ
モンGOだ。ポケモンGOではスマートフォンのカメラを通じ
た映像を見るだけで、まるで本当に存在するかのように、ポケ
モンのキャラクターがスクリーン上に登場する。ポケモンGO
ではキャラクターを何匹捕まえられるかを競うが、キャラク
ターを見つけるためには、自宅の中だけでなく、近所や隣町ま
で出かけていく必要がある。ビデオゲームばかりやっていて、
子供が運動しないとお嘆きの親御さんにとっては、ポケモン
GOが屋外で体を動かすゲームであることは吉報かもしれない。

エクスポネンシャル・テクノロジーのケーススタディ

ポケモンGOが発売された2016年7月6日まで、ARなんてものを知っていた人は世界70億人の中でもほとんどいなかったはずだ。それがたった数週間後には、世界の7,500万人がポケモンGOをプレイし、アプリのダウンロード数としては史上最高を記録してしまった。

経済的観点からすれば、儲かったのは任天堂、Niantic（地球規模のARプラットフォーム）、Apple（アップルストアを通じてポケモンGOの収入の30%を得た）であり、投資銀行のNeedham & Companyの試算によれば、2018年までにポケモンGOは30億ドルの収入をAppleにもたらした。

さらに、ポケモンGOの人気にあやかろうと、バー、レストラン、小売店などが、あらゆる種類のビジネスで、ポケモン探しをする消費者をビジネスにつなげ始めた。

ニューヨークのバー、L'inizio Pizza Barでは、ポケモンを見つける場所を設けただけで顧客数が激増し、売上が30%伸びたとBloombergは伝えている。アイルランドではバス旅行会社が「ポケモンGOハンティング旅行」を組み、フランスの家具販売店では200店舗でポケモンGOプロモーションを行い、ヨーグルト販売のStonyfield Farmでは販促用に1万のポケストップを広告用に飾った〔ポケストップはポケモンGOのゲーム内でアイテムなどをもらえるチェックポイントのような場所のこと〕。

　巨大企業でいえば、ロシア最大のSberbankではポケモンプレイヤーを呼び込むために支店を改装し、日本マクドナルドではスマートフォンでユーザー同士が対戦できるよう400店舗をポケモンジム向けに改装した。プロフットボールチームのジャクソンビル・ジャガーズでは、ポケモンGOプロモーションを上演して1万5,000人を呼び寄せ、2016年に遊説中だった両政党では、有権者に投票場へ足を運んでもらうためにポケモンGOのイベントを開催した。

　ただし、ポケモンGOは負の効果ももたらしており、熱狂的なプレイヤーは社会規範を無視して違法行為に及んでいる。アーリントン国立墓地ではプレイヤーに退去するよう声明を発表した。「墓地内でポケモンGOをプレイすることは、礼節を守った行為だとは考えられない」と墓地広報担当者は発表し、合衆国ホロコースト記念博物館では、館内をゲームサイトの対象外とするよう要望した。ポーランドのアウシュビッツ博物館、エドモントン墓地、世界中の教会、モスク、シナゴーグでも同様である。

　合衆国連邦も州も地方自治体も、ゲームプレイヤーによる交通渋滞や交通事故にいら立っており、The City of Canada Bayは来園者の増加による追加警備やゴミ処理にかなりの費用がか

かっていると発表している。公共の安全とユーザーのプライバシー保護の間で揉めながら法令がいくつも導入され、日本の内閣サイバーセキュリティセンターは安全性に関する警告をしている。現在、ニューヨークでは、性犯罪者の刑務所からの釈放条件として、ポケモンGOのダウンロードやアクセスなどをしないよう求めている(ポケモンGOのルアー機能を利用して、加害者が子供をおびき寄せる可能性があると議員は警鐘を鳴らしている)。こうした不安の根拠は何か？　ポケモンGOが販売されてからたった数週間で、以下のようなことが起きたのだ。

- ニューヨークの28歳の男性がゲームをしながら自動車を運転中に木に衝突した。
- ペンシルベニアの15歳の少年が道路を歩きながらゲームをしていたら、自動車にはねられた。
- サンディエゴの消防士は、ポケモンGOのキャラクターを捕まえようと夢中になり崖から転落した2人を救助した。
- イギリスでは洞窟で行方不明となった10代のグループが捜索救難隊に発見された。
- 2人の10代のカナダ人は、気がつかずに境界線を踏み越えて、国境警備隊に拘束された。
- ポケモンを捕まえようとしてストックホルム・オリンピック・スタジアムに忍び込もうとした男性は、金属の柵の上で串刺しとなった。
- ボルチモアの運転手は、運転中にポケモンGOをプレイしてパトカーに衝突した。
- 日本で女性を車で轢いて死亡させた男性運転手は、ポケモンGOに夢中で道路を見ていなかったと警察に供述している。

ゲームプレイヤーによる常軌を逸した無礼で愚かな行為は山ほどある。

　ポケモンGO以前には、ARを知っている消費者はほとんどいなかったはずで、「ARなんてなんだかわからないし見たこともない」という状況だったろうが、あっという間に1億人以上が先端技術を使って大きな第1歩を踏み出してしまった。このような成長率や市場浸透率は、指数関数的であるとしかいいようがない。

　では次は何が来るか？　ホログラムだろう。

　ジミー・キンメルはデジタル形式（ホログラム）で司会を務めるテレビショーに出演しているし、すでに亡くなっているコメディアンのレッド・フォックスとアンディ・カフマンは、ホログラムで2016年にツアーを行った。映画の遠近が部屋の中の立ち位置によって変わったり、リビングルームに3Dアバターが現れたりするようなイノベーションが続々と現れることは間違いない。

　しかも、これはほんの始まりにすぎない。2013年のCiscoのレポートでは、2025年までにIoTはグローバル経済を14兆ドルも拡大させると予想しているし、Intuitの共同創業者スコット・クックは、「私たちはまだ、インターネット革命の第1日目の最初の数分にいるにすぎない」といっている。

家計管理上の意味合い

1. モバイル・デバイスを使って商品を購入する機会が増えると、どのクレジットカードとデビットカードを選ぶべきかがより重要になる（現金や小切手がオンラインでは使えないため）。

2. ウェアラブル、コネクティビティ、IoTが拡大すると巨大な投資機会を生み出す。これについては第17章で詳しく説明する。

3. VR、AR、ホログラムによって出張旅行が不要になるかもしれないが、そうなれば会社経費は節約できるものの、旅行産業や娯楽産業には大打撃になるだろう。

4. ファイナンシャル・プランニングに使用する分析ツールをAIが改善するため、モデリング機能が向上し、ファイナンシャル・プランニングの予測は正確さを増し、ポートフォリオ管理システムも改善される。

5. 続々と新しいデバイスとアプリが販売されると更新に追いつくことが大変になり、技術に疎い消費者は家計管理上の決断に際して不利になる可能性がある。

6. コネクティビティが高まるにつれて、スマートフォンを数回叩くだけの取引をする投資家が増加するため、金融市場のボラティリティは以前よりも大きくなる。ポートフォリオのボラティリティの拡大に対する準備をすべきである。狼狽売りや衝動買いは避けるべきだ。

ビッグデータ

Big Data

　誰もがたくさんの写真を撮り、たくさんのEメールを送り、たくさんのテキストをタイプする。2015年には、毎日2,050億通のEメールが送受信され、35億回のGoogle検索が行われ、5億回のツイートがされ、2億のアプリがダウンロードされた。アップロードされるビデオをすべて見ようとすれば49年間もかかるありさまだ。

そして、さらに増加している。それらのデータはモバイル・デバイス上で作られ、閲覧されている。2015年、モバイル・デバイスはすべてのインターネット流通量の32%を占めている。Ciscoによれば、2000年のモバイルデータは1エクサバイト（100万×100万ビット）未満にすぎなかったが、2015年までには44.2エクサバイトを超える見込みだ。そして、2019年までには300エクサバイトになると予想される。その3/4は動画だろう[8]。

　いまの世の中には、信じられないほどの情報量がある。連邦政府だけでも20万種類のデータベースを提供している。不動

---

8. 41の州の学校では、もはや筆記体を教えていない。生徒たちはタイピングもやめるだろうか？

産サイトのZillowやGPSアプリのGarminは両方とも連邦政府のdata.govにリンクさせており、ほかの多くの企業も同様だ。この分野はビッグデータと呼ばれ、データの作成、保存、アクセス、分析を含む巨大ビジネスとなっている。

データの作成

ビッグデータとはいうものの、規模が大きいだけでなく、新しいものでもある。IBMによれば、人類が保有する全世界のデータの9割は過去2年間に作られたものだ。見方を変えれば、それ以前の人類史上の全データの9倍にあたるデータが最近の2年間に作成されたということになる。1日あたり2.5兆バイトの割合でデータが増加している。

IDC〔アメリカのリサーチ会社〕によれば、2020年までには42ゼタバイトのデータが作られる。42ゼタバイトは、42ビットの後ろに21個もゼロが続く桁数になる(42,000,000,000,000,000,000,000)。

データ作成の能力は常に成長を続けている。NFLのシーズン中には、毎週フットボールファンが議会図書館に保管されているデータの2倍の量をアップロードとダウンロードし、電波望遠鏡のスクエア・キロメートル・アレイ(SKA)が今後10年間ネット接続されると、毎週5エクサバイトずつデータを作成していく計算となる。これは人類創生から2003年までに人類が生み出した合計データに匹敵する。

本当にたくさんのデータだとしかいいようがない。

データの保存

しかも生み出されたデータは破棄する必要もない。ありがたいことに、保存コストは非常に安くなっており、6テラバイトのハードドライブだけで、いままで録音された音楽すべてを保存できる。しかも値段は230ドル以下だ。Samsung製のストレージ・デバイスでは、512ギガバイトのデータが保存可能だ。これは郵便切手より小さく、10セント硬貨よりも軽い。

しかし、科学者によれば、究極の保存用記憶装置とは、人工的なデバイスではなく、DNAであるといわれている。ワシントン大学、イリノイ大学、欧州バイオインフォマティクス研究所の研究者たちが別々に実験したところ、たった1グラムのDNAにコンパクトディスク(CD)100万枚分のデータ保存が可能とのことだ。すると世界中のデジタル情報のすべてを6本のワインボトルに収めることができるし、冷たく乾燥した暗い施設で貯蔵されるなら、データは何万年も無傷のままで保存できる。

あまり費用をかけずにデータを生み出し、あまり費用をかけずに保存できれば、ますますデータを生み出したくなる[9]。だから、データ保存の必要性は増え続けるだろう。

---

9. カメラがたった12枚しか撮影できない時代があったことを覚えているだろうか？　その時代には慎重にショットを選んだはずだ。ただし現在では、制限がないと思えるほどのデータ収容能力があることから、後顧の憂いなしに何千枚もの写真を撮影できる。

データの使用

　膨大なデータを保存できるようになった。さて、一体どう利用しようか？　たとえば、新しい惑星を探そうと思って、SKA望遠鏡から毎週5エクサバイトのデータが手元に届いても、必要なものを見つけることはまず無理だ（友達に見せたい写真を探すだけでも、それなりに大変だろう？）。

　膨大な量のデータベース検索の解決策は、アルゴリズムを作り上げることだ。複雑な問題を解決するために、コンピュータプログラムは莫大な量のデータから必要なものを見つけ出すよう設計されている。

　たとえば、物流会社のUPSが合衆国内で保有している車両には5万5,000の配達ルートがあり、1日あたり1,600万個の荷物を配達する。ドライバー1人あたり、1日で平均120カ所だ。そこでUPSでは、ドライバーにとって一番効率的なルートはどれかを考えた。

　問題は単純だが、答えはかなり複雑だ。UPSのエンジニアによれば、全体を合計すると、配達ルートの組み合わせは数百京にも及ぶため、あるアルゴリズムを作ったという。そのアルゴリズムを利用したプログラムによって効率的なルートが判明し、年間8,500万マイルのムダな走行を省き、3億ドルの経費削減につながっているという。

　アルゴリズムはいろいろな産業で採用されており、ウォール街では投資判断を行う際に、法執行官はテロリストを追跡する際に、貸金業では信用スコアを計算する際に、オンラインマッチングサイトでは相手を見つける際に、それぞれのアルゴリズ

ムを使用している。

　Facebookのディープフェイス・プログラムでは、平均的な人間と同程度に人間の顔を識別できる。MicrosoftのCortanaはカーディガン・ウェルシュ・コーギーとペングローブ・ウェルシュ・コーギーというよく似た2種類の犬も区別できる。こうしたプログラムのおかげで、小売業者は店に入ってくる人の顔をスキャンして常連さんを識別できるし、顔の知られた万引き犯も識別できる。たとえばHilton Hotelsでは、顔認証ソフトを使用して常連客の顔をスキャンして、従業員がそのお客さんの名前を呼んで挨拶している。

　Quillというソフトウェアによって作られるアルゴリズムは、口語で記事を書くのに利用されており、Forbes、T. Rowe Price、USAAのような企業で利用されている。AP通信では、Wordsmithと呼ばれる競合品を利用している。

column

クイズ：以下の文章を読んで、アルゴリズムと人間のどちらによって書かれた文章かを選んでいただこう。解答は次の次の節にある。

A.「2014年と2015年のチャレンジがすでに同株式に反映されており、KSUの長期の大成長ストーリーは幅広い鉄道グループとは差別化されているという見解にもとづいて、私たちはKSUのレーティングを中立から買いへと引き上げるだろう。」

B.「2025年までの売上の年平均売上率は1桁台であるが、制限されたマージンレバレッジが増益の勢いを抑制させる

だろう。2015年まで営業利益率を抑制してきた売上高の伸び率軟化のあと、Intuitiveは過去最高のOEM/GM率のデバイスを有する可能性があるといえるだろう。」

C.「9回に2点差を追うエンジェルスにとって状況は厳しく見えたが、日曜日のフェンウェイパークで、ボストン・レッドソックスに対して7対6の勝利を引き出したウラジミール・ゲレーロの決定打のおかげで、ロサンジェルスには活気が戻った。」

Filene Research Institute〔アメリカの金融シンクタンク〕のジュミア・プロジェクトで作られたアルゴリズムは、食事や運動状況が良好でアルコール摂取量が少ない人は支出や投資を好む傾向があり、ランナーは平均的なアメリカ人に比べて6倍の支出をする傾向があることを発見した。酒飲みは平均的なアメリカ人に比べて5倍も破産する可能性があることも示した。こうしたデータが信用スコアの査定に利用されるようになる。

BlitzDというアプリでは、プロフットボールの過去の試合に関する膨大なデータを利用して、次のプレイがランかパスか、それが右か左か真ん中かを78％の精度で予測できる(試合中にこのテクノロジーを使用することが公平であるかについては、NFLが検討中だ)。

データの取引

Wikipediaやdata.govのようなサイトでは、たくさんの情報を無料で利用できる。ただし、優れた有料情報もたくさんあっ

て、データを有料で売買する巨大産業が誕生している。現時点の市場規模は1,560億ドルであり、すでに合衆国政府のインテリジェンス予算の2倍となっている。

データブローカー〔データを売買する企業のこと〕では驚くほど膨大な個人情報も収集しており、皆さんの誕生日、職業、最終学歴、婚姻状況、人種、性別どころか、身長、体重、健康状態、利き腕まで把握している。

さらに、データブローカーは皆さんの電話番号、住所、自宅の大きさ、自動車のモデルや年式まで把握しているし、お子さんの数や同居する家族の数、ペットやその種類の情報に至るまで入手しているのだ。

それに加えてデータブローカーは、最近購入した商品、宗教的・政治的な考え方、投資ポートフォリオの大きさについての情報も手に収めている。こうした情報は、皆さんにとっては立ち入った個人情報であるものの、データブローカーにとっては単なるデータにすぎないため、情報を欲しがる業者に喜んで情報を販売するだろう。

Incidentally ちなみに……

Craigslist〔アメリカの地域情報を交換するコミュニティサイト〕に投稿された写真から、皆さんの自宅の住所を特定することが可能だ。

Allstate〔アメリカの保険会社〕は運転者の心理状態を評価できるハンドル、車輪、センサーの特許を取得した。同社ではそのデータを銀行、健康保険会社、雇用主、家主、信用格付け会社、広告会社に販売することが可能だ。

携帯電話のGPSは所有者の進む道路を追跡する。AT&Tはデータを収集してClear Channel Outdoor Americas〔広告会社〕へデータを送る。Clear Channel Outdoor Americasは国中に数万の広告掲示板を持っており、広告を見てもらいたいならどの掲示板を利用すべきかを広告主へ伝えている。

究極のデータセンター、人体

　最大のデータの宝庫は人体であり、生命情報科学(バイオインフォマティクス)は、ビッグデータが最速で成長している分野の1つだ。かかりつけの医師が検査するのは体温、血圧、心拍数くらいだろう。しかもそれだって年に1度の健康診断で測定されるくらいのものだ。人体は30兆の細胞から成り立っており、きちんとした検査をするなら3項目どころか100項目以上もあり、しかも年に1度ではなく、ノンストップで行う必要がある。

　体温、血圧、心拍数以外の検査を、年1回ではなくノンストップで行う試みはすでに始まっており、デバイスを装着するだけで(または体内にデバイスを挿入するだけで)、リアルタイムで医師へ情報を提供可能だ。合衆国では、毎年30万人以上の患者がワイヤレスの埋め込み型医療機器を装着している。

　予防医学の専門家や研究者らは、ウィルスと「生命の樹」であるDNAすべての正体をあきらかにするために、ロスアラモス国立研究所により提供されたバイオインフォマティクスのソフトウェアを使用している〔生命の樹(Tree of Life)とは、旧約聖書の創成期にエデンの園の中央に植えられた木であり、全生命の共通祖先から現世種の遺伝的多様性が生まれた象徴である〕。このソフトウェアのおかげで、病気の原因となる病原体の識別、がんの治療法の選択、穀物の収穫量の最適化を従来の25万倍の処理速度でできるようになった。

　一方で、数千人の科学者は分子進化遺伝学分析(MEGA)を利用している。MEGAとはバイオインフォマティクスの無料ソフトウェアであり、遺伝子情報から健康状態や病気の検査をする

際に役立つ。184カ国の科学者から100万回以上ダウンロードされ、毎年1万以上の出版物に引用されているツールだ。

Appleが開発したリサーチキットによって、医療研究者は世界数百万人からの情報収集が可能になった。スタンフォード大学の無料アプリは5万人以上がダウンロードしており、散歩状況を3カ月ごとに提供することで心血管研究に参加している。
　インドでは、世界最大の政府主導の生体認証データベースを作成している。国民12億人すべてのデータ取得を目標としており、すでに半分以上が完了している。

クイズの答え：
　A．人間　　B．人間　　C．コンピュータ

医療情報の管理

　ヘルスケアはデータを生み出す最大の産業である。皆さんに関係する医療データのすべてを、かかりつけのお医者さんが分析するのは無理な話だ。だから、世界数十億人の医療データを

集計・分析しようとすれば、コンピュータシステムを使って処理するしか手段がない。

IBMのWatsonは非常に有名だ。Watsonは500ギガバイト、書籍100万冊分程度の処理を1秒間に行う。Watsonに内蔵されている情報は、データベースや分類学ばかりではない。雑誌、百科事典、辞書、用語辞典、ニュースサイトの記事、文学作品まで含まれる。

有名クイズ番組の『Jeopardy！』で、チャンピオンのケン・ジェニングと賞金王のブラッド・ルッテルと勝負したことでWatsonは一躍有名になった。このクイズ番組では英語の発音で韻を踏んだ問題に対して、「パイのファイリングによる長く

て退屈なスピーチ(a long tiresome speech delivered by a pie filing)」のような回答を求められる[10]。この難題に対してWatsonは、2億ページ分のデータを蓄積し、毎秒80兆回の演算処理をするペースでデータにアクセスできる状態で対処して、人類代表の2人に勝利してしまった。

IBMの快進撃は、『Jeopardy！』のチャンピオンを打ち破っただけではない。IBMではWatsonをスローンケタリング記念がんセンターへと送り込み、がんの診断と処置に関する医師の判断の補助をするようWatsonを教育した。その結果、現在Watsonは、患者の個人データと世界中のデータベースを比較することで、最良の治療法を医師に伝え、(スコアシステムを利用して)提案した治療法の信頼性まで示している。Watsonは、Cleveland Clinic、Duke Cancer Institute、Yale Cancer Centerを含む10カ所以上の病院で利用されている(2016年には日本の病院で2,000万件の腫瘍学的研究のデータベースと1人のがん患者との比較を行い、たった10分間で正しい診断を行った。医師は困惑しながらも、患者の命を救うためにWatsonの決めた処置を採用したということだ)。

Watsonはハリウッドでも採用されており、2016年、20th Century Foxのスリラー映画『モーガン プロトタイプL-9』の予告編を製作する際の補助をした。Watsonは数十の恐怖映画の予告編を見て、人間はどのようなシーンを恐れるかを理解し、『モーガン プロトタイプL-9』のどの場面を予告編に取り込むべきかを決定した。人間の編集者はその予告編をつぎはぎするだけだったため、予告編は1日足らずのうちにできあがってし

---

10. 問題文は「メレンゲ・ハランゲとは何？（What is a meringue harangue?）」だった。

まった。ちなみに予告編の制作には1カ月を要するのが一般的である。

『Jeopardy！』のチャンピオンを打ち破った2011年、Watsonの大きさは大型のベッドルームほどだったが、2016年時点ではピザの箱を3つ重ねたくらいのサイズとなった。つまり、2,300％の速度でサイズが縮小しているということになる。ムーアの法則に従うならば、2050年までにはワトソンは砂粒ほどの大きさになっており、現在の10億倍の速度で演算処理を行っているはずだ。

Watsonはデータ管理も可能であるため、医師は情報の氾濫状態からも解放される。第6章で詳しく説明するように、Watsonによって、医療分野は次々と大きな進歩を遂げている。2020年頃までにはWatsonはスマートフォンに内蔵されている可能性もある。そうなればスタートレックのトライコーダー11 が現実のものになるかもしれない〔翻訳時の2021年11月現在では実現していないが、Watsonを利用したスマートフォンアプリはいくつかリリースされている〕。

情報化時代のプライバシー

情報が多くなれば、よりよい意思決定が可能になるのは、データに関するグッドニュースだろう。しかし、プライバシーの観点からすれば、情報の氾濫とは悩ましいものであり、「時す

---

11. 1960年代のテレビシリーズでは、レナード・マッコイ医師は携帯用デバイスを患者に向けて振るだけで診断が可能であった。

でに遅し」といった感じがする。

　ある調査に協力した人事担当者の10人中7人が、オンライン上の情報によって入社採用試験を通さなかったと回答している。AAML（American Academy of Matrimonial Lawyers）によれば、離婚弁護士の10人中8人はクライアントに代わってソーシャルメディアを調査しており、離婚訴訟の1/3には「Facebook」という用語が登場するそうだ。金融業者によれば、夜間に電話をかける人ほど、ギャンブラー並みに信用リスクが高くなる。携帯電話のバッテリーを使い果たすのが速いほど、旅行回数が少ないほど、返済が滞る可能性が高いという話もある。Facebookで誰と交友しているかで、金利をいくらにするか決める業者もいるらしい。

　オンラインを通じて、こうした情報が流出しているのはなぜだろうか？　それはたくさんの情報を自分でオンライン上に公開してしまったからだ。「プライバシーの侵害だ」と大騒ぎしている人の多くは、自傷行為をしているということだ。世論調査に協力したり、アンケート用紙や保証書に記入したり、Webサイトを閲覧したり、購入した商品の感想を投稿したりするとき、収入・投資金額・年齢・性別・婚姻関係を記入するよう求められる。現在の住所には何年住んでいるか、何の仕事をしていて、会社名は何か。こういったことを気軽に赤の他人に教えているから、個人情報が知れ渡ってしまっているというわけだ。ソーシャルメディア上にもたくさんの個人情報を送っているだろう。卒業アルバムには、卒業年、専攻、クラブ活動の記録まで掲載されている。

　Visaによる、ソーシャルネットワーク利用者についての調査

がある。

- ほぼ半数が誕生日を共有している
- 14％が母親の旧姓を投稿している
- 29％が電話番号を提供している
- 20％が住所を明かしている
- 15％が近々の旅行計画を公開している
- 7％は社会保障番号を共有している！

　友人に対してさえ、この手の情報を知らせるのは問題だ。それなのに、creditdonkey.com〔アメリカの金融情報サイト〕によれば、ソーシャルメディア利用者の25％が知らない人からの友達リクエストを受け入れているということだ。ということは、自分自身の情報を赤の他人に提供しているということになる。
　地方自治体もたくさんの個人情報データを投稿している。たとえば、公的記録として、住宅購入時期、住宅購入価格、住宅ローン提供者、住宅ローン残高が掲載されている。

　データブローカーは、皆さんが無料で提供する情報を収集して、販売している。
　だから、プライバシーの侵害で争っても意味がないだろう。現在できることといえば、せいぜい、素晴らしい新世界で生活していると認識するくらいのことしかない。そしてそのために、個人データが悪意のある方法で利用されるリスクを最小限に食い止める方法を学ぶ必要がある。

家計管理上の意味合い

1. 匿名の時代は過ぎ去った。プライバシーを守る方法を学ぶことが重要である。これに関しては、第16章で説明する。

2. データ取引は大きなビジネスであり、投資機会でもある。これに関しては、第17章で説明する。

3. ビッグデータをポートフォリオ理論や行動経済学に応用することで、投資決定は劇的に改善される余地がある。

ロボティクス

Robotics

　ロボティクス産業は、Littler's WPI(Littler's Workplace Policy Institute〔アメリカの労働関連法に詳しい弁護士団体〕)によれば、2020年代の最も成長率の高い産業であると考えられている。Microsoftは2018年までに370億ドルの市場規模になると予想している。2015年時点では、世界中に110万体のロボットが稼働しており、国際ロボット連盟によれば、自動車産業では製造の80%がロボットによって行われている。

- Amazonは1万台のロボットを持っており、ロボットが棚から運送トラックまで商品を移動させる。
- 2万5,000ドル未満で買える産業用ロボットBaxterは、従業員がコンピュータのコードを知らなくても数分以内にプログラム可能であり、ほかの産業用ロボットと違って、人間がBaxterのそばでまったく安全に働くことができる。
- PR2というロボットはドアを開け、洗濯物をたたみ、家を掃除し、ビールを運び、ビリヤードもする(ほかのロボットだって負けてはいない。MITの作ったロボットは卓球ができるし、日本の研究者が作ったロボットはジャンケンで人間を

負かすことができる[12]）。

● TUG は 150 の病院で働いており、薬品や患者用の食事、洗濯物を運ぶ。

● da Vinci というロボットは、世界中で年間 50 万件の外科的措置を行っている。合併症を 80％低下させ、早期回復を可能にしている。テレプレゼンス〔別の場所にいながら、その場に存在しているかのようにする技術〕により、患者のベッドサイドに、医師がロボットを通じてリモートで現れる。別のロボットは蛍光灯の 2,500 倍の明るさを持つ紫外線を使って、ウィルスを 5 分以内に殺菌し、院内感染率を低下させている。

● NEC の PaPeRo は子供に読み聞かせができ、子供と会話を行い、テキストを持ってこられる。

● ソフトバンクの Pepper は高齢者、小学校の先生、小売店のパートナーとして働き、相手の人間の感情や、顔の表情を読んで適切に反応できる。2015 年に日本で初めて 1,600 ドルで販売された際、数分間で在庫がなくなったそうだ[13]。

　日本まで Pepper を買いに行くのなら、長崎の「変なホテル」に泊まってみるといいだろう。変なホテルでは、受付もウェイターも清掃スタッフもクローク係も、すべてアンドロイドだ。しかもアンドロイドは日本語、中国語、韓国語、英語の 4 カ国語が話せる。ほとんどの「従業員」は人間の姿をしているが、1匹だけは[14]、映画『ジェラシックパーク』に登場した恐竜のヴェ

---

12. ゲームをするロボットを作ることには一理ある。人間に対しインタラクティブなロボットを作る方法を学ぶための、効率的な方法だからだ。たとえばジャンケンを行うロボットは、ハイスピードカメラを利用して相手の手の形を識別する。そして、ロボットの超高速反射によって、勝つために対応した動きで反応する。

13. ご心配なく。その後、量産されている。

14. なんで 1 匹しかいないのだろうか。

ロキラプトだ。変なホテルはほとんどすべてがロボットで運営されているため、宿泊費用は非常に低く、1泊60ドルで利用できる。

　Hilton Hotels も同じ路線を目指している。IBM の Watson を利用して、Connie という名前のロボット・コンシェルジュをロビーに配置し始めている。Connie は旅行者用アトラクション、おすすめダイニング、ホテルの備品についてゲストに教えてくれる。

　ホームセンターストアチェーンのLowe'sでは、ロボット・ショッピング・アシスタントが常連客の商品探しにお供し、ロボットの3Dスキャナーに商品を見せると、どんな商品で、どのような機能があり、どう使用し、値段はいくらかなどを説明してくれる。

　当然、ロボットは軍事目的に使用されることもありうる。

● 軍用無人航空機MQ-9はF-22 戦闘機と同程度の戦闘能力を持ち、値段は90％安い。
● エアフォース・グローバル・ホークは130フィートの翼長を持ち、2日間、6万フィート上空で待機することが可能であり、搭載されているカメラは中型の都市の地上の動きをすべて追跡可能である。
● PackBot は爆弾を探知し破壊できる。
● TALON は軍人が運べるほど軽く、戦車のようにキャタピラを備え、マシンガンや50口径ライフル、手榴弾、対戦車用ロケットを装備可能だ。
● 合衆国海軍は、敵対的な船にUSV（無人水上船）を集合させ

て船を守る。

- BEARという軍事ロボットは、戦場で負傷した戦闘員を担ぎ上げ、搬送する。
- 4足歩行軍事ロボットのBigDogは、でこぼこした地形上でも、400ポンドの装備と武器を運ぶことができる。

　2011年、陸軍は兵士50人あたり1機のロボットをアフガニスタンで配備したが、2023年までに、国防省は兵士1人に10機のロボットを配備する予定である。

　商業用のロボットとしては、以下のようなものもある。

- Cheetahというロボットは時速30マイルで走行可能である。
- SandFlea（スナノミ）というロボットの重さは11ポンドであり、30フィートの高さまでジャンプできる[15]。
- RiSEというロボットは、壁を登ることが可能。
- PrecisionHawkのロボットは災害被災者を発見できる。
- SAMというロボットは、1日あたり1,200個のブロックを置くことができる。これは人間の石工4人分の生産性に匹敵する。
- Volvoでは、ゴミ収集車用に遠隔操縦できるロボットを開発中であり、清掃員がケガを避けられるように、代わって重い瓶を持ち上げる。
- バージニア工科大学で開発された、6本脚の背の高い人型ロボットは、熱を探知し、煙の先を見通せる画像技術を使って、火を探知し消火する。

---

15. 高いビルもひとつ跳びできる。

　軍事企業や商業企業がロボットを好む理由もよくわかる。ロ
ボットは病気にならず、ミスをせず、態度も悪くなく、従業員
に嫌がらせもせず、敵対的な職場環境を生み出すこともなく、
24時間、週7日働くことができる。

　現在のところほとんどのロボットは、スキルを伴わない、反
復的な、つまらない、危険な仕事を請け負っており、人間の代
わりに溝を掘らせても、労働基準法に触れることはない。ただ
し、時間が経てば、もっとはるかにいろいろなことができるよ
うになる。究極的には、人間がやってもらいたい肉体労働のす
べてをロボットが代わりにやることになるだろう。

　現時点でロボットが至るところにあるわけではない理由は2
つある。限られた能力しか持たないということと、値段が高す
ぎるということだ。ただし、ムーアの法則にしたがって急速に
改善している。AIとセンサーの技術は指数関数的に改善してお
り、値段も指数関数的に低下しているのだ（2008年には50万ド
ルもした産業用ロボットは、2016年には95％も値段が下がっ
た）。2025年までにはロボットはさらに有能になり、誰もが買
えるくらい値段が安くなって、おそらくは一家に数台はロボッ

トがいるようになるだろう[16]。

　もちろん、ご家庭ではそれを「ロボット」なんて呼びたくないかもしれないが、娘や孫のように扱って、ロボットを「バービーちゃん」なんて呼ばないでもらいたいところだ。ただし、それこそがハローバービーの本質だ。2015年に発売されたハローバービー〔バービー人形の一種〕は、AIを使って自然な会話ができる。小売価格は75ドルくらいだ。

　ゴミ捨て、洗濯、買い物、使い走り、来客の応対、食事の用意、ベビーシッターなど、ロボットを家事に使うようになるだろう。（10代の若者と違って）ロボットはいつでもそばにいて、辛抱強く、信頼性があり、大切な仲間となってくれるはずだ。柔らかく、毛の生えた、とっつきやすい顔をしたロボットも介護施設では人気だろう。きっと孤独を忘れさせてくれる。

　人間同士の交流以上にロボットを好む人の場合、何が起こるだろうか？　ちょっと厄介な話になるので、この段落は飛ばしてもらっても構わない。未来学者のイアン・ピアソンは、2050年までには家庭用ロボットがセックスに利用されると予測する。ピアソンの研究によると、すでにインターネット検索の25％が

16．こんなばかげたことが起こるはずがないといいたいだろう。もう一度、デイターの法則を読んでいただきたい。

ポルノ関係であり、セックスのおもちゃ市場は年6％で成長している。ほら、だからこの段落は飛ばしてもいいと断っておいたはずだ。

空飛ぶロボット

ドローンの値段は指数関数的に下がっている。2007年には10万ドルだったが、現在では500ドル未満で買うことができる。これは2016年には商業利用が84％も増加することの説明材料になる、とJuniper Researchが伝えている。ドローンを使用する2大産業は、ビデオ（映画とニュース）と農業だ。

ドローンの利用は以前よりも爆発的に増えており、2016年には250万機のドローンが趣味目的で購入されたが、FAA（連邦航空局）の予想では、2020年までに年間700万機が購入される見通しだ。

Amazonでは注文配達をドローンで行いたいと考え、Domino Pizzaはドローンでもピザを配達したいと考えている。移動病院のRemote Area Medicalのボランティア部隊は、薬剤の足りない僻地にいる患者へ処方する際にドローンを利用している。

ドローンの大きさは、1セント硬貨からボーイング747までの様々な種類がある。1機でも、編隊を組んでも利用できる。ドローンは自動運転が可能であり、入念に計画された飛行パターンに従うようプログラムされている。

このように柔軟性があるため、ドローンはいろいろな場面で

利用される。映画のプロデューサー、スポーツ放送局、ジャーナリストによる写真撮影や映画撮影にはドローンが使われている。災害復興の支援もしており、小型サイズのドローンによって、飛行機やヘリコプターがたどり着けない地域まで、接近して確認することができる。また、温度センサーを搭載したドローンなら、夜間でも行方不明の人間を見つけることが可能だ。救助隊が到着するまでの間、取り残された被災者にトランシーバー、医薬品、飲料水を運ぶ。さらに、ドローンであれば火山、洪水地域、浸食された海岸線、山頂などの接近が難しい危険な場所へも到達できる。高精度3次元地図を作り出し、送電線、オイルやガスのパイプライン、送電塔、建物や橋、風力タービン、回転翼を企業が検査する際にも役立つ。

　ドローンは農業でも革命的な役割を果たしている。穀物の生育を観察し、収穫を改善する一方で、水と農薬の使用を減らしている。急斜面での穀物栽培は困難だが、ドローンはその問題も解決してしまう[17]。

　法執行機関ではドローンを使って、群集の監視や、公共の安全に役立てる。犯罪活動をモニタリングし、犯罪シーンを検証して、調査を実施する。ドローンは密猟者と違法伐採者を阻止し、研究者による野生動物の観察や、動物行動に関する研究を手助けする。

　建設会社では、人間のパイロットが乗った航空機が安全に着陸できない場所までドローンが飛んでいき、進捗状況を確認している。暴風雨の予想士と追跡者は、ハリケーンと竜巻の中にドローンを送り込む。

---

17. それらは畑を耕し、空中から穀物を収穫する。

このような有効な目的や、楽しいからという理由で、2023年までにドローン市場が890億ドル規模になると予測されているが、的外れという感じはまったくない。

自動運転ロボット

　一番衝撃的なロボットといえば、おそらくは自動運転の乗り物（SDV：self-driving vehicle）だろう。SDVはロボットの中でも特に重要であり、多くの点で皆さんの生活に影響を与えるだろうから、よく見ておく必要がある。

　まず、合衆国では、毎年530万件の自動車事故があり、250万人が救急治療室へ搬送され、20万人以上が合計で100万日以上の入院を余儀なくされ、3万3,000人が亡くなっている。
　自動車事故の死亡者は、5〜14歳の子供が最も多く、25〜64歳の大人が2番目となっている。労働省によると仕事中の事故死の1/3はトラック運転手であり、合衆国で一番危険な職業とされている。

　死亡事故の84％ではブレーキをかけた痕跡がなく、よそ見運転か飲酒運転ということになるが（41％が飲酒運転）、ちょっとした気のゆるみでよそ見運転や飲酒運転をしたことによって、自動車の物的損害や賃金喪失がどれだけ大きなものになるだろうか？　家事や労働もできず医療費や介護費がかさみ、職場に迷惑をかけたうえ、訴訟費用を負担しなければならないなんて、予想だにしていなかったはずだ。
　ランド研究所の試算によれば、合衆国の自動車事故のコスト

は年間8,000億ドルであり、GDPの2.2%に相当する。この統計値は自動車保険業界にとって非常に重要だ。この統計があるからこそ、消費者もGDPの1.5%に相当する、年間1,570億ドルもの自動車保険料を支払っている。つまり、自動車事故の総コストはGDPの4.9%ということになる。

このムダな費用への解決策こそがSDVだ。

McKinseyの試算では、自動運転車は自動車事故の90%を消滅させる[18]。また、運転手が自動車にいる時間を1日あたり50分削減する。さらに、自動運転は効率的なので、目的地までの到着時間を短くすることで燃料費負担も少なくなる。McKinseyによれば、乗用車、SUV、小型集配トラック、ミニバンによる温室効果ガスは16%減少し、道路の収容能力は3倍になり、インフラコストも下がるらしい。

> _{column} 車両管理局で列になって並ぶドライバーも、もういないということだ！

自動運転車の登場によって、社会の片隅へと追いやられている数百万人の人たちの生活が大きく改善される可能性がある。子供、障害を持つ高齢者、運転が制限される傷病者、信仰上の理由から運転ができない宗教関係者、運転を禁止されている国

---

18. ミシガン大学交通研究所によれば、当座のうちSDVは通常の自動車の5倍事故に巻き込まれ、歩行者は4倍怪我をするそうだ。SDVは多かれ少なかれ、人間がコントロールするよりも危険ということになる。ただし、SDVに関係するすべての事故の分析によると、1件を除いたすべての事故は人間の運転手の過失によるものだ（たとえば、SDVは後部座席の衝突がほかの自動車よりも50%多くなる）。このことが示しているのは、新しいテクノロジーへの過渡期に訪れるチャレンジだ。大きなジャンプによる前進を懸命に行う一方で、数歩後退することも多い。

に住む女性、信条・態度・能力などなんらかの理由から運転を制限される人、こうしたすべての人々が突然、新たに発見された自由、社会との交流、そして経済的機会を手に入れることになるだろう。

　自動運転とは、遠い未来の話ではない。もうすぐそこまできている話だ。道路を走行している多くの自動車は、自動駐車機能、レーンキーピング、自動クルーズコントロール、歩行者衝突警報、低速度自動操縦や一時的な自動操縦などの装備をすでに装着済みだ。

　炭鉱や農場のような限られた環境では、自動運転はすでに実用化されていて、労働コストを90％まで引き下げ、二酸化炭素排出を60％まで削減することに成功している。

　完全な自動運転車は、現在すでに高速道路を走行している。最も有名な自動運転車はGoogleのもので、2016年には200万マイル以上を走行している。カリフォルニア州、フロリダ州、ミシガン州、ネバダ州、ワシントンDCでは、SDVの使用が認められている。運輸省道路交通安全局は、自動運転車を法律上の「運転手」とみなしている。

　Teslaの自動車は運転の90％を自動走行することが可能だ。Audiの自動運転車であるRS7は、ドイツのホッケンハイム・レースウェイで速度記録を達成している。General Motors（GM）が販売している自動車は、交通渋滞中であっても、時速70マイルであっても、ハンドル操作、アクセル、ステアリング、ブレーキングをコントロールする。VolvoとRenaultは、2020年までに自動運転を導入すると発表している。

研究開発費は爆発的に上昇を続けている。大手自動車メーカーではSDVテクノロジーに年間430億ドル以上を費やしており、しかも1社単独というわけではない。Googleではこれまでに6,000万ドルを投資してきたが、2015年だけでもベンチャーキャピタルが4億ドル以上を投資している。前年比で154%増だ。

　ミシガン州運輸局とXeroxとのパートナーシップにより、Ford、トヨタ、GM、ホンダのジョイントベンチャーとして2015年に誕生したMcityは、32エーカーの人工都市である。数マイルの道路、環状交差点、横断歩道、そのほかの障害物を含む、まぎれもない自動運転車の実験場だ。

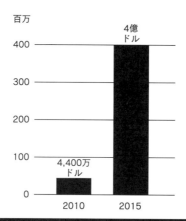

図3-1 ｜ 自動運転車のベンチャーキャピタルファンド

　完全な自動運転車なんて実現するはずがないと考える方は多い（第12章で紹介する）。しかし投資されている金額から見れば、自動運転車が誕生する方向へとお金の流れが続いていることがわかる。

　SDVの最大のインパクトは、運転ではなく駐車だといったら、興味が湧くだろうか？　合衆国には2億4,500万台の自動車があるが、95％の時間は駐車状態にある。また、ランド研究所によれば、都市スペースの31％は駐車場に使用されており、都市交通量の30％は駐車場を探すドライバーが引き起こしている。

　自動運転によって運転手がいなくなれば、駐車場も必要なくなる。なぜかといえば、行き先へ到着したのなら、自動運転車を駐車する必要はないからだ。お客さんが下車したら（ほかのお客さんの搬送で忙しいかもしれないが）、遠隔操作でよその場所へ行ってしまうか、必要な時間に戻ってくればいい。McKinseyの試算によれば、路上駐車がなくなると、都市の道路には2レーン分の空きスペースが生まれてくる。さらに、交通渋滞がなくなって、路上駐車スポットやガレージがいらなくなれば、空き地となった610億平方フィートもの一等地が再開発に利用されるだろう。

　同時に、路上の自動車の数は99％も減少し、2億4,500万台から245万台になるとPWCは試算している。Uberやcar2goのようなオンデマンドやカーシェアリングサービスを通じて、自動車は必要なときだけ使うものとなり、所有するものでなくなっ

た時点で、McKinseyやPWCの試算は現実のものとなるはずだ。ほとんどすべての自動車を破壊し尽くし、すべての「元駐車場」を転換させることで、巨大な雇用創出の時代が到来し、1兆ドルもの新たな収入を生み出すことになるだろう。

　ある調査によれば、合衆国の成人の62％が自動運転車に乗ってみたいと考え、32％が自動運転車が完成したら、自分で運転するのはやめると回答している。コロンビア大学の調査によると、ニューヨーク市の1万3,237台のタクシーはUberの9,000台の自動運転車艦隊によって取って代わられ、32％の利用客はUberに流れてしまう。そして、Uberへ流れた32％の利用客のタクシー乗車待ち時間は平均36秒であり、マイルあたり0.5ドルの費用しかかからない。

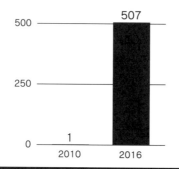

図3-2｜Uberを利用可能な都市の数

　自動運転車なんてわけがわからないという方は、空飛ぶ自動運転車なんて想像もつかないことだろう[19]。ただし、少なくとも数社は開発に乗り出している。

---

19. この話はばかばかしいとお考えだろう。

- 中国航空工業集団は、2015年にコンセプトカーを発表した。
- ドイツの製造会社は、Carplaneを発表した。
- マサチューセッツ州に本社を置くTerrafugiaは、プロトタイプがすでに空を飛んでいる(非常事態に備えてパラシュートを装備している)。2026年に販売予定であり、4人乗りで12万ドルとなっている。
- e-voloが開発した2人乗りのVolocopterは28万ドル、ヘリコプターのようで18個のプロペラを持つものの、報道によれば静かであり、今後は値段も下がると考えられる。
- スロバキアのAeroMobileが開発したAeroMobile 3.0は、2012年に初飛行に成功した。一般の自動車駐車場を利用でき、4人乗りで、ガソリンで走行し、40万ドルで販売されている。
- Joby Aviationは2016年に飛行用のプロトタイプ製作を始めた。
- オランダ企業によるPal-V Oneは、2012年にプロトタイプが初飛行に成功した。
- Lilium Aviationは、EUの資金援助によってできあがった最初の電動飛行機であり、2018年発売予定だ。
- Moller InternationalのSkycarは、4人乗りで、50万ドルから100万ドルで買え、最大飛行距離は805マイル、最大時速は308マイルで、現時点では業界最速である。
- Zee.Aeroは、Googleの創業者ラリー・ペイジから資金援助を受けた1人乗りのエア・クラフトである。

ちなみに……

2016年、Adrian Flux は SDV テクノロジー対応の生産物賠償責任保険を提供する、世界最初の保険会社となった。イギリス国内で、セルフパーキングやクルーズコントロールのような自律機能を使用するドライバーを保険によって保護するもので、以下のような損失と損害に対して補償する。

- ナビゲーションシステムに影響する人工衛星の故障や停止によるもの
- 自動車のオペレーションシステム (OS) に原因があるもの
- システムが故障し、事故回避のために運転手が手動でシステムを無効とすることができない場合
- 自動車がハッキングされた場合

ちなみに……

AAA Foundation for Trafic Safety〔アメリカの交通安全のための非営利団体〕によれば、人間のドライバーの80%を占める人たちと違って、自動運転車は怒りを示したり、危害を加えようとしたり、あおり運転をすることもない。運転席から人間を取り除く必要がある理由が1つだけだとすれば、この点だろう。2014年では、570万人の運転手が怒りにまかせてほかの自動車に故意に衝突や体当たりをした。この数はすべての運転者数の3%に相当する。さらに、以下のような話もある。

- すべての運転者の51%は、故意にあおり運転をしたことがあると認めている。
- 47%はほかの運転者を怒鳴ったことがある。
- 45%はいら立ちや怒りからクラクションを鳴らしたことがある。
- 33%は怒りのジェスチャーを示したことがある。
- 24%は、車線変更をして、ほかの自動車の走行を妨害したことがある。
- 12%は故意にほかの自動車の前に割り込んだことがある。
- 4%はほかの運転者と向き合うために自動車から下車したことがある。

運転者の3人に2人は、人間による無謀運転が2013年〔前年の調査時〕より大きな問題を引き起こし、事態を悪化させると考え、10人中9人が安全を脅かすと回答している。

自動運転車はこうした問題をすべて解決してくれるが、そうした観点からすれば、空飛ぶ自動車の方がさらに快適だろう。気球はどうだろうか？

Worldwide Aeros CorporationのML86Xは、2020年代に完成する空飛ぶ船だが、全長920フィート、高さ215フィート、幅355フィートの大きさだ。フットボール場3つ分の長さ、ピサの斜塔並みの高さ、ボーイング747の2つ分の幅である。象150頭に相当する500トンの貨物を搬送できる。

同社によれば、世界人口の半数以上の生活環境には舗装道路がない。滑走路なしで離着陸が可能である空飛ぶ船は、倉庫ごと装備やそのほかの材料を、格安で静かに安全に運ぶことが可能とのことだ。

　空飛ぶ自動運転車なんて危険じゃないかと疑っている方は多いかもしれないが、心配ご無用だ。ドローンと同じことをしているだけだからだ。空飛ぶ自動運転車の操作とは、自動車内のGPSに目的地を入力するだけだ。あとは自動車内のコンピュータが磁力計、加速度計、ジャイロスコープからのデータを利用して回転翼やプロペラを制御するから、人間は乗っているだけで構わない。

　自動運転とは、自動車や飛行機に限ったことではない。運転手や操縦士がいない、自動運転の船も誕生している。Rolls-Royceの考えでは、無人走行の船舶によって、現在の貨物船の操業費用は22％安くなる。『ウォールストリート・ジャーナル』によれば、22％のコスト削減のほとんどが人件費の節約ということだ。2030年までには無人貨物船が海を航海しているだろう。

生体工学（バイオニクス）

　機械が自動車を操縦すると考えるだけで吐き気がする方に対しては、ちょっといい出しにくい話だが、機械が人間の脚を操縦するとしたら、どうお考えになるだろう？

　つまり生体工学という、生命体を真似して人工的なシステムを作り上げる科学分野のお話で、昔アメリカのテレビ番組で放送された『600万ドルの男』のスティーブ・オースティンを思い出してほしい[20]。目や耳や脳を移植できるとしたら、次のようなことができる。

● 暗闇の中でも目が見える。
● 騒がしいレストランやロックコンサート、スポーツイベントの中でも、あらゆる会話を聞き取れる。
● いままで読んだものすべてを記憶の中から取り出せる。
● 対象を頭で思い描いただけでWeb上での検索が始まる[21]。

　ただし、生体工学とは人体の模造品だけでなく、動植物の複製品も作っている。科学者は、何世紀にもわたって動植物の複製品の制作を続けてきた。レオナルド・ダ・ヴィンチは大空の鳥を観察しながら飛行機のデザインを描いたし、ライト兄弟はノスリを見て飛行機のたわみ翼のメカニズムのアイデアを思いついた。1941年にスイスのエンジニアのジョルジュ・デ・メストラルは、犬の毛皮の中にゴボウのギザギザが挟まっていたこ

---

20. 1970年代のテレビショー、『600万ドルの男』を覚えているだろうか？　ご存じないなら、ご両親や祖父母に聞いてみよう。あるいはGoogleやAlexaに尋ねてもいい。
21. ばかばかしいと思うだろうか？　1990年代以来、神経機能の代替は聴覚障害やパーキンソン病の患者を助けているのだが。

とに気がつき、ファスナーを発明した。

　現在、生体工学は多くの分野で利用されており、たとえば、ボートの船体はイルカの薄い皮膚を真似て作られているし、ソナー、レーダー、医療用超音波画像は、コウモリの反響定位を真似たものだ。家のペンキも蓮の葉に見られる特性をコピーして汚れや水を弾いている。

蜘蛛は糸を出すが、その糸は元の長さよりも40％以上伸縮することができ、鋼鉄よりも強く、ナイロンの2倍の弾力性を持ち、華氏570度〔摂氏299度〕までの温度耐久性がある。鉛筆と同程度の太さの蜘蛛の巣なら、飛行中のジャンボジェットを蝶のように捕獲できると専門家はいう。仮に蜘蛛の糸を人工的に作り出せるとすれば、工業に利用可能だろう。
Spiberという日本企業は、バクテリアと組み換えDNAを結合させて、蜘蛛の巣のタンパク質を製造し、そのタンパク質を粉にしてから糸にする。タンパク質1グラムで人工蜘蛛の糸を5マイル以上製造できる。2016年、同社はNorth Faceと協業で、南極での氷点下に耐えるようデザインされたパーカーのプロトタイプを生産している。同企業によればその糸は、飛行機の胴体、自動車のパーツ、外科器具（人工血管を含む）、防弾チョッキ、宇宙服をより軽く、より強くさせる。

　生体工学に関するほかの例としては、以下のものがある。

- GPSのような動作する上着。Wearable Experiments製の服に埋め込まれたセンサーは、触覚テクノロジーを利用することによって（振動を通じて疑似的に触れた感覚を与える）、どちらに振り向いたらよいかを肩を叩いて知らせてくれる。

- 人間の髪の毛よりも細いロボットの触手が、アイオワ州立大学の科学者によって作られた。触手を傷つけることなくアリをつまむことができるほどで、顕微鏡手術に使用されている。

- 水泳競技者にスピードを与える競泳用スーツ。Speedoではゴルフボールの凹凸に似た小さな鱗のついた競泳用スーツを完成させた。サメの肌のような凹凸をつけることで、競泳選手が速く泳げるように抵抗を減らす。

- サバンナのシロアリ塚のような、換気された涼しいビルディング。アリ塚のシンプルな空調は、外部の状況にかかわらず、塚を一定の湿度と温度に保つ。ジンバブエに建てられたビルディングは、高温耐久力のある材料を使って同様の効果を持っている。

しかし、私たちの目を引くのは、人間に移植可能な人工的なシステムである。

- バイオニックレンズは完全なる視力を約束するものであり、視力を6.0まで高め、メガネやコンタクトレンズが不要となる。高齢のため視力が落ち込んだ際、人工レンズを使えば白内障を取り除くことも可能だ。

- WiSEと呼ばれる無線インプラントでは、ペースメーカーやCRTデバイスなしで心臓病患者を支えることが可能だ。使用するのは米粒より小さな電極で、左心室の内壁に引っかけて使用する。ヨーロッパでは利用可能だが、合衆国では臨床

試験段階にある。

- 切断手術を受けた患者の触覚を取り戻すために、前腕に移植された電極を利用する義手。
- 背骨を3センチ長く、数ミリ広くする「バイオニック・スパイン」は、義足を意思でコントロールし、脳梗塞で脚が麻痺した患者の歩行を可能にする。
- 実験室で培養された皮膚は、人間の皮膚と同様に3層の細胞を持ち、毛穴や汗腺を再現しており、火傷や皮膚病患者の処置を飛躍的に進歩させる。
- 化学薬品の代わりに電気を使う病気治療。人間の体を化学システムではなく電気システムと考えて、神経を通る電気パルスを変える治療法が進化している。研究者は、慢性の痛み、心的外傷後ストレス障害(PTSD)、炎症性腸疾患のような障害に対して電気治療を行っている。
- パーキンソン病からくる震えを、対抗運動が抑えるような軽量の外骨格。

　麻痺した体は義肢によって動作を取り戻し、手足が機能を始める。両膝下を切断されたあと、スノーボードのパラリンピックメダリストになったエイミー・パーディや、義肢指をフェルトペンみたいだというパラリンピックのスキーヤーのダニー・ラテンも含めて、現実の世界でも、これまでいろいろな義肢のケースは紹介されてきた。

　ロボティック・テクノロジーを利用して、多くの障害を持つ人たちがスポーツイベントに参加している。2016年、スイスのチューリッヒでは第1回サイボーグ・オリンピックが開催された。

自動車、飛行機、船、ドローン、生体工学と、ロボティクスの分野は非常に多岐にわたるものであり、軍事、商業、個人で多くの使用目的がある。ロボティクスが今後10年以上にわたって、世界最大の産業である理由もわかりやすいだろうし、最もインパクトのあるエクスポネンシャル・テクノロジーの1つだろう。

　ロボティクスはスポーツに活用することで、一層の楽しみを生み出すはずだ（第9章で説明する）。アスリートによる違法ドラッグの使用を無視した場合、アスリートは合法的にパフォーマンスを向上させることが可能だ。単にユニフォームを改善するどころか、サイボーグ・オリンピックのような特別なフォーラムでは、将来、アスリートはCRISPR〔DNAの配列あるいはゲノム編集の方法を指す。ここでは後者の意〕を通じて最適化され、遺伝子編集テクノロジーを導入してくるかもしれない。
　もちろん、ドラッグも使用されるだろうが、プレイヤーの心身を改善するものとして、安全で、検査可能で、承認されているものとなるだろう。すでに偉大なアスリートを生み出すのは、どの遺伝子であるかがわかっているのだから。

- EpoRは酸素供給を50％引き上げる。
- ACEは酸素ボンベなしで8,000mの山頂に登ることを可能にする。
- SCN9Aは、アスリートが苦痛であってもプレイを続けさせることができる。
- MSTNは超回復〔トレーニング後の筋肉がダメージから回復する過程で増強されること〕のときに筋肉量を2倍にする。
- PEPCKは乳酸を伴わずに、エネルギー確保のために脂肪酸

を燃焼するため、アスリートはトップスピードで60％長い時間を走ることができる。

- TNC & COL5A1 は、肉体が腱と靭帯の損傷を受けやすいか否かを判定する。
- LRP5 は、骨密度を上昇させることによって「折れない」骨を生み出す。

　パフォーマンスを上げようという動機はアスリートに限ったものではない。こうしたイノベーションはすべての人を巻き込んでいくことになる。筋肉増強や骨格強化をもたらすドラッグや遺伝子治療は、たとえば骨粗しょう症の患者に処方される。NASAや軍事のために開発されたテクノロジーと同様に、アスリート用の機能強化製品が最終的には消費者市場に還元されていくだろう。

　Future of Sports の予測によれば、2025年までにはケガ防止の観点からアスリートの遺伝子改良が認められ、パフォーマンス強化のための治療法が認められ、あらゆる制限がまもなく取り除かれるということだ。2040年までにはスポーツ界はナチュラル選手、パフォーマンス強化選手（遺伝子操作やドラッグだけでなく、生体工学の使用を含めた選手）、ロボット選手の3種類に分類される可能性がある。そして、誰が一番かを決めるために、3つの団体のチャンピオンが戦うことになるだろう。

家計管理上の意味合い

1. ロボットの登場で数百万の仕事が消滅する。自分の仕事がロボットに代替され、消滅するか否かを判断するべきである。消滅しそうなら、新しい仕事で使えるスキルや能力を、いますぐ磨き始めるべきである。この件については、第14章で詳述する。

2. 自動車はスマートフォンのように新製品の登場サイクルが速くなる。新しいテクノロジー（最重要の安全性システムを含めて）によって、自動車の劣化を待たずして買い替えるようになる。中古車の価値はこれまでよりも下がる。したがって、新車を買う前にはよくよく考えるべきであるし、もう2度と新車を買う機会はないと考えるべきなのかもしれない。リースを考えるべきだろう[22]。

3. 近い将来、自動車保険を解約する計画を立てておくべきである。

4. 地方債の購入はやめるべきである。地方公共団体では自動車関係の収入が激減するため、地方債の金利支払いが困難となる可能性がある。地方債の信用格付けは暴落し、金利が上昇する可能性がある。これにより、すでに発行されている地方債の価値は下がることになる。

5. ロボティクスによって自社製品が廃れてしまうため、国内最大規模の多くの企業は衰退したり消滅したりするだろう。この点は、読者の投資ポートフォリオに大きな意味を持つ。第17章で詳細を説明する。

---

22. リース車についてさらに知りたい場合には、『家庭の金銭学』の第50章を参照されたい。

ナノテクノロジーと素材科学

Nanotechnology and Materials Science

　これから経験する巨大な変化の中には、サイズを小さくするイノベーションが含まれる。

　巨大な変化である微小テクノロジーの話、1mの1/10億の単位であるナノメートルの世界について見ていくことにしよう。全体的なイメージとして、人間の髪の毛や紙の厚さは10万ナノメートルだが、ナノテクノロジーでは100ナノメートル未満の大きさを扱うため、1つ1つの原子や分子を操作することも多い世界だ。

　ナノテクノロジーの技術はすべてを変化させつつあり、機械学会によれば、ナノテクノロジーによって未踏の領域がなくなり、2020年までには相当範囲で使用されることになる。

　プロローグで見たように、その発明以来、コンピュータはサイズを小さくしてきたが、すでにトランジスタの大きさは14ナノメートル幅しかない。2020年までには5ナノメートル、2025年には1ナノメートルの幅になっているだろう。

　個々の原子には大きな違いがあり、砂とシリコンチップの違いは原子の配列の仕方にもよる。ちょうど石炭とダイアモンド

が同じ素材であるように、病人も健康な人も同じ人間であるようにだ。

混乱させてしまっただろうか？　別のたとえをすると、26文字のアルファベットという素材は同じでも、並べ替えるだけでdogがgodになるように、ナノテクノロジーで原子レベルを扱えるということは、その組み合わせを変えるだけで、いろいろな素材物質を作れる可能性があるということだ。

Incidentally ちなみに……
スタンフォード大学の研究者は、3Dプリンターを使ってカーボンナノチューブ製のコンピュータチップを作り出した。研究者らによればそのチップは、現状で最高のチップの1,000倍の処理速度がある。

ナノテクノロジー分野の成果はすでに市場取引が行われるまでになっており、テニスラケット、こぼれ防止塗料、ナノテクノロジー機能を持つ化粧品などを購入することができる。スマートフォンは2018年までに、Tic Tac〔アメリカの粒状のお菓子〕サイズのプロジェクターを使って、スマホ上に浮かぶホログラム画像を投影できるだろう。

ナノテクノロジーの進歩は目覚ましく、その影響は超高収穫農業、環境修復、ゼロ汚染製造、個人用宇宙船にまで及んでいる[23]。

ただし、ナノテクノロジーの応用では、医療面が一番興味深い。人工血液細胞が体内をめぐり悪い病気や細菌を破壊し、超小型ロボットが靭帯の断裂や血管の詰まりを修復し、緑内障や胃のバイパス手術をやってのける。超小型ロボットによって歯

---

23. デイター！　デイター博士を呼んでくれ!

科治療は素早く痛みを伴わないものになり、切開も感染症リスクもなく、治療コストは9割も下がることになる。

　ナノテクノロジーの可能性は無限であり、ベンチャーキャピタリストによる投資も、2005年の40億ドルから、2015年までには1兆ドルへと増加していると国立科学財団が報告している。こうした莫大な資金によって、画期的なイノベーションが市場に出回るまでそれほど時間はかからないだろう。

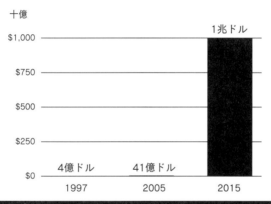

図4-1｜ベンチャーキャピタルによるナノテクノロジー投資金額

　ナノテクノロジー最大の成果の1つとして、かつてないほどの新素材が登場している。
　特に、グラフェンという世界初の2次元物質が注目されている。グラフェンとは、世界で最も薄い物質であり、ちょうど原子1個分の厚みしかない。
　グラフェンは、地球上で最も豊富な鉱物の1つであるグラ

ファイトからできあがる。グラファイトとはHB鉛筆の芯だ[24]。大雑把にグラフェンについて説明すると、グラファイト(鉛筆の芯)で紙の上に直線を書くと、ナノレベルでいえば、紙の上にグラファイトが積み上がって残る。その積み上がったグラファイトをピンセットで一番上の層からはがしていく。ナノレベルで1層また1層と次々にはがしていった場合、最後には1層だけが残ることになる。それがグラフェンだ。

グラフェンとは現在最も強い素材であり、強度は鉄鋼の200倍で、ゴムのような柔軟性を持つ(大きさが元のサイズの120%まで伸縮する)。ほぼ完全に透明で、97.7%の光伝導性があり、シリコンの150倍の導電性を持つ。液体やガスに対しては完全な不浸透性を示し、ほぼ重量ゼロという素材だ。

何十年もの時間をかけて、グラフェンは科学者の手で理論化されてきたが、2004年になって初めて、実験室で剥離が成功した。現在ではグラフェンを使った特許が2万5,000以上も存在している。

Incidentally ちなみに……
イギリスの国立物理学研究所によれば、グラフェンの特許の半数は中国企業が申請している。これは驚くべきことではない。世界で知られているグラファイトの70%は中国に埋蔵されており、中国の5カ年計画(2016〜2020年)ではグラフェンを「戦略的重要素材」と位置づけている。

---

24. その通り。鉛筆は鉛ではなくグラフェンを含む。公園道路(parkway)を運転(drive)するが、車道(driveway)に駐車(park)する。なぜこういういい方をするのかはわからない。

グラフェンの潜在的な利用法としては、次のようなものがある。

コンピュータ：モバイル・デバイスから住宅までのすべてに電力を供給できる超寿命バッテリーや太陽電池。現在最速のものより100倍速いコンピュータ。スマートフォン用のタッチスクリーン、液晶ディスプレイ、オーガニックLED。超薄型で、伸縮性に優れ、壊れないタブレットやテレビ。

環境：グラフェン素材の製品は、放射性廃棄物と有害流出物を取り除くことが可能。海水脱塩用の水のフィルタリングシステム配備、バイオ燃料の生成や太陽電池の改良も。

航空：グラフェン注入電導性塗料は、飛行機から氷を取り除くことが可能だ。空気注入式の軽量化救命ボートと救命スライドを飛行機に組み込める。

産業：グラフェンは圧力をかけると電気を発し、ラジオ電波を吸収する。音響変換器として利用できるのだ。また、ほかの材料よりも速い化学反応を生み出す。保温性管理と構造材の生成に使用可能である。潤滑剤としての使用もできる。

軍事：グラフェン性の防弾チョッキを軍人用や車両用に製造できる。

健康管理：グラフェンの「足場」は、脊髄損傷を修復するために使うことができる。微生物の探知と診断。血糖値、ヘモグロビン、コレステロール、DNA塩基配列の測定。患者の呼吸、心拍数、心臓運動、インプラントのパフォーマンスの測定。医療画像処理の実行。がん治療法のデリバリー。グラフェンは組織再生にも、バイオニックデバイスにも使用可能だ。バイオニックデバイスではニューロンと直接つながった生体組織に移植し、麻痺を抱える人々を動けるようにできる。

本書執筆のための調査に数年間をかける中で、私と同僚は企業、政府、大学、そのほかの学術ジャーナルによるナノテクノロジー・イノベーションに関する数

百の発表情報を収集した。ここにその詳細は説明しないが[25]、これからやってくるもののリストを見たいだろうから紹介しておこう。

ナノテクノロジーが可能とすることには、次のようなものがある。

● 予防、発見、処置、治療に関するもの
　・にきび
　・加齢
　・アルツハイマー病
　・自己免疫疾患
　・脱毛
　・失明
　・脳挫傷
　・がん
　・糖尿病
　・心臓病
　・HIV
　・感染症
　・不妊
　・記憶障害
　・ニコチン依存症
　・骨粗しょう症
　・パーキンソン病
　・虫歯
　・視力障害

● 実験室にて2週間で本物のダイアモンドを成長させる
● 世界最速のコンピュータを生み出す
● 有毒ガスと気体汚染物質の検出
● 温度が上昇するにつれて強力となる泡で消火する

25．400ページ以上の資料を本当に見たいなら、電話をしてくれ。

- 石油パイプラインとガスパイプラインの修復
- 抗菌、静電気防止、摩耗防止剤で床を覆う
- ムール貝とエボシ貝から取れる天然接着剤で強力接着剤をより強力にする
- 綿衣類に関するもの
  - 有害バクテリアが付近に存在する場合に警告を鳴らす
  - 有害ガスを収集する
  - 色を変える
  - 移動する際に私たちの体からエネルギーを集め、そのエネルギーを利用して電子デバイスを充電する
  - コンピュータネットワークと通信する
  - 通電させる
  - 音と光を電気信号に変えて、コンピュータが理解できるようにする
  - 爆発を探知する
  - バクテリアを殺菌する
  - 健康状態をモニターする
  - 汚れない
  - 放射能から防御する
  - マラリアを回避する
  - 温める、冷やす
  - シャツやドレスにトランジスタを織り込む
- インクを使わずにごく明るい色をペイントする
- 電話とタブレットのスクリーンに傷や汚れがつかない、防水にする
- 安全でないものを食べないよう、腐敗した肉から排出されるガスを検知する
- こぼれた油をきれいにする
- 養鶏場での鳥インフルエンザ発生を検知する
- 60秒でバッテリーに充電する
- タイピングの仕方によってユーザーを識別するキーボード
- 書き込み用紙に関するもの
  - 20回以上消したり書いたりできる
  - 事実上破けない、木を使用しない、通常の紙より24倍強い、防水の、汚れにくい、破損防止された、沈まない、耐火性のある、しかし覚書や最も重要な一節を記載できる

- 蚊やほかの虫を殺す
- 90％の変換率で光を熱に取り込む
- トラクタービームで対象をはじき、引き寄せる〔トラクタービームは、SF作品に登場する物体を移動・誘導する装置〕
- 目に見えないようにするか、見た目をまったく違うものにするコーティングを施して対象を隠す
- 犬よりも臭覚の強い探知によって爆弾を発見する
- 塗料に関するもの
  - ・熱い製品に触れないよう、高温に晒された際に色を変える
  - ・可聴域の周波数を作り、塗装面をスピーカーに変える
- 数分間で安価に遺伝子検査を行う
- 昆虫から貯蔵穀物を保護する
- 偽造品を取り除く
- 核燃料を貯蔵する
- 血液検査を数分で行う
- 暑いときには太陽エネルギーを90％以上ブロックし、熱と冷却費をカットする建物を構築する
- 感触、湿度、温度を感じる人工皮膚を製造する

家計管理上の意味合い

1. ナノテクノロジーの優れた特徴を自慢して、製品を買い替えたり、グレードを上げたり、新しく買い揃えてみたりすると、たくさんのお金がかかることになる。ナノテクノロジーの新しい服や家具やカーペットが欲しい、壁をペンキできれいに塗り直したいなど、いろいろやりたいことがあるだろうが、こうしたものを手に入れるのに、収入がいくら必要になるのか推計すべきである。

2. 新しい医療製品や治療オプションが提供される結果、健康管理面は劇的に改善されるだろうが、医療費や娯楽費の両方でお金がかかることになる（より健康になれば、よりアクティブになるため）。

3Dプリンティング

3D Printing

3Dプリンティングほど想像力をかき立てる革新的なテクノロジーは少ない。

3Dプリンティングは、実にシンプルだ。設計された製品が完成するまで、小さな材料を積んでおくだけで、3Dプリンターはデジタル上の設計モデルから物質的な製品を作り出すことができる。製品は数千の材料から製作することが可能だ。たとえば、金属、プラスチック、ワックス、ゴム、複合材料、ナイロン、コンクリート、あるいは食べ物も含まれる。

3Dプリンターを使うと、研究費、開発費、製造費を減らすことができ、実質的にゴミを生み出すこともなく、個人向けにカスタマイズしたものが製造可能になる(BMWが1万種類ものオプションを提供できる理由はここにある)。ほかの革新的イノベーション同様、3Dプリンターも価格が急激に下がっている。2007年には4万ドルであったところ、現在では150ドルで購入できる。たった9年間で大きく値下がりしたということだ。

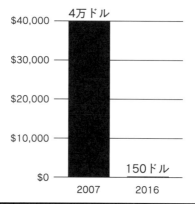

$40,000 ─ 4万ドル
$30,000
$20,000
$10,000
$0 ─   150ドル
        2007   2016

図5-1 │ 3Dプリンターの急速な価格の下落

　3Dプリンターは、軍隊やNASAなどでも利用されており、海軍のF35戦闘機では900以上の部品が3Dプリンターで製作されている。NASAでは長期滞在する宇宙飛行士のために3Dフードプリンターの開発用資金を積み立てている。

> 3Dプリンターが標準的なキッチンの装備器具になれば、パウダーやオイルのカートリッジを利用して、家族はディナーをプリントできるだろう。健康的で、おいしく、ダイエットに必要な栄養がすべて含まれているはずだ[26]。

　3Dプリンターの利用は政府関係に限らない。ハーバードの材料研究科学工学センターでは、1万ドル未満の3Dプリンターを使って電子回路をプリントしている。FDAはSpritam〔レベチラセタムの商品名〕という、てんかん患者の発作を抑える薬を

---

26. ハワイ行きの航空券を買って、デイター博士に会いたくなっただろうか？

3Dプリンターで製造することを承認した(従来の方法で製造された Spritam に比べて、出荷が速く投与量が高まり、溶けやすい錠剤を提供できるようになった)。

　3Dプリンターの最大の長所の1つは複雑な構造を極めて正確に製造できる点にある。ミシガン大学の医師は気管障害を持って生まれた新生児用に、3Dプリンターを使って気管挿管用のスプリントを製作している。別の医師たちは5,000ドルの3Dプリンターを使って20ドルの材料だけで耳、椎骨、肋骨、指を失った子供の義肢を作っている。

　オックスフォード大学では、科学者が人間の毛髪の半分の幅の材料を製造して、医療機関に提供したり組織の代替にしている。ドイツのマックス・プランク協会では、血管を移動できるロボットを製造して1カ所に集中して薬を投与したり、軟骨のような欠けた物質を運んで供与したりしている。一方で、ドイツのシュトゥットガルト大学のエンジニアは、注射器の中に入るほど小さなサイズの3つのレンズを持つカメラを3Dプリンターで作っており、そのレンズは人間の体内を探索するのに使うことができるため、病気の診断や治療に役立つ。

　消費者にとってうれしいニュースとしては、3Dプリンティングによって、あらゆる持ち物がカスタマイズできる点にある。誰も持っていない宝石、芸術品、洋服もすべて3Dプリンターで作れるようになる。Nike の世界最軽量のランニングシューズ Flyknit は、3Dプリンターを使って製造されている。ディズニー・ワールドでは、女の子は自分のイメージをお気に入りのディズニー・プリンセスの肖像にトランスフォームして、自分の顔になったレプリカを3Dプリンターで作ることができる。

Gartnerの試算によれば、3Dプリンターによる収入は、2015年には16億ドルだったが、2019年までには146億ドルになり、成長率は815％である。ただし、この試算は驚きでもなんでもなく、むしろ4Dや5Dプリンティングの登場によりさらなる加速が期待されている。

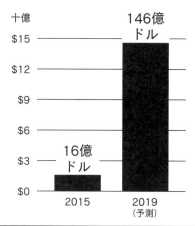

図5-2│世界規模の3Dプリンターの収入

　4Dプリンターは、時間、日差し、音、温度、湿度、そのほかの環境変化に応じて、必要なときだけ配備して、製品を作る。たとえば、パイプに穴が開いたとかヒビが入ったときだけ被覆が必要な場合である。日差しが強いときだけ開けばよいビーチパラソルのようなものだ。
　5Dプリンターは、さらに一段上の話となる。配置したあとに必要がなくなれば、製品は元の状態へ戻っていくのである。ジョージ・ジェットソン〔アニメ『宇宙家族ジェットソン』の

キャラクター]のブリーフケースのようなものだ[27]。

　3Dプリンターほどワクワクするテクノロジーは少ないだろう。スタートレックのレプリカを、家庭に、いつでも、すぐにインストールできるとはいい切れないが、3Dプリンターによってだいぶ近づいてきたことだけは確かだろう。

家計管理上の意味合い

1. キッチンや書斎を改装する計画があるなら、3Dプリンター用にスペースを確保すべきである。

2. 3Dプリンターテクノロジーを開発し使用する企業に対する投資機会については、第17章で詳しく扱う。

---

27. そう、ジョージ・ジェットソンだ。彼のことは父上に聞いてみよう。

医学と
神経科学

Medicine and Neuroscience

　老化というものがない世界を想像して見よう。これはまったくありえない世界ではない。というのも、加齢とは人生に備わった性質のものではなく、単なる病気の一種にすぎないからだ。そう考えれば、処置も治療も、予防ですら可能ということになる。

　多くの方々が気づいているだろうが、現在の高齢者は、何十歳も若い人たちと同じようなことをしている。たとえば、ノーラ・オッチスは98歳で大学院の修士課程の学位を取っている。ラス・フラワーズは82歳でプロのDJをしている。アーマンド・ゲンドリューは101歳のスカイダイバーだ。ジョハンナ・キュアスは87歳の体操の選手。ダン・ペルマンは現在100歳で、シニアオリンピックで5つも世界記録を打ち立てている。シャーリー・クレアは87歳のときにテレビショーの『America's Got Talent』でシナトラのヒット曲『The Best Is Yet to Come』を熱唱した。
　それからエド・ザロウィンは、2015年にニューヨーク市立大学ハンター校の男女クロスカントリーと陸上チームのヘッドコーチを解任されたのち、88歳で年齢差別訴訟を起こした。

現在、60歳並みの健康を誇る100歳以上の高齢者が注目されているが、まもなくそんなことはあたり前になってくるはずだ。ここには、もう1つの曲線の膝が誕生している。

　1900年時点での平均寿命は47歳だった。Society of Actuaries〔数理業務の専門家会〕によれば、現在のアメリカ人の平均寿命は男性86.6歳、女性88.8歳だ。そして、IBMのワトソンが砂粒のサイズになるように、平均寿命は延びていく。事実、国立老化研究所によれば、毎年1年経過するごとに寿命は3カ月延びていく。2036年までには、毎年1年以上も寿命が延びるようになる。つまり、長生きするほど、ますます長生きするということになるのだ。

　したがって、100歳以上長生きすることは想定内のことになるだろう[28]。

Incidentally ちなみに……

理解するために説明が必要かな？　私の友人であり同僚で、エイジング分野で世界を主導する権威であるケン・ディヒトヴァルドによる説明を紹介しよう（ケンは心理学者であり、老年学者であり、16冊のベストセラー作家であり、エイジング問題を研究するシンクタンク Age Wave の創設者である）。私のラジオショーに出演中、ケンは視聴者に Google の2つの画像を示した。1つ目はホイッスラー〔ジェームズ・マクニール・ホイッスラー。19世紀後半に活躍した耽美主義の画家〕の母の絵で、1871年に描かれた67歳のときの母親の姿だ。もう1つはソフィア・ローレンの写真であり、現在80代でありながら、1960年代に人気映画女優であった頃のように、スター・ソフィアは元気はつらつで、健康的に見える。

---

28. 指数関数的な成長曲線について、プロローグの図P-6を思い出そう。

なぜ、これほど劇的に平均寿命が延びているのだろうか？ 1つ目は、公衆衛生の向上のおかげだ。衛生状態がよくなり、水がきれいになり、栄養状態がよくなった。そのため、病気を妨げ、感染に対する回復力が改善したのである。2つ目は、麻酔薬や抗生物質から、X線やCATスキャンまでのすべての医療テクノロジーの進歩が加わったことだ。格段の効率性を持って医師が診断と措置を行えるようになった。

　医学と神経科学の来るべき進歩は、私たちをどこまで連れていってくれるのだろうか？　レイ・カーツワイル博士によれば、人間の寿命は永遠となる可能性があるという。ジム・デイターもいっていたが、ばかげた話だなんて切り捨てる前に、2016年『タイムズ』誌が「レイ・カーツワイル博士こそ、世界の7賢人の1人である」と掲載した理由に注目していただきたい。カーツワイル博士は、Googleのエンジニアリング部門の役員であり、ハーバード大学の教授で、シンギュラリティ大学の創設者でもある[29]。世界を代表する著名な科学者で、国家技術賞の受賞者であり、20もの博士号を持ち、合衆国大統領から賞を授与され、ベストセラー本の著者でもある。そんなカーツワイル博士が、「人類の寿命は永遠となるかもしれない」といっているのだから、無視する代わりに、この言葉をよくよく考えてみるべきだろう。

　ここではカーツワイル博士の説が正しいと説得しているわけではなく（カーツワイル博士の著作は皆さん自身で確認してほしい[30]）、私のテレビ番組で博士をインタビューした際のエピ

---

29. 私のテレビ番組に出演したあと、シンギュラリティ大学へ私を紹介したのはカーツワイル博士だ。

30. 私がお勧めする書籍一覧は巻末にある。

ソードを紹介しているにすぎない[31]。過去10年間で、平均寿命は2倍以上に延びた事実を確認したうえで、「今後、どれくらいまで延びるのでしょうか?」と私が質問したとき、カーツワイル博士に「寿命が止まると考える根拠は何ですか?」とぶっきらぼうに問い返された話をしているだけだ。

　私のテレビ番組でのカーツワイル博士のこの発言から火がついて、2015年『タイムズ』誌では、今年生まれた赤ちゃんの平均寿命は140歳以上であると予測を始め、『ブルームバーグ・ビジネスウィーク』誌では、私たちは永遠に生き続けるかもしれないといった特集を組み始めるようになっていった。

　医学と神経科学と合成生物学における急速な進歩が、こうした考え方を支えている。現在の科学者は、DNAとはソフトウェアであり、特定の順番で並べられた4文字の配列であると考えて、その配列の並べ替えや配列の中に新しい要素を入れ込む方法を研究している。

　こうした試みは、ヒトゲノムの配列を決定することから始まった。この成功の物語は、それ自身が指数関数の力の優れた例であるといえるだろう。ヒトゲノムプロジェクトが1990年に始まった当初、解明するまでに15年、費用は60億ドルかかると安易な想定がされていた。ところが、研究開始から7年が経過した時点で解明できたのは、ゲノム配列の1%にすぎなかった。そのため、そのペースでいけば、プロジェクトが完了するまでには700年かかるだろうと考えられた。しかし、多くの人々が想定していなかったことは、毎年2倍の速度でゲノム配列の解明が進んでいたという点だ。結果的に、プロジェクト

---

31. インタビューは ricedelman.com に掲載された。

はたった4年後に完了してしまった。当初スケジュールよりも2年早く完了し、費用も27億ドルと予算の半分未満であった。

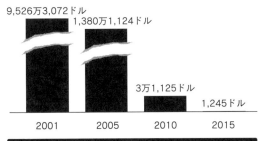

図6-1 | 指数関数的に低下するゲノムあたりの費用

しかし、ここで話は終わらない。現在では、ゲノム配列を検査するコストは1,000ドル未満だ。しかも結果は1日で判明する。2020年までに費用は1ペニー未満になり、結果は検査とほとんど同時にスマートフォンへ送られてくる可能性が高い。

2020年までにすべてのがんはゲノムの名前に変更されるだろう。「肝臓がん」とか「肺がん」という名前が利用されなくなるということだ。乳がんや卵巣がんのリスクが高いか否かを評価する際、すでにBRCA1ゲノムとBRCA2ゲノムいう病名を使っているが、ほかのがんについても同じような呼び名を用いることになるだろう。極度に検査精度が向上することは、ヘルスケア改善の追求に極めて重要な意味を持つ。

ニコラス・ボルガのケースを見れば、遺伝子治療の将来がかなり見えてくるはずだ。ニコラスは遺伝子操作治療を受けた初めての子供だ。4歳のときに原因不明の病にかかって、死を待つだけの運命にあった。医師たちは16,000以上の遺伝分散を評

価し、病原遺伝子を発見して、輸血によって変異遺伝子を普通遺伝子に置き換える治療を行った。その結果、2011年にニコラスは病気から回復した。

　こうした進歩は医学の性質そのものを変えていき、実際に再生医療という新たな分野を登場させた。
　再生医療では、年齢、疾病、精神的外傷による損傷を受けた細胞を入れ替えるために幹細胞を利用する。ロスアラモス国立研究所ではウィルスDNAをたった数時間で判定するソフトウェアを開発し、以前の方法の25万倍のスピードを実現している。mChipはHIV検査を数週間から数秒へと短縮し、検査に要する血液を1瓶から1滴に、検査費用も1ドルにまで引き下げた。

　バイオテクノロジーは、医大や実験室に限ったものではなく、インターネットを通じて自由に道具を使い、誰でも実験室が作れるようになっている。マニュアルで完成できるウィルス組み立てキットは、オンラインで広く入手可能となっている。
　たとえば、Autodeskでは、合成生物学のインターフェイスを提供しており、高校生はオンラインでDNAをプログラムすることが可能だ。14歳の中学3年生であるジャック・アンドラカは、GoogleとYouTube上で見つけた情報を使って、すい臓がんの初期検査方法を編み出してしまった。ジャックによれば、この検査方法は、従来の方法に比べて検査精度は100倍、検査スピードは28倍、費用は1/2万6,000ということだ（たったの3セント）。彼の発明の確実性を立証するには数年間かかるだろうが、ジャックの功績が医療の研究開発の新時代の先駆けとなることだけは誰もが認めることだろう。未来の高校の科学プロジェ

クトによって、高校の生物学実験室や家庭の地下室で、新しい医薬品を開発する生徒が登場することはほとんど疑いがない。

　バイオテクノロジーで一番注目されているのは、2015年に『サイエンス』誌で「ブレークスルー・オブ・ザ・イヤー」に選ばれ、『MITテクノロジー・レビュー』誌にて「画期的なテクノロジー10」の1つに2度も選ばれた、CRISPR/Cas9システムだ[32]〔ゲノム編集テクノロジーの一種。CRISPRは特定のDNA領域を指す〕。

　2016年には国立衛生研究所のアドバイザリー委員会ががん治療法としてCRISPR/Cas9システムを承認した。同システムを利用した人間の肺がん治療の試みは、すでに中国で始まっている。がん治療だけでなく、自閉症、統合失調症、アルツハイマー、双極性障害の治療にも試験的に使用されている。科学者によれば、あくまでも実験結果にすぎないものの、人間の細胞からHIVを除去する方法も判明したと報道された。

　事実、CRISPRに関する数千の調査論文が発表されており、数百や数千の後続イノベーションが進行している最中である。そして、CRISPRの利用は人間に限られない。世界中のあらゆる動植物の種にCRISPRが存在するからだ。酵母はバイオ燃料を作るために改良されており、穀物は病気に対する抵抗力を持ち、より少ない水で成長し、より高い収穫を生み出すように改良されている。生物学者は茶色でないマッシュルーム、マラリアを広めない蚊、ミルクを多く出す牛、味のよいトマト、プラスチック廃棄物を食べるバクテリアを作っている。科学者は絶

---

32. CRISPRとは、Clustered Regularly Interspaced Short Palindromic Repeatsの略だ。ご満足いただけただろうか？

滅した種の再生さえ試みているのだ[33]。

　穀物の品種改良という考え方に難色を示す人もいるだろう。ただし、品種改良は、もう何千年にもわたって行われており、現在では、単に分子レベルで植物に手を加えて操作可能になったというだけだ。あるいは、品種改良を極めて上手に行えるようになったというだけだ。植物の遺伝子操作が実施されたのは2000年のことであり、7年間の試行錯誤の結果だった(7,000万ドルのコストがかかった)。現在では3分間もかからない(100ドル以下のコストでできる)。その結果がArctic Appleであり、2015年にFDAに承認された。切り口をそのままにしていても、普通のリンゴと違って、1日や2日では痛まないリンゴが完成したのだ。

　同様に、私たちは30年以上も遺伝子組み換え種子を使ってきた。合衆国に植えられた綿の93％が遺伝子操作されている。大豆では94％、トウモロコシでは92％が遺伝子操作されている。全体としては、1兆以上の遺伝子操作された食品が世界中に提供されている。遺伝子操作された穀物は、水や農薬をあまり必要とせず、鋤による耕作畑もあまり必要としない。土壌侵食もあまり引き起こさず、農場1エーカーあたりより多くの食料を生産でき、農家により多くの収入をもたらし、より多くの食料を人々にもたらしている。世界人口の1/7は十分な食べ物がなく、毎年500万人の子供が栄養失調で亡くなっている現状からすれば、こうしたテクノロジーの進歩は極めて価値があるといえるだろう。

---

33. 私は科学者といったかな？　ティーンエイジャーも試してみよう。約100ドルで、自分自身のCRISPRキットをオンラインで買える。高校のサイエンスフェアはいつまでも同じものではないだろう。

遺伝子操作をしているのは植物に限ったことではない。実験室で細胞から育てられた試験管の培養肉は、病気や汚染に抵抗力がある。本質的には1頭の牛から、つまりその牛のDNAから、世界をまかなうだけの食料を作ることができる。

　この場合には、わざわざデイター博士を思い出す必要もないだろう。牛の細胞から牛肉を育てる試みは、2013年のオランダの実験室で、約1/3ポンドのハンバーグパティを生み出すことから始まった。そのために研究者は数年間と約40万ドルの費用をかけることとなった。3年後、サンフランシスコにあるほかの実験室で牛と鶏と豚の細胞からミートボールを作り上げた際、費用は1万8,000ドルだったため、値段の落ち込み方はムーアの法則以上になっている。Memphis Meatsというミートボールを作った企業では、2021年までには販売できるほど十分に価格が下がると発表したので、地方のファストフード店で、実験室で育てられた牛肉を使ったバーガーを注文できるまで、そんなに時間はかからないだろう [34]。

> column
>
> 実験室で肉を作るということは、家畜を飼う必要がないということだ。コーネル大学農業生命科学部の環境学教授デイヴィット・ピメンテルによれば、合衆国で乳牛や鶏や豚の飼育に使われている穀物を、その代わりに人間が消費するとすれば、世界中の8億4,000万人の食事をまかなうことができる。現時点で世界人口の17%が飢餓に苦しんでいるが、アメリカ農務省によれば、2026年までにはたった6%にまで下がるそうだ。新しいテクノロジーはその助けとなるだろう。

---

34. よろしい、いまこそデイター博士に電話できるだろう。

動物の倫理的扱いを求める人々(PETA)を含め、こうした研究の支持者たちは、このイノベーションが地球規模での動物虐待を終結させる可能性があると考えているようだ。

　同様に、虫の遺伝子操作も進んでいる。子孫を増やせない蚊を作り出すことで、デング熱やチクングニア熱、最終的にはマラリアやジカ熱を排除できると科学者は期待している。こうした蚊が7,000万匹以上、これまでにケーマン諸島、マレーシア、ブラジル、パナマ、フロリダで放出されており、90%も感染率が低下している。

　こうしたテクノロジーの進歩は、寿命を延ばすだけでなく、人類の健康にも役立つだろう。気分よく、若々しく行動できるようになるはずだ。実年齢95歳にして、55歳の体を持つことも可能となるかもしれない。

　これらすべてが意味することは「P4メディシン」と呼ばれるものであり、医学は個別化され(personalized)、予測可能で(predictive)、予防可能で(preventive)、参加型(participatory)になっていくだろう。

Incidentally ちなみに……
プラント・バイオテクノロジー企業の 22nd Century Group では、ニコチンの量が極端に低いタバコを開発した。USDAはそのタバコの輸出を承認した。喫煙というものは再び社会で受け入れられるだろうか？

　事実、現在の医学最大のブームは美容強化だ。2014年、合衆国では800万人が処置や美容外科手術を受けた。これは2000年時の2倍にあたる。現在、合衆国の成人の半分以上が美容整形

を検討している。

　美容手術を受けるアメリカ人の数は、過去10年間で、白人では38%、アフリカ系アメリカ人では72%、ヒスパニック系アメリカ人では77%、アジア系アメリカ人では146%上昇している。こうした傾向は合衆国に限ったことではなく、韓国では女性の5人に1人が美容整形手術を受けている。イランの女性は鼻形成術で世界をリードしており、ブラジルでは整形手術は非課税対象だ。

　たとえば、MIT（マサチューセッツ工科大学）とハーバード大学の科学者は、目の下のたるみとしわを消すために、顔の上に「ペイントできる」、一般的な無毒成分から作られる目に見えないフィルムを研究している。170の対象をテストしている間、アレルギー反応が出たとの報告はされていない。ただし、研究者によれば、このテクノロジーの目的は美容強化を目指したものではなく、乾癬や湿疹のような皮膚の病気に対する画期的な治療として考えているということだ。

Incidentally ちなみに……

2014年、RealSelfというWebサイトには5,100万人が訪れた。同サイトでは、以下について詳細情報や内科医への紹介状を提供している。

- ボトックス注射
- 豊胸あるいは胸の縮小
- セルライト処置
- 化学的表皮剥離
- 顎のインプラント
- 歯のインプラント
- 二重施術
- リフトアップ治療

- 脱毛、毛髪移植
- 口唇拡大術
- 脂肪吸引
- ラミネートベニア
- 鼻形成術
- 皮膚の美白
- 入れ墨の除去
- 歯のホワイトニング

外見をよりよく見せたいとの願望は、単なる虚栄心からくるものではないようだ。多くの研究が実証してきたように、顔や体のフィジカルな改善に伴って、自尊心は強くなる。そして、パーソナル・ファイナンスにも影響を与える。エコノミストのダニエル・ハマーメッシュによれば、見た目が人並み以上の人は、見た目が人並み以下の人よりも、職業人生を通じて、23万ドルだけ多く稼ぐらしい。

　私たちはすでに美容整形手術によって自分を変えることが可能だ。そして、バイオテクノロジーの進歩によって、まもなく生理学的にも自分を変えることが可能になるだろう。自分のDNAを組み換え操作することによって。したがって、胎児の段階の子供の遺伝子を変える日がやってくることも容易に想像できる。

　こうした試みはすでに現実となっており、カリフォルニアのHRC不妊治療クリニックを受診するご夫婦の20％は、妊娠しないからという理由で受診するのではなく、男の子か女の子かをどちらか選びたいために、医師を雇っている。このクリニックでは、試験管内での妊娠の着床前診断を利用して、両親に受精する胚をどれにするか選ばせている。費用は2万ドルだ（現時点では保険適用外となっている）。

　現時点で赤ちゃんの性別を選択できる以上、赤ちゃんの身長、体重、利き腕、髪の色、運動能力、知性、性的指向を選択できるようになるのも、時間の問題だろう。

　こうしたことがよいか悪いかという話をする代わりに、ここで私がいいたいことは、この章で説明してきたような進歩を考えれば、皆さんも老化というものを考え直す必要があるという

ことだ。現在想定しているよりも、30年なり50年なり長生きするとなれば、皆さんやご家族にとって、それがどのようなことを意味するのか考えておく必要がある。

家計管理上の意味合い

1. 定年退職、職業、収入、娯楽に関する自分の想定を再検討すべきである。

2. 年齢、健康状態、寿命にもとづいて、ファイナンシャル・プランを大きく変更すべきかもしれない。数十年間長生きすれば、老後生活、投資、保険に深刻な打撃を与えるだろう。本件については後述する。

エネルギー
と環境システム

Energy and Environmental Systems

　私たちが私たちの惑星を散らかしていることは間違いなく、
環境への影響も考えずに都市は桁外れの成長を遂げているため、
地球を不安定な状態にしている。幸運にも指数関数的テクノロ
ジーのイノベーションがさらなる環境汚染を止める可能性があ
るばかりか、環境の修復をもたらす可能性すらある。

　すでに見てきたように、すべての物質は原子でできているが、
有害ヘドロも原子で構成されているため、ヘドロを有毒物質と
しているような原子の配列を変えてしまうやり方もあるはずだ。
　2015年にロッテルダムで始まったスモッグ・フリー計画のよ
うな驚くべき努力が進行中である。その特徴は23フィートの
高さを持つ世界最大の空気清浄器であり、大気から汚染物質を
取り除くだけでなく、汚染物質を圧縮して小さなキューブや
ファッションジュエリーにしてしまう。責任者によれば、世界
中の都市にたくさんのタワーを建設する計画だ。

エネルギー

誰でもエネルギー問題のことは知っているだろう。天然資源のほとんどは手に入れることが難しく、作り出すのが危険で、購入するには値段が高く、私たちの健康にとって危険であり、使用すると環境を破壊する。風のような相対的に良性のエネルギーの多くは、非常にコストがかかるため、政治的には人気がない（どのくらいひどいかといえば、NIMBY[35] だった頭文字が BANANA[36] に置き換えられたほどだ）。

幸運にも、私たちの目の前に解決策がある。正確には頭上に。

そう、太陽だ。

太陽は私たちが必要とするエネルギーの1万倍を供給する。砂漠地帯の1平方キロメートルの太陽光エネルギーだけで、石油150万バレル分、石炭300トン分のエネルギーに匹敵する。北アフリカの砂漠だけで、全世界が必要とするエネルギーの40倍を太陽光発電で生み出せるのだ。

では、太陽光発電を広範囲にわたってストップさせている原因はどこにあるのだろうか？

当然、費用上の問題だ。いまの太陽光発電は、単純に値段が高すぎる。

ただし、状況は改善しつつある。1984年には1キロワット時のエネルギーを太陽光発電で作り出すには30ドルかかってい

---

35. NIMBY = Not In My Back Yard（私の庭ではやめて）。

36. BANANA = Build Absolutely Nothing Anywhere Near Anybody（絶対に、どこにも、誰の近くにも作るな）。

たが、いまでは16セント未満になった。価格面では1/200となっている。コストはさらに下がるだろう。24カ月ごとに半値になるはずだ。この価格の下落率が続けば、2040年までには世界のエネルギーニーズを太陽光発電だけで100%満たすことができる[37]。

必要以上のエネルギーをわざわざ作り出す理由がわからない人がいるかもしれないが、その理由とは、ちょうどより大きなクローゼットが必要なように、より大きなエネルギーを作り出せば、より大きなキャパシティを生み出し、そのキャパシティが以前よりも多くのことを可能にするからだ。つまり、悪循環が好循環になるのである。

技術的チャレンジによって太陽光発電の値段を安くする流れは止まらない。ただし、それだけでなく太陽光発電の貯蔵法や分配法についても理解する必要がある。太陽は夜や曇りや雨の日には輝かないからだ。世界人口の大部分は、太陽が燦燦と降り注ぐ砂漠地帯に住んでいるわけではない。可能な場所と可能な時期に太陽エネルギーを確保して、のちの使用に備えてそれを貯蔵し、独力では十分な太陽光が集められない場所へ運ぶ必要があるのだ。

いい換えれば、バッテリーのテクノロジーを劇的に改善する必要がある。未来のバッテリーは、リチウムの代わりに、ナトリウムや水といった安くて豊富な素材で作られるだろうし、ム

---

37. レイ・カーツワイル博士がいうように、そこで止まってはならない。価格が2年ごとに50%だけ下がるとすれば、太陽エネルギーが供給するエネルギーの量は、2042年に世界が必要とする200%、2044年には世界が必要とする400%、2046年には世界が必要とする800%。指数関数はお好みかな？

ラなくエネルギーを放出するだろうし（電子機器を壊す可能性のあるサージ〔高電圧ノイズ〕を避けながら）、劣化しないで、安全な状態で、リスクなく使うことができるだろう。音もなく、メンテナンスもいらず、環境破壊を引き起こす温室効果ガスも出すことはない。

　ばかばかしく聞こえるだろうか？　MITとSamsungは、再充電可能で、完全放電しない、現状バッテリーより30%小型の、オーバーヒートがありえない「ほぼ完璧なバッテリー」をすでに共同開発した。Dongxu Optoelectronics Technologyは、たった15分でフル充電でき、標準的なリチウムイオン電池の20倍の充電速度がある、しかも毎日充電して使っても10年間は劣化しないグラフェン電池を開発した。ウクライナのスタートアップ企業では、iPhoneに内蔵できる、無線充電できる装置を開発した。電源から16フィート以内にいるだけで利用が可能だ。ほかの企業でも似たような発明をしている。

　屋根の上のソーラーパネルによって安いエネルギーを生み出す世界がやってくる場合、必要なだけ貯蔵しておくにはどのバッテリーがよいだろう？　ソーラーパネルが必要以上にエネルギーを生み出すとしたら、余分のエネルギーをどうすればよいだろうか？

　多くの州や地方政府は、家庭用ソーラーパネルによる余分なエネルギーを電力会社が買うように求めている。ただし、ニューヨークのブルックリンにあるTransActive Gridは家庭のソーラーパネルで発電した余剰電力を近隣へ販売するシステムを開発し、2016年からサービスを提供し始めた。このテクノロジーは、国内の公共サービスの脅威となる。Edison Electric

Institute では「電力小売販売の減少」、「顧客の喪失」、「潜在的な衰退」というリスクに電力会社は直面していると述べたレポートをリリースした。

水、電力、熱

> 「水、水、水、いずこを見ても水ばかり
> しかも1滴も飲むことかなわず」

これは1798年に出版されたサミュエル・テイラー・コールリッジの有名な詩だ。この詩は、彼の物語に登場する水夫の運命を正確に描写しているだけでなく、世界中の数億人の運命をも描写している。

事実、国連によれば、サハラ砂漠以南のアフリカ地域に住む7億8,000万の人たちは、飲むことができるきれいな水を手に入れることができない。毎日飲んでいる、濁った、病気がはびこっている水よりも、アメリカ家庭の典型的な便器に入っている水の方がきれいだといわれている。こうした理由から、5歳以下の世界の子供の死因の1つが下痢であり、年間80万人の子供が亡くなっている。

きれいな水がないことは、貧困の大きな理由でもある。貧困部落で暮らす成人女性や少女は、1日6時間を水運びに費やすため、学校にも行けず、収入も得られない。事実、いくつかの研究が示すように、1日30分の水運びの時間が減るだけで、学校への出席が12％は増加する。

学校にいる子供たちでさえ、必要とされる真水が支給されて

いるわけではない。国連によれば、世界の学校の1/3では真水あるいは病気を引き起こさない十分に衛生的な水が手に入らず、結果的に、水関係の病気によって学習できない環境に置かれている。そのために学校へ通えない子供は4億4,300万人に上る。

　毎日子供が運ぶのは水だけではなく、動物の糞を探すことにも数時間を要している。WHOによれば、30億の人々は燃料として動物の糞を頼りにしている。

　暖を取るため、明かりのため、料理のための燃料として、女性は小屋で糞を燃やしているが、その材料たるや不健康の極みだ。結果的に、家庭から発生する大気汚染は気候変動を起こすだけでなく、肺炎、脳卒中、心臓病、慢性閉塞性肺疾患、肺がん、上咽頭がん、咽頭がん、低出生体重児、結核、白内障、火傷、そのほかの病気の原因となっているとWHOはいう。

　有毒ガスは、年間430万人の命を奪う。サハラ砂漠以南のアフリカ地域に住む人々の煙による死亡者数は、AIDSによる死亡者の4倍に及ぶ。5歳以下の子供の死亡の半分以上は煤煙によるものだ（煤煙を吸ったあとに肺炎で亡くなる）。

　これらの問題の解決策は、トイレを改良することだ。普通の質素なトイレは、過去150年以上にわたって大部分が同じ構造だが、いままさに変わろうとしている。ビル＆メリンダ・ゲイツ財団の基金「トイレチャレンジに再投資する」は、トイレの基本機能をどうするかという面で革命的であるだけでなく、世界中の数十億人の生活を劇的に改善することを目的としている。つまり、環境を改善しようという目的があるのだ。

　先進国に住んでいる私たちからすれば、トイレを使うことな

ど何の意味もないと考えるだろうから、少し大げさに聞こえる
かもしれない。トイレで水を流し、便器の中身がなくなる[38]。何
百年にもわたる巨額の費用と労働によって作られたエンジニア
リングの驚異であるこの流れが働くためには、配管工事と下水
道システムが必要だ。

　しかし、部落に住む数十億人の人々は、合衆国やほかの先進
国に住んでいる人々が享受している精巧なシステムを作り上げ
るほどの、あるいは精巧なシステムを維持するほどのお金、あ
るいは水を持っていない。ゲイツ財団では、トイレこそが水、
熱、電気という3つの問題すべてを解決できると確信している。

　ゲイツ財団が思い描くのは、インフラ、パイプ、浄化槽シス
テム、下水道を要さない自己完結型システムだ。そうしたシス
テムでは、糞便を燃やし、尿をフラッシュ蒸発させ、すべてを
同時に無菌状態にすることで、肥料、食卓塩、淡水と電気(家庭
電力として十分なほどの電力)に変えてしまう。しかも、総コス
トは1日たったの5セントだ。

　燃料確保の時間を削減できることで、子供たちが学校へ通え
るようになり、両親たちも仕事に行けるようになる。これに
よって新しい莫大な経済成長の機会が生まれ、救いがたい貧困
から自ら這い上がり、中流層へ入り込むチャンスを与えられる
ことになるだろう。

　新しいトイレから恩恵を受けるのは第3世界だけではなく、
先進国にも驚異的な価値がある。多くの国々では、何世紀も前
の下水道システムが崩れかけており、莫大な量の水をムダにし
て、環境破壊を引き起こしている。この新しいシステムは、数

---

38. 排泄物がどこへいくのかなんて最後に考えたのはいつのことだろう？

百万マイルに及ぶパイプの取り換えにかかる経済的な代替案となるだけでなく、家庭用電力を補助する無料電気を生み出す。

　たかがトイレなんかで！　この年季の入った古い道具を改良することが、21世紀における偉大な機会を生み出すなどと誰が想像しただろうか？ [39]

　トイレだけが汚水問題を解決する唯一のイノベーションというわけではない。カーネギーメロン大学からは、「川の水が飲めるようになる本」というほかの方法も登場している。1ページずつがフィルターになっており、1ページだけ破って、それに汚れた水を注げば、純粋な飲み水ができあがる。このフィルターはバクテリアを99.9％除菌でき、合衆国の水道水並みに安全になる。ページは毎日使っても1カ月間もつため、1冊あれば1人分の飲み水にして4年分のニーズに応えてくれる。しかも、1ページ作るのにたったの1ペニーしかかからない。

大洋を利用する

　水不足に関して、もう1つのカギとなる解決策は海水の淡水化だ。水という世界で最も豊富な資源は主に大洋や海にあるが、ほとんど利用することは不可能だ。塩分が高すぎる。WBCSD（持続可能な開発のための世界経済人会議）によれば、地球上の水はその0.5％しか利用できない。しかし、新しいテクノロジーによって、私たちはいままでよりも効率的かつ有効的に海水から塩分を除くことが可能となった。

---

39. ビル・ゲイツとメリンダ・ゲイツは実行したのだ。

たとえば、2013年、イスラエルは世界最大の淡水化プラントをオープンさせた。完全稼働は2020年になるが、国のすべての水の需要の20％を供給することになる。

　ただし、水の大部分は、私たちの飲み水になるわけではなく、80％は農業に利用される。事実、コロラド州立大学の教授の研究によれば、小麦を1ポンド生産するためには237ガロンの水が必要となり、トウモロコシを1ポンド生産するためには147ガロンの水が必要となる。しかも皮肉なことに、私たち自身が食べるために穀物を育てているのではない。私たちは穀物を育てて動物の餌にしているのだ（ほとんどが牛、鶏、豚）。そして、私たちが食べるのは、穀物自体ではなく、動物なのだ。

> **Incidentally** ちなみに……
> サウスアンプトン大学の研究者が開発したデバイスは、水を超音波に変える。キッチンカウンターから手術用鋼材についた生物学的汚染物質まで、水道水があらゆるものを洗浄することができるのだ。

　デイヴィッド・ピメンテルの調査が示すように、牛肉1ポンドを生産するのに1万2,000ガロンの水が必要だ。これは驚くほど非効率的といわざるを得ない。人間が動物1トンを消費するごとに、食べられる動物は植物を6トン消費するということだ。

　それらの動物の餌を用意する必要がなくなれば、広大な面積の土地が解放され、別の目的に利用することもできるし、自然の状態に戻すことも可能となる。農業省によれば、合衆国の面積は23億エーカーであり、半分以上にあたる12億エーカーが農業に利用されている。その3/4は家畜を育てることに使われ

ている。不動産デベロッパーが10億エーカーの3/4の規模を開発できるとしたら、どんなことが起こるか想像できるだろうか？

　農場で動物を育てる必要がなくなるまで動物に餌を与え続ける必要があるが、それほどたくさんの水や土地を必要とせずに、穀物を育てる方法も存在する。

水耕栽培と空中栽培

　2つの新しいサイエンスの話に移ろう。水耕栽培農場では、土を使わずに栄養液で植物を成長させ、水使用の効率性が70％高まる。空中栽培では空中で植物を栽培するので、水耕栽培以上に水の使用は効率的となり、98％という驚異的な割合で水をカットして栽培が可能となる。水耕栽培も空中栽培も非常に効率的なので、ニューヨークではたった1つの30階建てのビルだけで、1年あたり5万人の食事を提供することが可能だ。高層ビルの中の1エーカーは、伝統的な土ベース農場の20エーカー分に相当する。

　すると150の垂直農家だけで、ニューヨーク市に住む全員の食事をまかなうことができる可能性がある。こうした施設は天候に左右されず、穀物を1年中生産でき、農業排水を生み出さない。化石燃料の必要性を減らし、旧来の農場を森林として再生させ、ほかの使用目的に回すことも可能となる。

　これは単なる推測ではなく、そうしたプロジェクトが現在進行中だ。ニュージャージーのニューアークには、古い鉄鋼ビルに作られた世界最大の垂直農場があって、ビルの内部では、栄

養素と酸素を詰め込んだ無農薬空中栽培ミストが植物の素早い生育を可能とし、たった16日間で完全な穀物生育サイクルが完了する。この施設では毎年220万ポンドの穀物を生産することが可能だが、これは伝統的な同じサイズの農場の75倍の生産性となっている。工場のリサイクル材料は、光合成照明システムのおかげで、エネルギーの使用料を減らすことができ、土も必要なく、従来型の農場に比べれば5%しか水を使う必要がない。

Incidentally ちなみに……

ここで開発中の環境修復のイノベーション例について説明しよう。

- パデュー大学の研究者が開発している方法では、日常の家庭の掃除で使われるような安価な製品材料を使って、油の流出を洗浄する。
- Modern Mining Solutionsは、汚染物質によって汚染されてきた大きな湖や地下帯水層に使用できる浄水システムを開発中である。
- オハイオ州立大学の研究者は、10年に及ぶ研究の成果として、大規模に油を収集することができるステンレス鋼の網を製造した。
- 発明家のセザール原田は、吸収性のあるスリーブを引くことによって、流出した油を清浄するドローンのヨットを発明した。
- MITの研究者は、汚染された水に混合した油に付着して、回収と除去を容易にするナノ粒子を形成した。
- カナダの企業は、唐綿繊維を土台とした、自然に水と油を取り除く清掃テクノロジーを作り上げてきた。同社によれば、そのキットによって従来の2倍速く油を取り除くことが可能である。
- Yanko Designでは、油を分解し、拡散を妨げるバクテリアを放出するドローンを開発した。そのドローンは、野生動物を汚染地域に近づけないよう音波を送り、魚や鳥やほかの動物を保護する一方で、流出した油の洗浄を容易にする。

- National Center for Atmospheric Research では、天候データと地形を分析するテクノロジーを利用して、火災の範囲の予測が可能である。研究者は火災のパターンが激しい嵐のパターンに酷似していることを発見し、NASAとパートナーを組んで、消防士が指示を出すのに役立つスマートフォンアプリを開発した。

Incidentally ちなみに……

- 合衆国森林サービスは熱を追い払う火災シェルターを作った。そのシェルターのおかげで、消防士は山火事へより接近できるようになった。
- ネブラスカ大学リンカーン校の科学者は、山火事を防ぐドローンを開発した。制御された炎を点火することで、多くの場合に大きな山火事を誘発する外部から入ってくる炎を根絶やし、ほとんど監視なしに小さな炎をモニターして、コントロールする。
- 韓国科学技術院（KAIST）は摩天楼の内部から火災に入るドローンを開発した。これによりデータを消防士に送信できる。
- カリフォルニアの企業は地震の間に建物の揺れを防ぐテクノロジーを開発中である。同システムは磁場建築を利用して、地震の持続時間に地面から揺れ自体を取り除く。
- マサチューセッツ大学アマースト校は、ほかのシステムよりも3日早く竜巻を探知できるレーダー網を構築した。このシステムは近隣住民を隔離することに役立つ一方で、嵐の通過後の捜索救助活動を補助する。
- インドはモンスーンを予測できるスーパーコンピュータに6,000万ドルの投資を行っている。航空機、気球、衛星からのデータを使って、既存のシステムの10倍の精度の3Dモデルを作ることで、インドではモンスーン発生の数カ月前に予測が可能となり、人の命を救い、農業生産を15％向上させるだろう。
- イギリスのブライトン大学環境・技術学部では、地震の衝撃を減らすよう設計された防振バリアーを完成させた。地震の間、埋め込まれたデバイスは80％まで振動を吸収し、ネットワークで接続された場合には、全エリアの衝撃を減少できるだろう。

- 3人のフランス人の学生は、太陽エネルギーを使用して停電時に電気を供給するバルーンを発明した。バルーンは水から作られた水素により浮上し、165フィートの高さまで浮上する。電力はケーブルを通じて地上まで送電され、電力が回復するまで利用できる。
- オーストラリアの企業は、自然災害で寸断された道路上空から医療品の供給を行う、運搬用ドローン艦隊を開発した。Ziplineでは、この装備を利用してルワンダの辺鄙な村へ衣料品を配達しており、連邦航空局では船便を含めて、困難な場所への物資、食料、水の配達のためのフライトを承認した。
- ウェールズにある可搬式道路と滑走路の製造企業であるFaun Trackwayは、自ら道路を造るトラックを設計した。災害によって表面を破壊された場合、同社のトラックは70トンまでの重さの乗り物に対して、50メートル轍を広げてたった6分で平らにしてしまう。しかも、轍は反復して利用できるように巻き戻せる。

家計管理上の意味合い

1. 毎月のエネルギーコストは下がると想定していいし、最終的には無料になるだろう。ただし、旧型の住宅を新型に改装するためにかなりの費用がかかることは想定しておくべきだ。ソーラーパネルや蓄電システムを設置するには数万ドルが必要になるはずである。それができないならば、自宅を売ることは困難となる。まるで20年間、キッチンをグレードアップしないようなものだから。

2. 公益性の高い企業に対して株式投資を行うべきか否かは再検討を要する。過去何世代にもわたって、公益企業への株式投資は人気があった。というのも、公益企業とは独占企業であったからだ（そうした意味では地方政府も地方インフラによって利益を保証されていたため、高い配当を支払うことができた）。ただし、公益企業のビジネスモデルは、新しいテクノロジーによって脅かされており、公益企業が衰退する可能性が生じてきた。そうしたことが現実化すれば、公益企業の株価は劇的に暴落する可能性がある。本件については第17章で未来に対する投資としてより詳しく説明する。

教育における
イノベーション

Innovations in Education

　現在の大学キャンパスは大草原にある1つの学び舎のようだが、未来の教育は、現在のものとは違った形になるだろう。若者に大学の学位を与える現在の試みはうまく機能していないからだ。これから説明する内容は、現在の高等教育システムに対して、「ほとんどお役に立ちません」という痛烈な批判をすることになる。これから突きつけるのは、大学は破綻しているという事実だ。その事実を前提としたうえで、指数関数的テクノロジーが時代遅れな大学教育を修復してくれるというお話となる。

　まずは、大学学位の取得費用から見ていこう。College Board〔アメリカの高等教育の運営などを行う非営利団体〕によれば、1980〜81年の公立大学の州在住者授業料は2,320ドルであったが、2015〜16年には9,140ドルへと上昇した。平均年上昇率は4.08％となる。労働省統計による消費者物価指数の上昇率は3.01％なので、大学授業料の上昇率はインフレーション率のそれを33％上回っていることになる。
　授業料の高騰によって、学生はかなりの借金を余儀なくされている。両親や祖父母の時代とはかなり異なった状況にある。1990年ではほとんどの学生は借金など背負わずに卒業して

いった。ところが、2016年にはクラスの70%以上がなんらかの借金を抱えて卒業しており、卒業時点での借金は平均3万7,000ドルであると『インターナショナル・ビジネス・タイムズ』が伝えている。合計4,200万人が1.3兆ドルもの学生ローンを背負っている。調査報告センターによれば、国の借金の6%に相当する。国全体のクレジットカードの合計残高以上の金額だ。

LendEDU〔学生向けのオンライン・ローンサービス〕の2016年の調査によれば、学生の2/3は、金利がどのように働くのかを知らない。2/3は、学校に通っている間は学生ローンの未払い利息を理解していない。10人中8人は、学生ローンの支払い条件を知らない。こうした知識に欠けるため、大学卒業時に学生は大きな負担を強いられる。成人の81%が学生ローンという借金地獄の犠牲者であると、公認会計士協会の調査が伝えている。その調査における回答結果には以下のようなものがある。

- 回答者の50%は退職用口座への積立が遅れた。
- 回答者の46%は副業が必要である。
- 回答者の40%は1人で住む代わりにルームメイトと暮らしている。
- 回答者の40%は住宅の購入を遅らせた。
- 回答者の37%は家族と同居を始めた。
- 回答者の20%は結婚時期を延期した。
- 回答者の19%は子供をつくる時期を遅らせた。

学生ローンを組んでいる人々は、住宅ローンの頭金を用意するまでに平均で10年を要している。これは学生ローンなしで卒業した人々の2倍の期間であるとのApartment List〔賃貸物件

を掲載するオンラインプラットフォーム〕による調査報告がある。

　大学がよい投資である限りは許容できるのかもしれないが、そうでない場合が非常に多い。多くの調査結果によれば、やり直せるならば別の大学へ行けばよかったと71％が後悔している。半数は2年間コミュニティカレッジへ行けばよかったと考え、半数は私立大学へ行く代わりに学費の安い公立大学へ行けばよかったと考えている。

　彼らのあきらめきれない後悔も理解できる。大学貯蓄財団によれば、学生ローン完済に長い時間がかかるので、自分自身の10代の子供の大学費用を貯めようとしている46歳から55歳までの両親の4人に1人は、いまだに自分自身の学生ローンを返済し続けているからだ。

　大学費用を支払えば、誰もが求めている結果を得られるというのなら、受け入れることも可能だろう。自動車を買ったあとで、本当は自動車を買うだけの余裕がなかったと悟る人は多いものの、それでも自動車を運転することはできる。これに対して、3,500万人以上の大学生は卒業すらできていない。国勢調査局によれば、合衆国の成人の21.5％は大学をドロップアウトしている。

Incidentally ちなみに……

連邦政府は学生の借り手に対する最大の貸し手であり、学生がローンを受けるすべてのローン資金の90％を提供している。残りは民間の貸し手が提供しており、そのうち90％は大学生の代わりに信用力のある大人が連帯保証するよう要求する。ローン条項は連帯保証人の信用スコアにもとづき、一般の学生に比較してほとんど確実にスコアが高いため、連帯保証人がいれば金利もフィー

も低くなる。

ただし、LendEDUの調査によれば、学生の4人に3人は学生自身による返済が滞った際には、連帯保証人が法的にローン返済義務を負うことを知らない。典型的な連帯保証人は学生の両親や祖父母であり、年齢は50代、60代、70代であるため、彼ら自身も重大なファイナンシャルリスクに晒されることになる。そして多くの場合、このリスクは現実のものとなる。というのも、教育省によれば、アメリカの全学生のうち17%（700万人に及ぶ）が、ローンのデフォルトを起こすからである。College Saving Foundationによれば、退職者の被る借金の15%は学生ローンであり、25年前には実質的にゼロであった状態から急上昇している。政府監査院による研究では、この問題のために、2013年には15万5,000人以上の社会保障受給者が公的年金の小切手を差し押さえられている。

　教育統計センターによれば、39%の学生だけが4年間で大学を卒業しており、60%は卒業までに6年間かかっている。家計管理の観点からすれば、6年かけて卒業するのは、卒業しないのと同じくらい問題となる。ACT〔アメリカに進学するためのテスト機関〕によれば、新入生の31.5%は大学をドロップアウトし、ほぼ半分だけが4年間で卒業し、多くの学生は卒業までに6年間かかるわけだが、テキサス大学オースティン校の学生を調査したところ、4年で卒業する人は6年で卒業する人よりも平均で40%もローン残高が少なくなる。金融会社のNerdWalletの研究によれば、2年間余分に学生時代を過ごすと、追加の授業料、学生ローンの追加金利、無収入、退職金プラン運用開始の遅れにより、ほぼ30万ドルを余分に負担することになる。

　大学生活が2年追加されることで、授業料が2年分多くかかり、職業人生が2年分短くなる。職業人生が2年分短くなると、

2年分の給料と確定拠出年金の会社負担分がもらえなくなる。しかも、複利効果が効いている中での2年分の短縮だ。大学費用は大きな問題であり、学位を取るまでの期間が長いほど、問題も大きくなる。

Incidentally ちなみに……

2016年8月の消費者レポートでは、大学費用に関するショッキングな暴露記事が発表された。表紙には次のような言葉が飾られていた。「大学へ行くことによって、私の人生はほぼ破滅した」。

学生ローンの残高が15万2,000ドルもある、オレゴン州ポートランドに住む32歳のジャッキー・クロウ〔の告白〕からの引用である。同雑誌では、説得力のある証拠を提供しているが、クロウの苦境は特別なケースではない。その調査で、ローンを組んだ学生の45%が、大学での経験は費用に値しないと語っている点は注目すべきである。

教育統計センターによれば、学位を取るために4年を超えるのは、その80%以上が少なくとも1回は専攻を変えるからだ。学生情報研究センターによれば、37%が転校するが、前の学校の単位が新しい学校で認められるわけではない。ジェフリー・J・セリンゴの『カレッジ（アン）バウンド』という本によれば、同じクラスをもう一度履修するよう余儀なくされる。つまり、専攻や学校を変えると、平均的な学生は必要以上の単位を取らなければならない。

ほかの大学で取得した単位を認めないことは、高等教育において最もけしからんことの1つだ。学生が別の学校の授業で得た教育が受け入れられないというのなら、他校を卒業した人物を教授として雇う根拠はどこにあるのだろうか？

大学が排他的になっていることも費用の大きな原因だ。『高等教育ジャーナル』によれば、州外の学生に対しては授業料を高く設定できるという理由から、州内の受験者の多くが公立大学から不合格をもらっている。結果として、低収入でマイノリティの学生は大学へ行けなくなった。

　問題はさらに悪化している。PRC(アラバマ大学ハンツビル校推進研究センター)によれば、州外からの新入生の登録が2003年から2013年までに20％上昇した。2016年まででは、公立大学の4人に1人はほかの州から来ている。アラバマ大学のような学校では、50％以上が非居住者となった。

　大学に合格したら、膨大な授業料と引き換えに何を得られるのだろうか？　これまで説明してきたようにほとんどの卒業生は、素晴らしい教育を受けたとは感じていない。おもてなしを受けたにすぎないのだ。ボストン大学の学生は、大型のウォーク・イン・クローゼットと全身鏡が備えつけられた、26階建てのガラスと鋼の塔に住んでいる。ペンシルベニア州立インディアナ大学は、1人用寝室とバスルーム、無線インターネット、電子レンジ、冷蔵庫、カーペットを完備した寮に2.7億ドルを費やした。ゲティスバーグ大学では2,700万ドルをかけて、ロッククライミング用の壁を持つ5,500平方フィートの娯楽センターを作った[40]。ドレクセル大学では4,500万ドルをかけて、

---

40. 本書の初期段階でレビュアーたちからフィードバックを受け取った際、そのうちの1人はロッククライミングの壁それ自体は贅沢とはいえないと指摘してくれた。彼の指摘に感謝する。

ウォーキングとジョギング用のトラックを持つ8万4,000平方フィートの娯楽センターを作り上げた。メンフィス大学では映画館とフードコートのついた、5,000万ドル相当の16万9,000平方フィートのキャンパス・センターを持っている。アラバマ大学、ボストン大学、テキサス工科大学では、それぞれが学生に流れるプールを提供している。ハイ・ポイント大学では学生に対して、映画館で封切映画を上映しており、ステーキハウス、露天風呂、無料の食事、巡回移動式アイスクリームトラック、案内係を提供している。大学生は、授業や実験室や勉強に費やす3.3倍の時間を、社会交流と娯楽に費やしていると『カレッジ（アン）バウンド』で述べられているのも不思議ではない。こんな楽しみが差し出されたら、どうするだろうか？

Incidentally ちなみに……

最も豪華な宿泊施設のいくつかは、すべての学生に利用可能というわけではなく、スポーツ選手専用のものだ。クレムソン大学のフットボールプレイヤーは、ミニチュアゴルフコース、バレーボールコート、レーザータグアリーナ〔疑似レーザー銃でプレイするサバイバルゲーム場〕、映画館、ボウリングレーン、床屋と、そのほかのアメニティを自分たちだけ持っている。テネシー大学の14万5,000平方フィートのトレーニングセンターには、2階建てのウェイトルーム、水治療法ルーム、円形劇場スタイルのルームがある。フロリダ州立大学とフロリダ大学には、屋内フットボール練習施設がある（NFLのジャクソンビル・ジャガーズにすらないもので、つまり、大学のスポーツ選手の方がプロよりも好待遇なのだ）。

ほとんどのほかの大学と同様、これらの大学ではスポーツ選手だけでなく、すべての学生に対して「活動費」を毎年請求している。試合見学や施設利用の有無に関係なく、ジョージア工科大学では年間500万ドル以上を学生から徴収して、スポーツ部門への支払いにあてている。ほかの多くの大学でも同様だ。

　現在の教育システムには別の問題もある。求めている学位とは無関係にクラスが値づけされるという問題だ。石油工学の学位を取って卒業した学生の収入は12万ドルだが、カウンセリング心理学の学位を取って卒業した学生の収入は2万9,000ドルにすぎない。同じ大学に通っていた場合、授業料は同じだろうから、授業料の違いは年収の差を生まないようだ。ウィリアム・カミングスの書籍『Academically Adrift』内の研究では、大学生の45％は入学当初の2年間、批判的思考、複雑な推論、文章能力の点で統計的に重要な能力の違いはないし、4年間でも36％は能力の違いがない。それでも、年収5万ドル未満の大卒者の4人に1人が「学位を取っても意味がない」と感想を述べるのは多少なりとも驚きだ。

　さらにニューヨーク連銀の2013年の研究では、専攻科目と密接な関係がある分野で働いているのは、国内の大卒者の27％にすぎないとし（院卒は対象外）[41]、学位を要する職に就いているのも62％にすぎない。要するに、圧倒的な数の大学生が間違った科目を研究しており、何年もかけて、数十万ドルを費や

41. 皆さんはどうだろう？　お子さんはどうだろう？

して学位を手にしても、その学位を使わないということになる。運転しない自動車や住みもしない家を買うことがあるだろうか？

　合衆国の高等教育システムが破綻していることはあきらかだ。一方で、世界中の教育も破綻している。

　国連によれば、2015年時点で5,800万人の子供が小学校に行くことができなかった。93カ国では教師の不足が切実であり、そのうち1/3の国では小学校の先生の25％が国の基準を満たしていない。世界では小学校の先生が新たに270万人必要だ。新しいポストに130万人が必要で、退職に伴う代わりが140万人必要となる。ユネスコによれば、2020年までに追加の先生が1,090万人必要であるとされている。

　幸いにも、エクスポネンシャル・テクノロジーによる解決策が進化している。2015年だけで、ベンチャーキャピタルは教育テクノロジーに対して19億ドルを投資しており、2014年の2

倍となっている。その結果、無料テキスト、遠隔教育、自己ペース学習、教師なしの教育と無料教育を含むイノベーションが始まった。それでは1つ1つ見ていくことにしよう。

無料テキスト

　大学書店協会によれば、新品のテキストの平均価格は82ドルで、200ドル以上のものもたくさんある。

　本の印刷コストを省くのは簡単だ。内容をオンライン上に置けばいいからで、すでに始まっている。プロジェクトを推進するコミュニティカレッジであるAchieving the Dreamでは、経営学、一般教養、コンピュータ・サイエンス分野の7万6,000人の学生がデジタル図書館を利用している。バージニアのコミュニティカレッジに通う10万人の学生は「オープン教材」を利用して、年間延べ300万ドルを節約している。メリーランド大学のユニバーシティ・カレッジは6万4,000人の4年制大学生に対してオンライン教材を推奨し、印刷テキストをなくしてきた。ゲイツ財団による支援を受けるライス大学のOpenStax Collegeプロジェクト〔教科書のオープンソース化プロジェクト〕などでは、査読済みデジタルテキストを無料で作成した。1,855校のほぼ7万人の生徒は、2012年以来そのテキストを使うことによっ

て6,800万ドル以上の節約をしている。

　研究が示すように、無料のオープンアクセステキストによって、費用が安いだけではなく（学生公共インターネット研究グループによれば、平均でコースごとに128ドル割安）、より成績がよく、よりコース修了率が高く、より学位取得が速くなる（授業料コストをより節約し、仕事を見つけ、お金を稼ぎ始める能力を加速させられる）。

遠隔教育

　スタンフォード大学では受験者10人に対して9名が不合格となる。この実情を目のあたりにしたセバスチャン・スランは1つのアイデアを思いついた。スタンフォード大学のコンピュータ・サイエンス学部の研究教授であるスラン教授は、参加したい人すべてに対して、AIに関するオンラインコースの創設を決意したのだ。2011年に開始されると、10歳から70歳まで、190カ国から16万人の生徒が参加した。すでに2万3,000人の学生がクラスを修了し、250人が完全な学位を取得している。その中にスタンフォード大学へ通っている学生は1人もいない。

　この経験を利用して、スラン教授はUdacityを共同設立した。Udacityではオンラインサイトで低コストのクラスを提供している。その過程で、スラン教授と同僚たちは最初のMOOC（Massively Open Online Course：大規模公開オンライン講座）を立ち上げた。Udacityの場合には、プロフェッショナルのための職業訓練コースを提供することに重点を置いている。その教育の種類は、仕事のスキルを増やし、キャリアを改善する必要

性を満たす内容となっている。2014年にUdacityは203カ国の160万人を教育している。Udacityはジョージア工科大学ともパートナーシップを結んで、コンピュータ・サイエンスの修士の学位を提供している。

　現在、世界中の数百の大学ではMOOCを提供している。MOOCの多くはCourseraを通じて提供している。Courseraのスローガンは、「誰でも、どこにいても、あらゆる教育を」だ。CourseraのCEOリック・レヴィンはイェール大学の前学長である。Courseraのサイトを訪れる生徒数は世界中で3,500万人を誇り、122の機関による4,200以上のコースを提供している。その122機関の中には、合衆国や外国の高等教育機関のビッグネームが含まれる（たとえばペンシルベニア州立大学、ジョンズ・ホプキンス大学、ノースウェスタン大学、イェール大学、カリフォルニア工科大学、東京大学など）。MOOCのほとんどの費用は100ドル未満であり、ジョージア工科大学の修士の学位はたったの7,000ドルで取得可能となっている（伝統的な方法で取得する際には6万ドルかかる）。

Incidentally ちなみに……
さらにMOOCについてつけ加えれば、単にオンラインクラスを受講するだけでなく、学生はオンライン調査に参加するよう招待される。MOOR：Massively Open Online Research（大規模オンライン調査）を通じて、世界中の突出した科学者の指導の下で、ただ授業を聞いたり、読んだり、見たりするだけでなく、実行しながら学ぶことによって、学生は研究プロジェクトに取り組むことができる。

　テクノロジーは費用を下げるだけでなく、競争と社会的政策に貢献する。ニューヨークのペース・ロースクールは、在住州

の一番安い公立ロースクール並みの授業料を設定している。多くの学生にとってはバーゲンセールのようなものだ[42]。テネシー州では、すべてのコミュニティカレッジやテクニカルカレッジで2年の準学士の学位を提供している。

自己ペース学習

MOOCでの問題として、大学過程であるので授業進度を維持する必要がある点が挙げられる。そうした厳格さは多くの人たちには都合のいいものではない。通常のカリキュラムに出席できないような個人的な都合があったり、教材を復習していて授業から遅れてしまう可能性もある。

解決策は自分のペースで学ぶことであり、その最初のサイトはKhan Academyで、サミュエル・カーンによって2006年に設立された非営利団体だ。ヘッジファンドのアナリストとして働く一方、カーンは数学が苦手な自分の若い従妹のために短時間のオンライン個別指導書を作り上げた。彼女はそれを友人と一緒に使用したため、もっとたくさんの個別指導書が必要となり、YouTube上に個別指導書を投稿し始めた。ビデオが人気になると、カーンは仕事をやめて学校を設立し、「どこにいても、誰であっても、無料の、世界クラスの教育を」という目標を表明した。それ以来、カーンはゲイツ財団、Google、AT & Tなどから出資を得ている。

初期のカーンのビデオは数学だけをカバーしていたが、現在、

---

42. 授業料が専断的であるとの私の批判を支持してくれている。

アカデミーでは歴史、ヘルスケア、医学、ファイナンス、物理、化学、生物、天文学、宇宙学、公民、芸術史、経済学、音楽、コンピュータ・プログラミングとコンピュータ・サイエンスといった、全部で5,000以上のコースを提供しており、26カ国語に翻訳されている（利用者の30％が合衆国外在住だ）。学習者は自分自身のペースで進め、レッスンの巻き戻しや飛び越えもできる。カーン・アカデミーでは教育においてゲーミフィケーションが果たす役割を理解しており、進捗度に対して学生に与える褒賞として、6段階のバッジを提供している。2016年には、カーン・アカデミーの学生は5億8,000万レッスンの中から38億エクササイズ〔トレーニング問題〕を完了している。

　もう1つの自己ペース学習会社はGreat Courses Plusで、7,000以上の講義を提供している。Great Courses Plusでは、自分自身のシラバスを作ることができ、オンデマンドでいつでも見ることが可能だ。費用はレクチャーあたり16ドルから500ドル、あるいは配信サービスへの年間加入費用（サブスクリプション）が179.99ドルとなっている。

　さらにもう1つ、MasterClassがある。その掲げる目標は、「天才へアクセスすること」だ。所定コースあたり1人の専任教師がつく。そもそも私たちが本当に必要とする心理学の教授は何人いるだろうか？　ほかのすべての心理学の教授よりも上手に教えられる教授を1人だけ見つけるべきではないだろうか？世界最高の表彰台にその1人の心理学者を登らせて、その人から20人の学生へでなく、世界中の数百万人へ講義をさせるべきではないだろうか？
　これこそがMasterClassのコンセプトであり、ケヴィン・ス

ペイシーが演劇を、アニー・リーボビッツが写真を、アッシャーがパフォーマンスを、ジェームズ・パターソンが執筆を、セレナ・ウィリアムスがテニスを教えてくれる。費用はコースあたり90ドルとなる。

教師なしの教育

MasterClassでやっているような、分野ごとに1人以外のすべての教師を取り除く代わりに、一歩進めて、教師を全部取り除く試みが行われないことがあるだろうか？　パリにあるプログラミング大学「42」が行ったことはまさしくこれだ。同大学の目標とは、2020年までにコンピュータ・コードの作り方を1,000人の学生に教えることだ。同大学は完全に授業料無料であり、教師もいない。標準テストもない。相互評価とコーディング作業があるだけだ。志望学生は18歳から30歳までで、4週間のコーディングとロジック競争において、1,000のグループで競争し、優勝グループが入学を認められる。2013年に開校した際、2万人の応募に対して2,500人の学生が入学を許可された。現在ではキャンパスがシリコンバレーにもある。

もう1つのプログラムは、1999年に始まったHole-in-the-Wall Education Project（HiWEP）であり、NIIT（中央情報技術専門学校）の主任科学者であるスガタ・ミトラによって考案された、インドで始まったグローバル・マネジメント訓練会社だ。1999年、コンピュータが教師なし学習を容易にするか否かに関心を持ったミトラのチームは、ニューデリーのカルカジにあるNIITのオフィスの反対側にあるスラム街との壁に風穴を開けた。ミト

ラのチームは、風穴にコンピュータを挿入して待っていたのだ。

　するとまもなくスラム街に住んでいる子供たちが自分自身で
そのコンピュータを使い始め、すぐにコンピュータの扱いがう
まくなった。追加実験の結果、子供は指導、監督、コーチがな
くても、コンピュータスキルを上達させることが可能だと検証
できた。本書を執筆している時点で、インド中に100を超える
Hole-in-the-Wall Education Projectが誕生している。

無料教育

　資本主義と社会政策が結びつくと驚くべきことが誕生する。
社会政策ではより多くの人に大学へ行ってほしいし、企業経営
者も優れた従業員を望む。Starbucksは、こうした2つの目標を
結びつける方法を見つけた。Starbucksでは13万5,000人の従
業員すべてに対して、最低週20時間勤務している場合には、ア
リゾナ州立大学の無料オンライン大学教育を受ける機会を与え
ている。

　Fiat Chryslerはさらに上を行っており、フィアット、クライ
スラー、ジープのディーラー店で働く全従業員が無料で4年制
大学の学位を取れるだけでなく、大学院の修士学位も無料で取
れる。それどころか、その家族も同様だ。学位はストレイヤー
大学のオンラインで提供されている。

　アリゾナ州立大学のW・P・キャリースクールオブビジネス
では、不動産デベロッパーのウィリアム・ポーク・カーレイに
よる5,000万ドルの寄付金のおかげで、すべてのMBA学生が無
料で受講している。2003年以来教授の給料の支払いに使う代わ
りに、5万4,000ドル〜9万ドルだった2年分の授業料を削減し

て、学生の金銭的負担を引き下げようともしている。

　無料教育に関するほかの機会も登場している。テネシー州は、すべての高校卒業生にコミュニティカレッジやテクニカルカレッジの1つへ通う際の費用を無料としている。University of the Peopleは、世界中の経済的に恵まれない学生のために認定されたオンライン学校であり、授業料は無料となっている。最初のクラスは2014年に登録した700人の学生から成り立っており、アフリカから30％、合衆国からは25％、合わせて180カ国から集まった。2016年の登録学生数は4,000人へと跳ね上がった。クラスは10週間制であり、毎週の家庭学習や小テストを行い、ほぼ完全なボランティア教授によって指導されている（同大学では100人の教授が必要で、3,000人のボランティアが関係している）。University of the Peopleはニューヨーク大学、ゲイツ財団、そのほかによる資金援助を受けている。

　これらすべての知識を増やす革新的な方法の結果として、ご自身やお子さんやお孫さんは、大学というものに対するアプローチを再検討する必要がある。知識と技術を獲得して、時代に遅れないように更新していくことがこれまで以上に重要とな

るのだ。伝統的な大学生活を送ることは非常にコストが高く、大学費用は有害無益であり、学位がそれほど役立つわけではなくなった。

　そのため、「大学の学位」から新しい概念へと焦点をシフトする必要がある。詳しくは第15章で説明しよう。

家計管理上の意味合い

1. 大学へ通うことによって莫大な借金を抱えたり、学位を取れなかったり、学位が使いものにならなかったりで数年間をムダにすることで、子供や孫が人生を台無しにする可能性がある。

2. したがって、子供や孫のために効率的に大学費用を準備する戦略がいままで以上に重要になる。どこへどのように投資するかだけでなく、学位に対していくら使うかを考える必要がある。

3. 未来には大学の授業料は無料になるかもしれないが、宿舎や生活費が無料になることは決してないし、これまで以上に多くの出費となるだろう。

4. すでに定年退職を迎えていない場合には、職場で競争的でいられるように、子供ではなく、自分自身が知識や技術を獲得するために大学へ戻る計画を立てるべきである。つまり、自分の教育費がかかるばかりか、大学へ戻るために仕事を中断する必要があるということだ。その結果、大学へ通っている数カ月なり、数年間なりは収入がなくなってしまう。仕事を休職している間、長期的な老後プランをダメにせずにライフスタイルを維持できるよう、こうした事態に備えたファイナンシャル・プランが必要になる。一層の貯蓄を行う必要性が増す。

5. 連帯保証の学生ローンがある場合には、そのリスクと内容についてファイナンシャル・プランナーに尋ねるべきである。

余暇と
娯楽の未来

The Future of Leisure and Recreation

エクスポネンシャル・テクノロジーがもたらす、ワクワクさせてくれるすべてのイノベーションの中でも、特に待ち遠しいのが「楽しみ」だ。

余暇や娯楽は未来の生活の大きな部分を占めてくる。働くだけの人生の人には信じがたいかもしれないが、多くの人たちが実感しているはずだ。経済政策研究センターの調査によれば、合衆国の会社員の41％は取得可能な休暇をすべて使い果たしているわけではない。Age Wave〔アメリカの年齢と労働に関する研究団体〕によれば、就労しているアメリカ人の83％は休暇中にも平日と同じように働いている。

アメリカ人は年間平均でたったの11日間しか休暇を取らない。ブラジルやフランスやドイツでは30日間、イギリスやスウェーデンやイタリアでは25日間、オランダでは22日間も長期休暇を取ると、Expedia〔アメリカのオンライン旅行会社〕は伝えている。政府が労働者に対して有給休暇を認めない国は、OECDの中でも合衆国だけだ。

休暇を取ることに慣れていないなら、休暇を取る習慣を身に

つけるしかない。というのも、定年退職後の老後生活とは、長い長い休暇以外の何物でもないからだ。休暇についてよく考えるチャンスがやってきた。Age Wave によれば、アメリカ人の53％は「定年退職後の老後生活をどのように過ごすかほとんど計画していない」らしい。そこで、いくつか余暇や定年後の過ごし方について例を挙げてみよう。

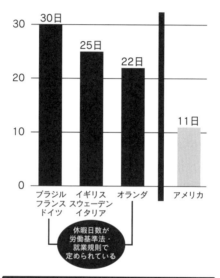

図9-1 | 年あたりの休日と休暇の取得数

旅行とエンターテインメント

お金がたくさんあって、健康で、時間がある場合、この素晴らしい星が提供するすべてを見たいと感じるだろう。定年後の退職者たちはほかの年齢層よりも旅行に時間を割いている。

Age Waveによれば、〔定年後の旅行市場は〕2016年時点では金額にして1,800億ドルだが、2035年には4.6兆ドルを超えると推定しており、経済成長が起こる一大分野ということになる。旅行の選択肢としては、以下のようなものがある。

● **冒険型旅行**。大聖堂で止まるツアーバスに座っている代わりに、ハイキング、自転車、水泳、徒歩で、異国情緒あふれる土地を進んでいく。
● **ボランティア活動**。貧困村で、家を建て、井戸を掘り、医療補助を提供し、子供に読み方を教える。
● **勉強**。古生物学、植物学、考古学、芸術史、政治科学などの専門家と旅行する。
● **クルージング**。世界1周旅行をしたことがないならそれもいいだろうし、退職者の45％は船旅は「非常に魅力的である」といっている。
● **1人旅**。同伴者がいないから旅ができないなんて考えるのはやめるべきだ。たとえば、Overseas Adventure Travel〔アメリカの旅行会社〕によれば、50歳以上のお客さんの40％は1人旅だ。もちろん、皆さんだってできるはずだ。
● **多世代旅行**。両親やお子さんやお孫さんと旅行すれば、全員の思い出になるだろう。Age Waveによれば、2015年、退職者の1/3は多世代旅行へ出かけている。

スポーツ

スポーツは人生の一部でもあるだろうが、観戦して楽しむこともできる(Playpass〔アメリカのスポーツマネジメント会社〕

によれば、スポーツをプレイするのは、成人人口の6%に相当する1,500万人だけだ）。Gallupによれば、合衆国の成人の10人中6人がスポーツファンであり、男性の2/3、女性の半分はスポーツファンである。裕福であるほど、スポーツを観戦している。裕福な成人の68%がスポーツファンだ。

スポーツファンでない人たちは、エクスポネンシャル・テクノロジーがスポーツファンに変身させてくれるかもしれない。Delaware North〔アメリカでレジャー事業を手広く展開する企業〕の Boston Holdings の最高経営責任者で、プロホッケーチームのボストン・ブルーインズのオーナーでもある、チャーリー・ジェイコブズがレポートする The Future of Sports から抜け出てきたような格好に。

未来の競技場

まず、試合を観戦しにいくことは、現在よりももっと楽しくなるだろう。いまから2045年までの間に、競技場は25万人を収容できる巨大施設と化している。複合施設はピクニックテーブル、バー、レストラン、アミューズメントパークの乗り物まで、あらゆるものを提供してくれる。

AIによるダイナミック・チケッティングによって観戦体験の質は向上するだろう。大学の同級生の隣に座りたい。可能だろう。ファッションやカルチャー、政治思想、宗教の関心が似た人と一緒に座りたい。OKだ。ご近所の方々のそばに座りたい、元彼女や元彼氏からは離れた席に座りたい。ノー・プロブレム。

お金持ちのファンなら高級ボックス席から観戦し、家族連れは高画質の巨大ディスプレイのパビリオンから観戦する。空港のようにレストランやお店があり、前の人にくっついてゲート内を移動する。自動運転車のおかげで、駐車場を探す手間も省ける。

　スポーツファンへの特典はすでに存在する。ボストン・セルティックスは、家庭では手に入らない試合のビデオとオーディオをファンに提供している。ボストン・ブルーインズのモバイル・アプリは、試合中に仕事上の用事が生じたらシーズンチケット保有者に電話で連絡してくれる。ニューイングランド・ペイトリオッツの家庭用ゲームでは、参加者はテレビで使用されないカメラアングルを見ることができる。まもなくファンはコーチとクォーターバックの無線連絡を聞くことができるだろう（NASCARとF1のレースでは、ドライバーとピットクルーの会話をすでに聞くことができる）。

column
クラウドオプティクスを利用すれば、警備員はファンがスマートフォンを向けている場所を確認でき、事件発生時に迅速に対応できるようになるため、未来のスタジアムはこれまで以上に安全な場所になるだろう。そしてチケット販売システムに顔認識技術が採用されることで、関係者は誰が来場しているかを把握できるようになる。

　安価な家族向けの開催地では、ARやホログラフによるリプレイ、3Dディスプレイが使われるだろう。単に試合を見るだけでなく、オーナーやコーチやジャーナリストがしているようなやり方で参加することになる。好みでないプレイが起きたら、

試合状況を瞬間的にリセットしたビデオゲームを起動できる。そうすることで、もし選手がパス、ピッチ、スイング、ショット、ラン、スロー、キックなど、そうすべきだったと思うプレイを行っていた場合、試合がどうなっていたのかを確かめられる。

プレイするスポーツ

　スポーツをプレイしたい場合、エクスポネンシャル・テクノロジーによってアスリートとなることができるだろう。第3章では生体工学によって、プロのようなムダを最小限に抑えた協調動作を身につける方法について説明した。さらにテクノロジーは完璧な耐候性のある環境を生み出してくれるはずだ。夜中にゴルフができるように照明を用意するような話ではなく、タホ湖(真夏に雪が降るリゾート地)やドバイ(屋内スキー施設を持つ)で1年中スキーをしたり、サーフィンをしたりする話である(Kelly Slater Wave Company〔著名なサーファーが設立したサーフィン関連会社〕の厚意によって、中央カリフォルニアの人工湖で完璧な波が作られている)。

　それと、ファンタジー・スポーツとEスポーツというものもあるから、両方プレイしようと決意する方もいるかもしれない。

ファンタジー・スポーツ

　ファンタジー・スポーツをプレイする際には、現実のプレイヤーにもとづいた仮想上のプロチームを作って、ほかのチーム

と対戦することになる。ゲームの勝敗を左右するのは現実のプレイヤーの過去の統計的なパフォーマンスだ。IBISWorld〔アメリカのリサーチ会社〕によれば、ファンタジー・スポーツ産業の規模は20億ドルであり、Eiler Researchの2015年推計では、ファンタジー・スポーツは年4％で成長し、2020年には140億ドル市場に到達するとされている。Fantasy Sports Trade Associationによれば、すでに合衆国の人口の20％がファンタジー・スポーツをプレイしている。ほとんどのプレイヤーは年収5万ドル以上の大卒者だ。仮にまだ経験がないとしても、そのうち皆さんもファンタジー・スポーツを始めるかもしれない。

Eスポーツ

ビデオゲームをプレイするのが好きな人はたくさんいて、Nielsenによれば、アプリ利用数が伸びている要因の26％はビデオゲームのためだという。そして、アプリゲームの大部分はスポーツだ（ゲームソフトのMadden NFLシリーズは1億回以上も販売されている）。

世界では7億人が1日1時間以上をビデオゲームに費やしている。7億人の中には1億5,900万人のアメリカ人も含まれる（アメリカの人口の半分以上）。これが若者となれば、21歳までのゲーム時間は1人あたり平均で1万時間以上となり、中学と高校の授業の合計時間とほぼ同じだ。ビデオゲームとは、若者にとってやることの1つではなく、人生そのものという位置づけになっている。

Xboxでフットボールをプレイするだけではない。数千の

ゲームがプレイ可能だし、Madden NFLよりも人気のゲームがたくさんある。たとえば、Defense of the Ancientsというビデオゲームの世界一のプレイヤーがDOTA2の世界大会で賞金1,700万ドルを手にした際には、数百万人のファンがライブを見ていた。2016年には、シアトル・キーアリーナまでそのチャンピオンシップを見ようと、1万5,000人のファンが直に押しかけた。ダラス・カウボーイズの本拠地AT&Tスタジアム（平均100ドルのチケットが1週間で完売）や、ソウル・ワールドカップ・スタジアム（観客席4万のアジア最大のサッカースタジアム）での開催を含めて、似たようなイベントは毎年開催されている。

ビデオゲームは子供のためのものではない。エンターテインメントソフトウェアレイティング委員会によれば、すべてのゲーマーの半数は35歳以上だ。Eスポーツに関して、本当のスポーツじゃないよ、なんて考えるのはやめた方がいいだろう。ロバート・モリス大学では、League of Legendsのプレイヤーに対して45のアスレチック奨学金〔スポーツ奨学金や運動奨学金ともいう〕を提供している。

プレイヤーのつながり

テクノロジーは現実の試合への参加を容易にしてくれる。ソーシャルメディアによって選手と直接連絡が可能だし、選手に対して投資もできる。Fantexではプロ選手の将来収入と関係した証券の販売をすでに開始している（プロフットボールのタイトエンド、バーノン・デイヴィスはこの方法で400万ドルを手に入れた）。

コーチも試合に関してクラウドソースを活用しており、試合のあるべき姿についてファンに尋ねている。ソーシャルメディアを通じて、ほかのファンと合流して選手やコーチ、リーグ全体(選手の獲得からリーグの規則に至るまですべて)に対してさえも意見を反映させることが可能だ。レッドスキンズという名前が嫌い？　チームのファンであれば、というよりもファンだけが、その名前を残すか変更するかを決められる[43]〔NFLのワシントン・レッドスキンズのこと。レッドスキンはインディアンの皮膚の色を表し差別的であるとの理由から、チーム名を変更予定〕。

　こうしたことはすでに起こっており、サッカーチームのレンジャーズFCのスコットランド人ファンは、クラブの財務内容を確認するために自分たちで監査役を雇った。ロサンジェルス・クリッパーズのファンと選手は、チームオーナーのドナルド・スターリングの人種差別発言が禁止されるまでボイコットするよう圧力をかけた。イタリアのサッカーファンによるボイコットでは、重要な試合において[44]、8万2,000枚のチケットが2,000枚しか売れない事態を引き起こした。

　現在、スポーツにどれだけの時間を費やしていようとも、未来にはスポーツの時間はいまのままか、あるいは増えることになるだろう。1つの理由は時間ができるということで、もう1つの理由はゲームがもっと面白くなっていくからだ。

---

43. チームオーナーのダン・スナイダーは、自分の失言のせいであるにもかかわらず、問題についてほとんど語らない。彼のシーズンチケットの保有者がその名称に対して抗議してチームをボイコットする事態になれば、彼はあわてておとなしく従うだろう。

44.「のために」？　「に対して」？　「の中で」？　ときに、具体的に描くことは難しい。Quillを使わせてくれ！(第2章を参照)

家計管理上の意味合い

1. 旅行とレクリエーションに費やす支出が増加するため、ファイナンシャル・プランニングに含めておくべきである。

2. バーチャルではなく、現実のスポーツを行う場合、ケガに備える必要がある。健康保険や介護保険に加入しておくべきだ。ただし、介護保険に関しては、現在十分な所得がある方以外は、特に現在65歳未満であれば、人生全般に備えるために加入する必要はない。むしろ貯蓄や投資によって資産を積み上げる重要性が高まる。

3. 旅行の選択肢が増加するため、新しいものを受け入れる余地が必要となる。第19章で詳しく説明する。

金融サービス
イノベーション

Financial Services Innovation

　ウォールストリートほどエクスポネンシャル・テクノロジーに期待している業界はないだろう。70億人に新しいトイレを販売する際の利益がいくらか考えるだけで、投資家がやってくる。

　ベンチャーキャピタルのスタートアップテクノロジー企業に対する投資金額は2015年だけで1,870億ドルであり、CB Insights〔アメリカの投資アナリティクス会社〕によれば、前年比で187%増とのことだが、この金額の10%、つまり190億ドルは金融テクノロジー(つまりフィンテック)の改善を目的に投資されている。この数字は2010年の10倍であり、指数関数的な率での上昇といえる。

　事実、数百のフィンテック企業が設立されており、それらは非伝統的な資金調達、プラットフォーム、通貨、価値の貯蔵と移転に焦点を当てている。

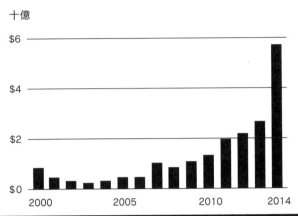

十億

図10-1 ｜ ベンチャーキャピタリストによるフィンテック企業の年間資金調達額

　金融サービス産業で儲けようとしているのは新しい会社に限った話ではない。設立後何年も経過している大企業も存在する。たとえばWalmartは、ATMや納税申告書作成サービスといった個人向け銀行サービスを提供している。生命保険会社の役員たちは、AmazonやGoogleが保険業に参入して、何世紀もの歴史を持つ保険会社を破壊するのではないかと懸念している。

　金融サービス産業におけるテクノロジー・イノベーションの恩恵はすでに始まっている。海外送金には、以前は数日間を要していたが、現在は数分で送金が完了する。国内送金もテキストを送付するのと同じくらい簡単で、送金手数料はゼロに近くなっている。世界銀行によれば、送金は6,000億ドル規模のビジネスだ。送金ビジネスの大きなプレイヤーの中の1つにM-PESAがある。M-PESAとはモバイル決済システムであり、70カ国で、毎月数十億ドルを海外送金するために使用されている。ケニアでは、GDPの25％相当額がM-PESAを経由して処理

されている。

　貸金は金融サービス産業のもう1つの主要分野だ。1つの大きな融資対象は小規模ビジネスのオーナーだ。ただし、彼らはベンチャーを支えるための資金を必要としているにもかかわらず、資産が少なかったり、創業間もないために、銀行融資を断られることも多く、インターネットでの貸し手にチャンスが生まれている。

　たとえばFundboxでは、取引における請求書を提示できれば小規模ビジネスが融資を受けられる。小規模ビジネスのオーナーは100ドルから、低利子で、無担保で、数分以内に融資を受けられるのだ。ZipCapは、顧客のロイヤリティにもとづいて融資を行う。皆さんの中に小規模ビジネスのオーナーさんがいらっしゃるようなら、代理店と自社製品の販売契約を結んで、それをZipCapに送れば融資を受けられるだろう。Eastern Bankでは小規模ビジネスへの10万ドルまでの融資の審査を5分以内に行っている。

　小規模ビジネスのオーナーだけが融資を望んでいるわけではない。消費者も同様だ。そして、インターネットは資金需要と資金供給を結びつけている。このビジネスコンセプトは、クラウドファンディングと呼ばれる。借り手は、Webサイトに融資の申し込みを投稿し、いくらの資金が必要であり、何のために使用するのかを説明する。貸し手は、希望する利息と返済日を投稿し、両者が合意すれば取引が実行される。

　クラウドファンディング最大のサイトであるLending Clubでは、2007年以来200億ドル以上の融資を成立させている。1件あたりの借り手への融資額は2,000ドルから4万ドルであり、

貸し手は25ドルから設定額の全額まで貸付を行うことが可能だ。つまり、2,000ドルの融資を希望する借り手に対して、1人の貸し手が2,000ドルを融資することもできるし、1人あたり25ドルを融資する人が80人集まって合計で2,000ドル融資することもできるということだ。Lending Clubによって、万が一借り手が破産しても、貸し手は損失のリスクを劇的に減らすことができる(この例では、80人が集まって2,000ドルを提供するが、現実には最大の融資サイズに対しては1,600人までの赤の他人が集まって融資を行う仕組みだ)。

Lending Clubを利用する借り手の半数は、住宅ローンの借り換えに資金を利用するが、20％は高利息のクレジットカードの完済のために利用している。ほかにもいろいろな用途がある。借り手の信用力によって利息は5〜36％だ。いい換えれば、貸し手である投資家からすれば、銀行預金金利をはるかに上回る金利を手にすることができる一方、借り手はLending Clubがなければ手に入らなかった事業資金を入手できたり、低い利息で借りたりするのを可能としている。

現在、オンラインの借り手の数は数百に上るが、その理由も理解できる。Credit Suisseによれば、2025年までには消費者融資市場は3兆ドル規模になる。クラウドファンディングは革命的だ。元財務長官のラリー・サマーズはLending Clubの役員でもあるが、クラウドファンディングは「今後10年にわたって、伝統的な銀行を深く変形させてしまう潜在力を持つ」という。

Lending Clubの借り手の70％がほかの借金の完済に利用しているが、クラウドファンディングは起業家のスタートを支援し、ビジネスの成長もさせている。起業支援としてはKickstarterが最大であり、2009年から2016年までに、1,100万人以上の支

援者から25億ドルを集め、11万1,000以上のプロジェクトに資金提供してきた。約200件のプロジェクトでは100万ドル以上を集め、3,000件のプロジェクトではおのおの10万ドル以上を集めた。ペンシルベニア大学の研究によれば、Kickstarterに集められた資金によって、起業家たちは約9,000の会社を立ち上げて、30万の雇用を生み出した。

クラウドファンディングでは慈善目的、社会的な目的、市民的な目的、個人的な目的のための資金も集めている。最大のサイトはGoFundMeで、アメリカ心臓協会、赤十字、Boys and Girls Clubs of America、Make-A-Wish Foundation、野生生物連盟など、有名な慈善団体へ寄付を募っている。

GoFundMeでは誰かの医療費を支払うために、誰かの息子を大学へ進学させるために、誰かの娘がサッカーリーグに参加する費用を支払うために、誰かの父親の葬式代を支払うために、キャンペーンを開いて資金を募る。

そのサイトの「成功物語」を紹介すると、16歳のチャウンシーの母親が介護状態にあり、1人の友達がチャウンシーが芝刈り機を買えるようにとキャンペーンを始めたところ、33万4,700ドルが集まった。ブルーエンジェルのパイロットであるジェフ・カスが飛行機衝突事故で亡くなったあと、残された奥さんと2人の小さなお子さんのためのキャンペーンが行われた際は37万1,246ドルが集まった。ガラガラ蛇に噛みつかれた7歳の女の子を愛犬が助けたあと、家族は5万1,329ドルを受け取った。大学進学費用を高校生が頼んだところ、2万6,131ドルを手にした。イギリスのがん患者が治療費を求めたところ、45万2,563ポンドを手にした。バージニアの小学生が学校で使う手の消毒剤を買うために500ドルの寄付を呼びかけたときは、1万

5,210ドルが集まった。GoFundMeによれば、2010年にサイト運用が始まって以来、20億ドル以上の寄付が集まったそうだ。

　連邦政府は恐れるどころか、GoFundMeを積極的に受け入れている。バラク・オバマ大統領はJumpstart Our Business Startups (JOBS)に署名して2012年法を成立させたが、それによってオンラインで5,000万ドルの資金を集めた。JOBS法以前には(私募債投資案件に対する)適格投資家[45]だけがそのような提案に対して投資を認められていた。現在では、誰でも数千のサイトを通じて投資が可能となった。

　これらすべてがシェアリングエコノミーとして知られている。それは単にお金をシェアしているだけでなく、叡智も含まれている。そして、叡智こそがクラウドソーシングを生み出した。すなわち、大きな集団となった人々からサービス、アイデア、コンテンツを創出するという考え方が現れたのだ。

　UPSがアルゴリズムを使ってどのように効率性を高めているかをすでに見てきたが、今度はAllstateについて考えてみよう。Allstateのデータ科学者は、アルゴリズムを発展させて、自社の保険契約の価格設定に役立てている。Allstateでは可能な限り優秀な科学者を採用しようと試みたが、そうしたことができる会社はなかった。ところが2011年、KaggleというWebサイト上で、現状のアルゴリズムを改善できたら1万ドルを払う、というオファーを出したところ、3日以内に107エントリーに達して、最高で271%もAllstateの既存アルゴリズムを改良してまった。その結果、年間で数千万ドルを節約できるようになった。

---

45. 少なくとも100万ドルの資産を持っている方。家は計算に入れず、過去2年間、毎年20万ドルの収入がある方(ご夫婦なら30万ドル)。

何が起きたかわからないだろうから、種を明かしてしまおう。世界中から50万人以上のデータ科学者がKaggleのコンテストに参加（エントリー）するとすれば、その中の何人かはAllstateで一番優秀な科学者よりもさらに優秀であるということだ。Kaggleを使っている企業や研究には、次のようなものがある。

- State Farm：コンピュータ・センサーによって脇見運転している人を見つけられるように、誰かアルゴリズムを構築できるだろうか？（1,115チームが参加エントリー）
- Grupo Bimbo（世界最大のパン店）：商品の売上を最大にし、返品を最小にするにはどうすればよいだろうか？（897チーム）
- Avito（ロシアのオンライン案内広告の最大手）：パクリ広告はどうやって見つけ出したらよいだろうか？（509チーム）
- Shelter animal outcomes：動物保護施設の業績を改善するにはどうすればよいだろうか？（1,180チーム）
- Annual nominal fish catches：ノースイースト・アトランティック地域における乱獲の打撃はどのようなものだろうか？（612チーム）

Incidentally ちなみに……
クラウドソーシングのサイトはドラッグディーラーの活動を追跡することにも利用されている。都市部の居住者はWebサイトを使って、近隣住民の犯罪活動について警察へ通報している。

　こうしたものは数百存在する。つまり、シェアリングエコノミーでは、オンデマンド労働者を呼び起こす。プリンストン大学とハーバード大学の研究者の試算では、現在、合衆国の労働力の16％は「派遣」である。労働省の定義によると、独立請負業

者（自営業者）、オンコール・ワーカー〔不定期・短期労働の派遣契約〕、派遣社員、契約会社に雇用されている労働者といった人たちだ。結婚式の写真家、家のペンキ塗り、ベビーシッターのような労働者たちは、呼ばれるとやってきて1つの仕事を行い、終わったら解散してしまう。フルタイムの正社員を雇うよりも費用が少なくて済むわけだ。

事実、1軒の顧客だけだと草刈業は生計が立たないから、それらの業者は何十軒もの草刈りをしている。

6歳の子供の頃、ゴミ清掃者が世界で一番すごい仕事だ、と父親にいったことがある。父親はなぜだと聞いたので、週に1回働くだけでいいみたいだから、と私は答えた。ゴミを収集に来るのは週に1回だったからだ。ほかの曜日には、ほかの家庭のゴミ収集で忙しいんだと父親は説明し、世界は私の家の庭よりもはるかに広がっていることに、そのとき初めて気がついたのだった[46]。

いい換えれば、芝生を刈る人たちには上司がいない。芝刈りを依頼する家の持ち主1人1人が上司で、何十人も上司がいるともいえる。そして、家の持ち主は数十の労働者を抱え、特定の仕事で、特定の時間、特定の期間だけ、雇うことができる。仕事が終われば、関係も終わる。次回までの間は。

このように、合衆国では働き方がニューヨークモデルからハリウッドモデルへ移っている。ニューヨークモデルとは、次のような伝統的な職場の光景だ。従業員は巨大高層ビルへ通って、

---

46. 父親は〔このエピソードについて〕私の兄を黙らせて、私をからかわせないようにしなければならなかった。だから、私をからかったことを私がからかい始めると、今度は父親は私を黙らせて、兄をからかわせないようにと……父にとっては長い午後であったと思う。

1人の雇用主の下で、何十年にもわたって同じ仕事を繰り返し行う。

　これに対してハリウッドモデルとは、人々は特定のプロジェクトに集まって、典型的には数カ月間でそのプロジェクトを完成させる。ディレクター、俳優、脚本家、音楽家、舞台や衣装のデザイナー、フィルム編集者、広報関係者、ケータリング、送迎運転手は、特定の割り当てられた仕事を完遂するためにいろいろな場所で働くものだ。そして、その割り当てられた仕事が完成すると、別のプロジェクトへ移動してしまう。

　1つの雇用主から給料をもらう代わりに、ハリウッドモデルではいろいろな雇用主から別々に給料をもらうことになる。1つの雇用主から多額の支払いがあるわけではないかもしれないが、合計収入はニューヨークモデルで働いている人たちよりも多くなる可能性もある。

　ハリウッドモデルが示しているのは、お金を稼ぐための会社に就職することから、お金を稼ぐためのスキルを身につけることへ、働く人たちが移行しなければならないということだ。いい換えれば、会社に帰属することから、仕事へアクセスすることへと移っていくということだ。

　現在の経済を見ると、こうした考え方が展開されていることはおわかりだろう。1週間のうち95％は駐車場で遊んでいる自動車を所有する代わりに、Zipcarやcar2goのような会社を通じて必要なときだけ自動車を利用する。自分で運転したくないなら、UberやLyftのようなサービスを介して、運転手と一緒に自動車を手配する。どちらのケースでも、必要なときだけ、数分間なり数時間なり、所有者としての責任もなく、自動車を使用できる。自動車自体の費用はいうまでもなく、自動車保険も、

自動車税も、維持費も、駐車場代も、自動車の所有に関する費用は一切かからない。

　シェアリングエコノミーに参加するためのWebサイトは数千も存在する。お姉さんの結婚式のためにドレスを買う必要はなくなった。Rent the Runwayというサイトを通じて借りることができるからだ。1万ドルの時計を身につけたいなら、Eleven Jamesというサイトから、月250ドル未満で高級時計を借りられる。Vintedのようなサイトでは、自分の洋服と他人の洋服を交換させてくれる。したがって、新しい洋服を手に入れるのにたくさんのお金をかける必要はなくなった。そのほかにも、羊（庭の草を食べさせるため：Rocky Mountain Wooly Weeders）、鶏（朝の卵を手に入れるため：Rent-A-Chicken）、ハヤブサ（鳥から穀物を守るため：Falcon Force）、蜂（ハチミツを得るため：The Pollination Connection）、ヤギ（雑草を食べさせ、芝をきちんと整えるため：Rent-A-Ruminant）まで借りられる。

　シェアリングエコノミーやオンデマンドエコノミーを通じて、完全な会社を立ち上げることも可能だ。インターネットでは1万以上のサイトが会社の立ち上げを手伝ってくれる。持ち物を荷作りして移動する人を手伝いたい場合は、Bellhopsというサイトが仲介してくれる。インテリアデザイナーの仕事ならLaurel & Wolfというサイトがあり、家の周りを作業してもらいたい住宅の所有者と、その作業を請け負える独立請負業者とをマッチング可能だ。Instacartでは顧客とパーソナルショッパーを結びつけ、ほかのサイトでは顧客と掃除を引き受ける人たちを結びつける。ホコリを集める専用掃除機を持っているなら、Open Shedによってご近所へ貸し出しできる。JustParkによって、自動車の駐車場所が必要な人に対して私有車道を貸す

こともできる。

　Postmatesによって商品を地方へ配達できるし、他人の荷物を代わりに郵便局へ持っていくとお金を稼げるShypのおかげで、事業主が郵便局に行く必要はなくなった。Borrow My Doggyは、犬の散歩や世話をして生計を立てさせてくれるサイトである。TaskRabbitでは必要とされる仕事に名前をつけて、投稿されたリストとその作業の報酬を見ることができ、それによってその仕事が必要か否かを決めることが可能だ。

　皆さんが素晴らしいワインコレクションを持っており、自分では飲まないと決めている場合には、CorkSharingがご自宅での試飲会を開いてくれる。もちろん、ワインの所有者には費用は発生しない。シェフの方ならば、EatWithというサイトを通じて、ある晩だけ料理人を探している人たちに対して、料理人の自宅で食事を提供できる。

　自動車を持っているが、わざわざタクシー登録をしてUberの運転手はやりたくないというのなら、どこかへ自動車で出かけている最中にのみ他人の所持品を運んであげるだけでもお金を稼げる。PiggyBeeはそのお手伝いをしてくれる。自分が使っていない短い期間だけ、Turoで自動車を貸すことも可能だ。自身でシェアリング用サイトを始めるのを手伝うサイトもある。

　Fiverは、芸術のプロのサービスを無料で提供してくれる。Vayableを通じて、旅行者のガイドを行うことも可能だ。Skillshareでは、自分が知っていることについて、それを学びたい学生にオンラインで教える機会を得られる。希望するコースはどれでも教えられ、クラス生徒数が25人を超えると報酬が支払われる（Skillsahreによれば、教師の平均年収は3,500ドル）。HourlyNerdを通じて、パートタイムのコンサルタントになることも可能だ。

Quirkyは、1カ月以内に発明を市場へ紹介するのに役立つ。

　発明のプロトタイプを形にしたいものの道具がない、といった場合にも、TechShopを利用すれば装備を買い揃える必要がなくなるだろう。米国内に十数カ所の拠点があるTechShopを使えば、どんなものでも組み立てて作り出すことが可能だ。利用できる道具にはコンピュータ制御されたビニール・ガラスカッター、はんだごて、フロアージャッキ、エンジンホイスト、空気圧工具、オシロスコープ、のこぎり、プレス機、コンピュータ制御のこぎり、レース刺しゅう機、手動工具と電動工具、デジタル一眼レフカメラ、大型金属旋盤とフライス盤、測径器と測微計、射出成形機、ルーター、3Dスキャナーと3Dプリンター、レーザー切断機、溶接ギア、研磨機、ペインターが含まれる。装備の使い方がわからない場合、TechShopでクラスを用意して教えてくれるし、スタッフが手伝ってもくれる。施設は24時間年中無休で、好きなときに利用可能だ。
　会社を始める準備をしている場合、Gust Launchは頼りになる。マウスを1回クリックするだけで、サイトがスタートアップ事業を会社組織にし、法律、金融、会計、株式まですべての創業手続きを行ってくれる。さらにGustは世界で最も有力なエンジェル投資プラットフォームの1つであるため、最終的には、こうしたスタートアップ企業に対して、一般投資家が資金を提供してくれる。

　Pew Research Centerによる調査を含む、65歳以上のほぼ20％を対象とする2016年の『サクセス』誌による調査では、合衆国の成人の1/3はシェアリングエコノミーでお金を稼いでいる。実際のところ簡単だ。たとえばAirbnbを使えば、持ち家の

1部屋を旅行者に貸し出すことができる。貸主全体の13％を占めている60歳以上の人たちの場合、年間60日だけ旅行者をもてなして、6,000ドルほどを稼いでいる。

　Successによれば、55歳以上に占める自営業者の割合は30％以上だ。シェアリングエコノミーへ参加する人は、オンラインで商品を販売したり、独立請負業者やコンサルタントとして働いたり、財産（部屋、自動車、洋服、道具）を貸したり、ライドシェアリングの運転手として働くことでお金を稼いでいる。Successによれば、こうした方法で主な収入を稼いでいるのは全体の30％にすぎず、残りの場合は副業だ。こうした副業によって、年収が20％も上昇しているということだ。

Incidentally ちなみに……

オンラインで製品を購入する消費者は、購入品を返品するとの悪名が高い。消費者は製品がフィットしないとか色違いであると〔購入後に〕気づくことも多い。会社は返品されると新品として販売できないので、値段を下げて一括処理してしまう。起業家の中には返品途上のトラックの積み荷を進んで購入し、eBayやCraigslistのようなサイトで、次々とそれらを再販してしまうものもいる。2016年にそのような1人についてワシントンポストが引き合いに出したものでは、失業中の銀行員がそうしたオンラインの返品製品を販売して、月に8,000ドルの収入を得ているということだ。

　シェアリングエコノミーによって、収入を得ることが簡単になるだけでなく、事業を始めるのも簡単になる。いろいろなサイトによって、雇用を計画している人たちのバックグラウンドを知ることができるし、研修面や人事面を手伝ってもらうことも可能だ。My Virtual のスタッフを利用すれば、従業員を雇わずに事業を進めることだってできる。

　Partner and Fancy Hands では、会社のサイトを改善し、市場

調査を行い、会計・旅費管理のような管理事務も行っている。専門的なサービスを提供するサイトも見つかるはずだ。たとえば、一時的にコールセンターが必要ならば、LiveAnswerが役に立つだろうし、Routific and Zendriveが自動車のルートの最適化と物流を手伝ってくれるだろう。

Incidentally ちなみに……
すべての主要な自動車製造会社では、シェアリングエコノミーの重要性を理解している。たとえば、BMWではDriveNowと呼ばれる独自のカー・シェアリングプログラムを提供している。そのプログラムでは、ミニクーパーの所有者にお金を稼ぐ機会を与えている。GMはLyftに5億ドル投資した。

　自宅でビジネスを行いたい場合には、PivotDesk、Near Me and Share Your Officeを利用すれば、インターネット上で、希望する期間だけ余分なスペースを貸してくれる会社を探せる。またほかの会社が、十分に活用されていない備品をシェアしてくれるだろう。FLOOW2を利用すれば、自分たち用の備品を買う必要がなくなる。WeWorkを利用すれば、共通のオフィススペースを利用できる。

　WeWorkでは、毎月350ドルで、インターネット接続、プリンター、団体健康保険、ソーシャルネットワークを提供してくれる(ほかの起業家との交流と無料のビールを提供する)。WeWorkのサービスを利用する人たちは非常に多く、同社は世界で4番目の商業家主となっており、500万平方フィート以上のオフィススペースを持っている。2016年時点で、WeWorkには5万人の利用者がおり、世界中で200万人が利用する計画を立てている。競合他社にはRegusがあり、すでに世界中で4,000万平方フィートのオフィススペースを提供している。

シェアリングエコノミーは150億ドル産業だが、2025年までには3,350億ドル産業に成長すると予想される。

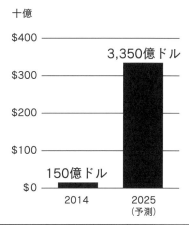

十億

図10-2｜シェアリングエコノミーの市場規模

ゲームとゲーミフィケーション

「やらないといけない仕事にも、必ずどこか楽しいところがある」というメリー・ポピンズ[47]の言葉は正しい。そう、仕事とはゲームなのだ。これこそゲーミフィケーションの背景にある考え方だ。やりたいとは思わないことを、なんとかやらせるための動機づけにゲームを利用するというものである。

世界中の人たちがビデオゲームにどれだけの時間をかけるか

---

47. 彼女が誰だか知らないなんていわないでくれよ!

は第9章で説明したが、たとえば、マラリアの治療のような本当に役立つことにその時間を使えれば、素晴らしいことではないだろうか？

いまや私たちにはそれができるようになった。しかも、メリー・ポピンズがいうようなやり方によってだ。科学者はマラリアに対する戦いをMalariaSpotと呼ばれるゲームにしてしまった。仕組みは以下のようになる。

技術者は患者の血液サンプルのイメージをサイトにアップロードする。ゲーム参加者は、1分間、できるだけ多くの蚊に札をつける。従来は、1人の子供のマラリア診断には30分を要していたが、95カ国から競技に参加したプレイヤーは、1カ月以内に1万2,000回MalariaSpotのゲームをし、70万匹の蚊の診断を99％の精度で行った。これにより患者を診断する医師の能力は指数関数的に加速した。

Folditは、科学者を手伝う別のクラウドソース型コンピュータゲームであり、「タンパク質のたたみ方」に関係するものだ。本質的に、タンパク質とは長い鎖状のアミノ酸であり、科学者が理解する必要があるのは、予想可能な方法で、アミノ酸のチェーンをどうやって折りたたむかということであり、アミノ酸のチェーンをどうやってHIV/エイズ、がん、アルツハイマー病、そのほかの主要な病気と戦わせられるかということである。このオンラインゲームでは、プレイヤーが競うのはタンパク質の最良のたたみ方を設計することだ。点数は公表される。2008年以来、25万人がプレイしてきたが、15年間研究者を悩ませてきた問題を3週間で解いてしまった。

Sea Hero Questは、認知症の初期兆候を見つけるよう設計されたゲームだ。2016年に配信されてから1週間以内に、15万人

がダウンロードした。そしてたった2分間で、研究者は、人間の空間記憶とナビゲーションに関する70年分に相当する実験データを蓄積したと、Alzheimer's Research UKは伝えている。楽しい気分であれば、人に何かをさせることは簡単ということだ。ただし、困難や危険が伴うことをさせるには、どのように動機づけをすればよいだろう？　その答えとは、報酬を提案することだ。おそらく、この一番古い例は、ダビデとゴリアテの物語に始まる。旧約聖書のサムエル記・上の第17章に、「ゴリアテを殺せば、王様は多大な褒美を与える。さらに、王の娘と結婚させ、イスラエルでの税を免除される」という記述が残っている。事を成させるための報酬以外の何物でもない。

　その3,000年後、チャールズ・リンドバーグは、大西洋を飛行機で無着陸横断した最初の人間となった。彼は名声が欲しかったからチャレンジしたのではなく、初の偉業を成し遂げた人間に2万5,000ドルの賞金が支払われるオルティーグ賞を勝ち取るために競っていた。

　のちにレイ・カーツワイル博士とともにシンギュラリティ大学を共同設立するピーター・ディアマンディスは、オルティーグ賞に感銘を受けて、1996年Ansari XPRIZE を創設し、宇宙船を開発して有人飛行を試み、無事に帰還し、その2週間以内にもう一度同じ飛行を成功させた最初のチームに1,000万ドルの賞金を出すことを発表した。7カ国から26チームの応募があり、1,000万ドルの賞金を目当てに1億ドルの費用をかけて挑戦した。そして、2004年10月4日、マイク・メルビルが成功をつかんだ。現在、そのスペースシップワンは、スミソニアン航空宇宙博物館で、リンドバーグのスピリット・オブ・セントルイス号の横に展示されている。

ピーターが実感したことは、功績に対してスポンサーが支払う賞金を勝ち取ろうとすると、賞金をはるかに上回る費用をかけてでも、人々はそれを勝ち取ろうとするということだ。1億ドルかけて宇宙船を作る代わりに、ピーターは資金に大きなてこの原理を働かせるために、指数関数という考え方を利用した。その結果、1つどころか数十のチームが、合計で賞金の10倍以上の費用をかけ、1チームだけが1,000万ドルの予算をかけて行ったよりも、はるかに大きな調査、知識、経験を生み出し、ずっと素早く成功を成し遂げてしまった。

Incidentally ちなみに……
これらのプログラムの成功により、合衆国政府も類似の賞を創設した。

- 政府がバイオテロリズムを阻止するのを助けるため、遺伝子配列を分析し、その細菌の正体をあきらかにするアルゴリズムを作った人に、国防総省は100万ドルのオファーをしている。
- General Electric、Ander Armor、国立標準技術研究所は、ナショナル・フットボール・リーグ（NFL）と連携して、脳しんとうを予防・検知する方法を開発できる人に200万ドルのオファーをしている。
- 消費者製品安全委員会では、一酸化炭素の危険性について警告するポスターを作った中等学校の生徒に対して6,500ドルのオファーをしている。
- 国立医薬品食品衛生研究所は、ドラッグの使用及び依存症と戦う新しい方法を作り上げた場合に、10万ドルのオファーを出すとしている。
- 環境保護庁は、栄養素汚染に気がつくことを増やすために、既存の政府データを使用できる人に対して1万5,000ドルのオファーをしている。
- 内務省は、魚を追跡し、再生するための努力を支援する、より安い方法を確立するために、2万ドルのオファーを出している。
- 農務省は、農家、研究者、消費者に対してUSDAデータを創造的に提供できる人に、6万3,000ドルを支払う。
- NASAは火星上で継続的に人間を駐留する方法を確立するために必要な要素を突き止めた人に、1,500ドルのオファーをしている。

現在、ピーターは、ほかのいろいろなXPRIZEのスポンサーとなっている。たとえば、毎分1,100ガロンの率でこぼれたオイルをろ過する方法を成功させたら140万ドルの賞金を出す。スタートレックに出てくるようなトライコーダーを発明したら1億ドルの賞金を支払う。さらに、XPRIZEでは、世界中の教育を改善することやアルツハイマー病を治療すること、幸福を増大させることを目標としている。

　議会もゲーミフィケーションの長所を認めてきたようだ。連邦準備理事会(FRB)によれば、合衆国の家計の47％においては、不慮の事態における400ドルの請求書に対する支払いすらできない。合衆国の貯蓄率が低いことを認識したことで、2014年、American Saving Promotion Actという法案を議会は通過させ、オバマ大統領は法案に署名した。この法律は、4万人(金銭面で脆弱な人々の3/4)に銀行口座を開設するよう説得するような、4つの州における62のクレジットユニオン(信用組合)によって実行されるプログラムにもとづいている。
　クレジットユニオンは数万人に対してどのように、以前であれば嫌がっていた貯蓄をするよう納得させたのだろうか？　ほとんどの人たちは毎日宝くじを買っていたので、クレジットユニオンは銀行預金を抽選にしたのだ。25ドル貯金するごとに、3,750ドルがあたるチャンスを与えた。その結果、宝くじにお金を捨ててしまう代わりに、4万人のお金を銀行口座へ移すことに成功したのだ。2009年以来、彼らは合計で1億ドルを貯蓄することができた。

世界規模の経済成長のカギ：
銀行口座を持たない層を根絶する

　世界規模で経済成長が急激に上昇する場合、毎年、あらゆるものを、もっとたくさん販売する必要が生じる。住宅や自動車、冷蔵庫、洋服、雑誌の定期購読、チキン料理……すべてをもっとたくさん販売する必要が生じることになる。

　しかし、私たちが販売できる製品数は、潜在的な顧客の総数によって制限されている。たとえば、すでに1台持っているにもかかわらず、もっとたくさんの冷蔵庫を買う人はいないだろう。中流階級や上流階級の人でも同様だろう。したがって、すべての製品をもっとたくさん販売したいなら、いままで以上の顧客を探してくる必要がある。

　南米、アフリカ、アジア（あるいはケンタッキー州の田舎）には数十億の人たちがいる。その大部分は貧困層であり、家も、自動車も、冷蔵庫も買うことができない。それでは、こうした世界の貧困層を顧客に変えて、私たちが販売する製品を買ってもらうには、どうすればいいのだろうか？

　その答えは簡単だ。世界の貧困層の人たちを中流階級に引き上げればいい。貧困状態にある世界30億人を中流階級に引き上げることができれば、世界経済は爆発的に上昇するはずだ。

　M-PESAやゲイツ基金のトイレのようなテクノロジーが、American Savings Promotion Actといった戦略と一緒になれば、貧困状態の人々の金銭的状況を改善する手助けができるはずだが、初めの一歩として極めて基本的な前提条件がある。それは貧困状態にある人たちに銀行口座を開設させることだ。

「銀行口座だって？」皆さんはそう叫ばれたかもしれない。おそらく銀行口座がそれほど重要だと考えたことなんてないだろう。しかし、銀行口座がなければ、どうやってお金を管理する？

たとえば、仕事について給料をもらう場合、ほとんどの従業員は給料を銀行に送金してもらうはずだ。そのためには銀行口座を開設していなければならない。仮に銀行口座がないとして、会社が給料を小切手で支払ってきたら、どうなるのかおわかりだろうか？

唯一の選択肢として小切手が手渡しされる。さて、小切手をどう処理したらよいか？

小切手を現金に換えるだろう。ただし、小切手を現金に換えるには2つの方法が必要だ。会社指定の銀行へ行くか（近くに支店があって、預金口座を持っていなくても小切手を現金に換えてくれるような銀行があるとすれば）、あるいは、酒屋や質屋のような小切手換金店へ行くかのどちらかになるだろう。その場合には、小切手現金化の手数料として20％を徴収されてしまい、収入が激減する（収入が20％減少することによって、貧困から脱出する妨げになってしまう）。

ただし、どちらの方法にせよ、現金を手にすることにはなる。おそらく数百ドルか数千ドルかだろうが、さて、その現金をどうしたらよいだろうか？

銀行口座がない場合、最初に問題となるのは、現金を安全に保管する方法だ。銀行口座を持たない人たちには、現金を保管する場所は3カ所しかないだろう。自宅か、自動車か（所有していれば）、持ち歩くかしかないはずだ。しかし、こうした状態は

常に危険と隣り合わせとなる。盗難の危険だけでなく、銀行口座を持っていないことを知って泥棒が現金を奪おうとした際に抵抗すれば、肉体的な被害の危険も発生する。

さらに、現金を保管する状態を余儀なくされれば、金利を受け取ることができなくなる。先進国にお住いの方々はマットレスの下に生活費を隠しておくような真似はしないだろうが、銀行口座を作れないとはこうした状況を余儀なくされるということだ。金利や配当やキャピタルゲインを生むような投資を行えないことも、貧困層の人たちが貧しいままである1つ目の理由に入る。

銀行口座を持たないと社会の進歩についていけない2つ目の理由は、クレジットにアクセスできないからだ。クレジットというものは、銀行やほかの貸し手によって提供される。彼らが知りたいのは、いくらお金を持っていて、ローンを返済する能力がどれほどか、ということなのだが、銀行口座を持つことによってそうした情報が示される。銀行口座がなければ、本質的にローンを手にすることは不可能であり、クレジットカードさえ入手できない。自動車を買うためにお金を借りることもできないし、電話に加入することも、大学費用のためのローンも組めない。それどころか、ローンが組めないために、仕事へ着ていく服や道具も手に入れられない。これこそが貧困状態にある人たちが貧困状態のままである第3の理由だ〔3つの理由を整理すると、①お金を管理・運用できないこと、②クレジットにアクセスできないこと、③ローンが組めないことで稼ぐために必要なモノが手に入らないこと〕。

銀行口座を持つ成人の割合は、イギリス、カナダ、ドイツ、オーストラリアが99％、合衆国は88％、中国が64％、インドが35％、アルゼンチンが33％、フィリピンが27％、パキスタンが10％だ。逆に、世界人口のほぼ30％が銀行口座を持っておらず、つまり地球の全人口70億人の中の20億人が銀行口座を持っていない。この中には合衆国の成人人口の12％も含まれる。世界の中で銀行口座を持たない人たちの2/3はアジアで暮らしている。

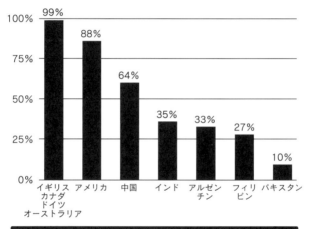

図10-3│銀行口座を持っている成人

　銀行口座にアクセスできる人口が増えることは、世界経済の成長にも非常に重要であり、世界銀行の目標の1つは2020年までにすべての人間が銀行口座を持つことだ。2011年から2014年までの間、そうした計画は機能し始めており、7億人が銀行口座を開設した。これは合衆国の人口の2倍以上に相当する。たとえばインドでは、1995年には高収入の中流家庭は500万人にすぎなかった。しかし、現在では2,360万人となっている。世

界のGDP[48]は1950年には4兆ドルであったが、2008年には61兆ドルとなり、2015年には75兆ドルへと上昇したが、2008年から2015年までの世界経済の拡大の一因はインドの中流家庭の増加によるものだとされており、2020年までには86兆ドルへ到達すると予想されている。

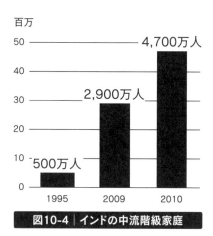

図10-4 | インドの中流階級家庭

　世界最大の経済大国である合衆国は、グローバルな成長から大きな恩恵を受けることになるだろう。McKinsey Global Instituteの2015年12月のレポートでは、2025年までにデジタル化によって合衆国のGDPは2.2兆ドル追加されると試算している。2016年の合衆国GDPから12%以上も増加することになる。

　このようなGDPの増加はどのようにして達成されるのだろうか？　もちろん、エクスポネンシャル・テクノロジーを通じ

---

48. GDPによって測定されるのは、毎年生産されるすべての最終財とサービスの付加価値の合計である。

てだ。次にその件について説明していこう。

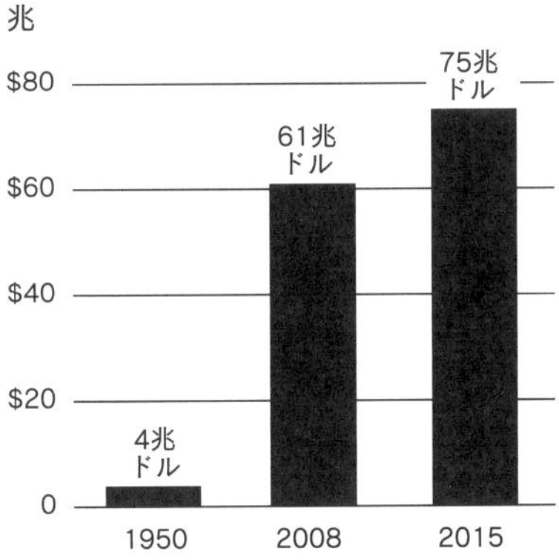

図10-5│世界のGDP

column

McKinseyによれば、私たちの成長には以下のものが含まれる。

● オペレーションとサプライチェーンの最適化を通じて得られる8,500億ドル（リアルタイムのモニタリング、製造ラインのコントロール最適化及び優先づけを通じた、よりよいロジスティック）。
● 労働力の供給と生産性の増加を通じて得られる5,000億ドル。それによって4,100万人（労働人口の19%）に利益が生じる。
● 資産効率の改善を通じて得られる4,000億ドル（予防保全による停止時間縮小と、資産活用の増加）。

- 研究開発の改善とデータのよりよい使用を通じて得られる3,500億ドル(よりよい検査と品質管理システムのおかげで、新たな発明や、より速い製品開発サイクルにつながる)。
- 資源管理を通じて得られる500億ドル(エネルギーと燃料効率の改善、原材料の浪費削減)。

McKinseyによれば、これらの見積りは控えめであるともされている。というのも、そのレポートの範囲が限定されているからだ。そのため、テクノロジーにより誘発される成長は、〔上記の合計〕2.2兆ドルよりもはるかに大きいとする。たとえば、レポートでは以下のように述べている。

- 健康管理と政府のビッグデータ分析で3,000億ドルの経費が節約され、健康の改善とより効率的な公的サービスという形で、より高いリターンを生むことが可能だろう。
- デジタルチャネルを通じた販売は、生産性の増加を15%まで追加するだろう。
- 新しい雇用の機会とシェアリングエコノミーにより増加した収入は、合衆国のGDPを5,000億ドル追加することが可能だろう。
- 合衆国政府は、年に5,500億ドル利益を引き上げることが可能だろう。生産性の向上によって950億ドル。誤った支払いを最小化し、調達を改善して、徴収を効率的にすることによる貯蓄で4,600億ドル。

McKinseyのいうように、結果的に、合衆国はデジタルポテンシャルを18%だけ実現した。私たちの経済的チャンスは

まだまだ巨大である。

私たちはデジタルエコノミーに向かうリーダーたちの1人にすら含まれていない。McKinseyのCountry Digitization Index（ビジネス、消費者、政府によるテクノロジーの供給や、イノベーション活用を測定する指標の総計）では、OECD加盟国において合衆国は34カ国中11番目である。McKinseyによると、合衆国の家庭は、北欧、日本、韓国、ニュージーランド、イスラエルの家庭よりもインターネットの接続で劣る。たとえばイギリス人のほぼ80％は製品やサービスをオンラインで購入しているが、合衆国では60％にすぎない。スカンジナビア半島では高齢者（65歳以上）の95％がインターネットを利用するが、合衆国の高齢者では80％未満である。

モバイルバンキング（無料の無線インターネットのおかげで）

　世界銀行は、辺鄙なアフリカの部落にシティグループやバンク・オブ・アメリカの支店を開設させることはないだろう。それでは、どのようにして数十億人の銀行口座を持たない人たちが口座を開設できるようになるのだろうか？　ちょうど皆さんがやっているように、スマートフォンのアプリを使うやり方がある。

　すでにモバイルバンキングは始まっている。ケニアでは、モバイルによる金融取引がGDPの40％を占めている。バングラデシュの1億6,000万人のうち10％はbKashというオンライン支払いサービスを利用している。『ウォールストリートジャー

ナル』によると、毎日7,000万件の取引が進められている。

　Financial Inclusion Insight〔アメリカのリサーチ会社Kantar
によるデジタルマネーの調査〕によれば、ケニアでは21％の人
だけが銀行口座を持っており、その中の77％が携帯電話を通じ
て銀行口座を管理している。モバイル・デバイスの使用は、ケ
ニアでは一般的であり、ケニア政府は携帯電話を通じてのみ、
2015年の債券を発行した。最低投資額は28ドルであり、旧来
のやり方では477ドルであったので、債券購入に参加できるケ
ニア人の数が爆発的に増加した。さらに、デジタルで販売され
たため、すべての売買が同時に行われ、従来の方式が2日か
かっていたのと大きく違った。

　あきらかにモバイルバンキングは、数十億人の生活水準の向
上のためのプラットフォームを生み出した。ただし、携帯電話
が機能するためには、銀行口座を持っていないような世界でも
インターネットへ接続する必要がある。すでに説明したように、
現在、世界の40億人はインターネットにアクセスできない。し
かし、計画によれば、2020年までにはすべての人々がインター
ネットへアクセス可能になる。多くの企業が実現に向けて動い
ているのだ。

● SpaceXでは100億ドルを使って地球低軌道に400基の衛星
　を打ち上げて待機させ、世界中にインターネットアクセスを
　提供する計画だ。
● OneWeb〔アメリカの衛星通信会社〕は30億ドルを使って、
　2019年までに900基の超小型衛星を打ち上げる予定である。
● Facebookでは、ボーイング747より幅広い翼幅を持ち、自動
　車より軽い無人の太陽光発電の自律型航空機を製造する予

定がある。この無人飛行機は、1回のフライトで、何カ月間も、6万フィート上空を飛行して、空からインターネットアクセスを良好にするビームを出す。

● Google のプロジェクト・ルーンは、数千のバルーンを打ち上げて、それを6万5,000フィート地点に浮上させ、地球周辺に高速インターネット接続を提供するというもので、2016年、第1号機がスリランカ上空に打ち上げられた。

● エストニアの科学者はWi-Fiの100倍のスピードを持つLi-Fiという無線テクノロジーを進化させている。Li-Fiはデータを可視光線で伝達するため、LEDライトバルブ〔照明装置の一種〕が無線ルーターとなりえる。

スマートフォンと無料高速インターネット接続があれば、世界中のすべての人々が銀行口座を開設し維持できる。いままで手にしていなかった教育機会と経済機会を、数十億人の人たちが突然手にすることとなる。彼らはいままで以上にお金を稼ぐだけでなく、いままで以上にお金を使うだろう。著書『楽観主義者の未来予測』でピーター・ディアマンディスが問いかけたように、30億の人たちが発明し、発見し、消費をしたら、何が起こるのだろうか?

これらやほかのエクスポネンシャル・テクノロジーのおかげで、あきらかに人類史上最大のイノベーションの初期段階に私たちはいるということになる。数十億人の生活が劇的に、指数関数的に改善されるだけでなく、世界のGDPを十数兆ドル上昇させることになるだろう。

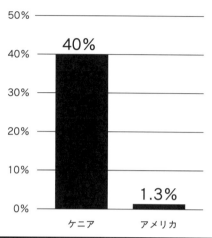

図10-6｜モバイル経由の金融取引がGDPに占める割合（2015年）

デジタル通貨

　通貨が存在する理由は、実際にはたった1つしかない。国内の商取引と国外との商取引の両方を政府が促進するためだ。通貨がなければ、リンゴ農家は毛布を手に入れるために、大量のリンゴと交換することになるだろう。これでは効率的な商取引であるとはいえない。通貨のおかげで、農民はたくさんのリンゴを現金と交換できるし、あとでその通貨のいくらかと毛布を交換することができる。

　職工であれば、通貨のいくらかと釘を交換する。通貨は商取引を楽にして、経済の成長を促進する。

　あらゆる商取引に必要とされるため、通貨に価値があることに異論のある方はいらっしゃらないだろう。

ただし、これこそが問題なのだ。通貨を発行する政府は通貨をコントロールする。結局、お金とは紙切れ以外の何物でもないから、政府は自分の債務を支払う必要があれば、単に紙に印刷すればよいということになる[49]。

　しかし、政府が印刷する紙幣が多いほど、紙幣の価値は目減りする。政府が流通する紙幣の量を2倍にすれば、1枚あたりの紙幣の価値は半分にカットされる。つまり、同じ何かを買う場合、以前の2倍の紙幣が必要になる。これこそがインフレーションだ。そして、インフレーションが本当に手に負えなくなったとき、2000年代のジンバブエのような滅茶苦茶な事態になる。Cato Institute〔アメリカのシンクタンク〕によると、〔ジンバブエの〕ハイパーインフレーションのピークは2008年11月であり、1日で98％という理解できないほどのインフレ率だった。今日買えなかったものはすべて、明日には2倍に値上がりしているということだ[50]。原因は、ジンバブエ政府が100兆ドルの券面額（ジンバブエ・ドル）を紙幣として印刷したからだ（理解できるだろうか、1斤のパンの値段が数百万ドルになっている現実を）。

　インフレーションの問題を解決するために、2009年、サトシ・ナカモトは、世界で最初のグローバル・デジタル通貨を作り上げた。それはビットコインと呼ばれている。ビットコインはオンライン上にのみ存在する。誰も紙幣を印刷したり、硬貨

---

49. 何かの請求書を支払う必要があるときはいつでも、紙幣を印刷できればいいなあと考えないだろうか？

50. これは理解不能でないといえるか。試しにやってみよう。1日のインフレ率が98％であるならば、年間インフレ率は89,700,000,000,000,000,000,000％となるだろう。いったように、理解不能であろう。

を鋳造することはできない。ソフトウェア・オペレーティングによるビットコインは、オープンソースであるため、インターネットでつながることができるすべての人々が利用可能だ。しかも、政府も、企業も、団体も、個人も、ビットコインの発行・管理・評価をコントロールすることは不可能だ。合衆国財務省により印刷された紙幣を使うときと同様に、取引は匿名で行われる。最も重要なことは、ビットコインを生み出したコンピュータ・テクノロジーが、発行されうるビットコイン数の上限を決めることができるため、ビットコインがインフレーションによって浸食されることがありえないように保証する点にある。

　ビットコインを発行するのが政府でないならば、誰が発行するのか？　その答えは、発行したい人なら誰でも、だ。皆さんだって自分自身のビットコインを作り出すことが可能だし、ほかの誰かから買うこともできる。ビットコインを作ることは（熱狂的な人たちから「マイニング」と呼ばれている）、時間とお金がかかるので、ほとんどの場合には後者となるだろう（Coinbase、CeX、Kraken、BTC-e、CoinDesk、GDAXのような数十のサイトを通じて、ビットコインを素早く簡単に売買が可能だ）。

　次のように考えてみよう。森に入って樹からリンゴをもぎ取る場合、もぎ取る人が費やす時間とお金を除けばリンゴは無料だ。あるいは、リンゴが欲しいなら地域の市場へ行くことでできるだろう。その方が素早く簡単だろうが、業者に代金を払う必要がある。ビットコインを手に入れる際にも、同じような選択肢がある。コンピュータシステムを掘り進んでビットコインを作り出すか、あるいはオンライン上のベンダー（販売業者）からビットコインを買うかのどちらかを選択することになる。

もう1つの考え方がある。ヨーロッパを旅行する際、USドルをユーロに交換しておくことを思い浮かべてみよう。つまり、2つの通貨を持った状態で、合衆国での買い物にはUSドルを利用し、フランスでの買い物にはユーロを使うようにする。同じように、ドルとビットコインは交換可能であり、結果的にオンライン上でも買い物が可能だ。

Incidentally ちなみに……

ビットコインETFはもうある。Solid X Bitcoin TrustとWinklevoss Bitcoin Trustの申請はSEC（証券取引委員会）に提出済みである。Bitcoin ETIはすでにヨーロッパで取引されている。メリーランド、バージニア、ペンシルベニア、オハイオにはビットコインATMがあり、ビットコインとドルを交換できる。

デビットカードが使えるのに、わざわざオンライン上で買い物をするためにビットコインを使う理由はどこにあるのだろうか？　理由はビットコインに余計なコストがかからないからだ。対照的に、デビットカードやクレジットカードを使った買い物では、いつでも売り手は上限3％を負担させられる。その結果、売り手の負担コストは、商品の値上げという形で消費者へ転嫁されている。

ビットコインが幅広く採用されることによって、消費者小売価格が下がるだけでなく、カード産業のビジネスモデルを完全に破壊してしまうだろう。「カード産業では、（50年前の）マグネティック・ストライブの発明以来、最も重要なイノベーションの時期を経験することになるだろう。まさしく支払いに関する革命がやってくる」と、Electric Transactions Association〔電子取引の業界団体〕のCEOであるジェイソン・オックスマンは2014年に語っていた。「ビットコインは、金融システムを一変

させるような扉を開く可能性を持つ重要なイノベーションである」と、2014年9月に the Bank of England でも発表している。

このことは、ビットコインが世界のデフォルト通貨（＝通貨切替）になるといっているのではない。デジタル通貨のなんらかの形態が、デフォルト通貨になるのは確実であるといっているのだ。現時点で世界に通貨がたくさんあるように、おそらくは複数の形態になるだろう。

事実、2016年の the Bank of England のエコノミストによる調査レポートは、世界中のすべての中央銀行は、独自のデジタル通貨を創設すべきであると提言している。同レポートによると、景気後退と経済的熱狂を免れるような、より効率的な道具が政策担当者に与えられることによって、世界経済は3％上昇するだろうということだ。すでにエクアドルではデジタル通貨に着手しており、中国でも2016年の導入を計画していると発表している。

デジタル通貨を発行することで、政府には2つの恩恵がある。1つ目は、現金を消滅させると、麻薬ディーラーやテロリストに対する取り締まりに役立つ。犯罪者は、犯罪ビジネスに手を染める際にクレジットカードを使わない。デジタル通貨なら、法執行機関や軍事諜報部が敵の発見に活用できるような電子的

な足跡を残す可能性がある。

　デジタル通貨が消滅させる可能性がある犯罪行為として脱税がある。これはオフショア口座にお金を隠している超億万長者を指摘しているのではなく、ごくごく普通のご近所の方々のお話をしているにすぎない。

「定価は2万ドルだが、現金でお支払いならば1万ドルでいい」という商売を聞いたことがないだろうか？　土曜日の夜に頼んだベビーシッターが手にしたお金に関して、そのベビーシッターが税金を支払っていると思うだろうか？

　財務省によれば、「テーブルの下での取引」によって、過去10年間にわたって、連邦政府は3兆ドルの税収を徴収し損なっている。こうした未徴収の税金を徴収できれば、税率を上げなくとも財政赤字を完済できるだろう。

　したがって、司法省、FRB、証券取引委員会(SEC)、金融犯罪捜査網(FinCEN)を含む合衆国諸機関では、内国歳入庁がビットコインは財産であり、株式や債券や投資信託と同じように課税されると告知したことは理解できる話だ。商品先物取引委員会ではトレーディングの観点から、ビットコインは金や原油や牛や大豆と差がないという点で同意した。

Incidentally ちなみに……
スタンフォード、プリンストン、デューク、NYU（ニューヨーク大学）を含む、数十の単科大学や総合大学では、サイバー通貨やビットコインの授業を提供している。

　まだ現時点でビットコインを使っていないとしても、近い将来には使うことになるだろう。10万以上の合衆国のビジネスで

はビットコインを受け入れている。その中にはNBAのサクラメント・キングズ、オンライン通販会社のOverstock、ラスベガスのカジノホテル「D」とGoldenGate、オンライン旅行代理店のcheapair.com、フォトシェアリングサイトのReddit、マッチングサイトのOKCupid、ミッドタウン・マンハッタンのバー、ペンシルベニア州アレンタウンにあるSubway sandwitch shopも含まれる。アメリカ赤十字、Save the Children、そのほかの慈善団体は、ビットコインによる寄付を受け入れている（これらの場合には、BitPayというビットコインによる寄付をドルに替えるサイトを利用する）。連邦選挙委員会では、政治献金がビットコインで行われることを認めている。イギリスでは消費者に対して、モバイルアプリを使ってお互いにビットコインで支払いをさせている。

銀行でも、デジタル通貨の恩恵を認めている。スイスのUBSではビットコインを使って業務を行っている。UBSの調査では、金融産業はビットコインによって、海外送金、証券取引、企業コンプライアンスに関して、2022年までに年200億ドルを節約できるだろうとしている。イギリスのBarclays Bankは、支払システムとしてビットコインをテストしている。JP Morgan ChaseもCredit Suisseでも同様だ。アメリカのシティバンクはシティコインと呼ばれる独自のデジタル通貨で実験している。

Incidentally ちなみに……
2014年、NBAのサクラメント・キングズは、ファンにビットコインでディスカウントチケットを購入させた、最初のプロスポーツチームとなった。

こうした活動にもかかわらず、私たちはビットコイン採用のごく初期の段階にある。ビットコインを受け入れている小売業

者の数は、世界中でたった10万にすぎない。ビットコインなんてものを聞いたことのあるアメリカ人も限られているので、使っている人といえばごく少数にすぎない。

それでもなお、ビットコインの使用は増加している。2014年のビットコインユーザーは130万人だが、Juniper Researchによると2019年までには470万人に達すると予想される。ウォール街でもこうした動きを支持している。Santander〔スペイン最大の銀行〕とOliver Wymanグループ〔アメリカのコンサルティング会社〕によれば、ベンチャーキャピタル企業は、これまでビットコイン企業に5億5,000万ドルを投資しており、フィンテックへの投資額は2013年の40億ドルから、2015年に235億ドルへと増加した。

こうした動きがすべてどこへ向かっているのか知りたいなら、スウェーデンを見ればいいだろう。Euromonitor International〔イギリスのリサーチ会社〕によれば、スウェーデンでは金融取引全体の中でたった2％、消費者の支払いの20％しか、紙幣と硬貨は使用されていない（世界のそれ以外の地域では、紙幣と硬貨による取引が平均で全体の75％を占めている）。銀行の半分以上が現金預金を受け入れておらず、多くの支店では現金の保管もない。現金での引き出しを希望する人々は、前もって予約したうえで、費用がかかる。スウェーデンでビットコインの使用が100％となるまでそう遠くないだろうし、世界のほかの地域でも追随することだろう。

これでも納得できないし、デジタル通貨など決して使わないというなら、すでに使ってしまっていることを理解していただいた方がいいだろう。クレジットカードやデビットカードで何かを買う際にはいつでも、デジタル取引を行っている。航空機

マイルやホテルポイントも、デジタル通貨の別形態だ。ディズニー・ダラーも同様だ（テーマパークと店舗での使用のみのためにウォルト・ディズニー・カンパニーにより発行された通貨）。カジノチップでさえも、カジノ用に作られて運用されている通貨の一形態だ。

こうした事実を受け入れることができるか否かは個人次第だろうが、通貨を見ることができるのは博物館だけである、という時代が間もなくやってくるだろう。

ブロックチェーン

サトシ・ナカモトがビットコインを生み出した際、最初は誰もがデジタル通貨自体に注目した。しかし、以後十数年にわたって、注目はビットコインを作動させる土台のテクノロジーへと移った。

人によっては、このテクノロジーこそ、インターネット創造以来の最も重要な進化であると呼ぶ。

そのテクノロジーの名はブロックチェーンといい、車輪以来の最も重要な発明であるともいわれている。

なぜ、ブロックチェーンがそれほどまでに畏敬の念を表され、称賛されるのだろう？　その理由は、信用産業を破壊しうるからにほかならない。

その産業とは何であるのか、そのような産業が存在することさえもご存じないかもしれないが、商取引のあらゆる面において、それがどれだけ深く根づいているかを示してみよう。

信用産業が存在する理由は、金融取引に従事する際にはいつでも、他人を信用する以外選択肢がないからだ。後日製品を配達しますからね、という約束と引き換えに、今日お金を喜んで手渡すのは、信用があるからにほかならない。今日お金を受け取るビジネスのすべては、通貨が価値を持っていて、譲渡可能であるという信頼を有していることが土台となっている。

　こうした信用なしには、リンゴと毛布を交換していた時代、大昔に捨て去られた、手に負えない、面倒なシステムに戻ることを余儀なくされてしまう。

　信用を機能させるためには、ひとまとまりの信用産業が確立されて、その分野で1,000万人が働く必要がある。そうした人たちの別名は中間業者という。商業銀行、証券ブローカー、保険プロバイダー、不動産エージェント、弁護士らは、すべて中間業者以外の何者でもない。

　たとえば家を買う場合は、実際に売り手が家を所有しているものと信用している。つまり、最初の一歩は信用だ。信用が間違いである可能性もあるので、タイトル保険〔所有権に対する保険〕に加入する。

　問題がおわかりだろうか？　他人を信用せざるを得ないものの、それは危険でもあるということだ。だから、売り手を信用できないという理由だけで、費用を被ることになる。つまり、販売物件に関する売り手の所有権を認証することができれば、タイトル保険に加入する必要がなくなる。この例では、問題（信用）とその解決方法（認証）の両方を示している。

　上の例で説明しているのは、私たちがかくも多くの中間業者を必要とする理由でもある。不動産業者は売り手を代理し、タイトル決済会社はタイトル保険会社を代理し、モーゲージ・ブ

ローカーは貸し手の代理として行動する。これらすべての中間業者の存在が、家の購入時にあれほど多くの費用がかかる理由だ。

信用産業は不動産業に限られるものではない。事実、中間業者は至るところに存在する。ブルース・スプリングスティーンは、自分で自分のコンサートチケットを販売していない。代わりに、消費者はチケット・エージェントから購入する。これこそが中間業者だ。ホテルを予約する際のトラベル・エージェントも同様だ。例を挙げたらキリがないくらい、多くの職業は中間業者である。

サトシ・ナカモトがビットコインの土台として発明したブロックチェーンは、そうしたすべての中間業者のすべてのサービスをデジタル化し、自動化して、取引コストを大きく減らす可能性がある。家の購入はたった数分間で完了し、数カ月を要することはなくなるだろう。取引コストは、現在の数万ドルからゼロに近づいていくはずだ。

ブロックチェーンを理解する

ここでブロックチェーンの「チェーン」について考えてみよう。チェーンに連なる1つ1つのリンクとはデータのことを示す。ひとたびチェーンに加えられると、リンク（＝データ）は変更、コピー、削除ができなくなる。代わりに、それらのリンク（＝データ）は不変となる。しかしまた、それらのリンク（＝データ）は、いつでも、誰からも閲覧が可能だ。

例を挙げて説明するために、皆さんの住宅の証書をブロックチェーンに置くことを考えてみよう。皆さんがチェーンの第1のリンクになる。皆さんは自宅の証書をご自身に添付する場合、それがチェーンの第2のリンクになる。ここで、皆さんをリンクA、証書をリンクBと呼ぶことにしよう。この2つのリンクは永遠に結びつけられた。

　皆さんが自宅を売却する場合、証書は購入者に接続する。つまり、リンクBはリンクC（＝購入者）に添付される。いまでは、私たちは「皆さん-証書-購入者」というリンクを有している。チェーンの中では複数のリンクがひとかたまりのブロックとなっている。だから、ブロックチェーンという名前がついているのだ。

　「皆さん-証書-購入者」というリンク、つまり、リンクA-B-Cは永遠に結びつけられており、全世界がそのことを知っている。見たいときにいつでもビヨンセの写真を見られるように、あらゆる人が、いつでも、このチェーンを見ることができる。すべての人たちができる、ということこそが、すべてを物語っている。それを見ることができる、という点こそが重要なのだ。チェーンは、リンクを追加することによって延長させられるが、既存のリンクは変更が不可能だ。その結果、証書が失われたり、改ざんされたり、コピーされたり、盗まれることはありえない。

　つまり、所有者（リンクC）が住宅を売りたい場合、新たな購入者Dは取引が合法的であることを確信している。というのも、たった1つのリンクだけがリンクCとつながっているからだ。新たな購入者がリンクDになることができるなら、それ以外の誰かはいままで購入をしなかったということになる。リンクDになることができないならば、すでにほかの誰かがリンクDに

なったことを意味する。どちらにせよ信用は100％だ。つまり、取引は単に信頼できるだけでなく、認証済みということになる。

2015年10月、オーランドで結婚したデイヴィッド・モンドラスとジョイス・バヨは、ブロックチェーン上に婚姻届けを出した史上初の夫婦となった。誰もがブロックチェーンにアクセスできるが、決して変更や改ざんはされないし、消去もされない。間違いなく、人間だけで、真に永遠に続くプロダクトを作ったのである。デイヴィッドとジョイスは、ブロックチェーンをお互いの永続する愛の究極の証と考えたのである。

こうした認証の特徴によって、ブロックチェーンは誰もがワクワクさせられるものになる。ブロックチェーンがビットコインの取引を促進するために生み出された話に戻ろう。私が50ビットコインを皆さんにあげたとする。皆さんが20ビットコインを次の人にあげると、チェーンが生まれる。ここまで読んだすべての方は、いまならブロックチェーンがあらゆる取引の追跡に利用できることを理解されただろう。結局、ブロックチェーンとは、単なるデータの保管倉庫だ。つまり、ブロックチェーンの中にあらゆるデータをアップロードすることが可能だ。証書、特許、契約書、保険契約、選挙票、コンサートチケット、婚姻届さえもアップロードできる。そして、ひとたびアップロードされると、そのデータの所有権が移されたり、そのデータに対して新しいデータをいつでも書き添えたりすることが可能になる。

この話がどれだけ奥が深いか確信できないなら、ブロック

チェーンに関する the Bank of England の見解を考えてもらおう。the Bank of England によれば、「ブロックチェーンとは、支払証明を分散化することが可能であり、信頼できる第三者の必要性を排除できる。ブロックチェーンによって保証された支払いのメカニズムはこれまでの形を変えるだろう。単一の中央当局(中央銀行やクリアリングハウスやカストディアンなど)の帳簿を通じた決済の代わりに、強度の高い暗号と認証アルゴリズムによって、DLT(分散型台帳技術)ネットワーク内のすべての人々は台帳のコピーを持つことを許可され、台帳を管理・更新するための分散された権限をはるかに広いエージェントグループに与えることになる」。

　これではわからないというならば、『ビルボード』誌から次の記事を転載しよう。その記事によれば、「ブロックチェーン・テクノロジーとは、たくさんの、以前は手に負えなかった楽曲の権利のような産業問題に対する解決策を差し出す。モニタリングを擁し、複雑であるものの、透明性があり、信頼性もあるロイヤリティ・ディストリビューションという解決策を提供するのである」。この記事ではさらに、「消費者にデジタル通貨から、金融産業(持ち分、債券、株式)、記録(証書、版権、証拠書類)、所有権(イベントチケット、伝票・領収書、ギフトカード)までのすべてを交換させる1つのプラットフォームである」と書いている。

　ギフトカードは小さなジャガイモのようだ[51]。それでは、合衆国の株式市場全体はどうだろう？　NASDAQ は、ブロック

---

51. ギフトカード産業は小さいわけではない。CEB TowerGroup によれば、2015年には1,300億ドル市場である。2018年までには1,600億ドルの売上が見込まれている。

チェーン・ソフトウェアを開発して、プライベートカンパニーに株式を発行させ、取引させて、現行のほかの手段が許すよりも速く、安くしようとしている。2015年、NASDAQ CEOのロバート・グレイフィールドは、「ブロックチェーン・テクノロジーは、資本市場を、より大きな透明性と安全性を伴いながら、より効率的に働かせるという偉大な約束をします」と発表している。

　議会でもブロックチェーンを支持している。2016年、下院議員の超党派の決議では、ブロックチェーン・テクノロジーを促進するよう連邦政府に要求した。州でも同様の機会を模索している。バーモント州では、レコード・キーピング〔確定拠出年金の記録業務〕の法的手段として、ブロックチェーンの使用を認める法案を通過させた。

　民間ビジネスはそうした努力を手伝っている。IBMはシンガポールにブロックチェーン・イノベーション・センターを持っており、そこでは金融や取引で使用するアプリケーションを作るために、政府、学会、産業界とのコラボレーションを育んでいる。Deloitteでは、5つのブロックチェーン・テクノロジー会社とパートナーシップを組んで、デジタル・アイデンティティ・プログラムを提供し、デジタル・バンキングを経営し、海外送金を取り扱い、ロイヤリティと報酬を提供している。

　ゴールドマンサックスの2016年の調査では、ブロックチェーン・テクノロジーによって、2020年までに合衆国経済は370億ドル増加すると予測している。その破壊的イノベーションの内訳とは以下のようなものだ。

- 証券決済ビジネスでは110億ドルから120億ドルのムダを省く。
- 同じくシェアリングエコノミーでは30億ドルから90億ドル。
- 電機産業では25億ドルから70億ドル。
- 連邦政府のアンチ・マネーロンダリングと「本人確認」法令順守に関連した費用の節約が30億ドルから50億ドル。
- タイトル保険産業に対する費用の節約が20億ドルから40億ドル。

　ブロックチェーンのおかげで、お金自体の使用も含めて、あらゆるタイプの取引における扱い方が劇的に変わることがわかるだろう。

　金融サービスは世界最大の産業だ。世界の銀行、保険、証券、クレジットカード会社は、世界最大の企業たちの一角である。毎日のように、消費者はこれらの会社と交流がある。かくも多くのお金を巻き込み、かくも多くの人々に影響を与えている以上、テクノロジーの専門家が、この産業を変革的なイノベーションの巨大な機会であると見ているのは驚きではないだろう。

ブロックチェーンは不動産業に限らず、過激なくらい多くの産業やサービスを変えてしまうだろう。以下に20以上の例を挙げておく。

- **アカデミックな記録。**学校では、学生が特定の単位にパスし、学位を取得したことを示すためにブロックチェーンを利用できるだろう。アカデミックな記録について誰かが虚偽を示すことは不可能となるはずだ。
- **バンキング。**ブロックチェーンは、本質的に銀行がすることを行う。価値あるものを安全に保管し送信する。そんなわけで、多くの銀行ではブロックチェーンのスタートアップに投資している。
- **自動車リースと販売。**顧客はわずか数分で自動車を選び、リースか販売に同意のサインをし、保険に加入するだろう。
- **クラウド・ストレージ。**集中型サーバーはハッカーの攻撃に弱いが、ブロックチェーンは分散型であるため、サイバーテロによるデータ損失のリスクが軽減される。
- **サイバーセキュリティ。**人間の仲介を取り除くことによって、また暗号資産であるために、ブロックチェーンは劇的にデジタルデータの盗難を減らすことが可能である。
- **エネルギー管理。**ほとんどの家庭やビジネスでは、電力を得る唯一の方法は電力会社から購入することである。しかし、太陽発電により、消費者は自分たちでエネルギーを生み出し、ブロックチェーンによって消費者は近隣に余剰電力を販売できる。
- **偽造品への対応。**偽造品は世界の取引の8％を占めている。NetNames によれば、2015年には約1.7兆ドルであった。これはニューヨーク市のストリートで販売されているハンドバッグだけではない。飛行機のパーツの約10％は偽造品であり、公共の安全に疑問を投げかけている。ブロックチェーンはすべての製品にラベルを貼って追跡を行う。実質的に偽造品が販売される可能性は削除される。3Dプリンティングによって偽造品の製造が容易になるとすれば、ブロックチェーンはそれらを無価値にしてしまうだろう。
- **ギフトカードとロイヤリティプログラム。**ブロックチェーンテクノロジーにより、これらの製造は安価になり、利用が安全となる。
- **政府と公共の利益。**ブロックチェーンは、公的年金小切手から政府契約への支払いまでのすべてを分配する際に、作業を容易にし、費用を安価にし、手続きを安全とすることが可能だ。

- **ヘルスケア**。ブロックチェーンによって、安全面で妥協することなく、病院の データ共有を助けることが可能である。これによって、より低いコストで、より正確な診断と効率的な処置を可能とする。
- **保険**。Stratumn、Deloitte、Lemonwayは、ブロックチェーン・ソリューションを生み、加入者がお互いに価値の高い商品を補償し合う状態を作り上げた（たとえば、シェアリングエコノミー経由での休暇用住宅の一時的な交換）。
- **ネットワーキング**。IBMとサムスンはブロックチェーンを利用した方法で仕事を行っており、集約型のハブを必要とせずに、膨大な数のデバイスが相互通信できる。
- **オンラインミュージック**。ブロックチェーンは仲介者なしで、ユーザーが音楽を聞き、アーティストに直接支払うことを可能とするだろう。
- **支払いと送金**。ブロックチェーンは仲介者もなく、極めて低いコストで、世界規模で送金者と受金者を同時に結ぶことができるだろう。
- **ライドシェアリング**。UberやLyftは集約型のハブを自動車の配車に使用しているが、イスラエルのスタートアップではブロックチェーンを利用して、同じルートを走行する人を見つけている。
- **スマートコントラクト**。ブロックチェーンは不動産契約、住宅ローン、雇用者契約、婚姻許可証のような法律的な契約を人間の仲介なしに記載し、管理することができる。
- **スポーツ・マネジメント**。アスリートを所有したいだろうか？　仮想通貨ジェットコインでは、ファンがプレイヤーの給料の積み立てを行うことと交換に、プレイヤーの収入の一部を手にすることができるが、そのプロセスの分散化にはブロックチェーンを利用する（これについては第9章を参照）。
- **株式取引**。オンライン証券のOverstock.comでは、債券発行にすでにブロックチェーンを利用している。2016年に同社が発表した計画では、株式取引とほかのオンライン取引にも、ブロックチェーンテクノロジーを使用するとのことだ。
- **サプライチェーン管理**。サプライチェーンとは製造プロセスのリンクである。たとえば自動車部品なら、部品供給者から製造組立工場までを含む。ブロックチェーンは、人間の間違いをなくして、より速く、より安いプロセスを構築する。
- **選挙**。ブロックチェーンによって、未来の選挙はモバイル・デバイスを通じて投票される。仲介者がいない状態で、データは公共台帳に入力されるので、選挙は改ざん不可能な安全なものとなるだろう。

家計管理上の意味合い

1. クラウドファンディングとクラウドソーシングは、収入を得るための前例のない機会をもたらし、毎日の生活の問題に解決策を与える。

2. クラウドファンディングとクラウドソーシングは、いまもなお大部分が規制のない産業であり、詐欺師に暗躍の場を与えている。オンラインのクラウディングファンドからお金を借りることは、たぶん、問題がないだろうが、こうしたサイトを通じてお金を得ようとしている人たちに対して、自分の出したお金が戻ってくることを期待するのなら、お金を貸したり、投資をしたり、お金を与えたりすべきではない。

3. 伝統的なニューヨークモデルで雇用されている場合、ハリウッドモデルで働く機会を模索すべきである。近い将来、副業なり自主退職なりを雇用主が勧めてきたときがチャンスだが、いずれにせよ、雇用主に仕事のスケジュールを決めてもらう代わりに、自分でスケジュールを管理して行動する方が好ましい。

4. モバイルバンキングは金融サービス産業の性質そのものを変えていく。いまでも地域の銀行の支店を訪れているなら、次回の来店を最後にするにはどのような手続きを取ればいいのか、銀行の係員に聞くべきである。モバイル・デバイスを使って、預金と引き出しのすべてを行う方法を学ぶべきだ。

5. ブロックチェーン・テクノロジーは、お金のあらゆる点に革命を引き起こす。ブロックチェーンは数百万の職業を破壊するだろう。それは、事務職や新入社員にとどまらず、高度人材である高給取りさえも破壊する。ブロックチェーンによって自分の職業が脅かされるか否かを十分検討すべきだ。新しい分野でのトレーニングが必要であると判断した場合には、第14章を確認しよう。

安全と
セキュリティ

Safe and Security

　私たちが未曽有の驚異に直面していることは疑いがなく、驚異のいくつかはテクノロジーのイノベーションが引き起こしている。幸運にも、テクノロジーは昨今のチャレンジの多くに対する解決策も提供してくれる。

　たとえばスマートフォンは、化学、生物、放射線の脅威を警告してくれるセンサーを内蔵しており、自動的に警察へ通報してくれる。GPSチップがスマートフォンに内蔵されているため、誰が通報していて、どこで脅威が発生しているのか場所も通報してくれる。

　ウェアラブルも皆さんを守ってくれる〔本原書では体に着用するタイプのテクノロジーをすべて「ウェアラブル」と表記しているので、訳もそれに従う。「ウェアラブル端末」「ウェアラブルサービス」などとは区別しない〕。警報を発するリストバンドから、ウィルスや有害放射線から守ってくれる衣服まである。ちょうど、日焼けを避けたい人を対象とした衣服の機能のような感じだ。ソーシャルメディアでは、そのネットワークを分析して脅威の被害者に警告を発する。このため、ストーカーに狙われているかどうかがわかる。

詐欺師が皆さんのIDを盗むことはさらに難しくなるだろう。たとえばProteus Digital Healthでは、胃酸によって電源が入り18ビットの信号を発する錠剤を製品化している。この錠剤により、本質的には、人間の体内が認証トークンへ変わる。パスワードもIDカードも必要がなくなるのだ。また、イギリス国立物理研究所では、歩き方によって人を認識する歩容解析認識システムを開発した。このシステムを使えば、IDを提示しなくてもチェックポイントを通過できる。

　〔もとより〕チェックポイントは、銃を持った人が特定の地域に入ることを妨げるようにデザインされている。しかし、街や大学キャンパスにロープを張って遮断することは不可能だ。そのため、銃器が使用されるまで待つ以外、警察はほとんど何もできない。カギは、銃が発砲されるや否や、その場所を特定することにある。1つの解決策はShotSpotterというソフトウェアで、国内の数十の警察署で使用されているShotSpotterにより、銃弾が発射された場所を特定して、より速く警察官が現場へ駆けつけることができる。

　さらに警察が求めている情報は、実際に引き金が引かれる前に、将来誰が銃を発砲するか、あるいは誰に向けて銃が発砲されるかというものだ。そういうわけで、銃器犯罪を犯す人間が誰で、犠牲になる人間が誰であるかを予測するため、シカゴ警察ではアルゴリズムを利用している。イリノイ工科大学の教授が開発したアルゴリズムでは、犯罪歴、ギャング組織との関係、就業状況、薬物使用歴、収監中の人やギャングに殺された人との交友関係や家族関係にもとづいて人々をスコア化する。

　シカゴ警察によれば、そのアルゴリズムでは2016年に1,400人を識別し、シカゴ市全体のギャング強制捜査により逮捕され

た140人中117人がそのリストに載っていた。シカゴ市で銃撃された人の70％以上、銃撃した人の80％がリストに掲載されていた。そのため、人々を逮捕するためにそのリストを利用するだけでなく、未然に犯罪を防ぐために、警察はそのリストを社会福祉事業担当者や地域社会指導者へ配布した。

　法執行機関が地域社会に助けを求めた例はこれだけではない。2011年のバンクーバー・スタンレー・カップ暴動中（ボストン・ブルーインズがバンクーバー・カナックに勝利した際に発生した）に、9人の警官を含む140人の負傷者が出たあと、警察の調査チームは、顔認証ソフトウェアを利用して暴徒を特定するため、自動車局（陸運局）の記録以外に、100万人分以上の写真と1,600時間のビデオをクラウドソーシングで市民から収集した。その中には、FacebookやYouTube上で自分たちの功績を投稿している暴徒自身からのものも含まれる。その結果、200人以上が識別され逮捕された。暴徒の何人かは、オンラインで恥をかかされるキャンペーン〔ネットで炎上する状態〕の対象となった。そのために職場で解雇されたり、アスレチック（スポーツ）のチームから除名されたりした。

　デジタルでつながった世界では、駆けることはできるが、隠れることはかなり難しいのだ。

　こうしたイノベーションは、皆さんや皆さんの個人情報を守るのに役立つだろう。こうした理由から、安全とセキュリティの分野は、巨大な成長産業である。Gartnerによれば、セキュリティ・ソフトウェアへの年間支出は、世界全体で、2017年には940億ドルとなる。ちょうど5年前には200億ドルだった。

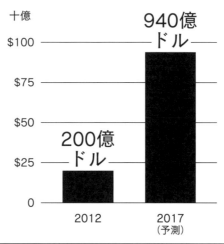

十億

$100 ——————————— 940億
ドル

$75

$50

$25 —— 200億
ドル

0
　　　　2012　　　　　　　2017
　　　　　　　　　　　　　　（予測）

図11-1｜セキュリティ・ソフトに対する世界市場の年間支出額

家計管理上の意味合い

1. いままで以上に安全に対する支出が増えるだろう。こうした費用に対する家計のやりくりが必要となる。

2. デジタル化のため、セキュリティは個人だけでなくお金にも適用される。自分自身を守る方法については、第16章で扱う。

3. セキュリティは成長産業であり、投資機会を提供する。

テクノロジーの
ダークサイド

The Dark Side

　これまで説明してきた未来はワクワクする希望に満ちたものだった。ただし、子供のような考え方はやめるべきだろう。エクスポネンシャル・テクノロジーとは、無視できない問題も引き起こすものだ。それゆえに、エクスポネンシャル・テクノロジーの危険性や恐ろしい罠についても、これまで説明してきたような手順で、1つ1つ説明しておく必要があるだろう。

インターネットのダークサイド

　皆さんはタクシーを呼ぶためにWebサイトを利用するが、詐欺師はサイトを使って逃走車を手配する可能性がある。皆さんはサイトから利用日時を探すが、犯罪者はサイトを使って攻撃すべき相手を見つける。
　女性に対するストーカー行為や不倫行為を助長し、以前の交際相手の生々しい性的な写真やビデオをシェア(リベンジポルノと呼ばれる)するサイトも存在する。
　音楽や映画を不正にダウンロードさせるサイトも存在する。そうしたサイトの中には1日に5,000万人のユーザーを持つも

のもあった。監督当局が取り締まる前まで、グローバル・インターネット流通量の4%を占めるほどであった。

　文明の歴史と同じくらい犯罪の歴史も古い。インターネットは犯罪につながる新しい方法を生み出してきた。窃盗犯の常套手段は何世紀にもわたって変わらない。新聞の死亡欄を読み漁ることだ。というのも、たとえば葬儀の最中には自宅に誰もいないので、無防備になっているところに空き巣へ入るためだ。FBIの住居犯罪の元フューチャリスト〔ここでは犯罪予測家の意〕であるマーク・グッドマンの著名な著書『フューチャー・クライム』によれば、イギリスの有罪判決を受けた窃盗犯の78%がFacebookやほかのソーシャルサイトを利用して、休暇に出かけているか否かを知ったと証言している。

　同じように、詐欺師もマッチングサイト上で犠牲者を釣り上げようとしている。フェイクのプロフィールを投稿し、ロマンスを求める人たちに面会し、手術が必要な母親がいるからどうしても金が必要だとか、事業を行っているが資金繰りに苦しんでいるとかいった涙話を使って、最終的には金銭の要求を持ちかけてくる。FBIによると、2016年の上半期には1億2,000万ドルの被害が発生している。これは前年同期比で23%の増加だ。

　南米では、誘拐犯はGoogleを利用して犠牲者を罠にかける。誘拐犯は空港で待機し、手配された移動用タクシーの運転手が掲げる看板の名前を見る。看板の名前をGoogleで検索し、資産家であると判明すると、タクシー運転手に金を渡して、自ら運転手になりすます。何も知らない資産家はタクシーに乗り込んでしまう。自分が誘拐される段取りがついていることなど、つゆ知らずに。Cognizant〔業務のデジタル化支援を行う会社〕に

よれば、2015年に支払われた身代金の総額は15億ドルに上った。K&R insurance が年12.3%の成長を遂げている理由はここにある[52]。

ブラジルの空港に立ち寄らないから誘拐されることはない、という話では終わらない。コンピュータプログラムは簡単にハッキングされる。皆さんのコンピュータに、ハッカーがランサムウェアと呼ばれるウィルスを植え込むことに成功した場合、数百ドルの支払いを要求するポップアップ画面が飛び出してくるはずだ。48時間以内に支払いを行わない場合、すべてのデータが破壊されてしまう。2015年のランサムウェアによる被害者数は25万人、被害額は3,000万ドルに上るとFBIが報じている[53]。

現代人は、他人から直接攻撃を受けるだけでなく、自分の所有するコンピュータやモバイル・デバイスを通じて攻撃される。たとえば、全アドレス帳へスパムを送り込むボットネットというウィルスに感染すると、すべてのデバイスの30%がウィルスに感染することになる。

犯罪者はコンピュータを乗っ取るためにウィルスを利用する。すべてのウィルスに指令を出して、同時に特定のサイトにアクセスさせる。集中アクセスを受けたサイトでは過負荷を引き起こし、クラッシュの原因を誘発させる。これらは DoS 攻撃(denial of service attacks)と呼ばれ、BBC、British Airways、IMDB などが攻撃されたことがあり、商業活動を破壊し、消費者の間に恐怖を生む。

---

52. 誘拐と身代金。そうした類のもの。

53. 〔ランサムウェアの身代金の〕支払いさえもハイテクになった。10年前、身代金はウォルマートや CVS が販売しているプリペイド式のデビットカードで要求された。現在では、恐喝者はビットコインでの支払いを要求する。

現在までのテクノロジーによる最大の驚異的破壊とは、2010年5月6日に株式市場を直撃した悪名高き「フラッシュ・クラッシュ」だ。木曜日の朝、ダウ平均株価は10,862ポイントで取引を開始した。午後2:45まではどこから見ても通常の取引であったが、突然、警告なしに、ダウは600ポイント暴落した。ただし、図12-1のように、5分以内にダウはその下落を完全に回復した。私の同僚の1人は1日中マーケットの値動きを観察しているが、たまたまデスクを離れてコーヒーを取りにいったため、事件が発生したことを見落としてしまった。それほど事件の発生から終息までは速かったのだ。

　ところが、証券等取引委員会、商品先物取引委員会、連邦捜査局、司法省による事件原因の究明は、そんなに早く解決されるものではなかった。調査の結論が下されたのは5年後のことで、ロンドン在住の男の犯行によるものだった[54]。

　先物取引を好む投資家のナヴィンダー・サラオは、人工的に株式市場を暴落させるニセの売り注文を入力するアルゴリズムを開発した。そのため、この男は安値で株式を買うことができたのである。当局の発表によれば、フラッシュ・クラッシュの間、サラオは35億ドルの非現実的な価値からなる6万2,077もの先物取引を行い、87万9,018ドルの利益を手にしていた。ただしその際、この男は一時的にせよ合衆国株式市場の1兆ドル以上の価値を喪失させてしまった。その5分間、株式を売却した投資家が損失を埋め合わせてもらうことはなかった。当局としては、そうした事件に対する再発防止策について、これまで一切言及していない。

---

54. これがばかばかしいことは、私も同意する。

これまで説明してきたことは、普通のコンピュータやごくごく普通のテクノロジーが巻き込まれるものに限られていた。ここからは少しだけ、AIが進化した際に、どのようなことが起こる可能性があるのかについて説明しよう。

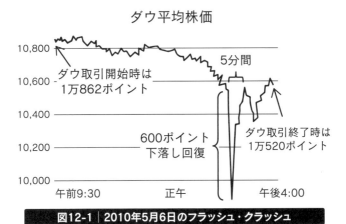

図12-1 | 2010年5月6日のフラッシュ・クラッシュ

モバイルテクノロジーのダークサイド

脆弱なのはデスクトップコンピュータだけではない。現在の詐欺の21％はモバイル・デバイスで発生しており、その年間被害額は60億ドルを超えている。2012年、Kaspersky Lab〔サイバーセキュリティ会社〕は67のフェイクの銀行アプリを発見したが、その1年後には1,300も見つかった。1,900％もの増加とは、指数関数的と呼ぶほかはない。2013年、Juniper Networks〔ネットワーク及びサイバーセキュリティ会社〕は400万台の携帯電話にマルウェアのアプリを発見した。前年比では614％増

加だ。アンチウィルス・ソフトウェアは5％の侵入を防いだにすぎない。

　携帯電話やラップトップ上のカメラもハックされる可能性がある。ウィルスやトロイの木馬[55]によって、攻撃者はデバイスのマイクにアクセス可能だ。通話していないときでも、録音機能で会話を拾うのである。同様に電話のカメラでも、本人が知らないうちに、何をしているのか録画できてしまう。行動のすべてと携帯電話のデータのすべてが、本人が気づかぬうちに転送されていることがありうる。スマートフォンにはGPSが内蔵されているので、リアルタイムで位置情報が他人に知れ渡る。

　携帯電話を使うほど、詐欺に引っかかる可能性は高まる。押し売りもどきの業者による自動音声だけでなく、詐欺師自身からの電話が直接やってくる可能性もあるのだ。ハリス世論調査によると、2015年、合衆国における消費者の11％が電話詐欺により金銭被害を受け、総被害額は74億ドルにも上った。連邦取引委員会によれば、主要な詐欺事件とは以下のようなものである。

- **ビジネス掲載詐欺**：小規模企業の経営者に対し、Google上（あるいはYahoo!やBing）の掲載が更新されていない、オンライン上の地図から削除されそうになっている（逆に、追加されるチャンスである）という話をする。少額を振り込めばすぐにその問題は解決される。「だからクレジットカードの番号を教えてほしい……」。
- **無料バケーション詐欺**：税金を支払うだけで、無料で旅行に招待するとの電話勧誘がある。もちろん、前もって税金を支

---

55. ダウンロードした問題のないプログラムに便乗する悪意のあるソフトウェアのこと。

払う必要がある。「だからクレジットカードの番号を教えてほしい……」。

- **ローン詐欺**：支払期限を過ぎたローンはないか？　金利の高いローンを完済したくないか？　あるいはローンの申し込みをさせようとする電話勧誘もある。協力しない場合には逮捕されると脅迫するケースもあった。「だからクレジットカードの番号を教えてほしい……」。

- **調査詐欺**：調査に参加してほしいとの電話がくる。数分間で終わるという。無料クルージングや自動車が抽選でもらえるかもしれないと勧誘される。そこで、政治、経済、社会問題についていくつかの質問に答えると、数日後また電話がかかってきて、抽選に当選したと告げられる。事前に税金の支払いが必要になる。「だからクレジットカードの番号を教えてほしい……」。

携帯電話は皆さんを世界へアクセスさせると同時に、世界を皆さんへアクセスさせることも可能ということだ。

AIと機械学習のダークサイド

スティーヴン・ホーキング、イーロン・マスク、ビル・ゲイツのような先駆者を含めて、地球上の最も輝かしい人たちの中には、AIを恐れている人が多い。2015年、AIは核兵器以上に危険なものになりうるという警告書が出され、テクノロジー専門家数百人とともにこの3名は署名した。
「AIの誕生が成功することは、人類史上、最大の出来事だろう」と2014年にホーキングは投稿している。「ただし、残念ながら

AIによるリスクを避ける方法を学ばなければ、人類の歴史が終わるかもしれない」ともつづった。マスクに至っては、AIについて「人類最大の存亡の危機だ」と述べている。さらに、2015年のインタビューでゲイツは「スーパーインテリジェンスに対して懸念を示す」と回答している。

　より理解が進み、規制が考案されるまで、AIの進化を制限すべきであると要求する声はあちらこちらで聞かれる。

　彼らがおびえているものは何であろうか？　SF映画を見れば、その理由がわかるだろう。『2001年宇宙の旅』(のHAL 9000)、『ターミネーター』(のSkynet)、『ウォーゲーム』(のWOPR)を少し見てみよう。きっとこのジャンルのお気に入り[56]の映画はこのあたりになるだろう。

ARとVRのダークサイド

　グラスを身につけることによって、世界のどこにでもいられるような感覚を持てるとしたら、ベッドから起き出すだろうか？　ブルース・ウィリスの映画『サロゲート』、あるいはパンドラ惑星に住む青いナヴィの群れが主人公の映画『アバター』では、この質問に対する答えを考える機会を与えてくれるはずだ。

---

56. やや言葉を選ぶべきかもしれないが。

ウェアラブルのダークサイド

　心拍数やほかの生理学的データを測定するウェアを身につけていると、その情報は誰が所有することになるのだろうか？間違いなくメーカーだ。

　少なくともミシガン大学のケースではそうだった。1億7,000万ドルの報償の一部として、Nikeはミシガン大学の選手全員に装備を提供した。ただし、契約では心拍数モニター、GPS追跡装置、ほかのセンサーを利用したウェアラブル・テクノロジーからの個人データはNikeに収集させるというものであった。
　しかし契約ではNikeによるデータ利用の目的には言及しておらず、選手に対する補償どころか、個人データを収集されていることを告知するかさえ記載されていなかった。将来、シャツを買う際には、製造業者や販売業者が皆さんに関して収集したデータを保管しているかもしれない。

　ウェアラブルが必ずしも衣類とは限らないことには要注意だ。米粒サイズのWatsonが脳に埋め込まれた場合、思考がハックされるリスクがあるのではないか？　映画『マトリックス』の世界の中に住みたいか否かを決める必要があるだろう。

ビッグデータのダークサイド

　今度は個人のプライバシーの問題だ。第2章でビッグデータを説明した際、個人情報がすでに収集されているだけでなく、広く流通されていることにも触れておいた。ただし、誰にもま

だ収集されていない個人データが1つだけある。それは頭の奥の思考だ。

ただし、その状況さえも終わる可能性がある。磁気共鳴機能画像法(fMRI)というマシンが、脳のどこが使用されているのかを突き止めつつある。どうやってかといえば、その領域への血液の流れが増加するからだ。少なくとも2つの企業の説明によれば、血液の流れによって、ある人間が真実をいっているか否かを判断することは可能だ。

fMRIが証言台に設置されるまでに、どれくらいの時間がかかるだろうか？　あるいは、背もたれだけで肘かけのない木製の椅子に配偶者から座るようにいわれた台所で、まぶしい光を当てられながら、「あなたは嘘をついているでしょう？」とか、より恐ろしい「いままで私に嘘をついたことがあるでしょう？」といった質問をされるかもしれない。

すべての人間にとって、自分の本当の考えが、いつでもほかのすべての人間に知られている社会に住む用意ができているとは到底考えられない。

そうしたテクノロジーが自分の人間関係を破壊してしまうかもしれないと思うなら、エクスポネンシャル・テクノロジーがすでにビジネスにもたらしている破壊的なインパクトが国中の産業全体を打ち砕くことも考え直してみることだ。

『ボルチモア・エグザミナー』、『シンシナティ・ポスト』、『タンパ・トリビューン』を含む新聞は、インターネットの瞬間的な報道能力に対して競争ができず、廃業に追い込まれてきた。Tower Record は iTunes に破壊され、Blockbuster は Netflix に駆

逐された。

こうした企業の終焉はシェアリングエコノミーの創出につながり、オンデマンド労働者を生み出した。ただし、多くのエコノミストが警告するように、臨時雇用労働者には、従来型の正規社員が享受していたような保護や利点が欠けている。失業保険、労災保険、退職金、債務保証といったものだ。多くの労働者は、新たな自由と複数の収入源を生み出す能力を享受しているが、より大きな経済的リスクと引き換えにしている点には注意が必要だ。

ロボットのダークサイド

ロボットがロボットを作る時代には何が起こるだろう？　これは仮説ではない。ケンブリッジ大学ではすでに現実となっている。「マザー・ボット」が特定のタスクを行うほかのロボットを作っているのだ。マザー・ボットは自分の生み出したロボットのパフォーマンスを評価し、次のロボットがさらによいパフォーマンスを示すように、製造プロセスを修正する。2015年のテストの結果、第10世代のロボットのパフォーマンスは第1世代の2倍となった。

ロボットが前のモデルよりも優れた複製を作れることを何と呼ぶか、知っているだろうか？

ターミネーターだ。

SDVのダークサイド

　SDV（self-driving vehicles：自動運転の乗り物）は数百万の仕事がなくなる原因となるだろう。これはタクシーやトラックの運転手に限った話ではない。トラックの運転手がいないということは、休憩のためにサービスエリアに停車する必要がないということだ。SDVにはバレットパーキング〔ホテルなどの駐車代行サービス〕も必要なく、駐車場の案内係もいらず、料金所係、自動車教習所、レンタカー会社、公共交通機関も必要ない。

　そればかりか、「事故経済」がなくなってしまう。自動車事故がなくなると、自動車保険の必要がなくなり、損害保険会社が消え去るだろう。これは大変なことだ。自動車保険は、損害保険産業の年間保険料の1/3を占めている。証券等監視委員会の2015年の文書には、Cincinnati Financial Corporationにおける全収入の25％が自動車保険契約によるものであり、危険な状態にあると指摘されている。「無人車のようなテクノロジー・イノベーションによって引き起こされる保険市場の破壊は、保険商品に対する消費者需要を引き下げる」と同社は報告している。

　Allstate〔アメリカの保険会社〕も2016年の決算報告で「無人車やライドシェアリングやホームシェアリングを推進するような潜在的なテクノロジーの変化は、現在の顧客による弊社製品の需要を破壊し、新たな補償範囲の問題を生み出して、損失の頻度や深度に影響を与える可能性があるが、効率的に対応することは不可能かもしれない」と同様の警告を株主に行っている。Allstateの最高経営責任者トム・ウィルソンが『ウォール・ストリート・ジャーナル』に語ったところによれば、「変化が近づいており、懸念する必要があるだろう」ということだ。そうした理

由から、AllstateはArityという200以上のデータ・サイエンティストやそのほかのテクノロジー専門家を擁する会社を設立した。その目的は、Allstateのビジネスをいかにして継続すべきかを考えれば理解できるだろう。

ウィルソンの不安はMercury Insurance Groupの規制当局への報告文書にも見て取れる。SEC（証券取引委員会）に対する同報告書では、「無人自動車と、利用ベース自動車保険の出現によって、自動車保険の市場や保険料、審査を根本的に変えてしまうだろう」と記載されている。

Travelers Indemnity Company〔アメリカの旅行保険会社〕でも意見は同じであり、同社の8-Kファイリング〔SECへの報告資料〕で「運転手なしの自動車やアシスト・ドライビング・テクノロジー、あるいはライドシェアリングやホームシェアリングを促進するテクノロジーは、現在の顧客からの製品需要を破壊し、補償範囲問題を引き起こすだろう。私たちは効率的に対応することができないかもしれない」と述べている。

これらの見解は広く行き渡っている。2015年に保険会社の役員を対象にした調査によれば、自動運転車は2025年までにビジネスに大きなインパクトを与えるという意見に84％が同意しており、その問題に対処する戦略的な計画を持ち合わせていないという点では90％が同意している。

同じジレンマに直面しているのは、事故査定会社、事故修理会社、自動ペイントショップだけでなく、自動車修理パーツのメーカーも含まれる。修理部品メーカーのLKQがSECに報告したところでは、「事故車の数が減少したり、修理される自動車数が減少すれば、私たちのビジネスは苦しくなる」という。

自動車事故がなくなってしまえば、カイロプラクターの多く
も職を失うだろう。結局、脊髄損傷の原因の35％以上が自動車
事故によるものであると、Mayo Clinic〔アメリカの総合病院〕
が述べている。

　事実、ドミノ倒しを食い止めることは困難だ。州政府や地方
政府は年間65億ドルの歳入を駐車違反や駐車券、レッカー費
用から得ている。合衆国の小さな町の多くは、基本的なコミュ
ニティサービスを提供するために必要な歳入として、スピード
違反〔の罰金〕に依存していることは有名だ。しかし、自動運転
車はスピード違反をせず、信号無視もせず、一方通行を逆走し
たり、一時停止を無視したりすることもない。二重駐車も禁止
地区への侵入もない。年間65億ドルもの運の悪い運転手から
の収入がなくなったら、地方政府は請求書への支払いをどうす
ればよいのだろうか？
　地方政府が受け取る請求書の1つは地方債の利息であるが、
合衆国史上、最大の地方債のデフォルトを経験することになる
可能性がある。そうなれば、合計3.6兆ドルの地方債を購入し
ている退職者、地方債の利子収入に頼っている退職者のすべて
に対して、どれほどのインパクトになるのだろうか？

　ほかにも検討すべき問題がある。1つは責任の問題だ。自動
運転車が事故に巻き込まれた場合、自動運転車の所有者が金銭
的な責任を負うのだろうか？　あるいは、自動運転車の同乗者
が負うのだろうか？　それとも自動運転車の製造会社か、セン
サーシステムの設計者か？
　同じように倫理上の問題も生じてくる。突然、子供が道路に
飛び出してきた場合、自動運転車は避けるために木に衝突する

としても回避するだろうか？　つまり乗客の命を犠牲にするのだろうか、前進を続けて子供を轢き殺すのだろうか？

それと、ハッカーの問題もある。コンピュータシステムは、警察が自動運転車に命令を出して、事故を起こした人を刑務所へ直行させるべきだろうか？

これは想像よりも現実離れした話ではない。実際、2015年にキャシー・バーンスタインはひき逃げ事件で逮捕されたが、その詳細は次のようなものだった。

彼女が事故現場を立ち去った際、自動的に彼女のフォードは911に電話した。安全機能は、自力で助けを呼べない事故犠牲者を警察が見つけられるように設計されていたからだ。報道によると、警察が電話した際に彼女は事故への関係を否定したが、自動車のGPSによって事故現場に彼女がいたことがわかり、警察の調査によって、彼女の自動車の破損が事故に関係があることがわかった。自動車が持ち主のことを告げ口した最初のケースだ。これが最後ではないだろう。

Incidentally ちなみに……

SDVの最大のチャレンジの1つは、人間が運転する自動車と一緒に道路上で安全に走行することだ。

運輸省道路交通安全局によれば、Googleの自動運転車の事故率は10万マイルにつき0.66である。つまり、人間が運転する自動車の事故率0.38の2倍近いことになる。この話は、SDVは人間の運転者より劣るように聞こえるかもしれないが、Googleの自動運転車の事故において、自動運転車側の問題というのは1回だけである点は注目してもらいたい（Googleの自動運転車は5mph未満で走行中にバスに衝突した）。代わりに、人間が運転する自動車がGoogleの自動運転車に衝突しているのである。

理由の1つは、SDVは例外なくいつでもすべての交通ルールに従うからだ。つ

まり、黄色信号では前の自動車は停車しないだろうと思い込んでいる、不注意であったり強引であったりする人間の運転手によって、自動運転車はときどき後ろから衝突されるのである。

懸念材料をさらに聞きたいだろうか？　よろしい。この話を聞いたら、自動車狂の方も自動車をいじくり回せなくなるだろう。

自動車が自らを製造したらどうなるか考えてみよう。Uberの予測では、ほとんどの自動車メーカーは2030年までには倒産してしまい、TeslaやLocal Motorsのような新しい会社に取って代わられる。倒産した会社の株主、従業員、あるいはディーラーなど、すべての人たちを誰が雇うのだろうか？

すでに述べたように、ドミノ倒しを止めることは難しい。

ドローンのダークサイド

許可なく他人の芝生を横切って歩けば違法行為となる。しかし、グリルでハンバーガーを料理しながら、芝生の上を浮かんで横切り、芝生で遊んでいる子供の写真を撮ることは合法的な行為だ。あるいは、ベッドルームの窓の外に浮かんで撮影しようとする……。

ノースダコタでは倫理的な議論が行われ、新しい視点を生み出した。州の立法府では、武装警察ドローンの使用を合法化したのだ。現時点では、スタンガン、催涙ガス、唐辛子スプレー、

ゴム弾までに制限をしているが、次の段階は実弾だろう。

　いつ実弾を発射するか、誰が決める？　警察か？　ドローン自身か？

　将来的に軍隊が「殺人の決定」をロボットにさせるか否かは、多くの人が迷っている。ペンタゴンでは、人間が兵器を発射するよう承認された場合のみと明確に定めてきたが、その指針がどれくらい長く続くのかは明確ではない。M-16を装備した陸軍ロボットがAK-47を装備した敵のロボットに遭遇した場合を考えよう。陸軍ロボットは人間が許可するまで発砲できないとした場合、敵のロボットにそうした制限がなければ負けてしまう。最終的に、ロボットに武器を自律的に発射させる以外、ペンタゴンには選択肢がないだろうといわれている。

　そのような未来に刻々と近づいているかもしれない。2016年のダラスで5人の警察官が無残な状態で殺されたため、地方警察はテロリストを殺害するためにロボットを使用した。合衆国の法執行史始まって以来のロボットの殺人使用であり、非承認も少数いたが、多くは警察の発砲に関する新時代の幕開けとなったのではないかと思っている。

生体工学（バイオニクス）のダークサイド

　テレスコープの視界とマイクロスコープの視界のどちらも利用できるとしたら、両方とも使ってみようと思わないだろうか？

　自分自身では使わないかもしれないが、自分の子供のためだったら？

多くの両親は子供にとって有利であれば、どんなことでもするものだ。プライベートスクールへ登録して、歯を強くし笑顔をよく見せるためにブレース〔矯正器具〕をつけさせ、コーチやトレーナー、チューター、先生を雇って運動、頭脳、芸術の能力を磨いたり、発達させたりする。競争的に不利な立場に子供が置かれることは、どんなことでも避けたいと両親が不安を感じることも多い。

　自分の昇進を見送ってでも、お子さんの資格や能力を高めるあらゆる機会をフルに利用しないとまずいのだろうか？　子供が大学入試で不合格にされてしまう？

　2012年オリンピックの陸上トラック競技で、両足がないという事実にもかかわらず、オスカー・ピストリウスが競技しているのを見たことを思い出す。率直にいって、見た瞬間に、「なぜ、膝にロケット・ブースターを固定して、フィニッシュラインまで発射しないのだろう？」と思った。

　彼の義肢は本物の脚の代用になるよう考えられている。しかし、その義肢が彼にアドバンテージを与えていないといえるだろうか？

　アスリートは、パフォーマンス向上のためのドラッグの摂取を禁じられている。それならピストリウスは走行能力をあきらかに高める義肢をなぜつけることができる？

　こうした見方が多数派でないことはあきらかだ。ピストリウスは2012年のオリンピックで競技した。報道によれば2020年のオリンピックにも出場する計画だ[57]。

---

57. 彼は殺人罪で有罪判決を受けたにもかかわらず、試合に出場しようと計画しているが、ここで私がいいたいことは別の視点である。許してもらいたい。

「ナチュラルな」スプリンターが、ある日、自発的に、自分の脚と義肢を取り換える選択をし、より速く、より長く走ることができるようになれるかどうかを考える必要がある。アスリートの場合、それが基準となれば、ファンや残りの社会がスポーツに追いつくのにそれほど時間はかからないだろう。

　最終的には、誰もがパフォーマンスを向上させるための生体工学的インプラントを持つようになるだろう。生体工学とは、私たちが知る人類の最終形を示すものとなりうるだろうか？

　人間とテクノロジーのミックスには「ボーグ」という名前がある。

　ボーグは、『スタートレック』シリーズに登場する悪役だ。ボーグは人間に同化して、外科手術的にテクノロジーを加えることによって彼らの文化に取り込む。

　そのような手続きには決して同意しない、と考えるだろうか？　ボーグがかつて語ったように、「抵抗はムダである」。

　だから、生体工学テクノロジーによって浮かび上がる本当の問いかけはこうなる。人間をやめるとは、どこからか？

ナノテクノロジーと材料科学のダークサイド

　歴史が浅いため、ナノテクノロジーのリスクを理解することは難しい。Ernst & Young〔アメリカの会計・財務管理及びコンサルティング会社〕によるレポートがいうように、「薬品、化粧品、薬品デリバリー、ロボティクス、材料科学、そのほかの製品やシステムの製造や使用におけるナノテクノロジーの新しい

応用は、潜在的な責任を追及されるリスクにさらされる。例としては、空気や水に流出する制御できないナノ粒子から肉体的なケガ（アスベスト被害に類似する）と環境ダメージを生み出す。「サリドマイド奇形児」という重度の先天性疾患を持つ子供は、妊娠期の不安用の新しい特効薬として母親がサリドマイドを使っていた1950年代に生まれた。ナノテクノロジー製品は類似した問題の原因となる。ただし、そのような問題のある製品は、マーケティングを始めた前後で判明させたいと考えるだろうか？

この項目についてはさらにいいたいことはあるが、歴史が浅いのでリスクを見積ることは難しい。

3Dプリンティングのダークサイド

Gartnerによれば、2018年までに3Dプリンターは1,000億ドルの知的財産損失の原因を引き起こすと想定されている。このテクノロジーは、誰か他人のデザインをコピーして作ることが容易だからだ。

同様に、これまでほとんどの人間が複製したくてもできなかったものを、3Dプリンターを使ってプリントしようとしている。たとえば、セキュリティ・チェックポイントを探知されずに通過できる武器、手錠のカギ、ATMのスキミング装置などである。

2013年、テキサス大学ロースクールの学生であったコディ・
ウィルソンは、3Dプリンターで銃を製作し、それが利用可能で
あることを証明した。銃が破損するまでに6発発射できた。

ところで、ウィルソンは、インターネット上に自分の設計
ファイルをアップロードし、国務省がファイルのアップロード
の停止を求めるまでに10万人以上がダウンロードしてしまっ
た。さらに最近では、ウィルソンは、3Dプリンターで製作され
たパーツを組み立てて製作されたAR-15自動小銃を発表した。
製作された自動小銃は数百発を発射可能だ。

ウィルソンは、Defense Distributedという自分自身の会社を
立ち上げており、3Dプリンターによる銃パーツを保管するた
めの装置をたった1,500ドルで販売している。

一方で、「アルコール、タバコ、火器及び爆発物取締局」によ
ると、3Dプリンターによる「一貫して信用できる銃器」を生産
することはまだ可能とはいえない。

連邦政府と州政府が、犯罪者やテロリストと目される人物が
銃器を合法的に購入できないように力を注げば注ぐほど、そう
した人間たちは自分自身で銃器を製造しようと考える。3Dプ
リンターの値段はすでに500ドル未満であり、1つの銃を作り

出すために必要な材料は25ドルにすぎないことから、非道な人間は、市民を守る法律が取り締まるような方法でわざわざ銃を買おうとはしない理由がわかるだろう。

　もちろん、これは国内に限った問題ではない。2016年、オーストラリアの警察が覚せい剤の研究施設に踏み込んだ際、見たことのないデザインの3Dプリンター製ピストルが発見された。

　不器用なテロリストが薄暗い部屋で3Dデザインをガタガタやって潜んでいる光景を想像できるだろうか？　隣の部屋で間抜けなティーンエイジャーが作業をしている姿を見たいだろうか？　Mattel〔アメリカのおもちゃメーカー〕では、溶けたプラスチックを型に入れてCreepy Crawlersを子供に作らせる、1960年代のThingMakerを再リリースした〔Creepy Crawlersは昆虫の模型。ThingMakerはそれを作る昔ながらのキット〕。現在の装置は3Dプリンターで、小売価格は300ドル以下だ。

　Autodesk〔代表的製品としてAutoCADがある設計ソフトメーカー〕とのコラボにより、大人が見ていようがいまいが、thingiverse.comから数千のデザインを無料でダウンロードし、欲しいものをほぼすべて作ることができる。

　ホルモン過多によりキレた10代のいじめられっ子が、これから作り出すものは何になるだろう？

医学と神経科学のダークサイド

　これまで説明してきたように、多くの方々が高齢の割に非常に健康に恵まれて生活している。ただし、恵まれた健康状態の

高齢者のすべてが、社会的に許容される活動に従事しているわけではない。

　2015年、76歳のブレイン・リーダーは、イギリス史上最もふてぶてしい宝石強盗の首謀者の1人となったあと、警察に逮捕された。4人の首謀者の中の最年少者は60歳だった。

　リーダーは、年寄りだが孤立していなかった。韓国の65歳以上による犯罪は、2001年から2013年までの間に12％上昇した。その中の40％は暴力犯罪である。日本の65歳以上の犯罪は、2003年から2013年までの間に2倍になっており、10代の子供たちよりも、高齢者の方が万引きで捕まっている。オランダでは高齢者の逮捕や投獄の急上昇が起こり、ロンドンでは高齢の刑務所受刑者数が一般の受刑者数の3倍のスピードで増加している。

　医学のイノベーションは犯罪者の手を広げるよう助長しているだけではない。身の毛もよだつようなスケールで殺人を行うようになる可能性がある。

　CRISPRとそのほかの遺伝子組み換えイノベーションは、ある日、大規模な殺戮を行う役割としてH5N1ウィルス〔鳥インフルエンザウィルス〕を兵器化して利用する可能性がある。たった1人だけを殺すよう、ウィルスを遺伝子的にデザインするテクノロジーを利用することも可能だ。たとえば、以前の配偶者であるとか、州のトップのような1人の人間だ。2012年に『アトランティック』誌に掲載された記事によると、シークレット・サービスは、敵に大統領のDNAが収集されないように、大統領がいままで触ったものすべてを破棄しているという。同様に、明かすことのできない理由により、アメリカ大使館では国

家元首を含む外国人のDNAを収集している。シークレット・サービス、ペンタゴン、諜報機関は、本件に関するコメントを控えている。

懸念すべき相手は、地下室で働いている孤独な科学者や発明家だけではない。北朝鮮のような無法国家、特殊工作員、管理の甘い民間研究室などすべてが、その他大勢の人類がばかげているとみなすことを実行する可能性がある。

DNA組み換えで一番愚かなことの1つは、変更された遺伝子を子孫につなげることだ。現行のCRISPRではこの操作はできないが、先天的な病気と闘う科学者の中には、そうした操作を望む者もいる。

これは現実化へ向かっているかもしれない。イギリスのヒト胚研究規制は、人間の胚の編集に関する許可を科学者に与えた。中国の研究者は同様のことを行っている(アメリカの機関では、人間の胚に関する研究に資金提供を行っていないが、民間では認められている)。

CRISPR/Cas9テクノロジーを発見した功績を持つ科学者、ジェニファー・ダウドナも含めて、合衆国科学アカデミー、ロンドン王立学会、中国科学院の科学者は、2015年に人間の遺伝子に対する遺伝的変更の延期を要求した。

がん細胞を捕らえて殺すために血管を移動できるウィルスを分子レベルで設計することが可能であれば、ウィルスが人間を殺すように設計されることも不可能ではないのではないだろうか?

上記はバイオテロリズム行為ではないかもしれないが、州が資金援助しようがしまいが、私たちにとって警戒を要する。イ

ギリス人の宇宙科学者・マーティン・リーによる2002年の予測は、2020年までにバイオテロリズムによって100万人が殺されるというものだった。リーの予測の重要点は、非常に研究熱心な科学者やその親の実験室にあるテクノロジー・ツールで遊んでいる高校生によって、突発的に、間違って、ウィルスを拡散してしまうかもしれないということだ。その結果、ウィルスの拡散を止めるまでにものすごい規模の被害が拡大する可能性がある。

慎重かつ十分意図的な行動でさえ、人々を不安にさせることもある。2016年に着手されたある10年計画の目的は、精子と卵子のないDNA製造を化学的に行うというものであった。目標は、人間の全遺伝子を人工的に生み出すことである。Center of Excellence for Engineering Biologyによるこのプロジェクトでは、数十億ドルの費用を要している。賛同者からすれば、DNAを組み立てることができるなら、それは偉大な科学的進歩であり、医学的進歩である。倫理学者は、それは人類の終わりを意味すると懸念する。

エネルギーと環境システムのダークサイド

これまで説明してきたように、新しいエネルギーシステムは既存の企業を破壊しうるし、労働者や株主にとっても脅威となるだろう。そして、エネルギーシステムが人間を殺し始めるとしたら？

遺伝子組み換え食品の安全性はホットな議論である。問題のエ

ビデンスはほとんどないが、GMO〔genetically modified organism：遺伝子組み換え作物〕の支持者の前に、2015年に障害が現れた。それは、遺伝子操作された穀物に使用される除草剤のクリホセートは「あきらかな遺伝毒性」であるという、国立衛生研究所の一機関内でリスク査定調査の前責任者であったクリストファー・ポーティアの発言に始まった。穀物にスプレーするだけでがんを発症するという点で、人間のDNAは打撃を受ける可能性がある。「私の考えでは疑いがない」と彼はいう。WHO（世界保健機関）のがん調査国際委員会も同じ意見であり、「クリホセートは人間に対して発がん性物質だろう」と述べている。議論は白熱する一方で、消費者は食品を食べていいのか否か不安な状態に取り残されている。

クラウドファンディングとクラウドソーシングのダークサイド

『Who Wants to Be a Millionaire ?』〔日本でも『クイズ＄ミリオネア』としてローカライズ放送された〕というTV番組を見たことがあるだろうか？　参加競技者は次から次へと難問を問われる。正解数が多いほど賞金が大きくなるが、不正解をした時点でゲームは終わる。選択肢問題に直面した際、参加競技者は視聴者に投票を認められる。数百人が投票し、視聴者の70％から80％が選択肢の1つが正解だと認めれば、参加競技者はいつも視聴者のレコメンドに沿って解答する。そして、いつも決まって視聴者の投票は正しい。

もちろん、これこそがクラウドソーシングの初期段階である。

今日のこうした形態でのクラウドソーシングは、数百のWebサイトによって提供されている。数百万人が意見を出して、自分たちの経験から質問者が学ぶ機会を提供している。どの映画を見るべきか、どのレストランでディナーを取るべきか、どの配管工を雇うべきか。すべての問いに対して、先輩消費者が投稿するオンライン・レビューが普及したおかげで容易となった。事実、Neilsenによれば消費者の90％はオンライン・レビューの影響を受けており、調査対象の70％が友人のレビューと同じくらいオンライン・レビューを信頼していると回答している。

　ただし、残念ながらレビューの多くは価値がない。映画に対する趣味が悪いというのではなく、すでに初期段階の意義が崩壊しているからだ。ローカルのビジネスレビューサービスYelpによれば、サイト上に登場するレビューの25％は、「疑わしい」か「レコメンドに値しない」という。つまり、サイトのレビューはニセモノであり、レビューされる企業によるレビューが掲載されているのだ。2014年、連邦政府は、Yelpがレビューを操作するのは合法であることを部分的に認めるよう裁判所に訴えた。必ずしも利用者は代替案を知らないし、Yelpの評価にもとづいているわけでもない。

　SEC（証券取引委員会）の2015年のFacebookに関係するファイルによると、全アカウントの2％がフェイクであり、月2,000万人のアクティブユーザーがいるとのことなので、フェイクユーザーはニューヨーク州の人口に匹敵するほどである。自分の会社をよく見せたいなら、1,500ドル払えば10万人のファンを買うことが可能だ。同様に、5ドルで4,000のTwitterフォロワーを買うこともできる。

　クラウドソーシングとクラウドファンディングは、同じよう

な犯罪活動の温床となっている。中国のオンライン・レンダーは、中国当局が巨大なパンジースキームと呼ぶやり方で、2014年から2016年までに、100万人の投資家から76億ドル以上を盗んでいる。

合衆国最大のピア・トゥ・ピア・レンダーであるLending Clubの信用は、2015年に大打撃を受けた。調査によって2,230万ドル相当のローンのすべてが、購入者の基準を無視した基準で、単一の投資家に売却されていたからである(ローン申し込みは、Lending Clubが行ったかのように変更されていた)。結果的にCEOは解雇され、Lending Clubは司法省とSECによる調査を受けた。

合法的な本物のクラウドファンディング・サイトでさえ問題が発生した。2015年、飲酒運転のせいで13歳の子供が亡くなり、近隣住民はyoucaring.comで基金を募った。親戚、友人、近隣住民、そして赤の他人から家族が葬儀代を支払えるようにと2,700ドルが集まった。しかし、すぐに〔基金を募った〕近隣住民が1,000ドル以上を着服したことに遺族が気づいた。犠牲者とは何の関わりもない人々が創設した資金要請の報告はほかにもある。キャンペーンの創設者が寄付の全額を手元に置くことは容易である一方で、こうしたサイトを取り締まる会計責任や法律がほとんどないため、詐欺行為が簡単に発生してしまう。

すべてがあからさまになったとしても、基金提供者に全額が返ってくるわけではない。たとえば、最大の基金呼びかけサイトであるGoFundMeでは、寄付の5%を保管し、寄付の2.9%＋30セントを仲介手数料として徴収する。トータル費用は8%であり、多くの人は法外な高さだと考えている。

課税を行う州や地方政府は、クラウドファンディング・サイ

トに対して不当に優遇しているという批判もある。サイトに課税しないということは、地方政府の税収がその分減少し、市民の予算が削られることになる。学校の先生は、donorschoose.orgのようなサイトで、図書、課外活動、教室での使用品を集めるために、募金キャンペーンを行うことが多い。Citizinvestorでは、地域活動家がリサイクル活動や公園修復のような市民サービスの活動費をまかなうための寄付を募ることができる。

クラウドソーシングは、「フラッシュ・ロブ」という不正目的で使用されることも多い。誰かが匿名で酒屋かコンビニの名前と住所を投稿し、指定された時間に大衆が店に押し寄せ、店員を威圧しながら、1〜2分で持ち出せるものを盗んでいく。犯罪は始まったと同時に完了し、お互いに顔なじみではないため、逮捕されても一網打尽というわけにはいかない。フラッシュ・ロブはジャーマンタウン、メリーランドのような小都市だけでなく、シカゴ、ヒューストン、ジャクソンビルのような大都市でも発生している。

クラウドファンディング経由で資金を集めて、それを投資で増やそうなどとは夢にも思わないことだ。多くのプロジェクトは失敗し、債務者は破産している。サイトのいくつかは詐欺だからだ。

ゲームとゲーミフィケーションのダークサイド

ゲーミフィケーションとは行動を操作するということだ。要求する報酬が引き下げられるとやる気がなくなり、報酬がない

と拒絶されることになる。ゲーミフィケーションを導入すると、善意や寛容で働くことができなくなり、他人の手助けを行うだけの仕事は期待できなくなる。

　設計の仕方が下手なゲームでは、時間と金をムダにして、人間関係を悪化させる。従業員、顧客、野球選手、学生、子供など、対象が誰であろうと、動機が不純であるとみなされた場合、これまでと真逆の反応をされる可能性がある。

　結果を残そうと強く望むほど、ゲームクリエイターも参加者も、倫理的な堕落にさいなまれる可能性がある。利益を上げたいがために、Wells Fargoではボーナスプログラムを作って、一定の口座開設数を満たした従業員に褒賞を与えた。その結果、条件を満たしてボーナスを手にするために、5年間で5,300人の従業員が数百万件のフェイクの銀行口座とクレジットカード口座を作ってしまった。組織のトップは2016年に退職した際に報酬として1億2,500万ドルを受け取ったが、銀行自身はそのときに1億8,500万ドルの過料を支払い、訴追された。

　Volkswagenのケースも見てみよう。代表者が決定して宣言したのは、エンジニアにあるソフトウェアをインストールさせて、自社の自動車は排ガスが少ないと示せ、ということであり、つまり検査された自動車の排ガスが実際よりも少ないように見せかけた。本書の執筆時点で、同社は147億ドルの罰金を支払い、数千の提訴を受け、いくつかの国で違反金を支払わされている。

　つまり、すべてをゲームにしてしまうのは、特に失敗した場合に大きく公表してしまうようなら、パフォーマンスのよくない人たちを困惑させたり、辱めたりする可能性がある。

モチベーションは称賛に値する目標ではあるものの、テクノロジーは容易にすべてを報酬システムに変えてしまうため、人間の経験面を破壊してしまわないように注意を払う必要がある。

銀行口座なし／モバイルバンキングのダークサイド

　これまで説明してきたように、インターネット上で秘密を保持することは困難だ。ただし、銀行口座や銀行残高だけは、秘密を保持していたはずだ。

　残念ながら多くの無線ネットワークでは、特に受信が不十分な状態だとハッカーによって簡単に情報が盗まれてしまう。携帯電話を紛失したら、以前よりも大変な手続きを要するだろう。紛失（あるいは盗難）している携帯電話を発見した人間は、拾い上げて、持ち主の銀行アプリにログインし、持ち主の現金にアクセスすることが可能だ。ただし、自動セーブされていない場合には、パスワードは役に立つが。

　消費者に送りつけられるスパムメールは、銀行からの不穏な警告を示しており、「銀行口座が使えなくなったので、電子メールでリンクをクリックしてほしい」といった内容だろう。実際にリンクをクリックしてしまえば、銀行口座へアクセスするための情報を詐欺師に提供してしまうことになる。詐欺師の中には、ハイテクの電気機器を使わずに、「ショルダー・サーフィン」を仕掛けてくるかもしれない。皆さんがモバイル・デバイスでログインする際に、肩越しに盗み見るやり方だ。

　詐欺師は、小切手を2回現金化するために、バーチャル・デ

ポジットを利用することもある。これはダブル・プレゼントメントと呼ばれるもので、モバイルバンキングを安定させるリモート・デポジット・キャプチャーが原因となり発生する。

　銀行口座へ預金するために、銀行へ足を運んで実際に小切手を手渡す代わりに、小切手の写真を撮り、モバイルアプリを通じてメールかテキストを沿えて銀行に写真を送る方法がある。これは便利ではあるが、小切手が手元に残るため、すでに預金に入れたことを忘れてしまい、再度小切手を現金化して預金口座に入れてしまう原因になる。その結果、最終的には銀行が修正することになるが、その間、実際よりも残高が高くなっていると勘違いして、小切手の残高不足の原因となるのだ。こうしてオーバードラフトフィー〔残高を超える金額を引き出した際に発生する手数料〕が課される。

　いま説明した例は、偶然の事故である。ところが、犯罪者は慎重に同じことを再現する。もし皆さんが詐欺師によって詐欺師のもとへ小切手を送るように誘導されたら。あるいは詐欺師は単に口座番号を入手するだけで、皆さん自身の銀行口座からのニセの小切手を作り出せる。すると詐欺師は同じ小切手を繰り返し現金化するだろう。

　ここでは皆さんを攻撃する詐欺師についてだけ説明してきたが、詐欺師が銀行自体を攻撃する場合、金融システムのすべての口座が危険に陥る可能性が生じる。結果的に、銀行口座にアクセスできない状態が数時間続いたり、銀行システム全体が破壊されたりすれば経済的な混乱が起き、不便が生じてしまう。いままでは発生しなかったが、今後も発生しないということにはならない。

デジタル通貨のダークサイド

　世界中のすべての人間がアメリカドルを知っており、モノやサービスの交換に際してドルを受け入れている。しかし同じことがビットコインにはいえない（ほかのデジタル通貨も）。ごく限られた企業の商取引にしか現時点では利用されていないため、現時点がビットコインを所有する時期か否かは検討の余地がある。

　デジタル通貨を所有したり使ったりすることには、基本的にリスクが存在する。皆さん自身がコインの採掘者になる可能性はないだろうから、デジタル通貨は取引所で購入するようになるだろう。そこでは、取引所が合法的なビジネスであると信頼することになる（取引所は、財務省の金融犯罪執行ネットワークに登録する義務があり、登録されている取引所であることを確認する必要がある：www.fincen.gov/financial_institutionals/msb/msbstaeselector.html）[58]。

　同様に、デジタル通貨の価格は大きく変動することで知られている。ビットコインは、2009年の1ペニーから2013年11月には1216.73ドルになり、2014年には400ドルになった。2016年9月では600ドルだ。信頼するほどの十分な安定性がまだないことはあきらかであり、ドルをビットコインに替えた場合の数量と、ビットコインをドルに替えた場合の数量が同じになるとは限らない。

　この点は、2010年5月22日、Papa John'sのピザ2枚の購入にビットコインを使用したラズロ・ハニエズの経験を見ればよく

---

58. 登録というものは、取引が信頼に足るものであるとか、消費者の立場を保証するものではない。取引によっては、7％もの取引フィーと交換手数料がかかることもある。

わかる。ビットコインは1年間だけ1ペニーのままであったので、その間にハニエズは25ドルのピザを購入するために、1万BTC〔BTCは、「ドル」や「円」のようなビットコインの単位〕を支払った。6年後、1万BTCの価値は600万ドルとなり、そのピザは過去最高額のピザとの記録を打ち立てた。価格変動が続くので、ビットコインを使用すると、過払いにつながることもある[59]。

　過払いをしてビットコインを失うことに加えて、ビットコインをなくさないように注意すべきだ。取引所でビットコインを購入すると、口座へのプライベート・キー（電子ウォレットと呼ばれる）の暗号コードを設定する。キーを紛失した場合、自分のアカウントには二度と接続できなくなり、自分の金が永遠に失われることになる（まさしく財布をなくしたかのようだ）。キーの喪失は、パスワードの紛失によってだけ起こるわけではない。ハードドライブの破損も同様だ。バックアップができない場合は、キーを喪失したことになる。

　ビットコインの利用は細心の注意を要する。ビットコインをよそへ送金するためには、キーを入力する必要がある。入力ミスがあれば、BTCを間違った相手に送金する可能性がある。取引所の対応次第では、取引が停止されて取り戻すことができないかもしれない。

　次に税金の問題へと移る。ピザを10ドルで買う場合、配達員に10ドルを現金で手渡すだけだ。これで取引は完了する。ところが、ビットコインを利用するとはるかに複雑となる。税務署

---

59. ラズロの購入は、ビットコインを巻き込んだ最初の現実世界での取引であり、ビットコインの熱狂的支持者は5月22日を「ビットコイン・ピザの日」として崇拝している。7月4日の独立記念日の通貨版だ。胸が詰まる思いだ。

がビットコインを財産とみなすと説明したことを覚えているだろうか？　ということは、ビットコインで支払った値段を記録しておく必要がある。株式取引と同様に、ビットコインを「売る（商品取引に使う）」場合、いくらで手に入れて、いくらで売ったかを記録する必要があることになるのだ。たとえば、10BTCを買うために10ドル支払ったものの、後日10ドルのピザを購入する際に8BTCだけで支払いが完了するなら、ビットコインの利益が発生しているので、利益を報告して税金を支払う必要がある。ピザの宅配時に、細い棒状のパンで突き刺されたForm1099〔税務報告書〕を配達員から手渡されるなんて光景を想像できるだろうか？[60]

　ここまで、デジタル通貨の個人的な使用について説明したが、もっと大きな問題もある。プライベート・キーを失うことと、2014年2月のMt.Gox取引所に起こったような、取引所が倒産することは別問題である。Mt.Goxの倒産時、ビットコイン全流通量の6％に相当する、顧客の積立金である4億ドルが消失した。Mt.Goxでビットコインを貯めてきたとしたら、残されたものは破産宣告の判決文だけだった。本書執筆時点では、ビットコインの回復も払い戻しも一切行われていない〔2021年12月現在では、旧Mt.Gox経営陣が保持するビットコインの価格上昇に伴い原資が確保できたため、払い戻しされる方向で交渉が進んでいるが、ビットコイン価格の上下動が激しいため支払い方法が複雑化し難航している〕。
　ハッカーが捕まらなかったり、世界のビットコインを破壊す

---

60. こんな手続きを実際に行うビットコインユーザーが現在どれくらいいるのだろうか？　それどころか、こんな手続きを知っているユーザーはどれくらいいるだろうか？

るような取引所の崩壊の可能性は残る。電子的なコードとして作動しているため、プログラム内のバグがすべてを崩壊させる可能性もある。それは瞬時に世界へ波及する可能性もありうる。100ドル札が世界中から突如として消滅する場合、どのようになるのか想像してほしい。

　ほかにもリスクが存在する。ビットコインの供給は固定量のため、インフレーションに対しては無策である。ただし、デフレーションに対しては、なんらコメントされていない。合衆国を襲った前回のデフレーションは何と呼ばれているかご存じだろうか？　世界大恐慌だ。
　デジタル通貨は必要不可欠だ。ただし、そのリスクが何であるのかは誰にも確信が持てていない。

ブロックチェーンのダークサイド

　財務省の金融安定監視委員会(FSOC)では、2016年にブロックチェーン・テクノロジーとマーケットプレイス・レンディングは国内の金融的安定に対してリスクとなりうると警告を発した。
　FSOCの警告によると、ブロックチェーン・テクノロジーは非常に新しく、そのリスクが明確になっていない。つまり、金融産業によって時期尚早に採用されれば、「重大なリスク」が金融的安定を覆う可能性がある。FSOCは、ブロックチェーンシステムは巨大な参加者が共謀して残りの参加者をだますような、詐欺の攻撃を受けやすいとも発表している。ブロックチェーンシステムを利用する企業は世界規模で稼働させるため、取締監督官は多目的規制法務機関や国境警備隊のような形で各所と協

力して、リスクの解明や監視にあたる必要があるのだ。

　ブロックチェーンの全体的なポイントは、誰もが見ることのできる公開台帳を通じた認証であるため、取引活動にプライバシーが存在しないことだ。責任義務よ、こんにちは。個人情報保護よ、さようなら。取引処理は確実であるが、老人用のおむつを買ったことが近所中に知れ渡ってしまう。

　皆さんは、利用しているブロックチェーンを作り出したのが誰であるか知らないだろう。近所のなじみの銀行だろうか？　それともロシア政府を後ろ盾とする一団であろうか？　それを生み出した意味とは、どのようなものであろうか？　実は、まだ誰も知らないのだ。

　これまでのところ、ブロックチェーン・テクノロジーは、現在のクレジットカード会社により使用されているシステムのスピードに合わせることが不可能だ。Visaの処理はミリ秒で行われるが、現時点でのビットコインの処理時間ははるかに長い。Thomson Reutersによれば、処理の13％では20秒以上かかり、1時間以上かかる場合もある。処理完了までの時間が長くなるほど、ハッカーが介入できる余地が増える。また、ダブル・プレゼントメントのリスクも増加する。

　そのため、現時点でブロックチェーンを破壊する方法として唯一知られるものに「51％攻撃」〔多数決方式の認証を掌握するために共謀して過半数を取る手法〕がある。利用者の大多数が示し合わせる必要があるが、仮にそうした管理下で実行された場合、ブロックチェーンをコントロールできる力を有するのだ。世界の金融システムがハイジャックされたブロックチェーンに依存している場合、大問題が起こることはあきらかだろう。

投資のダークサイド

　投資に対するエクスポネンシャル・テクノロジーのインパクトをひと言で示すとすれば、「破壊」である。

　この言葉を軽く考えるべきではない。地震によって摩天楼が崩壊するほどの破壊を意味しているのだ。

　テクノロジーのイノベーションはワクワクするような新しい製品やサービスを市場に届けるだろうが、既存の全産業を破壊することでもある。そこから数百万人の失業者が発生して、投資価値を無価値化するだろう。しかも、驚くほどのスピードで進んでいくはずである。

　写真について考えてみよう。1995年、7億1,100万のフィルム・ロールが現像されていた。そのほとんどすべてがKodakの製造したフィルムであった。Kodakは合衆国最大の企業の1つであり、14万人を雇用しており、年間売上は280億ドルであった。

　そのあとデジタルカメラが登場した。2012年までKodakには1万7,000人の従業員がいたが、倒産した。しかし同じ年に、デジタル写真の会社として設立後2年、従業員13人のInstagramと呼ばれる会社は10億ドルで売却された。

　これこそが破壊だ。恐怖に震え上がったのはKodakに限らず、その従業員、株主も同様だ。シリコンバレーの投資家デイヴィッド・ローズが語ってきたように、「20世紀に成功するように設計されたすべての企業は、21世紀には倒産する運命にある」ということだろう。

　Tower Recordsは iTunesに破壊され、BorderはAmazon.comに破壊された。Blockbusterは Netflixに破壊され、Classified ads

はeBayやCraigslistや monster.comやCareerBuilderに破壊された。ブリタニカ国際大百科事典はWikipedia やGoogleに破壊された。

破壊者さえも破壊される可能性がある。2003年、MySpaceはソーシャルネットワーキングの企業として設立されたが、2005年にNews Corporationによって5億8,000万ドルで買収され、2006年にはGoogleを追い抜き、世界で最も多くの人が訪れるWebサイトとなった。しかし、Facebookのおかげで、いまでは名前すら聞かなくなってしまった。

もちろん、会社に訪れる破壊は、何もいまに始まったことではない。軽装馬車ビジネスはフォード・モデルTに破壊された。

破壊された会社の従業員は多くの場合、解雇に苦しんだ。収入を失い、新しい仕事を探す一方で、引っ越しを余儀なくされたかもしれない。しかし、普通は仕事を見つけ出した。馬車の職人は、おそらくはヘンリー〔・フォード〕の工場で仕事を見つけた。

しかし、馬車製造業のオーナーは、金銭的な意味では殺されてしまった。その製品は廃れてしまい、ビジネスとしての価値はゼロとなった。手持ちの在庫も突然価値がなくなった。息子にビジネスを継がせようと計画していた場合、計画自体が破壊されたのである。

多くの大企業は、現在もエクスポネンシャル・テクノロジーによる消滅の危機に脅かされている。

1957年に創業され、4万5,000人の従業員を擁し、54カ国に15万5,000室を有するホテル業を営むHyattについて考えてみ

よう。2016年11月30日、投資家はHyattに78億ドルの価値があると評価した。これに対して、Airbnbは世界中の3万4,000都市に100万室の部屋を持ち、所有不動産はゼロであるにもかかわらず、240億ドルの評価を受けている。

あるいはQuicken Loans。支店もオフィスもないが合衆国では第2位の、この住宅ローン販売会社について考えてみよう。CEOのビル・エマーソンによれば、「私たちはたまたま住宅ローンを販売している、テクノロジーとマーケティング企業だ」ということだ。

製品とビジネスとを区別しているCEOはエマーソンだけではない。TeslaのCEOであるイーロン・マスクも、Model Sについて、車輪つきの洗練されたコンピュータと呼んでいる。

このように考えると、ユーザーに写真をシェアさせるソーシャルネットワークのスタートアップ企業が、124年の歴史を持つメーカーにどうやって不意打ちを食らわすことができたのかも理解しやすいだろう。

Kodakが特別なのではない。炭鉱のカナリアのように、一番最初に有毒ガスに触れてしまったというだけのことだ。同じような運命によって多くの巨大企業が倒産するだろう。1920年、S&P500インデックスの平均的企業は、合併、吸収、倒産するまでの企業寿命が65年間あったと、イェール大学の教授はいう。しかし、2015年になると、平均寿命はたったの15年となった。バブソン大学オーリン・ビジネススクールの研究によれば、合衆国最大の商取引を行っている500社であるフォーチュン500の40%は、2025年には存在していない。

フォーチュン500のCEOのすべてはその事実を知っている

ので、2015年、『フォーチュン』誌がCEOに対して「御社の最大のチャレンジとは何か？」とアンケートで質問したところ、回答の72％が「テクノロジーのイノベーションのペースを急速に高めること」であった。

テクノロジーの進歩に対応していないほかの28％の企業へ投資するべきだと思うか？　28％の企業のCEOは、何が到来するか念頭に置いていないのだろうか？　いずれにせよ、破壊というものは、投資家が念頭に置いておくべき重要な脅威だ。たとえば、LIMRA〔金融サービス業の研究・教育機関〕による2015年の調査によれば、保険会社の役員はGoogle やAmazonのような非保険業からの参入があれば、2020年までに生命保険市場に破壊的な力を及ぼすだろうと考えている。LIMRAによれば、生命保険会社が懸念する理由としては、消費者の21％が生命保険の購入を伝統的なやり方から、オンライン経由で行っても問題がないと回答している点であり、その数が増加の一途であるからだ。

どのような産業が破壊による影響を受けやすいのか。そのことは投資家や投資商品の将来価値にどのような意味を持つだろう？

安全とセキュリティのダークサイド

シカゴ警察のようなやり方で、アルゴリズムによって犯罪が発覚したことによる逮捕は、プロファイリングの究極的な形だ。市民の自由に対する大いなる疑問を投げかけてくる。

警察がプロファイリングできるということは、犯罪者も同様だということになる。結局、法律執行機関のアルゴリズムで使用されるデータは、誰にも利用可能になる。つまり、詐欺師も同じデータを違法行為に使用できる。

　窃盗、幼児わいせつ、夫婦関係の冷え込み、不満だらけの従業員や他人……汚いことをするためにすでにテクノロジーが使われ始めている。

　窃盗犯はホテルの部屋の電気ロックを簡単に解除できるし、温度計をモニターできる（家の温度を知ることによって、住人が外出中であるか否かを知ることができる）。窃盗犯はラップトップコンピュータを使って自動車を盗む。全米保険犯罪局によれば、窃盗犯は電子システムをハッキングして自動車のドアを開け、エンジンを始動させるということだ。2015年、Fiat Chryslerは140万台の販売車のリコールを行ったが、これはハッカーが遠隔操作でジープ・チェロキーを操り、エンジン、エアコン、ラジオ、ワイパーを稼働させたために、ソフトウェアを修正するためだった。

　幼児わいせつ目的の場合は、Bluetooth対応のベビーモニターをハッキングして、盗撮と盗聴を可能とする。冷え切った関係の配偶者やほかの人間は、遠隔操作で血糖値メーターを変更し、低血糖ショックに陥らせたり、ペースメーカーを操作する。

　不満を抱える従業員に関しては、Texas Auto Centerが元従業員によってハッキングされた2010年の事件が有名だ。自動車ローンが契約通りに支払われなくなった時点でディーラー側が自動車を動かなくする装置をインストールする、という条件をつけて、ディーラーでは中古車を与信能力の低い顧客に販売し

ていた。不満を抱えた元従業員は、会社のコンピュータシステムに侵入し、100台以上の自動車のデバイスを稼働させ、停止にさせてしまった。事故のリスクを避けるため、イグニション〔点火装置〕がオンの自動車は「停止」ができないようデバイスは設計されていたが、多くの自動車所有者は仕事についておらず、牽引車を呼ぶ費用もなく、不都合に苦しむこととなった。これにはディーラーとデバイスメーカーの両方が困惑させられた。

「詐欺師」というレッテルを貼れないまでも、ハッキングを行っている者は多い。コーヒーマシンはインターネットに接続されており、たとえばコーヒーの淹れ方の趣味はマシンメーカーが所有することになる。そのデータはメーカーに利用されたり、他社に販売される可能性がある。

　製品購入時に、サービス約款の条項に記載されているため、こうした事実を知っているものとみなされるのだ[61]。

---

61. もしサービス利用規約を読んでいれば、の話だ。ほとんど確実に読んでいないだろうが、2010年4月にイギリスのコンピュータゲーム販売業者Gamestationからダウンロード購入した数千人に起こったことを知ったら驚くはずだ。同社が公開したのは、サービス利用規約には同社の法的権限を彼らの魂に与える、という条項が含まれていたそうである。「西暦2010年の第4月の最初の日に、このサイトを通じた注文により、現在も、今後も、魂が不滅である限り、皆さんは私たちにクレームに対する譲渡不能オプションを与えることに同意する。万が一私たちがこのオプションを行使したい場合、gamestation.co.ukあるいは正式に認可された先からの文書通知を受け取るまでの5営業日以内に、皆さんは不滅の魂を降伏させ、それに関して有しているあらゆるクレームを放棄することに同意する」。これはエイプリルフールのジョークであるが、ほとんどの人々はサービス利用規約を読んでいないことが判明した（顧客は条項を取り消す機会があった。そうすることで5ポンドのクーポン券をもらえた。しかし、そうしたのは12%にすぎず、ほかの88%はサービス利用規約を読まなかったことになる）。たとえすべてのサービス利用条項を読むとしても、了承しない場合にはどうするだろうか？　iPhoneを購入する際に、〔了承できない部分について〕Appleがサービス利用規約を修正しないとしたら、皆さんはどうする？

すべてのダークサイド

犯罪、プライバシーの侵害、人類の存続を脅かす脅威などともいわれるが、エクスポネンシャル・テクノロジーの負の局面は、たったひと言で総括できる。

それは破壊である。

未知のものに対して恐怖すれば、変化に対して抵抗するようになる。そして、絶対に否定できないエクスポネンシャル・テクノロジーに関する説明文とは、次のようになるはずだ。エクスポネンシャル・テクノロジーは、ほとんどすべてを変えてしまう。

反対が起きることは驚きでもなんでもない。しかし、テクノロジーのイノベーションに抵抗してきたのは、これが最初というわけでもない。1800年代の初め頃にも、イギリスの機織労働者は力織機が職を脅かすと怒りをあらわに反動に出た。1811年、1816年、1817年に機織工は風車と工場の機械を燃やし、1930年の暴動により脱穀機は破壊された。こうした行為は自発的に発生したわけではない。労働者はドリルの練習をする一方で、協調攻撃をかけていたのだ。

〔当時の〕テクノロジーに対する反対はラッダイトとして知られるが、その中心人物はネッド・ラッドであり、1779年に2つの機織り機を繰り返し襲撃している〔ネッド・ラッドは偶像的な架空の人物とされる〕。近代史を通じてラッダイトの行為はご存じだろう。

1800年代、機関車は蒸気で駆動し、その労働者はファイアーマンと呼ばれ、ボイラーを燃やし続けた。

　1930年代、ディーゼルエンジンの登場によって彼らの仕事は廃れたが、組合による法的保護のおかげで、1963年までずっと、鉄道業界ではファイアーマンの職を排除することができなかった。

　当時のボイラー・キーパーは、現在のタクシー運転手のようなものである。世界中の都市部のタクシー運転手はUberに反対するデモを行っていて、病欠のフリをしたり、主要高速道路と空港へのアクセスを遮断したり、Uberの車両を破壊したり、Uberの運転手に攻撃を仕掛けたりしている。これらの目的は、自らのキャリアに対して破壊的であるとみなす競合者の拡散を止めることにある。

　タクシー運転手だけが抵抗しているわけではない。投資信託を保有しているなら、たくさんの手紙が届くだろう。月次あるいは四半期の報告書、取引確認書、半年間と1年間の決算書、読むのが面倒な目論見書などだ[62]。安全なWebサイト上で書類を見てもらえるように、メールかテキストリンクに切り替えることは、すべてのファンド会社で可能だ。そうすることによって、印刷代、切手代、発送作業コストなどのすべてを節約できるようになる。そして結果的に、ファンド会社が費用を節約できれば、投資家も費用を節約できることにつながる。それでは、なぜ議会は法律を改正せず、SECでは法令を変更しないのだろうか？　そうすれば、ファンド業界では紙の生産を止められ、情報をデジタルで供給できるはずだ。

---

62. 究極のサービス利用規約だ。

理由は、産業界が変化に抵抗しているためだ。

投資信託業界ではなく、製紙業界だ。

Consumer for Paper Options（CPO）は紙の排除に反対するロビー組織だ。同メンバーには森林製紙協会と封筒製造協会がいて、全国郵便配達員連合と全国農村郵便配達員連合などとパートナーシップを結んでいる。SECによる投資信託に関する投資家への電子的情報伝達の提案に対して、CPOは反対している（同グループのサイトによれば、書類をデジタルで送ることを認めれば、数百万人の投資家が害を被る可能性があるとのことだ）。同グループは税務署に対しても、紙を通じたフォームを送付し続けるよう要望しているし、財務省に対しても、EE貯蓄債〔固定金利の貯蓄債権〕を紙版にやり直すよう要望し、社会保障庁に対しても25歳から60歳までの労働者に毎年の社会保障書類を郵便で再送し、退職者に対しては電子的に銀行口座へ振り込む代わりに、公的年金の小切手を郵送で送ることを要望している。

これこそ厚かましいほどの保護主義である。いまの時代にもラッダイトはたくさん存在しているのである。そうでなければ、数にものをいわせて無茶ぶりを通そうとしているのである。『Car and Driver』誌の編集者は2016年7月に、完全な無人車は決して誕生しないと断固として述べている。この編集者は本当にそう信じているのだろうか？　あるいは単に購読者に心地よい内容を述べているにすぎないのだろうか？

答えのいかんに関係なく、テクノロジーの進歩を破棄したり、制限したりする試みを支持する人間の多くは、脅威を感じているからであるという点に疑いの余地はない。破壊と「まだ見ぬこと」に注目すれば、ラッダイトは大衆の支持を受けやすく、政

治的な勝者をもたらすこともあるものの、最後には敗者となるのが世の常であった。

　ジョージ・W・ブッシュ大統領が2001年に行った幹細胞研究の削減を考えてみよう。研究はストップせず、単に韓国やイスラエルへ移動して行われたのだ。そして現在では、韓国とイスラエルがこのテクノロジーの中心地となった。2009年にオバマ大統領は、その制限を撤廃し、2016年には合衆国がもう一度この分野でのリーダーになった。国立衛生研究所によると、進行中の臨床試験数はほかの国の合計の2倍になった。

　ラッダイトは幹細胞研究の進歩を止めることに失敗したものの、アメリカ人の仕事を喪失させ、幹細胞を必要とする数百万人に医学的治療の導入を遅らせることには成功したようだ。

　事実、ラッダイトは、自らが反対する破壊をさらに悪化させるものである。どんなタクシードライバーもUberに転職できる。自動車を所有していなくても、サイトが利用可能な自動車を手に入れられるよう手伝ってくれる。代わりに多くのタクシードライバーは、州間高速道路上に結集して、都市の経済を支えている主要な環状線を封鎖した。こうした破壊は数千人の人々にとって何ももたらさないように思える。まず、時間通りに商品を配達できないために金を失う小規模ビジネスのオーナーにとっては、有害無益でしかない。また、競合他社がより速く、より安く、より信頼性があり、より快適に、より楽しく、より安全に同じサービスを提供しているという事実を既存のタクシードライバーが気に入らないという理由で破壊行為に及んでいることは、既存のタクシードライバーにとっても有害無益でしかないはずだ。

こういうわけで、ラッダイトという語を使う人たちの多くは、利己主義者以外の何物でないといえるだろう。

　ラッダイトの中には、自分の仕事を守ろうというのではなく、自分は利他的なんだと思い込んでいる者もいるようだ。グリーンピース・インターナショナルを考えてみよう。同組織のサイトでは、遺伝子組み換え食品を「遺伝的汚染」と呼んでいる。しかし、この評価に賛同する科学者団体はほとんどない。事実として2016年、100人以上のノーベル賞受賞者を含む5,000人以上の科学者は、グリーンピースに遺伝子組み換え食品に対する反対をやめるよう求める合意書に署名した。「私たちはグリーンピースとその支持者に対して、農業従事者と消費者が世界規模で、バイオテクノロジーを通じて穀物と食料の改良を再研究できるよう求める。また、権威ある科学的団体と規制当局の見解を認識することを求める。さらに、GMO（遺伝子組み換え作物）全般と、特にゴールデンライス〔遺伝子組み換え稲〕に対するキャンペーンを止めることを求める」という文でその合意書は始まる。これは発展途上国の5歳未満の子供の40％を含む、2億5,000万人がビタミンA不足（VAD）に苦しんでいるとのWHOの推定を重視して作成されている。ユニセフでは、VADによって年間100万人から200万人の子供が死亡しており、世界規模での幼少期の失明の主要な原因であると公表している（毎年50万人もの子供は、視力を失って12カ月以内にその半数が死亡しているのである）。

　科学的に証明された解決方法はゴールデンライスである。遺伝子的にベータカロチンを操作して（白米には含まれていない）、体内でビタミンに変えるのだ。ベータカロチンは、穀物を金色

にするが、青野菜や人参など、多くの食用植物に含まれる自然の構成成分である。しかも、皮膚をオレンジ色に変色させることもなく、（仮に）大量に摂取されても問題がない。体内では、ベータカロチンを必要な分だけビタミンＡに替えるだけだからだ。残りは脂肪となるか排泄される。

　ゴールデンライスは1999年、スイス連邦工科大学チューリッヒの植物学研究所と、ドイツのアルベルト・ルートヴィヒ大学フライブルクの応用バイオ科学センターの科学者によって開発された。2013年にはフランシスコ教皇に祝福され、2015年にはホワイトハウスの科学技術政策局と特許商標局からPatents for Humanity賞を受賞した。

　グリーンピースが感銘を受けていないことはあきらかだ。「グリーンピースでは繰り返しこうした事実を否定し、農業におけるバイオテクノロジーのイノベーションに反対している。グリーンピースは、そのリスクや効果、インパクトを誤って報じており、承認された分野での実験や研究プロジェクトを器物損害してまで破壊することを支持している」とノーベル賞受賞者による書面に書かれている。

　同書面には、「世界中の科学的規制当局は、バイオテクノロジーにより改善された穀物と食物は、ほかのあらゆる生産方法由来のもの以上に安全ではないとしても、同等程度は安全であると、繰り返し、終始一貫みなしてきた。人間や動物が消費することによるネガティブな健康結果は、1つも確証的なケースが出ていない。環境に対するインパクトも、繰り返し観察してきているが、ダメージは小さく、地球の生物多様性にとって恵みとなるであろう」とも記載されている。

　しかし、不可解な理由ではあるが、グリーンピースは反対を

表明している。これこそラッダイト運動の一例だ。

　イノベーションに反対することによって、ラッダイトは他人の生活に干渉している。そういった人たちは、個人の経験を大きく高め、大規模に社会を高め、全体として地球を高める改善へのアクセスを、遅延させているのである。

PART
TWO

What Exponential Technologies
Mean for Personal Finance

**第2部
エクスポネンシャル・テクノロジーは、
パーソナル・ファイナンスに対して
どのような意味を持つか？**

エクスポネンシャル・テクノロジーの基本的なバックグラウンドについてご理解いただいたところで、ここからは、エクスポネンシャル・テクノロジーがパーソナル・ファイナンスにどのような意味を持つのかについて探っていくことにしよう。

　ファイナンシャル・プランニングでは、経験する可能性のある未来について予測する必要がある。ただし、皆さんが経験する未来はご両親が経験した未来とはわけが違う。ファイナンシャル・プランの要素は身近なものであり、住宅、老後、長期介護、相続対策、投資などを扱うものの、皆さんのライフスタイルはご両親のものとは根本的に異なる。そのため、ファイナンシャル・プランの要素に対する戦略もご両親のものとはまるで異なるのである。それどころか、これまで皆さんがとってきた戦略とも大きく違ってくるはずだ。

　それでは、始めていくことにしよう。

未来に対して、
いま必要な
ファイナンシャル・プラン

The Financial Plan You Need Now
for the Future You've Going to Have

　現行のファイナンシャル・プランは、おそらく致命的な欠点を持っているはずだ。

　これまでファイナンシャル・プランニングを持ったことさえない方にはこんな問いかけは無意味だろうが、仮にファイナンシャル・プランニングをすでに実行している方の場合には笑えない話だろう。また、ファイナンシャル・プランニング会社に依頼せずプランニングを行っている方もいるかもしれない。

　プランニングをしているのはなんらかの目標があるからだ。目標とは、子供の大学費用、家の購入、老後資金の準備、あるいは高齢のご両親の介護費用あたりだろうか？　そして、ファイナンシャル・プランニング会社に相談して、目標を達成するために計画を立てて、目標を達成するために必要なお金を貯めるお手伝いをしてもらう。ファイナンシャル・プランナーは、顧客に適した投資対象に資金が蓄えられていることをしっかり確認しながら、目標を達成するために、あらゆることを手伝う

だろう。苦痛や面倒、大あわてすることも最小限に留めるよう努力するはずだ。

　仮に、正式なファイナンシャル・プランニングを立てていなくても、いずれにせよファイナンシャル・プランニングは実行しているものである。たぶん、こんな感じではないだろうか？「私の人生の計画では、死ぬまで働きます」。あるいは「私は公務員なので、退職年金の資格を手にするまで仕事をして、退職年金が支給される時点で(55歳、60歳、62歳、65歳、70歳など)老後生活をスタートさせるでしょう。少しは働くかもしれませんが、老後はフロリダで暮らしたいと思います。本当に楽しみです」。

　このようなぼんやりしたファイナンシャル・プランでは、結局のところ、ビールでも飲みながら空想にふけっているのと変わらない[63]。たぶん図星では？

　正式なものでも、正式でないものでも、いまのファイナンシャル・プランニングには、致命的な欠点があるはずだ。というのも、正確なプランニングでなかったり、ご自身とは関係がない歴史的データにもとづく仮定を使って作られているからだ。
　私は1980年代にファイナンシャル・プランの作成を開始した時点で、お客さんの寿命を85歳に想定していた。それが90歳に延長されるまでには対して時間がかからなかった。そして現在では、お客さんは95歳までご存命であろうとの仮定のもとにファイナンシャル・プランニングを作成している。

---

63. 事実、ビールを飲む過程で完成させた。

平均寿命を何歳と想定するかは重要だ。というのも、長生きするほど多くのお金が必要となるからである。私の会社は慎重派であるため、お客さんの平均寿命の想定は、万が一の場合に備えて、やや長めにしている。準備しておくお金の必要量を大きくすることで、お金を使い果たすリスクを減らしているというわけだ。そして、平均寿命を長く想定するとは、貯蓄額をより多くするか、投資リターン（インフレーションと税金を考慮したうえで）を高くしなければならないということになる[64]。

　95歳という寿命を想定すべきだと告げると、一瞬、戸惑うお客さんも珍しくない。そんなに長生きするものか、ということだろう。両親も祖父母もそうではなかった、と反論される場合もある。そして、寿命が延びるというと、（介護施設にいて、窓の外を眺めながら、よだれを垂らして車いすに揺られているイメージを描いて）滅滅してしまうものだ。こうした感情的なあつれきが生じないように、寿命を90歳と想定するファイナンシャル・プランナーが多いわけだ。本当に必要なものを用意するよりも、お客さんが受け入れやすい方が提案しやすい。

　ただし、私たちの社会における仕事と人生のパラダイムは、エクスポネンシャルの世界における生活というものをまるで想定していない。事実、社会保障システムが作られたのは1930年代であり、その理念とは、40年間保険料を支払えば給付が受けられる、というだけのものだ。その当時、ほとんどの労働者は62歳まで生きられないことを政府は知っており、保険数理上の

---

64. これこそが金融セールスに携わる人々が警戒心のない顧客に行うトリックの1つだ。より短い寿命（たとえば85歳）を使うことで、必要な貯蓄額とリターンを引き下げて伝える。その結果、変額個人年金や生命保険の3％のリターンでさえも突如として素晴らしく見えてしまう。セールスの口車に乗ってこうした商品を購入した運の悪い人々が想定していないことは、計画通りに早死にしないことだ。つまり、お金が足りなくなるということだ。

データから、平均寿命はせいぜい12年だけ延びるにすぎないと想定されていた。私の祖母が39年間も公的年金を受給するなんて（101歳で他界した）、フランクリン・ルーズベルト大統領には想定外だっただろう。

90代まで生きるとすれば、60代で仕事をやめて老後生活に入ると想定するファイナンシャル・プランニングでは支障が生じて当然だ。ましてや、100歳、110歳、120歳まで生きるとすれば、なおさら大きな問題が発生する。

これから経験する未来は、まさしくそのようなものになるはずだ。アクチュアリー会によれば、現時点での平均寿命は、男性が86.6歳、女性が88.8歳だが、20年後、30年後、40年後、皆さんが86.6歳なり88.8歳に到達した時点で、アクチュアリー会は何とコメントするのだろうか？

社会保障システムでは、60年間も公的年金を支給することを想定して設定されていないことはあきらかだ。そして退職年金プランも同様だ。もしかしたら、誰かが民間の個人年金保険を販売しようとしているかもしれないが、65歳まで保険料を積み建てるだけで、その後の40年から60年間以上を保険金だけに頼って生活できるような商品ではないと考える方が無難だろう。

Incidentally ちなみに……

メトホルミンのおかげで、誰もが120歳まで生きられるだろうと考える研究者もいる。メトホルミンとは世界で最も幅広く使われている糖尿病の薬で、1日あたり10セントしかかからない。2015年のイギリスの研究によると、メトホルミンを処方された糖尿病患者は、ほかの糖尿病患者よりも長生きするだけでなく、健康コントロールをしている人よりも長生きしている。ベルギーの研究者が回虫の一種でメトホルミンをテストしたところ、回虫は老化が遅くなり、長いこと健康状態を保っていた。げっ歯動物でも似たような結果が得られた。

老化・老年問題研究連盟をスポンサーとした、FDAが承認した臨床試験では、メトホルミンが変性疾患や心臓状態の悪化の進行を遅滞させることが可能か否かを検証した。メトホルミンが働くとすれば、まもなく実際の年齢よりも何十年も若い生物学的年齢を享受できることになるだろう。

　しかし、皆さんの未来は確実に金銭的に破綻する、と私がいっているのだと誤解してもらっては心外だ。私がいいたいのは、65歳で退職してそのあと全然働かないのであれば、公的年金と退職金と貯金だけで、老後生活を送れると想定するのは間違っている、ということにすぎない。

　間違っているだけでなく、そうしたやり方では失敗するだろう。これがもう1つのパラダイムシフトだ。というのも、私たちは定年退職という概念に慣れっこになっているからだ（定年退職とは20世紀の発明であり、それ以前には存在していなかった）。70歳でこの世を去ることがわかっていたため、60代で定年退職をしても何も問題がなかったというわけである。健康状態が損なわれ、亡くなるまでの間、リラックスして人生を謳歌するチャンスが欲しかった時代の産物ということだろう。

　これに対して、私は1997年に出版した『家庭の金銭学』〔1997年は原書の刊行年。邦訳は内容を大幅に補足して2021年に刊行された〕で、定年退職や老後生活というものは、21世紀には存在しないだろうと予測していた。

　定年退職や老後生活の終焉という事態は、悲しむことではない。むしろお祝いすべきものだ。70代、80代、90代でも働き続けることができるようになるのは、驚くほどワクワクする話ではないか？　なぜならこれからの時代には、驚くほど長生きす

るだけでなく、驚くほど健康でいられるからだ。

　実際のところ、働く必要が生じるというよりも、働きたいようになるというのが実情だろう。肉体的に大変で、危険で、卑しい、単純作業のつまらない仕事をする代わりに、エクスポネンシャル・テクノロジーにより強化された世界では、高齢になってもお金を稼げるだけでなく、希望する時間だけ働いたり、ほかの関心事から余った時間だけ働いたりできるような職業的な機会を生み出すだろう。毎朝起きて、今日これからどうやって過ごそうかワクワクすることになる。いずれにせよ、ご自分のライフスタイルを支えるのに必要なお金を稼ぐことになるはずだ。たとえ、何歳まで生きようとも。

　ただし皆さんには、これからファイナンシャル・プランナーを雇って、3種類のファイナンシャル・プランニング作成のお手伝いをさせる必要が出てきている。ほとんどのファイナンシャル・プランナーがやるような、たった1つのファイナンシャル・プランニングがあればよいわけではないのだ。

現在に対するプラン

　1つ目として、現在に対するファイナンシャル・プランニングが必要だ。現在直面している問題に対処するのに役立つプランニングのことである。個人情報を守り、クレジットカードの借金を返済し、キャッシュリザーブを確保し、病気やケガや訴訟に備え、家族のために生命保険を備えるようなことだ（皆さん自身だけでなく、配偶者やパートナー、お子さんのためのものも含まれる）。また、長期介護保険に加入したり（第20章で説

明する)、相続プランを立てたり(第21章)、投資戦略を立てること(第17章)も含まれる。

近い未来に対するプラン

　近い未来に対するプランとは、皆さんにおなじみの伝統的なファイナンシャル・プランニングのプロセスを指す。これも複雑に見えるかもしれないが、現在に対するプランは、今日いる場所に焦点を当てている。一方で、近い未来に対するプランは、これから行く場所に焦点を当てていく。というよりも、少なくとも、これから行く場所であると皆さんが考える場所に焦点を当てていく。

　つまり、近い未来に対するプランでは、お子さんだけでなく、皆さん自身の未来の教育費の検討に取り組む必要がある(第15章)。未来の退職後の収入の必要性、自身の長期介護費用の可能性と費用、恒例ともいえる両親などのサポート費用に関しても含める必要がある。この時点で、伝統的なファイナンシャル・プランニングでは太刀打ちできなくなってくるはずだ。

遠い未来に対するプラン

　ただし、ここでプランを終えてはならない。エクスポネンシャル・テクノロジーにあふれる世界がほのめかす未来の生活について予測する手伝いと、それに対するプランが必要なってくるからだ。このプランは遠い未来に対するプランとなるが、いま、遠い未来に対するプランを手に入れることが必要だ。し

かも、遠い未来のプランは、エクスポネンシャル・テクノロジーを熟知したファイナンシャル・プランナーから入手する必要がある。

　遠い未来に対するプランは、皆さんの寿命が今後20年や40年であると想定するものではなく、おそらくは50年や100年以上であると想定して、作成される必要があるだろう。そんなに遠い未来の皆さんの生活がどのようであるかを、完璧に予測することは不可能だろうが、1つだけ確実なことがいえるはずだ。それは、未来に持っているお金が多いほど、金銭的な状況に対しては好ましい準備ができるということだ。

　いいニュースとしては、未来は想定以上に生活費の支払いが楽になるということだ。これには2つの理由がある。1つ目は、ほとんどの買い物の値段が安くなるからだ。そして、貯蓄が大きく成長するからだ。このため、すべてのモノに対する支払いが容易となってくるはずだ。この2つについて簡単に説明しておこう。

遠い未来には物価は下がる

　未来には、いま購入している製品やサービスのあらゆる値段が上昇しているだろうなどと考える必要はない。いま購入している製品やサービスの多くは廃れてしまい、消滅しているはずだ。たとえば、8トラック・カセットなんて、どこへ行っても買えなくなっている。ほかのものだって値段が安くなっている（タダかもしれない）。これはエクスポネンシャル・テクノロジーのおかげであり、非収益化と呼ばれる現象だ。

これから70代、80代、90代を迎えた際の支出がどのような
ものであるかを想定するために、現在の70代、80代、90代が
どのようにお金を使っているか考えてみよう。2015年の消費者
支出調査によれば、最大の支出は住宅である（光熱費や電話代
も含める）。労働省の統計では、交通費、医療費、食費、娯楽費、
保険料、衣服費、パーソナルケア製品／サービスと続く。図
13-1をご参照願いたい。

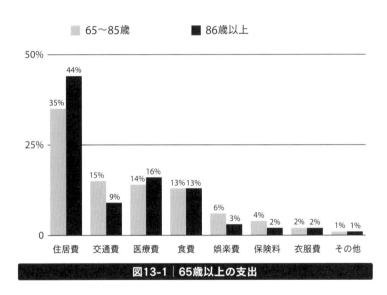

図13-1｜65歳以上の支出

　老後プランを傍観すれば、主な懸念材料は、こうした請求書
の支払いをどうすべきかということになる。第10章で説明し
たように、生きている限りインフレーションを懸念する必要が
あるが、インフレーションによってこれらの請求書の支払いは
困難になる。

しかし、多くの支出において、インフレーションは大きな問題ではないかもしれない。

　本書を通じてたくさんの例を紹介したが、現在のスマートフォンは500ドル、「プライム」サービスの会員に対して、Amazonではスマートフォンをたった50ドルで提供している。つまり、費用は1/10になっている。Ringing Bellsというインドに本社を持つ会社が提供するAndroidスマートフォンはたったの4ドルで、4インチスクリーン、RAMは1GB、8GBの保存容量、フロントカメラとリアカメラを搭載している。これに比べれば、Amazonの値段すら高すぎるということになる。カナダの会社は、インドで20ドル以下のタブレットを販売している。まもなくタブレットは無料になるだろう。多くの会社では、コーヒーカップやペンやメモ帳と同じように、タブレットを無料で従業員に提供している。

　別角度からもスマートフォンを考えてみよう。スマートフォンは、皆さんがどこにいるのかを追跡するGPSを備えており、皆さんの移動速度と加速度を測定する加速度計も備えている。1981年に導入された際、GPSシステムは重量52ポンドで12万ドルだった。1960年代には、加速度計は60ポンドで数百万ドルだった。現在では、両方とも2ドル未満のコンピュータチップに入っている。

　有名な物理学者リチャード・ファインマンは、「底にはたくさんの部屋がある」との的を射た話をしている。（ナノテクノロジーのおかげで）モノが小さくなるほど、値段も安くなっていく。ピーター・ディアマンディスは著書『ボールド』にて、1969年から1989年までの間に、現在のスマートフォンと同じ機能を持つ製品を購入した場合、90万ドルかかることを示してい

る。『ボールド』に記載されたリストには、カメラ、ビデオカメラ、CDプレイヤー、ビデオゲーム、携帯電話、時計、アラーム時計、百科事典などがスマートフォンの機能に含まれている。現在、これらの機能はすべて無料で利用できるが、だいぶ前に（10年前か？）それらに対する支払いがなくなったことに、皆さんも気がついていなかったと思う。

　かつては農業や牧畜に使われていた安い土地の上に、地域社会が住宅を建てることによって、住宅の値段が以前よりもはるかに下がってきていることはご存じだろう。また、Uberやcar2goのようなライドハンドリングやライドシェアリングといったサービスは、自動車産業を非収益化していく。オンデマンドで自動車を呼び出して、実際に自動車を使った時間分だけ支払いをすればよいのに、自動車保険、修理費、駐車代、燃料費のような付帯費用を支払ってまで、自動車を所有する必要があるだろうか？　ライドハンドリングやライドシェアリングといったサービスによって交通費は90％もカットできる。さらに、エネルギーと教育に関しては、実質的に無料となるだろう。

　前例のない能力で病気を予防し、治療することができるようになるにつれ、ヘルスケアの費用も大きく落ち込む。スマートフォンの検査による診察は素早く、正確で、無料だろう。ロボットが顕微鏡並みの精度で、数百万の以前の手術のデータを使って、最高の結果を得るための手術を行う。処方薬は患者個人の生理機能にぴったりとあてはまり、開発費や研究費や製造費が低いため安くなる。

　食費の低下についても期待できる。農業省によれば、食物を育てるのに1ドルかかるとすれば、輸送にもう34セントかかる

という。垂直農法は、輸送費の大部分を削減する。穀物収穫高を大きくする遺伝子改良も、私たちが食べるもののコストを一層引き下げる。

エンターテインメントはすでに大部分が無料となっている。無料のオンラインゲームをプレイできるし、スマートフォンで数千万のYouTubeを見ることができる。汚れないスマート・ファブリックは衣類の寿命を延ばす一方で、洗濯をする苦痛を取り除き、両面でお金の節約になる。

もちろん、これらのことは生活費がタダになるというのではない。もはや電話の通話にそれほどお金を払うことはないだろうが、スマートフォンに関連して月額サブスクリプション・サービスにたくさんのお金を支払っている。

デスクトップのコンピュータを買うことはなくとも、スマートフォンやタブレット、ラップトップは購入していくだろう。しかも、ロボットはまだ購入したことがないはずだ（たぶん、これからたくさん所有するだろうが、それぞれ値段がついているわけだ）。そして、いままで私は余暇や娯楽に費やすお金については一切話をしていない[65]。1970年代や1980年代には存在しなかった多くのもので、現在では不可欠であると考えられるものがたくさんあるように、いままで購入してきたことがない必需品をたくさん購入することになるだろう。というのも、そうした必需品はまだ発明されていないからだ。

だから、未来にもお金が必要になる。それもかなりの金額が必要になるはずだ。皆さんがどのようにお金を使うのかについ

---

65. おっと、たったいま話してしまった。

ては、現時点では、確実なことはいえない。したがって、未来に対する貯蓄の必要性はいままでと同様だろうし、おそらく、いままで以上に重要になるだろう。

貯蓄は増えていく

110歳まで生きることの金銭的な意味を考えた場合、多くの方々は、死ぬまでにお金を使い果たしてしまうだろうと心配する。ただし、こうした心配は間違いであって、70年長生きするということは、70年投資できる期間が増えるということだ。つまり、いままで以上に財産を築くことが簡単になる。

歴史的には、ほとんどの人が貯蓄をするのはせいぜい20年から30年間であって、40代や50代になるまで貯蓄を始めない。そして、せっかく貯蓄したお金も60代、70代、80代で使ってしまう。20年や30年の貯蓄では、合理的な範囲で最も高いリターンを上げたとしても、指数関数的にその魔法を働かせるためには、複利の成長にとって十分な時間とはいえなかった。

たとえば、年利10％で毎月500ドルを投資する場合[66]（手数料と税金は無視する[67]）、45歳で開始して65歳まで続ければ38万2,848ドルとなる。私のセミナーに参加した50代の方々はこうした状況を知ると、「ちくしょう、20年早く始めればよかった」と嘆くこともある[68]。

---

66. いうまでもなく、そうした投資は存在しない。ここでの説明のために設定したものだ、皆さん。

67. これも完全にフィクションだ。フィーも税金もゼロの状態で、年10％稼ぐ投資は存在しない。実際に存在するだなんて考えるべきではない。この例は純粋に説明のための仮説である。

68. たぶん、皆さんもそういうだろう。

しかし、エクスポネンシャル・テクノロジーのおかげで、寿命が延びて、健康でいられ、より長く働くことで、追加の20年を手に入れることができるようになる。つまり、お金を貯められる期間は、65歳までではなく、85歳までになるのだ。20年間（45歳から64歳まで）から40年間（45歳から84歳まで）へと投資期間を2倍にすることによって、いくら貯められることになるだろうか？

　投資期間と貯蓄期間が2倍になるから、2倍の75万ドルになると考えたかもしれないが、結果は2倍ではなく、8倍の318万8,390ドルになる。2015年に亡くなった私の叔母のビーは、この本で説明してきたことの多くの見本になってくれている。94歳で亡くなるまでの数カ月間だけ、介護を受けるために施設で過ごしたものの、叔母は長いことひとり暮らしだった。私の兄弟や従妹は、叔母が施設費用をどうやって工面するかずっと心配していた。というのも、叔母は何十年も働きに出たことがなかったからだ。

　しかし、叔母の遺言執行人に指名されていた私は、叔母の資産状況を見て気がついた。叔母は自分の貯蓄を50年間にわたって増やし続けていた。叔母は両親（私の祖父母）から相続した家に住んでいたから、住まいの出費はわずかだった。小さな自動車を運転していたが、それは1980年代に買ったものだった。あまり多く食べられないので食費もわずかだった。医療費もメディケアと呼ばれる健康保険で、ほとんど支払いが済んでいた。叔母が亡くなった時点で、家族は残された財産の金額を知って驚いた。ただし、私だけは複利の力のものすごさがわかっていたので、全然驚きもしなかった。

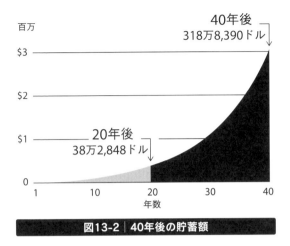

図13-2 | 40年後の貯蓄額

（図中テキスト）
百万
40年後
318万8,390ドル
$3
$2
$1
20年後
38万2,848ドル
0
1　10　20　30　40
年数

子供が退職生活に入る際に備えた投資プランを1999年に思いついた。The Retirement Income for Everyone Trust と呼ばれるもので合衆国で2つの特許を取っている。トラスト条項で契約されるので、お子さんは定年退職を迎える年齢まで資金にアクセスできない（死亡時や障害時を除く）。お子さんが生まれた時点でトラストを設立し、口座内の資金を60年間成長させることができる！　最低投資金額は5,000ドルであり、本書執筆時点でRIC-E Trustはお子さんやお孫さんのために4,000件以上も設定されている。

　住宅を購入する際の頭金を作るだけの十分なお金を貯金すること、子供の教育費用のために貯金すること、老後資金を準備することに対して、近い未来に対するファイナンシャル・プランは焦点を当てていくものだ。一方、遠い未来に対するファイナンシャル・プランは、よりあいまいであることは認めざるを

えない。その理由とは、私たちは未来にも支出があることをわかっているが、そうした支出がどのようなものであるか確信を持てないからだ。

　こうした事情にもかかわらず、皆さん自身の生活を支えるのに必要なだけのお金を持つ必要があるため、より多くの貯蓄や投資を積んでおく必要性については疑いがない。相続プランニングに対しても大きな変更が必要になるだろう。これに関しては、これからの各章で説明することにしよう。

キャリアプラン

Career Planning

　住んでいる家を売るとしたら、不動産業者に相談するだろう。実際に買い主が見つかって家が売れたら、6%の手数料を支払うことになる。100万ドルの家であれば、6万ドルが手数料として消えてしまう。

　ただし不動産業者に依頼する代わりに、皆さんの住宅の写真をWebサイト上に投稿した場合を想像してみよう。潜在的な買い主は、どのような住宅を希望しているかを正確に把握している機械学習アルゴリズムによってサイトに誘導され、皆さんの生活を邪魔することなく、VRを通じて必要なときにいつでも住宅を視察することができる。VRゴーグルをつければ、潜在的な買い主は、各部屋が家具を置いた状態でどのようになっているかも見られるだろうし、壁の模様替えも「バーチャル」に行うことできる。つまり、市場に売りに出す前に、「実際に」ベージュのペンキを塗り直す必要はないことになる。家や近隣に問題があれば、サイトのバーチャル販売エージェントがそれを報告し、瞬時に値段を調整して提供してくれる。買い手が申し出の準備をしている間に、売却を承諾したときに備えて、契約書のひな型を手にすることも可能だ。数分以内にAIは契約書を作成し、住宅ローンの仮審査を通しておく。売買契約は、現在のように数カ月もかかることなく、数日で完了してしまう。

　こんなやり方は、ずっと将来の話に聞こえるだろうか？　い

や、すでに始まっている方法だ。しかも、無料または非常に安い値段で(数百ドルくらいで可能だろう)。現在利用できていないものであっても、2025年までには実現すると考えてよい。これでもなお、100万ドルの住宅を売るために6万ドルを不動産業者に支払うことを選ぶだろうか？

　こういうわけで不動産ブローカーは廃れていく。本当かと疑うなら、自分に問うてみてほしい。旅行代理店の店員さんと最後に話をしたのはいつのことだ？

　不動産や旅行エージェントの仕事が、テクノロジーによって脅かされているのは事実だ。そして脅かされているのは、この2つの業界だけではない。弁護士でさえ職業消滅の危機にさらされている。2016年、世界的な法律事務所であるBaker Hostetlerは、AI弁護士を法律のプロとして「雇用」した最初の法律事務所となった。そのAI弁護士はROSSという呼び名で、事務所の訴訟事案に関係する証拠や判例を見つけるために数千の法律の文献を読んでいる。

　最近のロースクール卒業生は、そうした補助的な仕事をするために雇用されるのが習わしだが、IBMのWatsonを土台とするROSSは、ロースクール卒業生よりも速く正確であり、あいまいであろうと、どんなに古いものであろうと、関連する裁判所の判決をすべてほぼ即座に見つけて、平易な英語で意見を提供する。人間の弁護士と同様に、直感的にROSSは質問を理解し、参考文献と引用を根拠とした仮説で応答することが可能だ。そして、収集してきた数千の結果から、最も関連する回答のみを提供し、自分たちの担当案件に影響する最新の判決情報を更新して、人間の同僚に提供している。

　当初、ROSSのテクノロジーは破産法に集中していたが、開

発した企業によれば、最終的にROSSは法律実務のあらゆる範囲で利用されるという。ワシントン大学法学部の教授であるライアン・カロは、「ROSSのようなシステムを使用しないことは、タイプライターで手紙を書くくらい無責任だとみなされるようになるだろう」とコメントしている。

Incidentally ちなみに……
ロボットが職を取って代わることを心配するかもしれないが、多くの経営者はそのことに感謝するだろう。高齢人口が深刻な労働力不足を生み出している日本では、世界でも有数の巨大建設企業であるコマツがオペレーションにロボットを使用することによって問題の解決をしている。たとえば、ドローン・ガイドによるロボティクスの乗り物が建設現場の調査と測量を行い、人間が2週間要するところを機械が30分で完了させてしまう。

大学におけるティーチング・アシスタントも職を失う危険がある。ジョージア工科大学の2016年の春学期、IBMが設計した別のロボットであるJill Watsonは、電子メールによる学生からの質問に対して自然な口語調で回答してくれた。学生たちは、自分たちがコンピュータと会話をしているとは気がつかなかったという。春学期が終了した時点で事実を知らされたが、Jill Watsonによるティーチング・アシスタントは人間によるものと変わらないと感じたようだ。ティーチング・アシスタントを職業としている人たちは、今後何年間必要とされるのだろうか？

弁護士やティーチング・アシスタントは単なる始まりにすぎない。実際に数百の職業が近い未来に消滅し、数百万の仕事が消えていくはずだ。こんな未来を受け入れられるだろうか？はっきりいおう。オックスフォード大学の調査によれば、2035

年までに合衆国の全職業の中の47%は、エクスポネンシャル・テクノロジーに取って代わられるリスクが高いとのことだ。図14-1と図14-2は、オックスフォード大学の調査による、消滅する可能性が高い仕事と消滅する可能性が低い仕事を示している。

可能性が 10% 以下の仕事のリスト

- レクリエーション療養士
- 技術工、据付工、修理工の第一線監督者
- 緊急事態指揮官
- 社会福祉士
- 聴覚学者
- 作業療法士
- 義肢装具士
- ヘルスケア福祉士
- 口腔顎顔面外科医
- 消防士監督官
- 栄養士
- 宿泊管理人
- 振付師
- セールスエンジニア
- 内科医と外科医
- 指導コーディネーター
- 心理学者
- 警察の指導官
- 歯科医
- 小学校教員
- 医学博士
- 小学校と中学校の管理者
- 足病医
- 臨床心理士とスクールカウンセラー
- 精神衛生カウンセラー
- 生地と衣類の型紙製作者
- セットや展示のデザイナー
- 人材開発マネージャー
- レクリエーション労働者
- トレーニング開発マネージャー
- 言語聴覚士
- コンピュータシステムアナリスト
- コミュニティサービスマネージャー
- 博物館専門職員
- アスレチックトレーナー
- 医療保険サービスマネージャー
- 幼稚園教諭（英才教育を除く）
- 住宅管理アドバイザー
- 人類学者と考古学者
- 特殊教育教師
- 聖職者
- 森林官
- 進路指導教員
- 職業／技術教育顧問
- 登録看護師
- 障害者職業カウンセラー
- 教師と指導員　その他すべて
- 法医学者
- メイクアップアーティスト
- 海洋技師と造船技師
- 教育管理者
- メカニックエンジニア
- 薬剤師
- 物流専門家
- 微生物学者
- 産業心理学者
- 人材発掘担当者
- セールスマネージャー
- 地質学者
- マーケットマネージャー
- 結婚・家族療法士
- エンジニア　その他すべて
- トレーニング・人材開発スペシャリスト
- 事務員に対する現場監督
- 生物学者　その他すべて
- 広報担当マネージャー
- メディアアーティストとアニメーター
- コンピュータ情報科学者
- 最高経営責任者
- 幼稚園教育管理者
- 音楽ディレクターと作曲家
- 生産労働者の監督者
- 証券、商品、金融サービスセールス員
- 保全科学者
- 特殊教育教師
- 化学エンジニア

図14-1 | 自動化により失われる可能性が低い175の仕事

- 建築工学マネージャー
- 航空宇宙エンジニア
- 自然科学マネージャー
- 環境エンジニア
- 建築家
- 理学療法士助手
- 土木技師
- 健康診断士
- 土壌植物学者
- 材料科学者
- 材料エンジニア
- ファッションデザイナー
- 理学療法士
- 写真家
- プロデューサーとディレクター
- インテリアデザイナー
- 矯正歯科医
- アートディレクター
- 刑務管理官
- 宗教活動指導者
- 電子工学エンジニア
- 生化学者と生物物理学者
- カイロプラクター
- 作業療法士助手
- 児童スクールカウンセラー
- 安全衛生エンジニア（鉱山安全エンジニアを除く）
- 産業エンジニア
- 輸送と資材移動機械・車両の第一線監督者
- 動物看護士
- 産業生産マネージャー
- 産業エンジニアリング技師
- コンピュータシステム管理者
- データベース管理者
- 購買部長
- 中等後教育教師
- 環境科学者と環境スペシャリスト（健康を含む）
- 薬物乱用カウンセラー
- 弁護士
- 工芸家
- オペレーショナルリサーチアナリスト
- 情報システムマネージャー
- 商工業デザイナー
- 会議、大会、イベントプランナー
- 獣医
- ライターと作家
- 宣伝プロモーションマネージャー
- 政治学者
- クレジットカウンセラー
- 社会科学者と関連研究者　その他すべて

- 天文学者
- 船舶技師
- ソフトウェア開発者、アプリケーション芸術家（画家、彫刻家、イラストレーターを含む）
- 精神技能士
- 造園家
- 保健科教師
- 数学者
- フラワーデザイナー
- 農場経営者、牧場経営者、その他の農業管理者
- 山火事検査官と火災予防専門官
- 救急救命士と救急医療隊員
- 編集者
- 補綴歯科医
- 医療従事者及び技術者　その他すべて
- 旅行ガイド本作成者
- 免許准看護師と免許実務看護師
- 社会学者
- 仲介員、仲裁員、調停員
- 動物学者
- 寮管理者
- 航空機貨物取扱監督官
- 呼吸療法士
- 放送ニュース分析者
- 財務管理者
- 原子力エンジニア
- 建設部長
- ミュージシャンと歌手
- 非小売販売員の第一線監督者
- 個人サービス業者の第一線監督者
- 食品科学者と食品技術者
- 法令順守担当責任者
- 狩猟監視官
- グラフィックデザイナー
- 食品サービス管理者
- 保育士
- フィットネストレーナーとエアロビクスインストラクター
- ゲーミングマネージャー
- 電力線設置業者と保守修理者
- 警官と保安パトロール官
- 旅行代理店業者
- シェフと料理長
- 動物トレーナー
- ラジオ・テレビアナウンサー
- 電気技師
- 化学者
- 呼吸療法士
- 物理学者

図14-1｜自動化により失われる可能性が低い175の仕事

可能性が 90% 以上の仕事のリスト

- 総務アシスタント（給与支払いと遅刻早退のアシストを除く）
- 医療及び臨床検査技師
- 鉄筋コンクリート作業員
- 屋根ふき職人
- クレーンとタワー操作員
- 交通整理専門家
- 輸送検査官
- 型製造者―金属とプラスチック
- 型製造者―形削工、鋳造工（金属とプラスチックを除く）
- 不動産鑑定士と不動産査定人
- ポンプ作業員（井戸汲み上げを除く）
- 信号及び交通スイッチ修理業
- ゲームとスポーツの書籍ライターと運営者
- 楽器の修理師と調律師
- 旅行案内人と添乗員
- 専門機械修理工
- 食品とタバコの焙煎器、ベーキング機、乾燥機の作業員と担当員
- ガス圧縮装置とガスポンプステーションの作業員
- 医療事務従事者
- コーティング、塗装、スプレー機の設定者、作業員、担当員
- マルチ工作機械の設定員、作業員、担当員―金属とプラスチック
- 鉄道運転手、副操縦士、整備士
- 電気及び電子機器、輸送用設備の初期設定人、修理人
- ダイニングルーム、カフェテリアの接客係、バーテンダーヘルパー
- 熱処理装置設定者、作業員、担当員―金属とプラスチック
- 地質学及び石油技術者
- 自動車修理工
- 型製作者―木
- 押出機と面圧盤の設定者、作業員、担当員金属とプラスチック
- 事務用機器オペレーター（コンピュータを除く）
- 調剤技師
- 貸出担当者と銀行員
- 浚渫機作業員
- 保険セールスエージェント
- 木製家具職人とベンチ大工
- 塗装作業員、コーティング作業員、装飾作業員
- 柵の建設人
- メッキ機と塗装機の設定者、作業員、担当員―金属とプラスチック

- 小売販売員
- 調理食品の準備と給仕を行うファーストフード店員
- 製造労働者―上記以外
- ヘルパー―大工職人
- 空冷設備の作業員、担当員
- グラスファイバーのラミネート加工者と製作者
- 石油、ガス、鉱山のサービスユニット作業員
- コンベア作業員、担当員
- 屋外電力設備その他小型エンジン機械工
- 機関車運転手
- 機械供給人と運搬人
- 模型製造人―金属とプラスチック
- ラジオ、セルラー、タワー設備の設置業者と修理業者
- 食肉解体業者と肉屋
- 押出加工機、成型機、プレス機、圧縮機の設定人、作業員、担当員
- 廃品回収者
- 税務調査官、税務署員、徴税官
- 鍛造機の設定者、作業員、担当員―金属とプラスチック
- 産業用トラックとトラクター作業員
- 会計士と監査人
- フォージング機の設定者、作業員、担当員―金属とプラスチック
- 郵便局内事務員と郵便物処理機械操作士（郵便業務を除く）
- ウェイターとウェイトレス
- 食肉、家禽肉、魚肉の肉切り人
- 予算分析者
- セメント職人とコンクリート仕上げ職人
- 自転車修理工
- コイン自動販売機やゲーム機のサービス係と修理係
- 溶接工、裁断師、はんだづけ工、真鍮工
- 宅配便配達人、電報速達配達人
- インタビュアー（就職面接官とローン面接官を除く）
- ファストフードの料理人
- 堀削器と積込機、ショベル機作業員
- 画家、壁紙張職人、左官職人、石工職人の助手
- ホテル、モーテル、リゾートのフロント係
- タイヤ組立工
- 訪問販売員、街頭新聞販売人、露店商人、関係労働者
- ハウスキーピングと清掃員の第一線監督者
- 農業検査官

図14-2 | 自動化により失われる可能性が高い171の仕事

- パラリーガルと弁護士助手
- マニキュア・足の爪のネイリスト
- 検量者、測定者、機械検査官、見本検査係、情報記録業務係
- 繊維裁断機の設定者、作業員、担当員
- 手形勘定回収者
- 原子炉作業員
- 賭博監視官と賭博調査官
- 図書館アシスタント、事務運営エンジニア　その他建設機械作業員
- 操作技術員　その他建設機械作業員
- 印刷製本と仕上げ作業員
- 動物ブリーダー
- 成型機、鋳造機、鍛造機の設定者、作業員、担当員—金属とプラスチック
- 電子・電気機器組立作業員
- 接着剤接合機作業員と見張り番
- 造園工事員とグラウンド整備員
- 研削盤、ラップ盤、研磨機、バフ盤の材料の設定者、作業員、担当員—金属とプラスチック
- 郵便局窓口係
- 宝石細工人、貴重石・金属加工人
- 発車係（警察、消防士、救急隊を除く）
- 受付係と案内係
- 事務員—般
- 給与係—福利厚生係
- 交換手—回答サービスを含む
- カフェテリア、屋台、コーヒーショップのカウンター係
- 採石場労働者
- 秘書と業務アシスタント（法律と医学と重役の場合を除く）
- 測量及びマッピング技師
- 模型製作者—木造
- 織物の綛上げ・機織り・生機の機械の設定者、作業員、担当員
- 機関士
- カジノディーラー
- 編み物修繕人（衣服を除く）
- レストラン調理人
- 案内係、ロビー案内人、切符切り係
- 会計係と郵送係
- 橋と閘門の担当員
- 木工機械の設定者、作業員、担当員（のこぎりを除く）
- チーム組立工
- 靴製造機械の作業員、担当員
- 電子機械設備組立工
- 農業労働契約社員
- 繊維の漂白機と染色機の作業員、担当員
- 歯科技工士
- 粉砕機、研削機、研磨機の設定者、作業員、担当員

- 研削工と研磨工
- 農薬スプレー装置使用者、植生管理者
- 材種仕分人と材木計測人
- 眼科検査技師
- レジ係
- カメラと写真機材修理人
- 映写技師
- 印刷前工程技師と作業員
- 店頭係とレンタル店員
- 文書整理係
- 不動産ブローカー
- 電話交換手
- 農業及び食品科学技術員
- 給与事務担当者と就業時間査定係
- 与信認証者、与信調査官、与信担当事務員
- レストラン、ラウンジ、コーヒーショップのホストとホステス
- モデル
- 検査員、試験員、選別者、見本検査係、計量係
- 簿記係、会計係、監査員
- 弁護士秘書
- 無線通信士
- 運転手／販売員
- 保険支払額査定人、審査官、調査官
- 部品販売員
- 与信アナリスト
- フライス盤と平削り盤の設定者、作業員、担当員—金属とプラスチック
- 発送係、受付係、交通係
- 仕入れ係
- 包装機と充填機の作業員、担当員
- 銅版画家と彫刻家
- 出納係
- アンパイア、レフェリー　その他スポーツの審判員
- 自動車損害保険査定人
- ローンオフィサー
- 注文係
- 保険金請求系と保険証券処理係
- タイミング装置組立工と調整者
- データ入力者
- 図書館技術員
- 新規口座担当者
- 写真処理労働者と現像機作業員
- 確定申告書類作成者
- 貨物取扱人と船荷取扱人
- 時計修理職人
- 保険引受人
- 数学専門家
- 裁縫師—手編み
- 権原審査官、権原要約者、権原調査官
- テレマーケティング担当者

図14-2｜自動化により失われる可能性が高い171の仕事

たとえば、パーソナル・ファイナンス・アドバイザーをしている場合、機械による自動化によって、職業を取って代わられる可能性は42％しかない[69]。職業によって事情は大きく異なってくる。

　このオックスフォード大学の調査では、消滅する職業だけを取り上げている点に注意が必要だ。裏を返せば、これから生み出される職業に関しては取り上げていないということだ。この話を聞いて不安になる必要はない。というのも、私たちは過去にも同じことを経験してきているからだ。労働省労働統計局によれば、1870年にアメリカ人の就業者の50％は農業に従事していた。ところが1950年までには農業従事者は就業人口の10％となり、2015年には、農業で働くアメリカ人は就業人口の1％になってしまった。

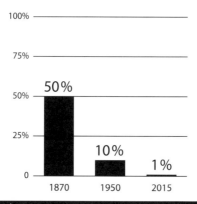

図14-3｜アメリカ人労働者における農業従事者の割合

---

69. 皆さんはどうでもよいかもしれないが、私は大いに安心した。

農業従事者が1％になったからといって、99％のアメリカ人が職を失ったわけではないことはおわかりだろう？　多くの労働者は、単に農業から新しい職業へと移動しただけにすぎない。機械によって人間が行う農業の仕事は削除されたが、機械によって工場内での労働という新しい種類の仕事が生み出されたわけだ。まさしく産業革命のおかげということになる。事実、1976年までに工場労働者は全体の20％になっている。

　しかし、現在では製造業の仕事も、合衆国就業者全体の9％にすぎない。再度いうが、これは労働者の91％ ゙゙ が失業したというわけではない。単に、情報化時代にトランスフォーメーションしたということだ。2000年には統計上の産業分類にさえ存在しなかったテクノロジー産業だが、2011年には就業人口が150万人になり、2014年までには670万人がテクノロジー関係の仕事で働いている。

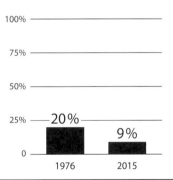

図14-4│アメリカ人労働者における製造業従事者の割合

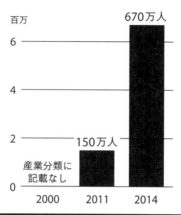

百万

670万人

6

4

2 ┤ 150万人

産業分類に
記載なし

0

2000　　　2011　　　2014

図14-5│テクノロジー産業で働くアメリカ人の数

　ここで旅行代理店とアプリケーション開発業者について考え
てみよう。McKinseyによれば、2000年から2014年までに、オ
ンラインによるホテル予約に関するサービスの収入は140億ド
ルから1,500億ドルへと10倍に増加したが、同期間に合衆国の
旅行代理業者の数は12万4,000人から6万5,000人になり、
48％も減少した。一方で、2000年にはスマートフォンのアプリ
ケーション開発業者は存在しなかったが(スマートフォンが発
明されていなかったからだ)、2016年までにはその職業で働く
人は30万人となっている。

　これは2000年時点の旅行代理業者の2倍に相当する。アプリ
ケーション開発業者は旅行代理業者よりずっと高収入である
(労働省の統計によれば、年収の中央値はアプリ開発業者が10
万ドル、旅行代理業者は3万6,000ドル)。そして、旅行代理業
者が仕事を得る機会は減ると予想される一方、アプリ開発業者
が仕事を得る機会は、2024年には2014年に比べて17％増える
と予想される。まさしくトレードオフの関係だ。

ドイツの自動車産業における研究でも同じような結果が出ている。国際ロボット連盟によれば、2010年から2014年までの間に、自動車産業におけるロボット使用は17％増加しているが、ドイツ自動車産業協会によれば、2014年のそのセクターの雇用は増加しているという。つまり、自動化はより多くの種類の仕事を創造する妨げであったかもしれないが、新しく生まれた仕事の成長を止めるものではなかったし、単に既存の仕事の中にあるムダをすべて削除しただけだったのだ。

　政府のデータを使用したボストン大学法学部による別の研究では、この考え方を一層後押ししている。1980年から2013年まで、317の職業に関してコンピュータによる自動化が与えたインパクトを調査した研究者が発見したことは、「コンピュータを多く使うほど、雇用は決定的に速く成長する」ということだ。特に、程度の低い、危険な、労働集約的で、反復的な、好ましいとはとてもいえない仕事を自動化は取り除いたうえ、取り除いた以上の数の仕事を生み出していることになる。

　銀行の窓口係はこのことを端的に示している。ATMは銀行の窓口係を廃れさせたと考えられており、ボストン大学の経済学者によれば、実際にATMによって、銀行の支店あたりの窓口係の平均数は、1988年の20人から2004年には13人にまで減らされた。しかし、人件費が下がった結果として支店の操業費が下がったことで、銀行はいままでより多くの支店を開設できるようになった。その結果、1988年から2004年までに、銀行の支店数は43％増加し、銀行窓口係の全体的な雇用は維持された。要するに、ATMは仕事を破壊したというよりも、仕事を生み出したということになる。また、ATMは銀行窓口係の役割を改善し、セールスや顧客サービスのような、より面白い仕事に

人間を従事させ、ありふれた仕事は機械にやらせることを可能とした。

　つまり、エクスポネンシャル・テクノロジーの出現によって、仕事は失われるのではなく、仕事は変わるのだ。ROSSを開発した会社、ROSS Intelligenceの創業者兼CEOのアンドリュー・アルーダによれば、自分の会社のロボットを活用することで、法律事務所では料金を引き下げることが可能となり、弁護士を雇う金銭的な余裕のない80％のアメリカ人に対して法律サービスを提供できるようになるという。クライアントに対して利用可能な選択肢を生み出すことによって、法律関係の職業は今後数十年間で最大の成長段階に入るだろう。

　Baker Hostetler法律事務所の900人以上の弁護士は、この話に賛同しているようだ。同法律事務所のスポークスマンであるボブ・クレイグは、「ROSSは私たち弁護士に取って代わるのではなく、単に弁護士を助ける補助的な道具にすぎない」という。同氏によれば、ROSSの一番の価値は、法律事務所の弁護士が、関連する法律の一節を探そうと数百の判例を確認するのに数十時間を費やす代わりに、顧客に対する弁護や創造的な業務に集中できるようになった点にあるそうだ。

　McKinseyによれば、2025年までに職業の60％は、その活動の30％が自動化されるものの（うち15％は完全に消滅する）、その中で職を失った人々のすべてが、永遠に失業しているわけではないとしている。事実、McKinseyのプロジェクトでは、2020年までに、大学の学位や大学院の博士課程の学位を持つ労働者が、世界で4,000万人も不足すると予測している。人材派遣会社のManpowerでは、世界の雇用者の1/3以上が必要とす

る優秀な人材を見つけられないという。

しかし、変わり目に継ぎ目がないわけではない。新しい職業が生み出される前に、多くの職業が失われるだろう。そのとき、新しい仕事を見つける前に、多くの人が仕事を失うことになるだろう。コンサルティング会社のHackettグループの研究によれば、ワールドクラス（技術的に熟練しているという意味）の金融組織では、収益10億ドルあたり、フルタイム被雇用者を48%減らす必要が生じると予測する。この傾向は、世界規模のビジネスと商取引を通じて加速され、拡大されると予想している。

世界規模の企業のすべてにおいて、自動化が人間に取って代わって仕事をしている。iPad、Wii、Kindle、ラップトップ、携帯電話を製造する企業のFoxconnでは現在120万人を雇用しているが、同社では労働力の自動化によって、2018年までに50万人の仕事がなくなると報道されている。

以上のような予測から、この転換期に対して準備をする必要がある。現在の仕事が安全であるか否か、あるいは未来に役立つのはどのような仕事かを知りたいなら、次の4つのスキルが最も価値があるといえるだろう。

● 思考力
● コミュニケーション力
● 創造力
● マネジメント力

説明のための例として、クリエイティブ・アート分野を見ていこう。以下の職業では、テクノロジーによって巨大な恩恵を受けることになるはずだ[70]。

---

70. イエーイ!

- 俳優
- ミュージシャン
- 編集者
- 建築家
- プロデューサー
- 模型製作者
- 振付師
- 舞台装置や衣装のデザイナー
- グラフィック・デザイナー
- 作曲家
- 作家
- 風景画家
- ディレクター
- アニメーター
- フォトグラファー
- ファブリック・アパレル
- アートディレクター
- ラジオやテレビのホスト
- ファッションデザイナー
- 商業及び工業デザイナー
- 歌手
- インテリア・デザイナー
- ダンサー

　労働省によると、合衆国で働くアーティストの数は1999年から2014年までに150万人から180万人へと20％増加したが、仕事数も労働者の平均収入も、全体的な合衆国の労働市場の平均値を上回っている。

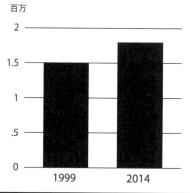

図14-6｜合衆国で働くアーティストの数

Future of Music Coalition〔音楽に関する法律の研究団体〕は、テクノロジーが新しいタイプの仕事も生み出しているという。追跡が可能な、ミュージシャンの46の収益源のうち、2000年には存在しなかったものが13もあるという。たとえばゲームデザイナーは、役者、作曲家、作家を雇い、歌のライセンス料とロイヤリティを支払う。現在ミュージシャンは、YouTubeでレッスンをして稼いでいて、広告収入とサブスクリプション料金も得る。着信音のロイヤリティでもお金を稼いでいる。

　ミュージシャンはまた、ウィーン・コンサート・ホールで行われるスタインウェイのグランドピアノが奏でる音を真似たり、数百のギター・アンプの音を模倣したり、ストロベリー・フィールズ・フォーエバーでビートルズが使ったメロトロンをシミュレートするために、Native Instrumentsによって生み出されたソフトウェアを使っている。2000年時点ではそのような装置に数百万ドルのコストがかかったが、今日は数千ドルにすぎない。

　さらに、作家はセルフパブリッシングができ、AmazonのKindleプラットフォームからロイヤリティを稼げる。映画監督は、自分たちのプロジェクトの資金を得るためにクラウドファンディングを利用できる。2016年、映画監督たちはKickstarterだけで29億ドル以上を集めた。過去には制作が不可能であった空中ショットを実現するために、1,000ドル未満のコストでGoProとドローンを使いながら、iPhoneでHD画質の映画を制作・発表した。映画関係者たちはAppleの編集ソフト（299ドル）で、オスカー賞を目指している。

　クリエイティブ・アートの分野で働く人々だけが、テクノロ

ジー革命の恩恵を受けるわけではない。テクノロジーは、多くのほかの仕事でも需要を生み出している。その中には、図14-7のものも含まれるだろう。

- 代理人
- 動物トレーナー
- 社会科学者
- アプリケーション開発者
- 仲介人、仲裁人、調停人
- 考古学者
- 天文学者
- アスリートとスポーツ競技者
- アスレチックトレーナー、コーチ、スカウト
- 生化学者と生物物理学者
- ビジネスとシステムアナリスト
- ビジネスインテリジェンスアナリスト
- ビジネスマネージャー
- 最高経営責任者
- 保育士
- 聖職者
- コミュニティサービスマネージャー
- 法令順守管理者
- コンピュータ情報システムアナリスト
- コンピュータサイエンティスト
- アパート管理人
- 建設マネージャー
- クレジットカウンセラー
- 館長
- データベースマネージャー
- 栄養士
- すべての種類のエンジニアと建設作業員(大工、水配管工、電気技師を含む)
- 倫理学者
- 消防士
- フィットネストレーナー
- 客室乗務員
- フラワーデザイナー
- 食品科学者
- 資金調達マネージャー
- ゲーミフィケーションデザイナー
- 地理学者
- 美容師
- 人事と労務のスペシャリスト
- 水文学者
- 弁護士
- ホテル支配人
- 物流業者
- 市場調査アナリスト
- マーケットマネージャー
- 家族療法士
- 数学者
- ミーティング及びイベントプランナー
- 精神衛生カウンセラー
- 微生物学者
- 看護婦
- オペレーションリサーチアナリスト
- 理学療養士及び作業療法士
- 内科医、外科医、歯科医
- 政治学者
- 私立探偵
- プロジェクトマネージャー
- 心理学者
- 広報スペシャリスト
- レクリエーション労働者
- 障害者復帰カウンセラー
- 宗教教育者
- ロボット専門家
- 営業担当者
- 社会科学者
- ソーシャルワーカー
- 社会学者
- 言語聴覚士
- 薬物乱用カウンセラー
- 教師
- 獣医
- Web デザイナー
- 動物学者

図14-7｜テクノロジーが需要を生む仕事

　以上の点からいえることは、収入を稼ぎ続けるカギは、エクスポネンシャル・テクノロジーにより形成される社会における需要や価値があると認められる職業で働けるだけの知識、ト

レーニング、スキルを手にすることが必要だということだ。

　現在のトレーニングや経験だけでは、未来の仕事に対処できない可能性が非常に高い。それゆえ、大学や大学院に戻る必要があるだろう。次章では、どこで、どのようにして、必要な教育を受ければよいかを説明する。教育に対して支払うものは、想像するものとはだいぶ違うはずだ。皆さんにとってだけでなく、初めて大学に通うお子さんやお孫さんにとっても、その意味するところは極めて大きいといえるだろう。

大学プラン

College Planning

　教育に関して、私たちは考えを変える時期がやってきた。というのも、大学の学位を手にすることは、もはや適切なゴールとはいえないからだ。最終的に雇用を得る分野で学位を取ろうとしても、学位から得られるスキルや知識は、情報がエクスポネンシャルに成長する世界ではすぐに古臭くなるだろう。第8章で説明したが、多くの方が学費を支払えない、卒業できない、最終的なキャリアと関係のある学位を取得していないという現実がある。ましてや学位から得たスキルや知識が陳腐化するといわれたら、当然、すぐには受け入れられないかもしれない。

　何十年も前に、ハンプティ・ダンプティな〔立ち位置の危うい〕大学から1つか2つだけ（あるいは3つでも4つでも）学位をもらっただけでは、十分とはいえない。代わりに、皆さんの知識とスキルを現在でも確実に通用するようにしなければならない。つまり、大学学位という概念を、生涯学習という新しいコンセプトに取り換える必要が出てきたということだ。

　皆さんのお子さんも、4年から6年、ひたすら一直線に大学へ行くのではなく、大学へ行き、仕事を得て、再び大学へ戻るようになるだろう。しかも、すでに踏み込んだ分野についてより多くを学ぼうとするのではなく、以前とはまったく違った分野で、完全に新しいキャリアに飛び乗ることができるよう、まったく新しいスキルを探すようになるはずだ。

さらに、新しいキャリアに一定期間だけ従事したあと、また大学へ戻ることになるだろう。お子さんたちの場合は生涯を通じて5回も6回も、このサイクルを繰り返すようになるはずだ。こうした道のりにあって、「教育-仕事-教育」というサイクルは「失業」という延長期間によって中断させられるだろう。つまり、「教育-仕事-教育-仕事-長期休暇-仕事-教育-長期休暇-仕事-仕事-教育-仕事」――といったタイプの経験をするはずだ。こうした長期休暇は、1回あたり4週間ではなく、2年や3年になるはずだ。子供を育てたり、世界を旅行したり、地域社会に貢献したり、慈善事業を支えたり、起業活動を始めたり、よりよく生きることや個人的な成長、自己達成感に焦点を定めるなど、本当の意味で延長されている期間という意味を持つのだ。

　実際、2020年代、2030年代、それ以上先の時代の大学における経験は、いままでのものとはまったく異なって見えるだろう。

　確実にいえることは、生涯学習を続けられるように、貯蓄が必要になるということだ。教育の支出が増えるだけでなく、キャリアを中断することも考えなければならない。長期間、収入を得られない期間がくるのである。（教育に）以前よりも多くのお金を費やすことと、（その期間に失業状態であるため）収入が減っていることとの間にいるうちに、借金の深みにはまらないように、貯蓄の必要性が決定的に重要になるのだ。

　これは、529 College Savings Plan〔アメリカの州が提供する非課税の大学教育費用の積立制度〕へ継続的に貯蓄を行うべき理由でもある。ただし、新しいやり方では、ひとひねりが必要になるだろう。

column

私の著作の『The Truth About Money』でこれらの州が運営するプログラムの詳細を解説したのでここでは触れないが、図15-1と図15-2で長所と短所について要点を示しておこう。私と同僚は529 College Savings Planは大学費用を準備するためのベストな方法だと考えている。私は制度開始時から声を大にして支持を示しており、わが社のお客さんに学校に通うお子さんがいる場合は529口座を持っている（少なくとも口座開設は行うようにアドバイスしている）。私のラジオ番組では529 Plan以外の口座で大学費用準備を行うことに対しては、長いこと異を唱えている[71]。

　現実には、ふたひねりが必要になるだろう。1つ目は、4年制大学の学位を取ったら、お子さんやお孫さんの大学のための貯蓄は完了である、との認識を改めることだ。4年制大学の学位は生涯学習経験のスタートであって、ゴールではないということである。

　つまり、教育の未来の費用を考える必要があるのだ。ただし、大学院の費用を考えろというのではない（必要かもしれないし、必要ではないかもしれない。そもそも目指すべきものかどうかも不明である）。知識やスキルが強化され拡張できるよう設計された、クラスやプログラムに参加せよということだ。学習の形態や形式、あるいは費用については現時点で想定できないものの、なんらかの費用がかかると想定しておけば安全だろう。費用とは、直接的な授業料だけではなく、知識を得ている期間の賃金喪失という機会費用も含まれる。だから、教育支出のた

---

71. 私の説明は、保険エージェントの過剰な売り込みに対して、大きな異を唱えるものだ。保険エージェントというのは、消費者に全財産を売らせて、そのお金で生命保険を購入すべきだと売り込んでくるからだ。大学費用の準備と偽って！

めの貯蓄とは、18〜24歳の学生時代に全貯蓄を使い果たす想定で行うべきものではない。30代、40代、50代、60代の学生時代に使うために、たくさんの資金をキャッシュ・リザーブとして取り分けておく必要がある。

2つ目は、お子さんのことだけを考えるべきではないということだ。生涯学習は、皆さん自身にもあてはまるかもしれない。年齢、健康状態を考慮し、そして、職業によっては学校に戻る必要があるだろう。自分に生涯学習が必要になる可能性について考えておく必要がある。

このトレンドはすでに始まっている。2つだけ例を挙げておこう。合衆国中の大学で行われている大人向け教育プログラムを提供するOsher Lifelong Learning Instituteでは、50歳以上の学生が15万人を超えている。ジョージタウン大学では、50歳以上の学生が約1,000人いる。そのように皆さんも生涯学習を行うかもしれない。

同様に、現在の職業分野から新しい職業分野へと移る可能性も生じる。その場合、収入を稼ぐ能力を維持したり高めたりできるように、大学へ行き（戻り）、新しいスキルを学ぶ可能性が出てくる。これからの過渡期には、お子さんだけでなく、皆さん自身も、重要な経済的破壊を経験するかもしれないということだ。したがって、まったく新しい類のファイナンシャル・プランが必要になるだろう。おそらく、こうしたシフトの準備のために、誰かの手助けが必要になる。

皆さんにとって、これは新しい領域だ。同様に、ほとんどのファイナンシャル・プランナーにとっても新しい領域であるため、相談するプランナーがエクスポネンシャル・テクノロジーと、それを踏まえたファイナンシャル・プランニングが意味す

るところを理解しているか否かを確認してから依頼することが不可欠となる。そうすれば、これから迎える未来に対して必要なプランを手にすることができる。

- 何年にもわたって（潜在的には数十年）、税繰り延べ効果を利用して口座内の資金を増やせる。毎年税務申告する必要もない。多くの州では、積立金に対する税額控除や所得控除が認められる。

- 控除対象教育支出（授業料、宿舎代、食事代、教科書代を含む）に使用される引き出しは、連邦所得税が非課税となる。世界中のどこで支出しようとも適用される。州税に関しても非課税となることが多い（住んでいる州次第であり、いくつかの州では、居住州プランか非居住州プランのどちらに参加しているかにもよる）。

- 529 Plan のような分離口座で教育積立金を隔離することは、いくら貯蓄すべきか目標設定し、進捗状況をモニターするのに役立つ。同積立金をほかの目的へ使わないためにも有効な方法である。

- 口座所有者として、誰のための口座であるかを決定する（受取人と呼ばれる）が、財産のコントロールは維持できる。いつ、いかなる理由でも、受取人を変更できる（ただし、変更可能であるのは当初の受取人の親戚、いとこ、子供、両親に制限される）。

- 一般の課税口座の代わりに、529 Plan 口座内に資金を持つと、学生がフィナンシャル・エイドを受けやすくなる。それゆえに、529 Plan 内の資産は課税口座と同じように考えるものではない。

- 529 口座を開設したり、すでに口座を持っている場合には、相対的に有効活用するようになるだろう。というのも、同口座は大学進学のために開設されたからだ。

図15-1｜現行の529 College Savings Planの長所

- 控除対象教育支出（授業料、宿舎代、食事代、教科書代を含む）に使用されない引き出しは、連邦と州の所得税が最高限界税率で課税され、10% の IRS〔合衆国内国歳入庁〕のペナルティが発生する。

- 家庭に、同時期に大学へ進学する子供が複数いる場合、複数の口座が必要となる。

- 課税口座と違って、529 Plan ではステップ・アップ・ベーシスは適用されない。つまり、口座の所有者が死亡した場合には、口座全体の利益に対して課税される可能性がある。

- 口座内の資金は年に 2 回だけしかほかの投資へ再配分できない。

- 選択した州のプランによっては、投資コストは高い可能性がある。

- すべての州のプランにおける投資オプションは制限されており、多くの州ではたとえば、海外株式市場やエマージング市場やハイイールド債が大きな割合を占めるような、希望しない形のアセットアロケーションモデルを課してくる。

- いくつかの州（カリフォルニア、デラウェア、ハワイ、ケンタッキー、マサチューセッツ、ミネソタ、ニューハンプシャー、ニュージャージー、テネシー）では、積立金に対する税額控除を提供しない。

- 年間積立可能額が制限されている。

- 議会や州が税金優遇策を含めてプログラムを変更する可能性がある。

- プログラムに限ったアドバイスしか、ファイナンシャル・プランナーから得られない。

- フィナンシャル・エイドの資格を得ると、口座の所有者が学生になった場合、打撃を食う。

- 祖父母の名義の口座は学生のフィナンシャル・エイドの適用可能性を減らす可能性がある。

- 長期間資金が保管されなければ（理想的には 10 年以上）、口座が生み出すリターンは最小限のものとなる。

図15-2 ｜ 現行の529 College Savings Planの短所

　たとえば、イーデルマン・フィナンシャルのファイナンシャル・プランナーが日常的にお勧めしているのは、この目的のために特別に創設された「Lifelong Learning Account」の中へ教育割当貯蓄の一部を入れておくことだ。そのアカウント内の資金は、いつでも、全額、顧客が利用できるものの（もちろんその時点の市場価値の影響を受けるが）、基本的には10年以上手をつ

けない資金として運用を行っている。長期の保有期間を確保することによって、そうでない場合に比べ、積極的に資金を投資に回すことが可能になる。そして、生涯学習用に特別に割り振られた口座を持つことにより、何かほかのことへ資金を使ってしまうリスクを減らすことにつながる。皆さんの依頼しているファイナンシャル・アドバイザーにこうした考えがなく、未来の準備ができないようなら、新しいアドバイザーを探す時期かもしれない。

プライバシーの保護

Protecting Your Privacy

　盗難後のIDを復活させるよりも、IDの盗難に対策する方がはるかに賢明だ。したがって、ここでは、個人情報を安全に確保する方法について考えていこう。

個人情報を保護するために

①クレジットカードも含む個人情報が含まれた紙切れは、郵送物を通じて受け取る。それを半分に破るのだけではなく、きちんとシュレッダーを購入して、それにかけるべきだ。少なくとも年に1回は、信用情報を確認しよう。間違いがあれば、情報を提出しているクレジットカード会社ではなく、信用情報機関に直接問い合わせるべきだ。

②郵便受けにカギをかけるか、私書箱を借りよう。さらに望ましいことは、安全なWebサイトへ請求書を送らせることだ。小切手は自宅へ郵送させる代わりに、銀行口座に直接預けるべきである。

③郵便はがきや封筒の差出人欄には、返信住所以外の個人情報を記載してはならない。

④郵送物が届かない場合には、すぐに所管の郵便局へ問い合わせすべきだ。

⑤www.dmachoice.orgにアクセスし、Direct Marketing Association の Mail Preference Service にコンタクトして、「送らないリスト」に住所を掲載しよう〔上記DMAの「DMA choice」は、郵便の選別ができるアメリカのサービス。たとえば、未承諾のダイレクトメールを配達しないようにできる〕。

⑥電話上の会話であっても、見知らぬ人間に個人情報を与えてはならない。

⑦名前、住所、そのほかの情報を要するコンテストに応募すべきではない。

⑧電話会社から「電話帳に掲載されていない電話番号」を入手しよう。

⑨ウィルスとスパイウェアの予防と検知のために、ファイアウォールとソフトウェアをインストールしてコンピュータを守ろう。

⑩電子メールには個人情報を含めてはならない。

⑪電子メール受信時のリンクをクリックしたり、添付を開けたりしてはならない。友人からの電子メールでも同様だ。

⑫電子メールからのリンクをカットしたり、ペーストしたりす

るべきではない。代わりに自分自身でサイトを見つけ、フェイクサイトに行かないようにすべきである。

⑬オンラインで購入するときにクレジットカードを使用する際には、URLが「https://」で始まるサイトであることを確認すべきだ(「s」とは「安全である」という意味だ〔必ずしも安全を保障するのではなく、あくまで暗号化していることを指す〕)。

⑭ソーシャルネットワーク上で自分自身の生年月日や、そのほかの事実を公開すべきではない。

⑮パスワードを他人の目に触れる場所に放置すべきではない。

⑯持ち歩いているすべての書類の写真を撮影しておこう。そしてそれぞれに、電話番号とメールアドレスを記載しておくべきだ。同様に、信用情報機関の電話番号を上部に掲載されたものを持ち歩いた方がいい。

⑰社会保障番号、住所、生年月日をPINやID番号として利用すべきではない。SSカード〔ガソリンスタンド用カード〕は携帯すべきではない。

⑱小切手上の情報は制限すべきだ。ファーストネームの代わりになるイニシャルを使用し、ミドルネームを除外しよう。運転免許証番号、社会保険番号、電話番号を含めるべきではない。

⑲郵送による請求書の支払いに限って小切手を使うべきだ。〔普段は〕クレジットカードやデビットカードを使用して、請求

書が到着した際に明細と比較できるように、領収書をもらうべきだ。

⑳母親の旧姓を公開すべきではない。

㉑保証書に情報を記入すべきではない。それらは単なるデータ収集の道具である。書面を返送しなくとも保証を受けられるはずだ。

㉒銀行の貸金庫や耐火性金庫、盗難防止金庫に重要書類を保管した方がいい。

㉓家族の誰かが亡くなった場合、死亡証明書のコピーを税務署へ送付し、故人の運転免許証とクレジットカードを解約しよう。

㉔未成年の子供のクレジット履歴をチェックすべきだ。窃盗団は予想していないだろう。

㉕2要素認証を要する金融サイトを利用すべきである。そうすれば、詐欺師はアカウントパスワードと、アカウントへアクセスする電話番号が必要となる。

㉖IDの窃盗者には、職場の同僚、友人、親戚、子供、ルームメイトが含まれることを忘れてはならない。彼らは皆さんに疑われることはないだろう、罰せられたりしないだろうと考えているだろうが、疑い、罰すべきだ。

個人情報が盗まれた場合には

　誰かが小切手の署名を偽造した場合、銀行が損害賠償責任を負うことになり、即座に事実の報告がある。

　誰かにクレジットカードを利用された場合、50日以内にカードの盗難を報告すれば、損害賠償責任額は50ドルまでとなる。

　デビットカードの損害賠償責任額も50ドルであるが、2日間以内に報告した場合に限られる。59日以内の報告では500ドルになり、60日以降は無制限となる。

　問題発覚と同時に、銀行とカード会社に通知する必要がある。以下のようなステップが必要になるだろう。

①詐欺トラブルの部署へ電話する。日時、応対者の名前と肩書、通話内容のメモを取る。問題解決後7年間は記録を残そう。

②配達記録が残る形式で、応対した係へメモのコピーを送る。電子メールを送る場合には、受領の確認メールを要求する。

③詐欺に関係するすべての口座を新しい口座へ替える。各機関に対して、「口座は顧客の要請で閉鎖した」というメモをつけてもらう。

④すべての紛失小切手や未払小切手に関する「支払い停止依頼」を発行する。

⑤小切手検証会社のTeleCheckとCertegyに小切手の盗難被害を報告する。

⑥銀行の対応が十分でない場合、連邦金融機関検査委員会（fifiec.gov）にコンタクトし、苦情を述べる。

⑦信用情報に詐欺の警戒を添付するよう3つの信用情報機関に連絡する。

⑧問題が発生した場所を警察へ届け出る。

⑨窃盗犯が社会保険番号を入手した場合には、地域の社会保険オフィスへ連絡する。

⑩窃盗犯が運転免許証を入手した場合には、州の自動車局へ連絡する。

⑪窃盗犯が盗難されたクレジットカードを使って購入したものに対する、クレジットカード請求書の支払いを行ってはいけない。損害賠償責任はカード会社から、皆さんへと移行してしまう。

未来に必要な投資戦略

The Investment Strategy You Need fot the Future

　私たちの世界が大きく変化しているのと並び、1つだけ変わらないものがある。それは、投資から必要な収入を生み出すことができるよう、正しい投資戦略を採用し維持するべしということだ。たとえ何歳まで生きようとも、このことは、生活水準を維持する際のカギとなる。

　実際、皆さんの投資は、未来に対する準備になるよう設定する必要がある。というのも、前世紀にうまくいっていた投資設計をそのまま続けると、そのポートフォリオは皆さんが必要とするほどにはパフォーマンスを上げることができないかもしれないからだ。皆さんのポートフォリオがエクスポネンシャルの時代に確実に対応した設計となるためには、本章が必要になってくるはずだ。

　投資から生活収入が必要な方々は、国債、社債や地方債、譲渡性預金〔他人に譲渡可能な定期預金〕や定額個人年金保険のような、収入を生み出す投資商品を好みがちだろう。こうしたアプローチは1970年代のような、金利が2桁の時代には適していたものの、低金利の21世紀には生活収入を生み出すには不十分どころではない。

　インカムを主眼に置いた投資家が直面する問題ははっきりしている。投資が生み出す収入が低くなると、税金に浸食され、インフレーションについていけなくなるという問題だ。

事実、投資家は3つのチャレンジに遭遇することになるだろう。1つ目は、必要な収入を生み出すこと、2つ目は、生涯にわたって必要な収入を生み出すこと、3つ目は、インフレーションを確実に上回ること。この3つを満たす投資戦略を設計する必要がある。

図17-1は、現在の投資家が直面している大問題を示している。1982年時点で1年譲渡性預金に10万ドル投資していたならば、年15％の金利を稼げていただろう。ところがインフレーション（労働統計局の消費者物価指数より）のおかげで、2016年に1982年に購入したのと同じモノやサービスを購入するためには4万3,845ドルの金利を稼ぐ必要がある。ところが、2016年時点で合衆国の平均的な銀行が支払う金利は、年0.3％にすぎないことがbankrate.comのデータからわかる。つまり、譲渡性預金へ投資していたなら、元本を切り崩さずには同じ生活水準を維持することは本質的に不可能であり、元本を使い果たして、1ペニーすら手元に残らなかったはずだ。

---

72. これこそが真実だ。個人年金保険とは金利を生み出すものであり、利益やキャピタルゲインや配当を生み出すものではない。ほかの商品とは違って、その金利は最高限界税率で課税される。

73. 毎月の小切手は、皆さんの死後には配偶者が受け取れるようにリクエストできる。ただしその場合には、皆さん自身が受け取れる小切手の金額が一般的な場合よりも少なくなるだろう。配偶者がどれだけ若いかによって、減らされる金額が決まってくる。

74. 保険会社が倒産した場合、小切手が停止される可能性がある。各州では保険契約の契約者を保護するファンドを持ってはいるが、保険会社自身から受け取るよりも、その保証機関のファンドから受け取る金額はかなり少なくなるだろう（50％かそれ以上減額される可能性がある）。

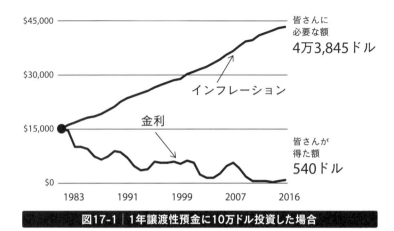

$45,000 ─

皆さんに
必要な額
4万3,845ドル

$30,000 ─

インフレーション

$15,000 ─

金利

皆さんが
得た額
540ドル

$0 ─

1983　　1991　　1999　　2007　　2016

図17-1 │ 1年譲渡性預金に10万ドル投資した場合

　そして、いまの話はインフレーションのインパクトに限った
話だ。ここに税金を加えると、さらに状況は悲惨になる。たと
えば、毎年1.5％の銀行金利であれば、国税と地方税の所得税合
計は33％となる。つまり、金利の1/3は税金となり、税引き後
は図17-2のようになる。インフレ率が年3％であるならば[75]、経
済学用語でいえば、実質リターンは年マイナス2％となる。こ
の状態が20年続けば、購買力の40％を失うことになるだろう。

---

75. inflationdata.comによれば、1913年以来では年率3.15％だった。

仮想の金利	1.5%	$100,000
33％所得税	−0.5%	
	1.0%	
仮想のインフレ率	−3.0%	
実質年リターン	−2.0%	
	×20年	
	−40%	$60,000

40年では……

仮想の金利	1.5%	$100,000
33％所得税	−0.5%	
	1.0%	
仮想のインフレ率	−3.0%	
実質年リターン	−2.0%	
	×40年	
	−80%	$20,000

図17-2 ｜ 20年に及ぶ税金とインフレの弊害

　いい換えれば、10万ドルでスタートし、20年間口座を放置すると、6万ドルだけ「成長」したように見える。ところが、40年間口座に放置すると実質では元本の80％が失われている。10万ドルが実質でたった2万ドルになってしまう。

　こうした悲惨な経験をするのが、リスクを何より嫌悪する投資家であるのは皮肉なことだ。こうした投資家は安全だと考えられていたからこそ、お金を失いたくない一身で全財産を銀行口座へ置いていた。それなのに、悲しいかな、破産する運命が待ち受けていた。

　必要としているアプローチがこのようなものではないことはあきらかだ。より効率的な投資マネジメント戦略をとるべきで

あったということだ。わが社では30年間に及んでファイナンシャル・プランナーと投資アドバイザーとしての運用方針を実践してきた。

　わが社で提供している投資戦略は、モダン・ポートフォリオ理論、行動経済学、神経経済学というノーベル賞を受賞した学術的研究にもとづくものだ。こういうと複雑そうで、威圧感があるように思えるだろうが、実行するのは驚くほど単純で、お手頃で簡単だ。

　皆さん自身でもできるだろうし、時間がない・わからない・つまらないというのならファイナンシャル・プランナーを雇ってもよいだろうが、このアプローチは3段階の構成となっている。

これら3つの言葉を軽く考えないようにしていただきたい。パーソナル・ファイナンスで成功するには、時間の量というものが重要になってくる。投資のリサーチを行い、最新の税法を理解し、税務処理を行うことは大ごとだ。

自分が何を行っているかがわかっていることも重要だ。当然、知識というものが関わってくる。知識とは投資に関するものだと勘違いされたかもしれないが、たとえば、次の中から登記するのはどれがいいかわかるだろうか（個人名義、共有名義、夫婦名義、生存者権付共有名義、トラストなど）？　3種類の利用可能なIRA口座（IRA、Non-Deductible IRA、Roth IRA）の中でどれが最適だろうか？〔IRAはアメリカの退職資金積立制度〕　これらについて間違った選択をすれば、大きな費用損失が生じるだろう。

時間と知識があったとしても、実際にこんな作業をやりた

334

いだろうか？　そうでないならば、皆さんのパーソナルファイナンスでは、いま挙げたような複雑なことになど注意を払う必要はないだろう。

こうした３つのどれかに欠けると考えるならば、ファイナンシャル・プランナーを雇うべきだろう。ただし、これらの３つを持ち合わせているなら、皆さん自身で進めることが十分に可能だ。事実、すべての方がファイナンシャル・プランを必要としているが、誰もがファイナンシャル・プランナーを雇う必要があるわけではない。時間が足りない、知識が足りない、やりたくないという人だけがプランナーを雇う必要があるということになる。

ステップ①　分散投資を行う

　譲渡性預金に生涯財産をつぎ込むことは、長期的な視点からすれば、ライフスタイルを維持するために必要な収入を確保することにはならない。これはすでに説明したことだ。したがって、どこかほかに資金を投資する必要がある。

　ただし、「ほかのどこか」といえば株式市場であろうと考えるのは、早急にすぎるというものだ。しかも、株式市場はリスクが高く、変動性が大きく、予想不可能であると多くの人が考えているため、生涯をかけて蓄積したかけがえのない財産をすべて置く場所としては、一番嫌な場所だろう。

column このグループにあてはまるのは、皆さんだけではない。2015年のBankrate.comの調査によれば、怖いからという理由で、アメリカ人の半数以上が株式投資をまったく行っていない。

かくも多くの人が株式市場をリスクが高く、変動性が大きく、予測不能だと考える理由は、図17-3に示されている。この図は、1926年から2015年までのS&P 500指数のパフォーマンスで、このチャートからすれば、株式市場が予測不可能である性質が相当高いように思えるだろう。極度の変動性があるのが株式市場の標準とみなされて当然で、数カ月以内にマーケットがどうなるかについての考えは浮かばないだろう。そういうわけで、株式市場に投資することはリスクが大きいと結論づけるはずだ。

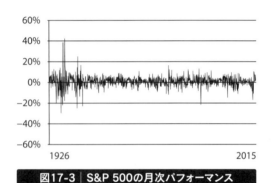

図17-3│S&P 500の月次パフォーマンス

column 率直にいって、図17-3は心電図の読み出しのようだ。誰もが株式市場は心臓を悪くすることを知っている。

　ここで1つ質問をしよう。なぜ私たちは、30日間隔の株式市場のパフォーマンスを示すチャートを見るのだろう？　そもそも、たった1カ月間だけ、生涯貯蓄を株式市場に投資するつもりだろうか？
　そんなことはないだろうし、図17-3は気が散るだけのチャートにすぎない。重要なのは、皆さんや皆さんの目標に関係する

予定表を見ることである。だから、次の質問に答えることだ。皆さんの投資期間はどれくらいだろうか?

　1年間ですべての投資資金を引き出す場合には、図17-4を見れば、1926年以降のS&P 500の年次パフォーマンスがわかるだろう。5年間ですべての投資資金を引き出す場合には、図17-5を見ればわかるし、10年間であれば図17-6を見ればわかるだろう。仮に、投資期間が20年であれば、図17-7によって20年ごとの投資期間のかたまりの90年分のパフォーマンスが確認できるだろう。

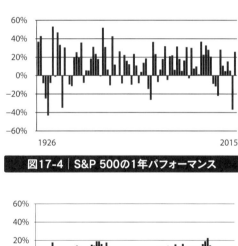

図17-4｜S&P 500の1年パフォーマンス

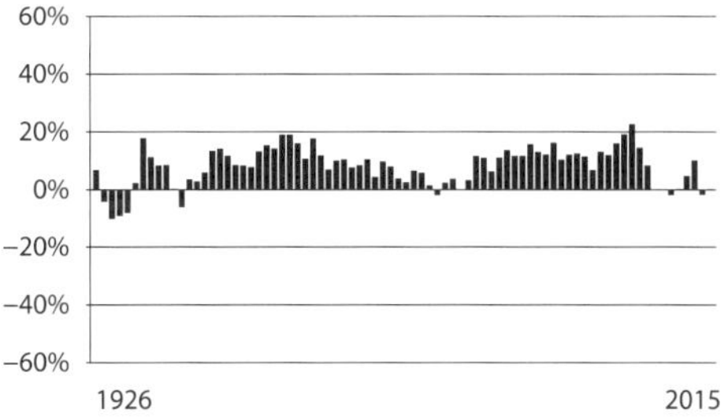

図17-5｜S&P 500の5年パフォーマンス

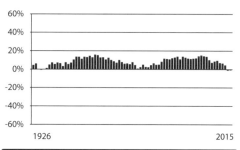

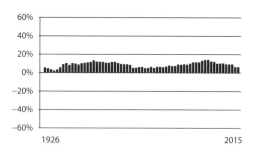

　投資期間が長いほど、リスクが小さくなり、変動性が低くなり、予測不能との見方が崩れていくことは、一目瞭然ではないだろうか？　これらすべてのチャートは、まったく同じ株式市場の値動きを示しているにもかかわらず、投資期間を変更するだけで違いが生じている点に注目していただきたい。

　ここにこそ、リスクが高く、変動性が大きく、予測不能だとみなされる株式市場を、かなり安定したものにするコツが隠されている。月単位では大きく変動していたものが、長期間では鳴りを潜めている。

　つまり皆さんが長期投資を目指すのであれば、そして生涯に

わたる投資戦略を考える場合であれば、株式市場の短期的な変動性については関係がないものと見ることができるというわけだ。

こんなわけで、日々の株式市場の結果を再放送する夜のニュースを見ると、私は気がおかしくなりそうになる。放送の最中、キャスターが告げてくることは、今日の株式市場がどうであったかという話だ。今日の数字と昨日の数字が違うということは確実だ。このため、株式市場とはリスキーで、変動性が高く、予測不可能であるとの恐怖が増幅される。ただし、そんなものはニュースではなく雑音だ。

たった1度でも、たった1度でも、ニュースキャスターが「本日の株式市場の結果にもとづけば、1926年以来のS&P 500の平均年率リターンは10%です」と話すのを聞いてみたいと思う。

長期投資家のように振る舞おうというのに、メディアはたくさんのデイトレードを行うマーケットタイマーに対するように話しかけてくる理由はどこにあるのだろうか?

答えはあきらかである。1926年以降、株式市場が10%の年リターンを生み出したという統計は決して変わることがないとすれば、それはニュースにならないからだ。それぞれの放送局で同じ統計が単に繰り返されるだけでは、視聴者がショーを見る理由がなくなるだろう。だから、毎晩視聴してもらうために、重要で、役に立つ、一貫した統計の代わりに、意味のない、恐怖を煽る、いつも変わるものを使っているというわけだ。

賢い、経験の豊かな投資家は、注意を払うべきでないことを知っているものだ。

ただしこういういい方をすると、皆さんのポートフォリオを国内株式ばかりにしなさいとアドバイスしているように誤解されるかもしれないが、実際には、投資資金の一部だけ（実際にはほんの少しだろう）を株式市場に入れても問題ないはずだと安心させているにすぎない。

　繰り返しになるが、投資で成功するために、株式市場ばかりに多額の資金をつぎ込む必要はない。この件についてさらに説明をしておこう。

　10万ドルを25年間投資する2人の投資家がいるとして、1人目は10万ドルを譲渡性預金に投資する。2016年時点では年0.6％なので、25年後、投資した10万ドルは11万6,131ドルになっている[76]。

　2人目は10万ドルを2万ドルずつに分けて、次の5つの資産に投資する。1つ目は宝くじで、予想通りにすべてが紙切れになった。2つ目はタンス預金で25年後にも2万ドルのままだ。3つ目は年0.6％の譲渡性預金で、25年後には2万3,226ドルになる。4つ目は世界一安全な米国債で、2万ドルを投資する。2016年時点では年2.1％のリターンなので、25年後には3万3,626ドルになる。5つ目は株式市場へ投資する。ギャンブルだと思われている株式のかたまりであるS&P 500指数のリターンで考えよう（率直にいって私自身はS&P 500がギャンブルだとは思わないが、ここでは投資未経験者の感想を利用した）。1926年からのS&P 500のリターン年率平均は10％であるが、ここでは控えめに8％としよう。そうであっても25年後には2万ドル

---

76. この仮想例では税金を無視している。

は13万6,970ドルになっているだろう[77]。結果的に、投資金額の10万ドルは、21万3,822ドルになっている。これは1人目の譲渡性預金へ投資するケースの2倍に相当する。

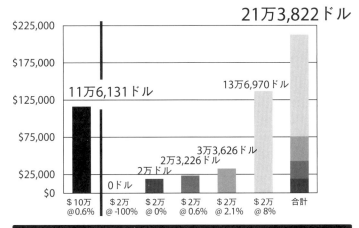

図17-8│10万ドルを25年間投資する

後者の投資家は、1つ目を宝くじという無意味な投資に費やし、2つ目をタンスに預け、3つ目を金利の低い譲渡性預金に入れ、4つ目も利率の低い米国債に回し、5つ目の株式投資は投資資金のたった1/5をあてただけにもかかわらず、前者の投資家よりも成果を上げている。完璧な安全投資戦略に対して、2倍の成果を上げているのである。

私のいいたい点はここにある。高いリターンを上げるために、

---

77. これは複利の原理を示すことを意図した仮想例であり、過去も未来もなんらかの特定投資商品の投資リターンを示しているわけではない。

最大のリスクを冒す必要はない。投資資金の一部だけを、短期的には変動性が高いと思われる資産に置いておけばよいということだ。それだけで十分に財産を作り上げることができることになる。

　ご理解いただけただろう。よろしい。皆さんは分散して投資を開始する必要がある。ただし、20％を宝くじに投資したり、20％をタンス預金する必要などない。それではどのように分散投資を行うべきであろうか？

　ここからはプロのマネー・マネジメントの世界へ入っていくことになる。皆さんが直面する最も困難な場面は、アセットアロケーションの決定だろう。つまり、金融の世界で提供される数多くの資産クラスと市場セクターの中から、自分はどのように分散投資を行えばいいかということではないか？
　図17-9を見れば、「数多くの」が示す意味がわかるだろう。

株式
- サイズによる比較（大型・中型・小型）
- 個別セクターによる比較（消費、エネルギー、金融、ヘルスケア、IT、製造、素材、通信、公益事業）
- スタイルによる比較（成長・割安）
- 地域による比較（合衆国、外国―先進国 VS エマージング市場）

債券
- 償還日までの期間による比較（短期、中期、長期）
- 発行者による比較（企業または政府―連邦と地方）
- 質による比較（投資格付け AAA-BBB、投機的、ジャンク債、BB 以下）
- 地域による比較（合衆国、外国―先進国 VS エマージング市場）

不動産
- タイプによる比較（商業地、住宅地、個人用、事業者用、農業用）
- 質による比較（価格帯）
- レバレッジによる比較（物件を購入する際に借りた金額）
- 地域による比較（合衆国、外国―先進国 VS エマージング市場）

天然資源
- 石油
- 天然資源
- 水
- ゴム
- 貴金属
- 金
- 銀
- 銅
- プラチナ
- その他
- 商品（家畜、小麦、大豆、トウモロコシ、砂糖、コーヒー、綿、ココア、牛、豚）

現金
- 預金保険機構補償口座
- 短期証券

図17-9｜投資先の種類

　この中からどれを選んだらよいのかと聞かれれば、お手上げ状態に追い込まれるだろう。ただし、図17-10は、その謎を解く糸口を与えてくれている。この図は、主要16の資産クラスと市場セクターの2006年から2015年までの10年間のパフォーマンスを示している。仮に2007年時点で投資先を選ぶとして、一番パフォーマンスのいいものを選びたいところであるが、翌年その投資先がどうなったかを見ると、なんと16位、ビリではないか。これこそが過去のパフォーマンスにもとづいて投資先

を選択することの愚かさを示すよい例だろう。アメリカの投資信託のすべての目論見書に記載されているように、「過去のパフォーマンスは将来の結果を一切保証することはありません。この記載内容に対するどのような反対主張も連邦法に違反します」ということだ。

順位	2006年	2007年	2008年	2009年	2010年	2011年	2012年	2013年	2014年	2015年
1位(ベスト)	不動産	エマージング	中期国債	エマージング	中型成長	中期国債	不動産	小型成長	不動産	大型成長
2位	エマージング	天然資源	国際債券	中型成長	不動産	中期社債	中型割安	小型割安	大型割安	国際成長
3位	国際割安	国際成長	短期国債	天然資源	小型成長	不動産	エマージング	中型割安	大型割安	小型成長
4位	国際成長	中型成長	短期社債	大型成長	小型割安	国際債券	小型割安	大型割安	中型割安	小型成長
5位	大型割安	大型成長	中期社債	国際割安	天然資源	小型成長	国際割安	中型成長	中型成長	中期国債
6位	小型割安	国際債券	小型割安	中型割安	中型割安	大型成長	大型割安	大型割安	小型割安	不動産
7位	天然資源	中期国債	小型成長	国際成長	エマージング	短期社債	中型成長	国際割安	中期社債	短期社債
8位	中型割安	短期国債	中型割安	不動産	大型成長	短期国債	国際成長	大型成長	中型国債	中期社債
9位	小型成長	短期社債	大型割安	小型成長	大型割安	大型割安	大型成長	天然資源	小型成長	短期国債
10位	大型成長	国際成長	中型成長	小型割安	国際成長	中型成長	小型成長	不動産	短期社債	国際債券
11位	国際債券	小型成長	不動産	大型割安	中期社債	小型割安	中期社債	短期社債	短期国債	大型割安
12位	中型成長	中期社債	大型成長	中社債	中期国債	中型割安	中期間国債	短期国債	エマージング	国際割安
13位	短期社債	国際割安	天然資源	短期社債	国際債券	天然資源	短期社債	国際社債	国際成長	中型割安
14位	中期社債	大型割安	国際成長	国際債券	短期社債	国際成長	天然資源	エマージング	国際債券	小型割安
15位	短期国債	小型割安	国際割安	短期国債	国際割安	国際割安	国際債券	国際債券	国際割安	エマージング
16位(ワースト)	中期国債	不動産	エマージング	中期国債	短期国債	エマージング	短期国債	中期国債	天然資源	天然資源

図17-10｜資産クラスのパフォーマンス（2006年〜2015年）

来年の勝者を拾い上げようとすることは、愚かなゲームとなるだろう。図17-10が示すように、リターンがランダムとなる。むしろ16の資産クラスと市場セクターの中からベストパ

フォーマンスのものを予測するよりも、16の資産すべてに投資してしまえ！

　全投資期間にわたって、16の資産クラスと市場セクターに投資した場合の結果は、図17-11に示してあるが、図17-10の16の資産クラスと市場セクターに均等に、2015年末まで10年間投資した場合、年率平均で7％のパフォーマンスを上げている。しかし毎年、トップ3の資産を逃してしまうと、平均年率リターンはたった2.2％になってしまう。いい換えれば、毎年のトップ3の合計平均リターンは、ほかの13の合計平均リターンをアウトパフォーム〔ベンチマーク比で好成績を示すこと〕していた。つまり毎年、16の資産の中からトップ3を選べないのであれば、代わりに16の資産すべてを保有する方がはるかに好ましい結果となるのである。

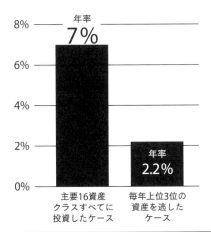

**図17-11│2006年〜2015年におけるすべての資産への投資 VS.
　　　　　ほとんどの資産への投資**

そういうわけで、わが社では分散ポートフォリオを提供している。もちろん、分散によってよりよいパフォーマンスが保証されるわけではなく、投資損失のリスクを排除することも不可能であり、分散ポートフォリオが非分散ポートフォリオをアウトパフォームすることを保証する正当な根拠もない。

　おめでとう！　たったいま、投資マネジメントにおける一番重要なチャレンジを解き明かすことができた。グローバル金融マーケットが提供する資産クラスと市場セクター内に、投資資金を分散する必要性を理解できただろう。

　ただし、ここで第2のチャレンジが浮上する。いろいろな投資を保有する場合、どのような組み合わせが好ましいかということだ。詰まるところ、図17-10と図17-11のデータが示すことは、各資産を均等に保有すべきということである。これはあきらかに正解とはいいがたいだろう（というのも、均等投資が正しいとすれば、地球上のすべての投資家が同じアセットアロケーションモデルを利用することになるからである）。すべての人の状況が異なる以上、ある投資家の株式保有比率は多めであり、別の投資家の株式の保有比率は少なめであって当然といえる。資産クラスと市場セクターの1つ1つにどれだけの量のポートフォリオ配分を行うべきであろうか？

　その答えは、状況による。

　いまここでもっと個人的な状況に応じた回答をできればとは思うが、本書は単にパーソナル・ファイナンスの概要を示しているにすぎず、個人的な、より詳細なミーティングを要する

ファイナンシャル・プランニングの専門的な内容ではない。本書はミーティングの代わりとまではいかない。自分で行うにせよ、プランナーを雇うにせよ、目標やその実現方法、リスク許容度、収入の必要性、投資期間、収入と支出、家族状況などを含む個人的な状況を検討する必要がある。

このプロセスを通じて進むことによって、1人1人の然るべきアセットアロケーションモデルを決定できるだろう(最終的にはいくつかのアセットアロケーションモデルを手にする可能性もある。たとえば、自分自身のIRA〔アメリカの退職資金積立制度〕と配偶者のIRA、さらに共同口座などで)。図17-12はアセットアロケーションモデルの例を示しており、個人の状況にもとづいて異なる顧客の必要性を反映させている。

いまここで有効な方法は、RicEdelman.comへアクセスして、Guide to Portfolio Selection(GPS)を利用することだろう。いくつかの質問に答えるだけで、回答に沿ったアセットアロケーションモデルを瞬時に手にすることができる。すぐに、楽しく、無料で手に入れることが可能だ。

ただし、1つだけ警告をしておこう。インターネット上のほかの類似ツールのように、わが社のGPSは、リスクベースのアセットアロケーションアルゴリズムによるものであり、ファイナンシャル・プランニングではない。つまり、提供されるアセットアロケーションモデルは、リスクに関する考え方にもとづいており、すべてのファイナンシャル・プランナーが考えるような目標や、そのほかの重要な個人的状況にはあまり関係しないアプローチである。GPSはアセットアロケーションモデルを即座に簡単に提供するものの、それだけで完全なファイナンシャル・プランニングの代わりになると考えるべきではない。

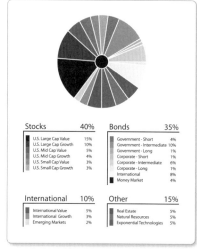

Stocks	40%
U.S. Large Cap Value	15%
U.S. Large Cap Growth	10%
U.S. Mid Cap Value	5%
U.S. Mid Cap Growth	4%
U.S. Small Cap Value	3%
U.S. Small Cap Growth	3%

Bonds	35%
Government - Short	4%
Government - Intermediate	10%
Government - Long	1%
Corporate - Short	1%
Corporate - Intermediate	6%
Corporate - Long	1%
International	8%
Money Market	4%

International	10%
International Value	5%
International Growth	3%
Emerging Markets	2%

Other	15%
Real Estate	5%
Natural Resources	5%
Exponential Technologies	5%

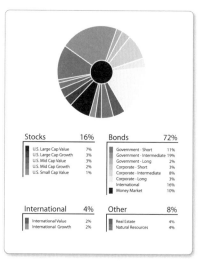

Stocks	16%
U.S. Large Cap Value	7%
U.S. Large Cap Growth	3%
U.S. Mid Cap Value	3%
U.S. Mid Cap Growth	2%
U.S. Small Cap Value	1%

Bonds	72%
Government - Short	11%
Government - Intermediate	19%
Government - Long	2%
Corporate - Short	3%
Corporate - Intermediate	8%
Corporate - Long	3%
International	16%
Money Market	10%

International	4%
International Value	2%
International Growth	2%

Other	8%
Real Estate	4%
Natural Resources	4%

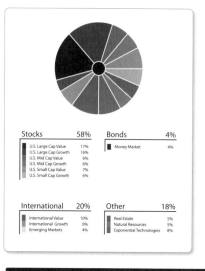

Stocks	58%
U.S. Large Cap Value	17%
U.S. Large Cap Growth	16%
U.S. Mid Cap Value	6%
U.S. Mid Cap Growth	6%
U.S. Small Cap Value	7%
U.S. Small Cap Growth	6%

Bonds	4%
Money Market	4%

International	20%
International Value	10%
International Growth	6%
Emerging Markets	4%

Other	18%
Real Estate	5%
Natural Resources	5%
Exponential Technologies	8%

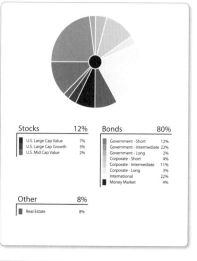

Stocks	12%
U.S. Large Cap Value	7%
U.S. Large Cap Growth	3%
U.S. Mid Cap Value	2%

Bonds	80%
Government - Short	12%
Government - Intermediate	22%
Government - Long	2%
Corporate - Short	4%
Corporate - Intermediate	11%
Corporate - Long	3%
International	22%
Money Market	4%

Other	8%
Real Estate	8%

図17-12 ｜ アセットアロケーションに対する効率的なアプローチ

ステップ②　長期に焦点を置く

　自分自身のアセットアロケーションが完成したら、それを長期で維持することが重要だ。長期というのは、数週間とか数カ月ではなく、数十年という意味だ。この文脈において、次の質問についてご回答いただこう。

①長期投資家とは？
②マーケットタイマーとは？

　わが社のセミナーに参加したりオフィスへ相談に来られる方々は、ごく一般的な人たちであるが、ご自身では長期投資家であると考えており、数時間や数日間で投資金額を2倍にしようとは考えていない。今後10年間で投資金額が2倍になれば十分だと考えている[78]。

　本当の長期投資家とはどのようなものであろうか？　職場の退職プラン、IRA、共同口座の投資を想定して、次の質問についてご回答いただこう。

　それらをどれだけの期間保有するか？

　ここでいっているのは口座のことではない。口座内で実際に保有する投資商品をどれだけ長く保有するか質問しているわけだ。これまでどれだけ保有し続けてきただろうか？
　1950年、ニューヨーク株式市場によれば投資家の平均投資期間は7年であったが、現在では約8カ月となっている。たった8

---

78. 平均年リターン7.2％ということになる。

カ月間で、投資家が期待できるのはなんだろう？

　それを否定するわけではないが、単に数カ月間だけ投資を保有するのはマーケットタイマーと呼ばれるものである。ぶっきらぼうないい方で申し訳ないし、ご立腹されるならば残念でならないが、ご自分の行動が自身の利害や考えに反するとしたら、それを修復するために正確なやり方を知るべきではないだろうか？

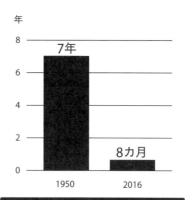

図17-13 │ 平均的投資家の保有期間

　長期に焦点を置き続けることの重要性は、図17-14に端的に示されている。2011年から2015年までに株式市場に投資していた場合、取引営業日は1,258日であるが、収益は年率10％となっている。ただし、この5年間の中、値上がり率の高かった上位15日間だけを抜かしてしまえば、5年間の平均年リターンは0％になってしまう。つまり、5年間の利益を上げたのはたった15日にすぎないことになる。

　1,258日の中のベスト15日を拾い上げることが可能だろうか？

雑誌のコラムニストやテレビの専門家がその日を知っていると思うだろうか？

　困難であるのはご推察の通りだ。そして実は、困難は2倍になる。売却のタイミングと買い戻しのタイミングを両方知っている必要があるからだ。

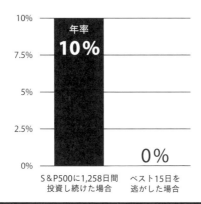

図17-14｜長期に焦点を置く続けるべき理由

　2008年の信用危機の間のパニックに際して、保有投資を売却した人は多かった。売却した日にもよるが、多かれ少なかれ売却しているのであり、2009年3月9日に底値をつけるまで売却は続いた。しかし、底値をつけても元金のまま保有して買い戻そうとはしなかった。結果的に、ポートフォリオは2008年と2009年の水準のままであった。ところが、株式市場はそこから3倍に上昇し、新高値を更新していった。つまり、売却した1回目は正しかったものの、買戻しをする2回目は失敗してしまったのである。結果としては、売り買いしなかった方がよかったのである。

　投資をしたら、長期投資したままにすべきである。

ステップ③　戦略的なリバランスを行う

　効率的な投資マネジメントの最後のステップは、戦略的なリバランスだ。私の著作『Rescue Your Money』で説明したことだが、長期投資で成功するには、このステップが極めて重要になるだろう。

　リバランスがどのように働くかを示すために、図17-15のような株式、債券、国債、現金に4等分されたポートフォリオで説明しよう。

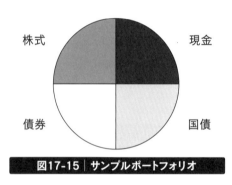

図17-15│サンプルポートフォリオ

　時間が経過するにつれ、4つの資産クラスの1つがほかをアウトパフォームする。ここでは株式であるとしよう。図17-16のように、以前よりも株式の割合が大きくなっている。つまり、当初のアセットアロケーションモデルとは異なってしまった。

　アセットアロケーションをオリジナルに戻すためには、ポートフォリオのリバランスが必要になる。当初のポートフォリオに戻すためには、割合が大きくなった資産の一部を売却して、割合が小さくなった資産を買い増す必要がある。

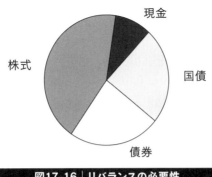

図17-16│リバランスの必要性

　図17-16の例では、株式を減らし、現金を増やすことで、すべてを元の割合へ戻すことになる。
　定期的にポートフォリオのリバランスを行うことによって、ある資産クラスや市場セクターが大きくなりすぎたり、小さくなりすぎたりするリスクを減らすことが可能だ。

　リバランスを行うのはいつにすべきだろうか？　2つの選択肢がある。時期か割合に注目するのだ。時期でリバランスする場合、毎月、四半期、毎年と単純にカレンダーに沿って行う。継続している分には、間隔は問題ではない。
　カレンダーリバランスは簡単だが、思ったほどには効率的ではない。たとえば、四半期ごとにリバランスを行うとすれば、リバランスの必要があろうがなかろうが、6月30日には機械的にリバランスが実行されるだろう。四半期スケジュールの間に発生するチャンスを逸する可能性がある。

　そうした理由から、わが社では時期によるリバランスではなく、割合によるリバランスを行う。同じやり方は不可能ではな

いが、毎日ポートフォリオをモニターする必要がある点には注意が必要だ。

　パーセンテージ・リバランスは次のように行われる。まずはターゲット・アセットアロケーションを設定することから始める。たとえば、所定の資産クラスの割合が10%としよう。ここでは8%から12%までとする。その範囲内で投資が動くようにして、どちらかの閾値を超えたらリバランスを行う。

Incidentally ちなみに……

定年退職した際に、これら3つのステップを実行できるか否か不安かもしれない。もちろん、実行できる。

対極の選択肢は、生涯の貯蓄を銀行CD、合衆国短期国債、個人年金保険に置くというやり方だ。これまで説明してきたように、このやり方では長期にわたって失敗する。

しかし、グローバルに分散されたポートフォリオから毎月の収入をどうやって生み出せばいいのだろうか？　解決策はSystematic Withdrawal Plan（SWP）と呼ばれるものだ。現時点で収入を生み出す機会を与えてくれる一方で、インフレーションとのペースを維持するために、長期にわたって収入を生み出す土台を築く。

しかも、簡単にできる。単にすべての金利と配当をポートフォリオに再投資して、口座から毎月の分の金額を引き出せばいい。たったそれだけだ。

『The Truth About Retirement Plans and IRA』という私の著作では、SWPの詳細について説明している。定年退職が近いとか、すでに定年退職を迎えている場合に、ポートフォリオからどのように収入を引き出し、インフレーションに調整していくかを知るためには、一読に値するはずだ[79]。

---

79. どこの書店でもたった19.95ドルで販売している。

これは非常に効率的であるが、苦痛を伴うものだ。なぜならば、リバランスが必要な時期は事前にはわからないからである（そのため、毎日ポートフォリオを観察する必要があるのだ）。また、ドリフト・パラメーター〔閾値の設定値〕の設定方法を知っておく必要がある。そうでなければ、リバランスが過大になったり過小になったりするかもしれない[80]。

適切にデザインされたポートフォリオは、毎年数回リバランスの必要が生じるのが普通だ。ただし、2008年に経験したような大荒れ相場では、十数回のリバランスが必要となるだろう。

いずれにせよ、時期のリバランスか、割合のリバランスのどちらかを行う必要がある。

ポートフォリオを構築する

アセットアロケーションモデルを設計したら、それを構築するために投資商品を購入する必要がある。ただし、個別株式や個別債券を購入するのではなく、ファンドを利用すべきだ。というのも、研究によれば、個別株式や個別債券は株式ファンドや債券ファンドよりもリスクが高いからだ。以下ではデータを用いて説明しよう。

2015年12月31日までの5年間では、図17-17に示されるよ

---

80. このことは投資家が私たちのようなファイナンシャル・プランナーを雇う理由を説明する手助けになるだろう。私たちは顧客のためにこうした作業をすべて行い、退屈な作業を軽減して差し上げる一方で、熟練したやり方で投資のリバランスを確実に行う。「時間—知識—やりたいか」の3つを覚えているだろうか？

うに、ニューヨーク株式市場の全株式の49％が利益を上げた。ただし同期間、株式投資信託の99％が利益を上げている。そして、図17-18のように、同期間の株式ファンドの平均リターンは9.8％ある一方で、平均株価は6.5％の下落だった。

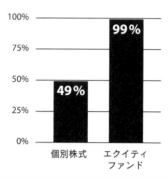

図17-17｜利益を出した割合（2011年〜2015年）

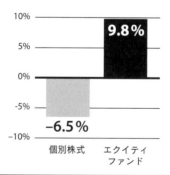

図17-18｜平均年リターン（2011年〜2015年）

投資信託やETFがこうした結果を出せる理由はどこにあるのだろうか？

　簡単なことだ。分散投資されているからだ。最も銘柄数の少ないもので数十銘柄、多いもので数千銘柄を保有している。

　ただし、ファンドの中でも重要な違いがあり、Edelman Managed Asset Programでは、個人向けの投資信託は保有していない。1つの理由としては手数料コストが高いからだ。年平均で2.63％にもなる（Morningstarによると、内訳は信託報酬が年1.19％、『フィナンシャル・アナリスト・ジャーナル』によると販売手数料が1.44％）。

　そのためわが社では、ETFと機関投資家用ファンドを利用している。これらは平均的な個人向けの投資信託よりも信託報酬が低く[81]、年1.44％にも満たない。重要な点は、取引によってキャピタルゲインが生じるが、同時に課税されるということだ。信託報酬と売買手数料が低いと投資資金が節約でき、年リターンが大きくなる！[82]

　事実、投資とはカネを稼ぐだけではなく、節約することでもあるのだ。

---

81. 個人向けの投資信託会社から利用できる低コストのファンドもある。適切であると判断すれば、顧客に勧めることはいとわない。

82. こうした投資を自分自身かファイナンシャル・アドバイザーを通じて購入できるが、ファイナンシャル・プランナーを雇う場合、プランナーの費用は貯蓄に対してマイナスとなる。プランナーの費用が価値あるものだという方々は、貯蓄はプランナー費用のすべてを支払って余りあるというのだ。自分でやる方がいいという方々は、「時間―知識―やりたいか」の3拍子が揃っている場合だ。

エクスポネンシャル・テクノロジーへの投資法

　以上の投資戦略は、私と妻のジーンが創業以来同僚たちと続けてきたものであり、ジーンと私たち自身もこの方法で30年以上の投資経験を持つ。この投資戦略によって、わが社では中流階級と富裕層の数万人の顧客から数十億ドルを預かり、運用してきた[83]。

　しかし、本書は、ネットワークとコンピュータシステム、ビッグデータ、ロボティクス、ナノテクノロジー、3Dプリンティング、医学と神経科学、エネルギーと環境システム、教育テクノロジー、余暇と娯楽、金融サービスイノベーションというエクスポネンシャル・テクノロジーの分野を説明することが目的であり、これらすべてが世界を変えていて、新しい投資機会(とリスク)を提供してくれていると説明してきた。

　第12章では、大企業であってもどれだけ素早く破壊されうるものかを見てきたが、それは間違いなく恐ろしいものであろう[84]。しかし、この話には続きがある。10億ドル規模の企業が消滅すると、新しい10億ドル規模の企業が取って代わる。そして、新しい10億ドルの企業を生み出すのは、いままでよりも簡単になってきた。図17-19のように、10億ドル規模の企業に成長するまでに、Kodakは100年かかった。Nikeは24年、Starbucksも24年、Googleは8年、Facebookは5年、YouTubeは18カ月、Instagramは2年だ。

---

83. 以前に説明したが、私たち自身も顧客と同じ方法で投資を行っている。ジーンや私だけでなく、わが社のファイナンシャル・プランナーも同様だ。自分のアドバイザーが顧客に勧めている商品に投資しているか知りたいとしても、多くのプランナーは教えてくれないだろうが、わが社では公開している。

84. そうなる運命にあるだろう。章でいえば「ダークサイドの章」だ。

Kodak	100年
Whirlpool	86年
Mattel	25年
Nike	24年
Starbucks	24年
Google	8年
Facebook	5年
YouTube	18カ月
Groupon	18カ月
Instagram	2年

図17-19｜10億ドル規模の企業が誕生するまでの時間

　さらに、ユニコーンとして知られる時価総額数十億ドル規模のスタートアップ企業も多く存在する。図17-20のように、典型的なユニコーン企業は創業10年以内となっている（フォーチュン500企業の平均は85年だ）。

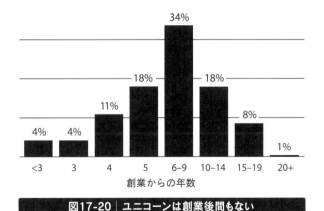

図17-20｜ユニコーンは創業後間もない

ならば、ユニコーン企業に破壊される代わりに、エクスポネンシャル・テクノロジーを利用する企業にどうすれば投資できるのだろうか？

　私の顧客に勧めるために投資信託やETFを使いたいので[85]、テクノロジーに投資するすべてのファンド（425本あった）を詳しく調べた結果、愕然し、失望した。これらのファンドは本質的に同じ対象に投資しており、テクノロジー株式にばかり投資していたのである。

　それは私たちが探していたものではなかった。テクノロジー企業だけでなく、テクノロジーを利用する企業も投資対象としたかったからである。これらの425本のファンドは、Intel、Microsoft、IBM、Oracle、Appleといったほとんど同じ銘柄に投資をしており、こうした巨大テクノロジー企業のリストを作ること自体は、なんら工夫がされているわけではなかった。図17-21のように、平均的なテクノロジー株式ファンドは、投資資産の約80%がテクノロジー企業の株式だった。

市場セクター	平均的テクノロジーファンド	XT
Technology	77.4%	28.1%
Consumer	6.6	5.4
Industrials	4.9	13.2
Financial	3.4	6.3
Healthcare	2.6	30.3
Communication	2.0	11.9
Real Estate	0.6	0.0
Energy & Materials	0.2	4.0
Utilites	0.2	0.0
Cash	2.1	0.8

図17-21｜セクター分散

---

85. 図17-17と図17-18を思い出してもらいたい。

当時探していたのは、テクノロジーを生み出している会社の
ステレオタイプリストを揃えているファンドではなかった。新
しく、ワクワクするような、エクスポネンシャルな方法で成長
するためにテクノロジーを利用している企業をたくさん含むリ
ストだった。ただし、私たちの調査では、そのようなファンド
の存在を確認することができなかった。

　そのため、BlackRockに依頼して、そのようなファンドを設
立してもらうことにした。BlackRockは、5兆ドル以上を運用す
る世界最大のマネー・マネージャーであり、iSharesという業界
最大のETFのプロバイダーでもある。自分が求めているものを
説明すると、BlackRockではそのアイデアを気に入って、それ
にもとづいたETFを設立することに同意してくれた。

　ただし、BlackRockには証券アナリストがいなかったので、
今度は世界最大のファンド検索会社であるMorningstarに相談
して、調査チームにそのアイデアに準じた証券のインデックス
を作れるかどうかを調べてもらった。Morningstarでもそのア
イデアを気に入ってくれて、調査の参加に合意してくれた。
Morningstarのアナリストは調査に1年を費やし、2015年の初
め、モーニングスター・エクスポネンシャル・テクノロジー指
数を発表した。BlackRockでは、すぐにその指数に関するライ
センス契約を交わし、2015年3月、iShares Exponential Technologies
ETF（ティッカーシンボル：XT）を設立した。

　MorningstarとBlackRockがインデックスとETFを設立する
際、わが社のポートフォリオ・マネジメント・チームは連携し
て作業を行った。BlackRockによれば、私はETFの設立に貢献
した歴史上初のファイナンシャル・プランナーであるとされ、
BlackRockの設立したXTを誇りに感じている。

XTはほかのどのファンドとも違っている。テクノロジーを生み出している企業にだけ投資する代わりに、XTではテクノロジーを使用する企業にも焦点を当てている。Morningstarのプロセスは明快だ。主要なテーマ(「ビッグデータと分析」「ナノテクノロジー」「ネットワークとコンピュータシステム」「エネルギーと環境システム」「医学と神経科学」「ロボティクス」「3Dプリンティング」「バイオインフォマティクス」「金融サービスイノベーション」)を明確にしたあと、世界中の上場企業を精査して、これらのテクノロジーの発達や使用にどの程度関わっているかを調査した。その結果、ほかとは違うETFができあがったのである。

XTは平均的なテックファンドよりも分散されている

- XTは200銘柄に投資している。これは平均的なテクノロジーファンドの85に比べて、銘柄数が多く、分散されている(あくまでも2016年12月時点のデータである)。

- ほかのテクノロジーファンドでは、テクノロジー会社にだけ投資するが、XTではその割合は30%にすぎない。残りはほかのセクターの企業に投資する。

- XTは、図17-22のように、大型株(68%)、中型株(22%)、小型株(10%)という構成だ。

- 平均的なテクノロジーファンドは、米国株が85%を占めているが、XTでは米国株は全体の62%で、ヨーロッパ(26%)、アジア(6%)、イギリス(4%)、その他(3%)となっており、世界中へ投資している。

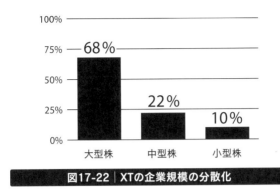

図17-22 | XTの企業規模の分散化

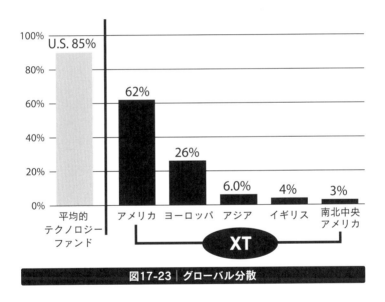

図17-23 | グローバル分散

XTはテクノロジーの開発企業とその使用企業に投資している。
これは非常に重要な点であり、XTの設立を私が強く希望した
理由だ。

XTは全銘柄に対して均等投資している。XTでは、200銘柄に対して、同額を投資している。ほかのテクノロジーファンドでは、全銘柄へ同額投資することはない。普通は各銘柄の時価総額に応じて、投資金額が調整される（大きな会社ほど、ファンドの投資金額が多くなる）。その結果、平均的なテクノロジーファンドでは85銘柄を揃えるものの、ほとんど半分（46％）の投資資金は、たった10銘柄に集中投資されるものだ。つまり、たった10銘柄への投資資金と残りの75銘柄全部に対する投資資金がほとんど同じであり、残りの75銘柄はファンドにおいて重要性がほとんどなくなる。XTでは、全体の50％の投資資金を200銘柄に均等に投資している。図17-25のように、たった数銘柄にたくさんのお金を割り当てることによって生じるようなリスクが小さくなる。

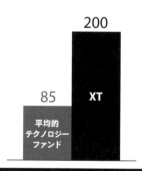

200

85

XT

平均的
テクノロジー
ファンド

図17-24 | **XTは平均的テクノロジーファンドの2倍以上の銘柄数を有する**

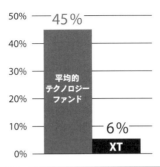

XTは年間コストがほかの平均的テクノロジーファンドの半分である。 Morningstarによれば、平均的なテクノロジーファンドの年間コストは0.94%だが、XTはたったの0.47%である。

XTは税効率的である。 Morningstarは毎年インデックスを改定する。売買回転率が低いと売買手数料が削減され、キャピタルゲインの分配の必要を最小限に抑える。これは年間課税額を減らすことにもつながる。

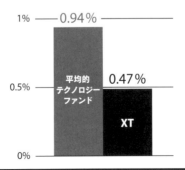

このようなXTのユニークな特徴から、証券界でも話題になっており、Zack Investment Researchでは、「XTはテクノロジーセクターの中でもニッチとしての役割を投資家に提供する。ほかのファンドと違って多くの潜在能力を持つ。XTを取り入れれば長期投資は充実した内容となる」と評価している。Street Authorityでは、「XTはポートフォリオに採用するに値する」としている。etfdb.comは2016年6月のレポートで、「検討すべき5つのテクノロジーETFの1つであり、XTはテクノロジーにおける最大の潜在的なテーマを長期的に扱う」と絶賛している。

　本書の執筆時点で、イーデルマン・フィナンシャルのお客さんもXTをかなり保有しているが、XTに皆さんが投資すべきか否か、あるいは、ポートフォリオにどれくらいXTを含めるべきだろうか？　全体の3％なのか5％なのか7％なのかといった問題は、皆さんの状況次第だ。ポートフォリオの割合というのは、皆さんの目標、リスク許容度、投資期間、流動性の必要性、そのほかの要因など、状況によって大きく変わってくるものだ。さらに投資戦略だけでなく、教育プラン、退職プラン、相続プラン、保険、税金のアドバイス、住宅ローン、退職金と関係してくる。

　ひと言でいえば、個人的なファイナンシャル・プランニングが必要になる。必要以上にリスクにさらされることのないやり方で、目標を達成するよう設計された資産配分モデルを作り上げていると自信を持っていえるなら、XTに投資を行ってもよいだろう。

　したがって、個人的なファイナンシャル・プランニングを持っているとすれば、未来に向けたポートフォリオを構築する

ためには、次のことが要点となる。

① 世界的に分散されたポートフォリオに投資すること。
② そのポートフォリオを長期的に維持すること。
③ 戦略的なリバランスを行うこと。
④ エクスポネンシャル・テクノロジーを使用したり、開発した
りする会社を含めること、21世紀のユニコーンを含めること。

---

86. XT に関心がある投資家は、投資の目標と実現方法、リスク、手数料、費用について注意
して検討すべきだ。これらの重要情報は、目論見書に記載されている。投資アドバイザーか
BlackRock から入手できるだろうが、投資する前に十分注意して読むべきだ。私のコンプライ
アンス部でもそういうようにアドバイスしている。

未来の住処はどこか？

Where You'll Live in the Future

　これから30年も40年も生きているとしたら、いま住んでいる場所に住みたいと思うだろうか？

　おそらく、そんなことはないと思う。もっと温暖な気候の場所へ移りたい、芝刈りが不要なもっと小さな場所へ移りたいという理由も考えられるが、そうした理由よりも、自分を温かく迎えてくれる特徴・長所・機会を提供してくれる住宅やコミュニティが現れるからになるだろう。この点について説明しよう。

自然発生する退職者のコミュニティ

　私の両親は40年住んだ家から引っ越すことはなかったが、最終的には退職者コミュニティに移り住む格好になった。戦後の大きな新しいベッドルームのコミュニティに、母と父が自宅を購入したのは1957年のことだ。G.I. Bill〔第2次世界大戦の復員兵に特典を与えるプログラムを指す。もとはGI法（英語では同名のG.I. Bill）であったが、法律そのものは1956年に廃止され、関連プログラム全般を指すようになった〕により提供された住宅ローンを使って、2人はアメリカンドリームを実現することができた。近所に新築の、猫の額ほどの2,000平方フィート、段の分かれた持ち家を手に入れた。30代初めで子供が2人

に犬が1匹いたが(私が生まれたのはその2年後のことだ)、近所のほかのどの家庭も同じような状況にあった。通り沿いには新しく設立された小学校があり、スイミングクラブもできた。

それから早40年。私の両親はいまもその家に住んでおり、ご近所の方たちもほとんどそのまま暮らしている。ただし、トラックで母親におむつが運ばれ、子供にはソフトクリームが届けられる代わりに、Meals on Wheelsがお年寄りの家まで食事を運んでくれるので、高齢者の家では食品と料理のために店まで足を運ぶ必要がなくなった。地域のスイミングクラブは成人専用の時間帯を設け、小学校はいまではシニアセンターとなった。

意図していなくとも、その存在を知らなくとも、私の両親はNORC(naturally occurring retirement community:自然発生する退職者のコミュニティ)で生活を始めた。皆さん自身もそうなるかもしれない。あるいは、第2、第3の半世紀に必要で望ましいサービスを提供してくれる近隣へ引っ越したいと考えるだろう。

私の両親のケースでは、長い間NORCに住んでいたわけではない。父は勤務先の都合でラスベガスへ引っ越した。自宅から通勤する代わりに引っ越しを選んだのである(そんな状態が数年間続いた)。

そして、55歳以上のコミュニティに新しい家を選んだ。これはNORCの別の種類で、はるかに一般的だ。シニアをもてなすよう進化していくのではなく、そのコミュニティが始まった時点からシニアのためにデザインされている。

AARP(アメリカ退職者協会)によれば、55歳以上のコミュニ

ティとNORCハウスをアメリカ人シニアの36％が利用している
るが、庭仕事、家事、送迎サービス、社会プログラム、ヘルス
ケアマネジメントさえも含む、いろいろなサービスが提供され
ている。月の費用は100ドルから1,000ドルまでの範囲で、そこ
へ家の費用が追加される。コミュニティによってはアパートで
あったり、マンションの場合もある。

　ただし、目的を持ってコミュニティを築くということは、居
住共同体を設立することとは違う。まったく異なるものである。

インテンショナル・コミュニティ

　インテンショナル・コミュニティとは、お互いに素性を知っ
た人たちのものだ。親近感は、あらゆる共通性を土台としてい
る。地理、歴史、ビジョン、目的、哲学、共通の社会的・経済
的・政治的な関心。インテンショナル・コミュニティとは、持
続可能な生活、個人的・文化的変化、社会的進化に対応して設
計される。すでに誕生してから時間が経過している。インテン
ショナル・コミュニティ協会は、インテンショナル・コミュニ
ティ・サービスを支援しており、設立は1937年だ。2016年時
点で、同協会のic.orgのリストには、合衆国の1,546カ所を含め、
78カ国で2,234カ所のインテンショナル・コミュニティが掲載
されている。

共同住宅

　共同住宅（Cohousing）は誤解を招く名前だ。というのも、それはコミュニティの呼び名であって、1軒の家ではないからだ。

　共同住宅開発地区に1軒の家を購入する場合、その居住場所（home）自体はおのおののものだが、それはおそらくクラスター内にあって、非常に小さいだろう（700〜1,200平方フィート）。コミュニティの境界上に自動車を駐車するようになるはずだ。最大の構造物は共通の家（house）であり、リビングルームと客間、娯楽室、図書室、ジム、メディアルーム、作業場、趣味・工芸ルームだけでなく、共同キッチンとダイニングも持つのが一般的だ。ゲストルームさえ持っている場合もある。ホームは小さく間取りを取り、共同のハウスは大きく間取りを取ることで、住民の社交性を推進している。

　共同住宅のユニットが新しい場合、購入者はコミュニティの土地と建物の設計に参加することになる。典型的なアパートやコンドミニアムと違って、住み込みの管理人はいない。代わりに、住民がコミュニティを維持するために一緒に働くことになる。

　本書執筆時点で、25の州に160の共同住宅コミュニティが存在する（その中の28の共同住宅はシニア限定だ）。共同住宅協会のcohousing.orgではさらに詳しい情報が手に入るだろう。

シェアハウス

　これは仲間内のお付き合いのために一緒に生活する（通常は無関係な）高齢者たちと定義される。出費をシェアするのが典

型的である。

　イメージが湧かないなら、The Golden Girls〔アメリカで制作・放送された、高齢女性がシェアハウスをする様子を描くコメディドラマ〕を思い出せばいいだろう[87]。このTVシットコムで[88]、ドロシー(ビアトリス・アーサーが演じた)は、家で元気あふれる母親のソフィア(エステル・ゲティが演じた)と一緒に暮らしている。性欲に飢えた南部美人のブランチェ(ルー・マクラナハンが演じた)、抜けた感じのブロンド美人のローズ(ベティ・ホワイトが演じた)はミネソタ州聖オラフ出のノルウェー系アメリカ人だ。彼女らはお互いに金銭的にも感情的にも支え合い、ルームメイトだけで展開される友情やかかわりを享受する。

　シェアハウスはごく一般的で、AARP(アメリカ退職者協会)とNational Shared Housing Resource Centerによれば、合衆国の400万世帯を占める。

同居を始める前に

　配偶者以外の人間と同居をする場合、弁護士サービスを利用して、同居成立により発生する法律的権利と金銭的権利、責任やペナルティを規定する契約書を作成する必要があるだろう。誰が所有権を持ち、誰が維持費、修繕費、設備更新、税金、保険を支払うか。共有施設をどんな条件の下で、誰が使用権を持つかなどによって、詳細は変わってくるだろう。また、同意書

---

87. 冗談だろう？

88. TVシットコムだ。1985年から1992年まで、NBCで放送された。NBCをご存じだろうか？　Crackleではないが、いまも残っている。

では家族のメンバーが自分の義務を果たすまで生きていない場合に起こりうることについても規定すべきだ。

Incidentally ちなみに……

適切に作成された場合、同居人の同意は関係を高めて、保護となるべきものであり、害を与えたり、妨げるべきものではない。契約が少しいきすぎた場合にはどうなるのかを知りたいというのなら、テレビドラマ『Big Bang Theory』の理論物理学者、シェルドン・クーパーがサインしたルームメイト協定を見ればいいだろう〔『Big Bang Theory』はNetflixで制作されたコメディドラマ。オタクの青年たちがルームメイトになる筋書だが、何十枚にも及ぶ奇妙な条件の合意書がある〕。彼はアスペルガー症候群かもしれないし、そうでないかもしれないが、彼の友人でルームメイトであるカルフォルニア工科大学の実験物理学者、レナード・ホフスタッターと交わした協定があるので考えてみよう。
そのルームメイト協定の中では、特に次の取り決めがある。

- 他方が作ったAIが地球を征服するならば、一方は手伝う必要がある。
- 水溶性のエイリアンに攻撃された際を除いて、シャワーには最大で1人までしか入れない。
- いずれか一方が友人関係を中断する場合、お互いに対して残る責任は、家賃、公共料金と、ホールを通過する際におざなりで顎を突き出すことだけだろう。
- シェルドンは、万が一レナードが強大な力を手にした場合は相棒となるだろう。
- ルームメイトの1人がタイムトラベルを習得した場合には、契約条項にサインしたあと、ちょうど5秒後にアパートに現れる必要がある。

同居人との協定にこのような条項を含めることを本書でお勧めするわけではないが、そうした同意を行うのなら検討の価値があるだろう。

エコビレッジ

エコビレッジは環境に関心がある人々のためのものである。1998年に持続可能な生活のための、世界のベストプラクティス100の1つとして国連が命名した。エコビレッジの住民は可能な限り自らの食べ物を栽培し、地元の素材で家を作り上げ、再生可能エネルギー・システムを稼働させ、自然を保護し、野生地域を守るというものである。多くのコミュニティでは独自通貨を発行し、お互いのスモールビジネスをサポートする。グローバル・エコビレッジ・ネットワークのリストには、世界数百のエコビレッジが掲載されている。

住宅協同組合（コープ）

ニューヨーク市のすべての人間がコープとは何かを知っているように、150万人以上のニューヨーカーは1つとなって生活し、その考えは合衆国の残りの地域へと広がっている。

ここまで説明してきたものすべてを含めて、ほとんどすべてのほかの不動産コンセプトでは、皆さんが不動産を購入し、皆さん自身の所有物を保有する。一軒家であろうが大きなアパートメントであろうが事情は変わらない。ただし、コープの場合には事情が異なる。所有する代わりに、会社の会員権を購入するのだ。会員権を購入することによって、特定のアパートに住む権利を与えてくれる。

会員制ベースの会社であるため、会社のメンバーは誰の加入が認められるかを決定する（つまり引っ越すことができるか）。家を購入して引っ越しても、その近所の人からダメ出しをされ

ることはないが、コープではいろいろ口出しされるだろう。事実、バックグラウンドの確認書の提出が求められ、ほかの住民からインタビューを受けるはずだ。近隣住民が気に入らなければ、理由も知らされずに、購入(正確には会員権であるが)を認められない。マドンナやリチャード・ニクソンですらコープ委員会から申請を断られている。

　多くのコープは労働組合によって構成されており、会員だけが住んでいることを確認している。学生の住宅コープは国内の大学でも一般的だが、そこではコープの重要なアピールを行っている。いったん入会すれば、好ましい人たちだけがやってくることが確実に理解できるようになるということだ! [89]

　National Association of Housing Cooperatives の Web サイト coophousing.org にはさらに多くの情報が掲載されているだろう。

ニッチ・コミュニティ

　ニッチ・コミュニティは共通のアイデンティティをシェアする人たちのために設計されている。ニッチ・コミュニティとは、組合会員、芸術的傾向・宗教的信条・性的指向の共通する人、同じ大学の同窓生が構成するものだ。入会金は1,000ドルから50万ドル以上までと幅がある。月額料金は数千ドルである。カリフォルニア州サンタローザにある Fountaingrove Lodge an LGBTQ Community とペンシルベニア州の Village という学校の同窓生用住居の2つが有名である。

---

89. 自分がメンバーにいるようなクラブには加入したくないといった、グルーチョ・マルクスのような考えがないならば。

ビレッジ・モデル

ビレッジ・モデルのコンセプトは単純だ。自分の家を出てシニアハウスや介護つき住宅へ引っ越す代わりに、近隣に住む皆さんや他人がサービスを提供する非営利団体を作るというものだ。そのため、誰もが自分の家に住んだままでいられる。

『Gerontologist』による2012年の研究によれば、合衆国全体で42のビレッジがあり、Village to Village Networkによれば、2016年までに3倍に増加するという。現時点では、そうした村は38州に205存在し、毎年数が増えている。

たった数ブロックのビレッジもあるが、田園地帯には半径20マイルに及ぶものもある。典型的なサービスとしては、家を便利にするための改装、送迎、食事の配達、犬の散歩、健康やウェルネスのプログラム、社会活動、看護師とケアマネージャーが挙げられる。

ほとんどのビレッジでは150人から200人が住んでいる。持ち物のコストを含むか否かによって、入会料は1,000ドルから50万ドル以上と幅がある。月額費用も50ドルから1,500ドルと幅がある。平均的な居住者は、74歳、中流階級の女性だ。

さらに詳しくは、vtvnetwork.orgを参照されたい。

場所だけで選ぶとうまくいかない

いままで説明してきた住居環境のすべてが海岸や中西部に存在している。だから、どのタイプのコミュニティが自分に合っているかを考える際には、場所について確認すべきである。場

所というのはいままで考えたことがない要素の1つだろう。

　たとえば、アメリカ海洋大気庁によれば、合衆国人口の39％は海沿いに住んでおり、多くの家族は水の近くを望んでいることがわかる。そうであっても中西部は無視できない。結局、海から離れていても、水から離れているとは限らないからだ。数百万人のアメリカ人は湖や川の近くに住んでいる。そのメリットは海のすぐそばよりも大きいものである。湖や川には、海水ではなく新鮮な水がある。サメやクラゲや海藻に苦しむこともない。多くの湖には波が立つものもある（ミシガン湖では夏になると2フィートから4フィートの波が立ち、冬には4フィートから8フィートの波が立つ。スペリオル湖の波は20フィートに達する）。水上スポーツやボートはともに一般的だ。

　中西部はほかの冒険も楽しめる。これまで説明してきたイノベーションのおかげで、農業や牧畜用の土地として数千万エーカーが必要ということなら、その土地のすべては再開発に利用できる。しかも安く豊富に[90]。

　中西部とは辺鄙なところで、どこからでも100万マイル離れているところに住むのだと考えているなら、そんな心配は必要ない。自動運転がある。The Nature Conservancy〔アメリカを拠点に世界展開している自然保護団体〕によるグローバルシティ・プログラムの調査によれば、都市の中心部まで行くのに、自動車の中に2〜3時間いても気にならなくなるそうだ。その研究によれば、ある場所からほかへ移動することはより簡単になり、人々は旅行をするようになるという。

---

90. おそらくは、豊富「だから」安くなる。

いい換えれば、本を読めて、ビデオも見られて、音楽も聴けて、ゲームもできて、他人と交流できる、贅沢な遠距離通勤を楽しめるなら、長時間自動車にいても嫌ではないだろう。遠距離通勤は生産性も生み出してくれるはずだ。勉強も、バーチャルミーティングに参加することも、お望みならばたくさんの仕事をすることも、他人にわずらわされずに行うことができる。

　こうして生活したいコミュニティの種類について考えれば、どこに住めばよいかがわかるだろう。理想の場所とは驚くべきところかもしれない。

セカンドホーム

A Second Home

　多くのアメリカ人にとって、アメリカンドリームは家を所有することではない。セカンドホームを持つことだ。バケーション用の家を持つことだ。

　ただし、セカンドホームの購入を考えている際には注意して進める必要がある。これは不動産投資の話ではないのだ。不動産業者協会によれば、バケーション用住宅の中で収入を生み出すのはたった7%にすぎない。ここではそうしたひどい投資の話をするつもりはなく、セカンドホームの購入者のほとんどはそうした目的で購入したわけでもない。ここでいうセカンドホームとは、家族や友人と楽しむ[91] ものを指している。

　セカンドホームを探し始める前に、買うためには1つの理由でなく、すべての理由を考慮すべきだといっておこう。その中には以下のものが含まれる。

● **費用。**家にあるすべてのモノを思い出そう。写真があるだろうか？　よろしい。セカンドホーム用に再びすべてのモノを購入する必要がある。家具、電気、皿、ポットとフライパン、食器類、ベッドシーツにバスタオル、歯ブラシ、アルミホイルなど。すべてを2セット用意する必要があるのだ。また、

---

91. あるいは遠ざかる。

メンテナンスや修繕の費用、税金、コンドフィー〔光熱費なども含めたランニングコスト〕、管理費も必要になる。住宅ローン金利はセカンドホームの方が高くなる。セカンドホームを売却する際は、支払ったコストのほとんどを回収できるほど高く売れることもないだろう。

● **不安**。数百マイルや数千マイル離れたところに家を所有すると、夜も眠れなくなる。誰かが壊して侵入したらどうしよう？　パイプが凍結したらどうしよう？　家に到着したらエアコンはすぐに使えるだろうか？　ホテルを使えば、こんな悩みは一切ないはずだ。

● **仕事**。バケーション・ホームに行くときは、休暇のつもりだろう。最後に見たのが何カ月も前の不動産のありかに足を運べば、排水溝は掃除が必要であり、窓は磨く必要があり、芝生は刈る必要があるとわかる。フィルターは取り換える必要があり、冷蔵庫に入れるものの買い物が必要だ。いい換えれば、1軒目の家を維持するのと同じことがバケーション・ホームでもすべて必要になる。家と家とで、1年中、こちらとあちらでこうした雑用を行うこともできるだろうが、バケーション・ホームには滅多に滞在しないので、すべての雑用は訪問時の限られた時間内に完了する必要がある。セカンドホームの所有者の多くは、ゴルフをしたり、ビーチへ行ったりする代わりに、家の周りで作業することに休暇のほとんどを費やしてしまうことに気がついている。

● **退屈**。セカンドホームの縁側に座って、日の出と平和な湖を眺める、というと素晴らしく聞こえるはずだが、16回目には飽きてしまうはずだ。毎年同じ場所へ旅行し、同じことをして、同じレストランで食事をするだろうか?

● **価値**。セカンドホームの価値が落ちると確信しているなら、買うことはないだろう。だから、価値が変わらないか、上がると考えているのだろうが、どちらもその保証はない。バケーション・ホームは都市や郊外よりも値動きが激しい。というのも、ブームのとき(現金がどっと流れるとき)にセカンドホームを買う傾向にあるからだ。そして、景気後退時に売りに走る傾向がある(職を失い、請求書の支払いに苦闘しているとき)。銀行も、1軒目の家よりもセカンドホームの方が住宅ローンのデフォルトが起こりやすいことを知っている(主要住宅が抵当流れになることはホームレスを意味するが、セカンドホームを失ったところで単に金銭的に損害を被った程度のことだ)。そんなわけで、銀行はより大きな頭金とより高い住宅ローン金利をセカンドホームに要求する(先ほどの「費用」を参照のこと)。

● **将来の実用性**。セカンドホームが完璧なサイズと場所であり、しかも、完全に快適な装備とコミュニティサービスがついているとしても、子供が大きくなったらどうだろう?ティーンエイジャーや大学生であれば、セカンドホームで過ごしたいのは友人であって、両親ではない。だから、セカンドホームには行かないだろう。子供が結婚して彼ら自身の子供ができたら、セカンドホームでは家族の増加に対応できず、必要性も関心も消え失せてしまうだろう。

これらすべての問題の理由から、多くの裕福な人たちはセカンドホームの購入を嫌がり、セカンドホームを所有する人たちの多くが幸せなのはセカンドホームの元オーナーだと考えるようだ。ただし、セカンドホームを購入しないということは、ホテルやリゾートを利用するということになるだろう。ホテルを調べて、利用可能かどうかをチェックし、洋服を運んだ挙句、自分が到着するまでベッドで寝ていたのは誰だろうといったことが頭をよぎるかもしれない。どんな細菌を残していったか、家族の希望に沿うものであろうか。1つだけ確実なものは、その場所では乾杯とはいかないということだ。誰も皆さんの名前を知らないし、誰も皆さんがどんな人かを知らない[92]。

　幸運にも現在では、セカンドホームを所有する別の選択肢がある。セカンドホームの一部を所有し、多くのセカンドホームへのアクセスを認めるクラブに加入できる。それによって頭を悩ませずに低いコストで、セカンドホームのベネフィットを与えてもらえる。2つのオプションについて説明しよう。

フラクショナル・オーナーシップ

　Four SeasonsやRitz-Carltonのリゾートでバケーションを過ごし、ホテルの部屋に滞在し、ホテルのレストランで食事をすることができる。あるいは、リビングルーム、ダイニングルーム、キッチンを完備し、ビーチやゲレンデを一望できるバルコニーを完備した2〜3つのベッドルームを持つコンドミニアムの1/16の権利を購入することもできる。権利を購入すれば、す

92. またか？　ご両親に聞いていただきたい、もう一度。

べての管理を請け負ってくれる。コンドミニアムの建設から家具の設置、すべてのメンテナンスと修繕までだ(ソファ、シーツ、タオルのほか、キッチンで必要とされるものもすべて)。やるべきことといったら、手ぶらでやってくればいいだけである。

　1/16の持ち分を購入することで、年に2〜3週間コンドミニアムを占有する権利を得られる。所有しているので、友人や家族に使用させても問題ないし(つまり皆さん自身がそこにいなくてもいい)、収入を求めてその財産(権利)を貸すことも可能だ。

　フラクショナル・オーナーシップはセカンドホームの所有に関係する費用、心配、作業の問題を避けられるが、次の4つの問題を抱えることになる。

● **価値が下落する可能性**。これが起こる理由は、全体的な経済的状況、権利のマネージャーによるお粗末なリゾート管理、立地に関する関心の低下などだ[93]。新しいリゾートからフラクショナル・ユニットを購入する場合には、その財産が10年後あるいは15年後も現在と同じように望ましい状況にあるか否かを検討する必要がある。

● **フラクショナル・シェアは常に一番低い買い手に販売される**。その財産によってすべてのコンドミニアムの価格は明確なので、購入者は常に一番低い価格のものを選択できる。これが再販売価値を抑えることになる。

---

93. たとえば2016年、ジカウィルスはカリブ海への旅行をしたいとの多くの人々の関心を抑制した。

- **すべてのバケーションで同じ場所に戻ることになる。** つまり、退屈な要素を解決したわけではない(自分の時間を使って、自分の財産と交換する形でフランクショナル・ユニットを購入することで、この問題を軽減することが可能だろう)。

- **年会費を支払う必要がある。** コンドミニアムを訪問しなくても、会費を支払う必要がある。

デスティネーション・クラブ

　より柔軟性のある(そしてより高価な可能性のある)バケーションの選択肢として、クラブモデルがある。財産に対する法的な資格を所有はしないが、フラクショナル・ユニットと同様に、バケーションクラブは文字通りクラブのメンバーシップである。ヘルスクラブで利用するバーベルを所有しているわけではないように、デスティネーション・クラブに加入する際には、不動産を所有しないのが一般的だ。代わりに、財産を使用する権利を購入するだけである。まさしくヘルスクラブでウェイト・トレーニングを利用するようなものだ。

　クラブに加入すると、毎年一定の日数と週数だけ、クラブが所有するすべての不動産にアクセスすることが認められる。不動産は一戸建ての家、ヴィラ、コンドミニアムなどがあり、リゾートの中に位置しているものも、リゾートの外に位置しているものもある。多くのクラブでは、数百・数千の不動産を所有している。合衆国内だけでなく世界中にある。中には数カ所だけを有するクラブも存在している。ほとんどすべてのケースでは、1つ1つの家は数百万ドルの価値があり、自分自身で購入す

る余裕があるものよりもはるかに豪華な家を楽しむことができるだろう[94]。

　デスティネーション・クラブは、バラエティとアメニティを求める場合には理想的だろう。サービスレベルは高いことが多く、コンシェルジュ・サービスとハウスキーピングばかりか、プライベートシェフまでついている。クラブではすべてのメンテナンス、修理、装飾、家具の備えつけを行ってくれる。そして、到着前からキッチンにはストックがある。クラブによっては、訪問中の自動車を提供することさえある。

　価格は大きく変動する。クラブによっては、加入に2万5,000ドルかかったり、100万ドルかかるところもある。初期費用が少ないほど、不動産の利用料が高くなり、すべてが年会費として請求される。5桁には達するだろう。それでもセカンドホームを所有する初期費用と維持費に比べれば、デスティネーション・クラブは格安であるといえる。

Incidentally ちなみに……

家のほかにも贅沢をシェアさせてくれるクラブがある。クラブによっては、エキゾティックな自動車でドライブでき、高価な宝石を身につけられ、デザイナーの服を着ることができ、プライベートジェット機で飛ぶことも可能だ。これらの製品を即金で手に入れる代わりに、その一部の費用負担で利用可能となる。事実、シェアリングエコノミーはあらゆる部分に及んでいる。人生とは所有ではなく、経験になりつつある[95]。

---

94. 自分で購入できたとしても、それだけだろう。しかしクラブを通すことで、ハイエンドな不動産の目録へ完全にアクセス可能だ。

95. わかりにくいというのなら、映画のビデオカセットを89.99ドルで購入していたことを考えてみよう。現在では、たった数ドル支払うか、毎月サブスクリプション料金を支払うことになるだろう。所有せずに見たいときにいつでもお気に入りの映画フィルムを見ることができる。マセラティは？　15万ドルの大枚をはたくこともなく、1日数百ドルで好きなときにドライブ可能だ。

ただし、デスティネーション・クラブにも以下のような欠点がある。

- **所有権がないこと。**クラブに加入するだけで、不動産を購入するわけではない。財産価値が上昇する場合、利益はクラブに入り、加入者には入らない。退会しても一般的に返金はない。ジムを退会するときと同様だ。

- **権利の譲渡ができない。**多くのクラブでは加入者本人が同伴しなければ、友人や家族の財産使用を拒絶する(彼らにも加入してもらいたいからだ)。

- **財産の利用制限。**多くのクラブでは「プア会員/プロパティ」の率を把握している。会員を階層化しているところもある。つまり、より高い支払いをする人から場所を予約する権利を得られるのだ。こうした率やルールによって、加入しても予約が困難になる可能性がある。すべてのシーズンかハイシーズンかのどちらかにおいて、制限があるかもしれない(たとえばスキーリゾートには行けないが、夏には予約が可能かもしれない)。

- **事前予約の必要性。**クラブによっては、2年前から予約が必要になる。ぶらっと旅行に出たい人や、かなり先のスケジュールがわからない人にとっては問題である。

- **利用しなければ損になる。**フラクショナル・オーナーシップと同様、プログラムを利用するしないにかかわらず、年会費を支払う必要がある。

クラブ	場所	Web サイト
Banyan Tree Private Collection	世界中	btprivatecollection.com
Equity Residences	北米	equityresidences.com
Exclusive Resorts	世界中	exclusiveresorts.com
G2G Collection	北米	g2gcollection.com
The Hideaways Club	世界中	thehideawaysclub.com
Inspirato	北米	inspirato.com
Luxus Vacation Properties	北米	luxusgroup.com
Destination M	世界中	destination-m.com
The Quintess Collection	北米	quintess.com
Rocksure Property	世界中	rocksure.com

図19-1 | デスティネーション・クラブに含まれるクラブ

ここまでのところ、タイムシェアについては説明してこなかった。お勧めする理由は多くない。

タイムシェアが登場したのは1960年代であり、時間を売ることでリゾート運営者は利益を最大化しようとした。典型的には1週間の単位で、毎年戻ってきてくれるゲストを対象としていた。不動産のフル・オーナーシップやフラクショナル・オーナーシップに退屈な要因がある場合、タイムシェアになると退屈が増長された。というのも、毎年、同じ不動産に戻らなければならないだけでなく、毎年同じ週に行かねばならないからだ。

多くの人々は、リゾートのマーケティングスタッフによる販売プレゼンテーションに参加したあと、衝動的にタイムシェアを購入する。リゾートで休暇を取っている際にセッションへ招待されることもある。販売プレゼンテーションに参加すると決めたら無料旅行へ招かれることもある。タ

イムシェアの販売員は、強引で、人を操るのが巧みであると評判で、多くの購入者はお金を借りて購入するよう説得され、余裕のないほどの支払いをさせられるようになる。タイムシェアは売るのが難しいとの悪名が高い。後悔の念を持つ多くの所有者が物件を売り払おうとすることや、多くの物件の質が悪いことからである。チャンスというよりも、騙し取るためのタイムシェアのWebサイトがはるかに多いことは頭に置いておくべきだ。

重要な点は、タイムシェアは購入してはならないということである。

　もし皆さんがこれらに興味があれば、判断が正しいかどうか皆さんのファイナンシャル・プランナーに助言を求めよう。

Incidentally ちなみに……
IRSはタイムシェアを自動車のような個人財産とみなす。不動産投資には分類されない。そうでなければ、セールスエージェントは皆さんを説得するようなことはしないだろう。

未来の長期介護

Long-Tern Care in the Future

　未来の住処としていろいろなコミュニティを見て、セカンドホームというコンセプトも紹介した。未来の住処としてどこを選ぶべきか確かなことはいえないが、ただし、いまから20年後には1つだけなくなっている住処がある。それは介護施設である。

　医学によって介護施設は廃れ、消滅してしまう可能性がある。第6章で見たように、アメリカ人はこれまで以上に健康な生活をしており、これからさらに健康的になるだろう。ナノテクノロジー、バイオテクノロジー、バイオインフォマティクス、神経科学、ロボティクスにおける継続的な進歩によって、医師は患者の悪いものを修復し、取り換えることができるようになった。私たちがすでに取り換えているボディパーツのリストは、驚くほど長いものとなっている。歯や膝や腰だけでなく、腎臓、肝臓、心臓、肺まで取り換えられる。もちろん遺伝子ですら、その一部を取り出して代わりを貼りつけられる。こうしたすべての理由から、介護施設で生活することは、おそらくは皆さんの未来にはありえないことだろう。

　こうした傾向はすでに始まっており、AARP（アメリカ退職者協会）によれば、65歳以上の介護施設で生活する人の数は2010年以降20％も減っている。一方で、誰かによって支えられている65歳以上の家計の数は2003年以降24％も増加しており、

現在その家計の数は、合計で2,700万件に上る。誰かによって支えられている75歳以上の家計は、2003年以降13％増加している。実際、親戚とともにでなく、たった1人で生活している75歳以上の女性はたくさんいる。

このことは、いままでファイナンシャル・プランニング分野における最大のチャレンジの1つであったものに重大な意味を持つ。つまり、長期介護費用をどうすべきかということだ。実質的にすべてのファイナンシャル・プランナーが決まって介護保険を進めるのは、安全だからだ。そして、そうすることが適切だと考えられてきた。というのも、ほかの原因よりも長期介護で破産するシニアが多い中で、保険が大きな備えになっていたからだ。

長期介護保険販売会社の最大手であるGenworthによれば、2016年時点で個室での長期介護にかかる平均費用は7,698ドルだった。保障範囲は、健康保険やメディケアによってカバーされていない100日目以降となる。ただし、保健福祉省によれば、65歳以上のアメリカ人の10人に7人が長期介護ケアサービスが必要であると考えられている。そのため、わが社も含めて、ファイナンシャル・プランニングでは、中流階級の方々に長期介護保険への加入をアドバイスするのが普通だ[96]。

長期介護保険を勧めるのが人気であるとは、とてもいえることではなかった。そんなに先の未来を考えたくないだろうし、

---

96. お金のない方は、一般的に長期介護保険（LTC）のコストについて心配する必要がない。お金がないとメディケイド〔アメリカの医療費援助プログラム〕の資格が生じる。メディケイドはLTCの費用のほとんど全額を支払ってくれる。お金持ちもこれらの費用を心配する必要がない。お金があるからだ。独身者はLTC保険に加入しないことが多い。というのも、心配すべき配偶者やパートナーがいないので、介護を提供する金銭的な資源をすべて使い果たすことが可能であるからだ。そんなわけで、この問題で悩みが生じる人の大部分は中流階級の既婚者だ。

非常に値段が高いからだ。ただし介護施設でたった1カ月過ごす費用は長期介護保険の年間保険料よりも高い。だから特に、（ファイナンシャル・プランナーを雇うような）責任ある人の場合には、長期介護保険の加入は重要であった。

少なくともいままでは。

残念ながら、長期介護保険産業は保険料を異常なほど上げてきた。頼りになる実際のデータもほとんどないので、保険加入者の中で保険金を請求する人数と、保険金請求のコストはいくらであるかという正確な予測もできない。その結果、腹立たしいほど予想以上の保険金の請求がされ、しかも保険料はずっと上がっていった。

そこから多数の保険会社は長期介護保険の販売をやめていった。残ったのは多くの会社ではなかったが、劇的に保険料を引き上げた。劇的にというのは、過去10年間で75％から200％の上昇だ。これだけ保険料が上がれば、新しい消費者が加入しなくなって当然であるが、それどころか、何年も前に保険に加入した人にも同様の保険料の値上げを行ったのである。

長期介護保険加入者にとって、このことはショックだっただろう。というのも、生命保険の契約と違って、長期介護保険契約では保険料が生涯上がらないと保証されていたにもかかわらず、現実には上昇を始めたからだ。保険会社では、実データが疑わしいとわかっていたので、契約書には特例のような形で契約書に記載していた。そして必要に応じて保険料を引き上げられるとして、自社のリスクヘッジとしていたのだ。

こうして長年にわたって長期介護保険の保険料を忠実に払い

続けてきた退職者の多くが、危機的な状況を迎えることとなった。夫婦ともに保障する保険に年間4,000ドルを支払うことが困難である中、保険料が2倍になるという通知を受け取った際にはどのようなアクションをするのか想像してほしい。退職後に年間4万ドルから5万ドルで生活している人にとって、このニュースはショッキングなんてものではないだろう。払えるわけがない！

column 本書のための調査を行った際、私たちは1994年の資料を確認して、当時の適切なLTC保険を精査した。その保険料は年間1,500ドルであったが、現時点では同じ保障の保険に加入するには年間6,500ドルを支払う。

　つまり、長期介護保険に加入している多くの退職者は板挟みにあったのだ。払う余裕のない保険料を支払うか（金銭的なプレッシャーの下に自分を置くか）、あるいは保険を捨てて70代か80代で自己破産するほど巨額の長期介護費用を支払うリスクに直面するか、どちらが好ましいだろう？

　過去何十年間も、ファイナンシャル・プランナーが顧客のために、この難問と格闘してきた。わが社のファイナンシャル・プランニングでも何度もこの問題を取り扱ってきたし、保険を有効に保つ財源を見つける手伝いもしてきた（これは余分な支出をカットするという意味である）。ほかにも、保険の再構築の手伝いをしてきた。給付金を引き下げることで（日額給付を減らすか、あるいは、給付が続く年数を減らすか）、保障内容がやや不十分になるとはいえ、保険料を引き下げることは可能だ。
　この状況に理想的な解決策はない。ただし、エクスポネン

シャル・テクノロジーのおかげで、この大きなジレンマは解決を迎える。2035年までには、医学の進歩によって、人を介護施設へ送るほどの疾病は根絶されると専門家は予想する。介護施設と介護施設に関係する費用が消滅するだけでなく、実質的に長期介護サービスに対する必要性すら消滅するのだ。そして、長期介護保険の必要性も消滅する。

したがってわが社では、長期介護に対するアドバイスの新しい手引きを完成させた。わが社ではかなり大きな保険料負担を伴う長期介護保険の購入を継続して勧めているが、保障期間は2030年代の中頃までに限って加入するようアドバイスしている。

いい方を変えれば、2017年時点では、ご夫婦が中流階級で、年齢が……

- **65歳以上**である場合、今後20年間、長期介護保険が必要だろう。
- **40歳以下**である場合、おそらくは長期介護保険に加入する必要はないだろう。
- **41～64歳**の場合、長期介護保険に加入する必要はあるが、一生涯加入し続ける代わりに、人生のどこかでキャンセルすることになるだろう。莫大な金額になる長期介護保険をキャンセルする時期がくるので、結果として全体的なファイナンシャル・プランニング作りが容易になるだろう。現在のプランニング、近い未来のプランニング、遠い未来のプランニングが必要となる。

どのようなタイプの長期介護保険が必要か？

　長期介護保険に加入する必要のある年齢に該当する場合、保険料の値上がりに対して、保障と必要性のバランスを取る必要がある。わが社なら、特別な環境や個人的な状況に合わせたアドバイスをするだろう。一般論としては、次の点〔下記太字〕を重視することが多い。過去の著作の読者やラジオ番組の視聴者であれば、これまで私が行ってきたアドバイスと少し違うことに気がつくだろう。その理由は、わが社のアドバイスを修正せざるをえないような上記の保険料引き上げが発生してしまったことによる。

現時点で50歳未満であり、健康状態がよく、家系的な病歴もなく、長期介護保険に加入していない場合。

　〔上記のような人には〕長期介護保険に加入することは勧めない。代わりに、自己保険を考えるべきだ。要するに、できる限り貯金をしようということである(長期介護保険に加入して支払うはずだった保険料も含めて)。仮に、配偶者やパートナーが長期介護サービスを必要とする場合には、そこから拠出しよう。

現時点で50歳未満であり、健康状態がよくない。家族にも病歴がある。または、現時点で50歳以上だが、長期介護保険に加入していない場合。

　〔上記のような人には〕長期介護保険を引き続きお勧めするが、長期介護状態のパートナーシッププランと、伝統的な長期介護保険を比較するだけでなく、ハイブリッドの長期介護保険を検

討するよう勧める。過去にはこうしたタイプはお勧めしてこなかったが、現在では選択肢に含めている。

　少し詳しく説明しよう。伝統的な長期介護保険に加入する場合、毎月・四半期・年間の保険料支払いを行う。ADLが2以上でアシストが必要ならば（一般に食事、入浴、トイレ、着替え、ベッドから椅子への移動について定義される）、給付金を受給する資格が生じる。保険契約書には、いくら、どの期間、給付金が支払われるかが記載されている。また、給付はインフレ率に伴い上昇するか否かのような、ほかの特約がついているだろう。希望する給付金が大きいほど、保険料も上がる。給付が終了したがさらにケアが必要な場合、貯蓄や投資を利用する必要がある。それさえも使い果たしたら、メディケイド〔アメリカの医療費援助プログラム〕の対象となる。

　現金が枯渇すると、州ではパートナーシップ・LTCプランを使うことになる。介護ケアへの支払いが原因で多くの人々が破産する事態を受け、州が積み立てたメディケイドプログラムが強制的にコストを引き継ぐケースが出てきたため、州では長期介護保険加入のインセンティブを作り出し、メディケイドへの依存度を低下させている。インセンティブというのは、メディケイドの資格が適用されるには自己資金約2,000ドルを残し、それ以外のすべてを介護ケアに費やすことになっていたが、いまでは州が長期介護保険で支給されたはずの相当額を立て替えてくれる。保険料支払いの限界に達するまでの期間に、何年間にもわたって30万ドルの保険に保険料を支払っていた場合、財産として30万ドルが支給され、さらにメディケイドの資格が適用されるのだ。

パートナーシップポリシーはもう少し複雑になる[97]。いくつかの州では、伝統的な保険料に比べてばかげたほどに保険料が高い。そんなわけで、保険のタイプにはどれがベストであるかを決めるために、注意深い分析が必要とされる。どのタイプもそれぞれに欠点を有するだろう。純粋に保険であるからだ。いままで保険金を請求したことがないとしたら、保険料としていくら支払ったかにかかわらず、お金は戻ってなかったということになる。

　こうした事実は常に悩ましいものだが、保険料コストが上昇し、さらに上昇が続く可能性が高いという不安を追加されたうえ、次の10年で長期介護保険サービスは消滅するという私たちの予測が投げ込まれたいま、ハイブリッドなポリシーが従来のものより魅力的なのはあきらかだろう。

　ただし、警告もしておこう。ハイブリッドポリシーといえども、以前より魅力的だというわけではない。相対的な話として、伝統的な保険の方は好ましくないということだ。いい換えれば、ハイブリッドはよくなっていないものの、そのほかが悪化しているので、ハイブリッドは従来よりも相対的に価値が上がってきている、ということである。

　伝統的な保険やパートナーシップ保険と、ハイブリッドの違いを生み出しているのは何だろうか？　それは生命保険である。長期介護保険費用を背負った場合に限って給付金を差し出される代わりに、ハイブリッド保険では保険料として支払ったお金のいくらかを払い戻す機会が提供されている。長期介護保険の給付金を受け取ることなく保険を解約した場合にも、お金は

---

97. ちょうど上の段落のように。

戻ってくる。皆さん自身が小切手をもらうか、相続人がもらうかの選択肢もある（長期介護保険の保険金を受け取らずに死亡した場合）。

ハイブリッド保険は、伝統的な保険やパートナーシップ保険より、初年度の保険料は高くなることが多いが、時間が経過するにつれて資金の一部か全額が返金されるため安くなる。また、ハイブリッド保険ではコスト面でロックが可能となる。いったん購入すれば、年間保険料は決して上がらないことが保証されている。コストが支払い可能額を超えて値上がりしていく心配がなくなるのだ。「キャッシュバリュー/死亡給付金」という特徴がこの種の保険には埋め込まれているので、それらに対する医療の引き受けは伝統的な保険やパートナーシップ保険より条件がゆるいこともある。これらすべての要素のおかげで、今日ではハイブリッドを検討する余地が出てきた。

現在、長期介護保険に加入している場合

〔上記のような人は〕その保険がいまもなお必要であるかどうか、ファイナンシャル・プランナーと話し合うべきだ。必要だが保険料の支払いが苦しいなら、保険金を減らして保険料を節約できるかどうかプランナーが相談に応じてくれるだろう。

多くの保険会社では、保険料の支払いが苦しくならないように、加入者に契約を変更させている。待機期間、給付日額、保障期間などを変更すれば、年間保険料を減らすことが可能だろうが、それでも保障が十分であるかを確認する必要はあるだろう。

新しい保険へ切り替えることが得策かどうか確認するために
も、現在の保険とハイブリッドも含めたほかの保険を比べるの
もいいだろう。保険会社やファイナンシャル・プランナーに相
談してアドバイスをもらおう。ただし、保険エージェントの場
合は、新規の歩合を稼げるという理由によって、新しい保険へ
の切り替えを勧められないよう注意が必要だ。多くの保険加入
者にとって、現在の保険に加入し続けることは一番安上がりで
ベストな選択肢だろう。保険に加入した時点より年齢が上がっ
ていること、そして、長期介護保険の価格は年齢に応じて決ま
ることは念頭に置いて行動すべきだ。保険加入期間が長いほど、
掛け替え費用は高くつくだろう。そういうわけで、長期介護保
険にまだ加入していないのなら、現在すでに保障されている人
たちよりも、新規で加入を検討している人たちにハイブリッド
保険は好都合である。〔すでに長期介護保険に加入している人
は〕おそらく、現在の保険の保険料を支払う余裕がなくなった
時点に限って、ハイブリッド保険を検討すべきだろう。その際
にはファイナンシャル・プランナーが手伝ってくれるはずだ。

現在、長期介護保険に加入していない場合

　〔上記のような人は〕1社だけの保険を勧める保険会社系列の
ファイナンシャル・プランナーではなく、何社もの保険を扱う
独立系のファイナンシャル・プランナーへ相談しよう。ある保
険が得策といえるかどうかを判断するために、お金の状況を見
直す手伝いをしてもらい、ニーズに適していて、保険料も十分
支払い切れるものを勧めてもらおう。

　率直にいって、万が一エクスポネンシャル・テクノロジーが

存在しなければ、高齢者人口が爆発的に増加することと関連して、莫大な費用負担の問題を社会がどうやって解決したのかは、まったく見当がつかないとしかいいようがない。

第21章

未来の相続プラン

Estimate Planning for the Family of the Future

　皆さんは昔からずっとそこにいるのだろうし、皆さんだけではなく、ほかのすべての方々も家族とそこにいるのだろう。感謝祭で3世代が集まるのではなく、5人とか6人とか7人かもしれない。

　家系図がより大きくなっていくことはないだろうが、より複雑にはなっていくだろう。成人を迎えてから一度も結婚しない方もいるし、反対に何度も結婚する方もいる。子供は未婚の両親を持つことも（両親とも結婚経験がない）、お互いに独身を通す両親を持つことも、同性・異人種・異文化の人たちと結婚した両親を持つことも（それら3つをあわせ持つ人もいる）、離婚歴のある両親を持ったり、生物学的には親とは呼べない人（養子縁組、精子と卵子のドナーのおかげ）を両親とすることもありえる。これらは、どれもこれもが、ごくごく普通のこととなってきており、特段、説明する必要もないかもしれない。現在では、オンラインで出会うカップルは多い（スタンフォード大学の教授によれば、2005年から2012年の間に結婚したご夫婦の35％はデートサイトで出会った方々だ）。

　本書で紹介している以上は、データを示すことにしよう。

● 2014年生まれの40％は未婚の母を持つと、CDC〔疾病対策センター〕の国立衛生統計センターは報告している。

- CDCによれば、2000年から2014年までに、30代での初産を迎える女性が28％増加している。
- 国勢調査局によれば、少なくとも1人の18歳未満の子供を持つシングル・ペアレント家庭は1,200万世帯ある。
- smartstepfamilies.comによれば、成人人口の42％にあたる9,500万人は、再婚による家族関係を持っている。
- 国勢調査によれば、10％の祖父母は孫と同居している。
- 保健福祉省によれば、約15万人の子供たちが毎年養子に出ているが、合衆国で養子に出された子供の総数は数百万人に上る。2013年の全養子縁組の40％以上が異人種間のものである。
- Pew Research Centerによれば、25歳以上の4,200万人、つまり成人人口の20％は、一度も結婚をしていない。
- 同センターによれば、25歳から34歳までの結婚未経験成人の24％は、パートナーと同居している。
- ノースカロライナ大学グリーンズボロ校の教授によると、30歳から34歳までのすべての女性のうち、70％はボーイフレンドと同居している。結婚するのは40％だけだ。
- 保健福祉省によれば、成人の17％が1回より多く結婚しており、4％は3回以上結婚している。
- 保健福祉省によれば、最近の結婚の21％は夫婦ともに2回目以上だ。
- ブルッキングス研究所によると、2015年のすべての結婚のうち8％以上が異人種間によるものだ。
- Public Discourse〔オンラインのジャーナルサイト〕によれば、成人の22％は離婚している。
- 国勢調査局によれば、2011年に離婚した人の28％は50歳以上だ。

これらの統計が示すことは、家系図というものが前の世代のものとは違った形になっているということだろう。しかし、子供が関係する統計すべてにいえることは、赤ちゃんは常に昔と同じ方法でつくられてきたということだ。

　ただし、エクスポネンシャル・テクノロジーによって状況が変わりつつある。2014年、6万5,000人以上の赤ちゃん、合衆国の新生児のほぼ2％は、体外受精によると考えられる。体外受精の数は、2003年には11万3,000人であったが、2016年には16万5,000人以上になった。実に46％の増加率となる。ピーター・ディアマンディスの2016年10月2日の記事「私たちはデザイナー・ベイビーへ近づいている」によれば、この期間に体外受精のコストは50％まで下がっており、1回の処置治療はたったの1万ドルになっており、体外受精の成功率は20％から50％以上に跳ね上がっている。結果として、お金がない夫婦だけが努力によって子供を授かろうとするようになるかもしれない。

　この科学は、その方法でなければ子供ができない男性と女性に子供を授けているが、少なくともこの方法では、人間の男女が関係している[98]。しかし未来には、必ずしも人間の男女が関係するとは限らない。2016年、3人の人間のDNAを組み合わせた方法で、最初の赤ちゃんが生まれた。バース大学の科学者は、卵子を使わずに赤ちゃんをつくろうとしており（すでにマウスでは成功している）、2人の男性（あるいは1人の男性）から子供を生み出そうとしている（すべては1つの通常の細胞と精子から生み出す）。

---

98. お互いに結婚している男性と女性である必要はかならずしもない。体外受精による赤ちゃんの多くは、第三者から提供される卵子と精子から生まれる。場合によっては代理母による出産で生まれる。これらのバリエーションによって、家系図はさらに複雑となるだろう。

実際、未来の家系図は、いままで見てきたのとは異なる枝分かれをしていく。だから、相続プランがどんどん複雑になってきていることがおわかりだろう。お孫さんの教育費を均等に与えるといっても、3度目の結婚をしてそれぞれの夫と1人ずつ子供がいて、長男の親権を持っておらず、2番目の子供である長女の親権は持っている、といった場合には、いままでのやり方ではうまくいかないのが想像できると思う。同じように、自発的ドナーの精子と娘さんのパートナーの卵子を使って、代理母から生まれた子供を育てている同性愛中の娘がいたらどうか。クロアチアから養子縁組をした未婚のパートナーの子供の父親になった息子に対しても、いままでと同じやり方ではうまくいかないのではないだろうか。

　ここでは、私はいいか悪いかの判断は行わないが、皆さんは判断を下すことになるかもしれない。といったわけで、効率的な相続関係の書類が必要になってくるだろう。相続の書類なしでは、皆さんの遺産は「家族の一員」とは考えられない人へ渡ってしまうかもしれない。そうした人たちは、生物学的に皆さんと関係があるかもしれないし、関係がないかもしれない。逆に、書類がなければ、皆さんの遺産は単純に法律的関係が認められないという理由で、皆さんが溺愛する人へ届かなくなるかもしれない。

　法律が重要な意味を持つのは、ここの点にあるのだ。態度は変わり、状況は進展し、約束は忘れられてしまうか、不正確に記憶されることがある。したがって、唯一重要なことは、書き留めて署名することだ。州が要求しているような形式と証人を立てて署名することだ。

重要なのは州法ということになる。多くの場合、自動的に発生する権利が法律上の婚姻者に与えられ、婚姻関係にない者には与えられない。大切な人でも、他人だったら、その方が病院へ担ぎ込まれたときどうなるだろうか？　医師は法律的な関係者以外とは話をしないだろうし、法律的な関係者以外とは患者と面会させないかもしれない。確実に愛する人のケアに関する決定権を任せてもらえるだろうか？　こうした権利は、配偶者と血族に限られてしまうのだ。

　結婚していない誰かと一緒に家を購入している場合、共同所有者が亡くなったら、その人の親戚がルームメイトになるだろうか？　というのも、亡くなった方の持ち分が皆さんへ自動的に相続されるのは、結婚している場合に限られるからだ。

　他人と共同出資をしているビジネスの場合、その方が亡くなった場合や不能となった場合、新しい共同経営者は、亡くなった方の配偶者になってしまう。長生きをして、ノーマン・ロックウェル〔アメリカの大衆生活を描いた画家〕が決して想像しなかった家族のダイナミクスを生み出す場合、ずっと先のファイナンシャル・プランニングの一部として相続プランを扱う重要性は、下線を引いておくべきほどなのである。

デジタル資産

　相続の書類を更新する理由はこれだけではない。もう1つ、デジタル資産の問題がある。

　1つ前の世代では、写真はアルバムにしまっておいた。ジーンと私は数十冊のアルバムを家に保管しているが、コンピュータやクラウドに保存してある写真は何枚あるだろう？　実物の

写真よりデジタル写真の方が多いのでは？

　皆さんが亡くなった場合、残された配偶者やお子さんはご自宅のクローゼットから結婚アルバムを取り出すことができるだろうが、皆さんが使っていたFacebookやPinterestやそのほかのソーシャルメディアサイトから、どうやって写真を取り出せばいいだろう？

　連邦プライバシー法に則れば、ほとんどのインターネット企業は、皆さんの死後、皆さんのオンライン・アカウントへ家族がアクセスすることを認めない。皆さんが亡くなったというニュースが入ると同時に、データを削除してしまうだろう。この問題に対処している州はほとんどない。基本的に故人のアカウントを見る権利は、法廷で争って勝ち取るしかない。それには何年もかかるだろうから、その間にオンラインサービスはアカウントを削除してしまうかもしれない。

　皆さんの死自体が悲劇であるが、皆さんの写真まで失われてしまうことは、同じくらい悲しいことではないだろうか？　ある29歳の女性が亡くなったとき、彼女の母親は娘のオンライン・アカウントにアクセスして、娘が蓄えてきたすべての写真、メール、そのほかのコンテンツを保存しようとしたが、プロバイダーはすべてを削除してしまい、プライバシー法に従ったといい訳した。「これを聞かされたとき、もう一度娘が死んだような経験をした」と母親は語っている。

　サイトによっては、こうした問題を避ける方法を提示している。たとえば、Facebookでは、利用者に「追悼アカウント〔英語ではlegacy contact〕」を指名させている。これは、皆さんの死亡記事をタイムラインに投稿できる人を指名しておく方法だ。指

名された人は、皆さんのようにログインしたり、プライベート
メッセージを読んだりはできないが、新しい友達リクエストに
応答し、皆さんの投稿や写真を更新したり、アーカイブできる。
Googleでは、「信頼できる連絡先〔英語ではtrusted contacts〕」と
いう選択肢を提供している。指名された人は、Gmailや
Google+のアカウントからデータを受け取ることができる。

　ほかのサイトでも似たようなサービスを提供しているが、す
べてにいえることは、皆さん自身が自発的に作業を行う必要が
あることだ。皆さんは、こうしたサービスを積極的に活用し、
こうした責任を被指名者に知らせ、皆さんのパスワードを教え
ておく必要がある（または、皆さんが亡くなったり、不能になっ
た際に、パスワードがどこにあるのか被指名者に口頭で伝えて
おく必要がある。弁護士にファイルを預けているとか、貸金庫
に入っていると告げるのもいいだろう）。

　同様に、皆さんが亡くなったり、不能になったあと、どのよ
うにアカウントを扱ってほしいのかも、被指名者に伝えておく
必要がある。自分以外の人に「今日は私の誕生日ですよ」と督促
し続けたいのか、そういうことはやめにしたいのか？　自分の
アカウントを削除させるのか、あるいは、サイトが認める限り
記念として残したいのか？　皆さんのプライバシーを侵害する
かもしれない情報は、どのように扱うべきだろうか？（おそら
く、家族に知られたくないサイトへの訪問や交友関係の履歴が
あるはずだ）

　以上の話は、ソーシャルメディアに限ったものだが、それで
は銀行口座や証券口座、個人用のIT機器（家庭用コンピュータ、
ラップトップ、タブレット、スマートフォンなど）は？　パス
ワードがなければ、そうしたデバイスやアカウントのすべての

データが永遠に失われる可能性がある。

　デジタル資産に詳しいファイナンシャル・プランナーや司法書士などに、どうすべきかを確認しておくか、できれば相続関係書類にその内容を記載しておく必要があるだろう。過去数年間、相続プランを見直していないなら、いま行うべきだ。そしてこれからは、相続プランは数年ごとに検討し直して、現況に適していて、皆さんの希望を反映しているかを確認し続けるべきだろう。

人生の最高の時代に ようこそ

Welcome to the Greatest Time of Your Life

　エクスポネンシャル・テクノロジーのおかげで、より長く、より健康的なライフスパンを経験することになるだろう。パートタイムベースで簡単にお金を稼げるようになるはずだ。やってみたい活動を追求するのに、お金がかからない未来を想像してほしい。事実、未来は人生の最高の時代となるだろう。

　未来はすでにここにある。Age Waveによれば、図E-1〜E-5のように、65歳以上の人たちはすべての年齢グループにおいて、一番幸せで、よりリラックスでき、充実し、不安が最も小さいということだ。

　これらのデータはGallupの8万5,000人を対象とした2014年の調査により支持される。図E-6〜E-9のように、ほかのすべての年齢グループと比べた場合、65歳以上は他人に対して支援的であり、生活に愛があふれ、金銭的ストレスが少なく、大きな経済的な安寧があり、社会に対する自負が最もあり、日々享受する健康とエネルギーがある。

　Age Waveの調査では、最近の退職者は「解放感と安堵感に大きく抱かれている」と報告しており、調査対象のほぼすべての退職者(92%)は自分のしたいことはなんでも謳歌できるとし

ている。退職前よりも人生はもっと愉快で、待ち遠しく、楽しいものだと、退職者がいう可能性は10倍にもなりうるだろう。望むことを、望むときに、自らの条件において実行する際に、ストレスがより小さく、自由がより大きいと彼らは報告している。いい換えれば、彼らは偉大なる時間を持っているということになる。

　同じくほとんど（72％）が生涯学習、旅行、ボランティア、そして新しい活動に関わる時間を過ごしている。シェアリングエコノミーの項で見たように、おそらく働くのをやめることはないだろう。実際、Age Waveの調査によれば、退職者の68％がパートタイムで働いている。

　Age Waveによれば、退職後が長いほど人生はよくなるし、退職後が何十年も続けば、楽しさはさらによく、深いものになる。自発性はピークになり、幸福感、満足、そして自信が頂点に達する。

　遊びをし、運動をし、ショッピングし、読書をし、ボランティアをし、そして社会活動をする中で、「存在している」は「行動している」に取って代わるはずだ。

　見通しははっきりしている。未来は人生の最高の時代となるだろう。

　これらすべての段階を通じて、発見と学びに従事する前例のない時間量と十分な機会が生まれる。歴史、芸術、科学、宗教、それ以上のことを学ぶだろう。しかし、最も時間をかけて学ぶべき科目がある。それは自分自身だ。

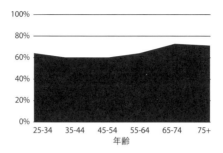

図E-1 | 楽しみがある

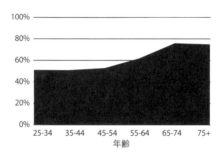

図E-2 | 幸せだ

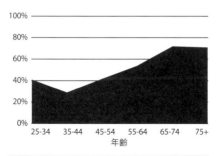

図E-3 | よくリラックスする

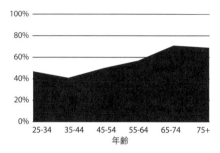

図E-4 | 自信がある

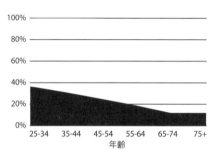

図E-5 | 心配がある

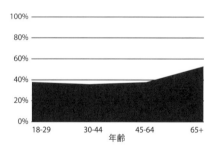

図E-6 | 他人に対して支援的である

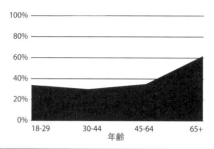

図E-7│ストレスが少なく、モノを得ることの安寧さが増加する経済的な生活を送っている

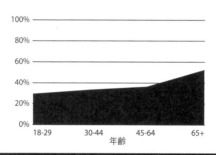

図E-8│住んでいる場所を好み、安全を感じ、コミュニティに自負を感じる

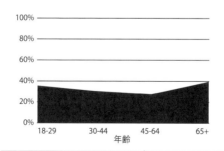

図E-9　健康状態がよく、日常生活を送るのに十分健康である

私が話しているのは、お金の別の側面についてだ。

　ファイナンシャル・プランニングと投資マネジメントの会社
を30年以上前に共同設立した妻のジーンは、毎月、16ページの
クライアント・ニューズレターにコラムを書いている。彼女の
コラムは、「お金の別の側面」といい、そこでは自己認識に焦点
を当て、満足と幸福の達成方法について説明している。栄養学
と消費者経済学の学位を持っているため、この分野に関しては、
彼女は私以上の専門家だといえるだろう。誇りを持って（嫉妬
の色合いもあるが）お伝えしよう、彼女のコラムはニューズレ
ターの中で一番面白いと、わが社の顧客はよく口にしている[99]。
　ジーンはまた、『お金の別の側面（『The Other Side of Money:
Living a More Balanced Life Through 52 Weekly Inspirations』）』
という書籍を出版しており、わが社の顧客の多くから絶賛を浴
びている。彼女いわく、「パーソナル・ファイナンスでは、ファ
イナンスよりも、パーソナルの方が重要である」とのことだ。そ
こで、最も基本的かつパーソナルなレベル、皆さん個人の発達
と成長におけるすべての活動の中で、エクスポネンシャル・テ
クノロジーが非テクノロジー的な面で最も重要な機会を提供す
るのは、どのようなものに対してであるかについて、彼女の考
えを紹介するよう頼んだ。
　以下では、彼女の言葉を掲載しよう。

---

99. わざわざほかに15ページを費やした理由がわからなくなる。

お金の別の側面

ジーン・イーデルマン

　大きくなったら、何をしたいですか？

　テクノロジーが私たちのために仕事をする場合、いままで以上に自由時間を持つことになるでしょう。

　私たちは何をするだろう？　私たちは誰になるだろう？　私たちの仕事が私たちを定義することはなくなるので、私たちを満たすのは、家族・友人・社会・自分自身に対する慈善活動や貢献となるでしょう。内面的に幸せになるのと同様、他人に対して生産的で有益になるためには、自分自身を知る必要があります。

　学校へ戻って、興味のあることを深く研究するのに時間を割くでしょう。多くの趣味を追求するでしょう。長く健康的な生活は、10年ごとに興味を変えることになるでしょう。

　不安もなく、他人から口を出されない世界に住み、なりたい自分になれる。何をすることを選ぶだろう？　どんな人になることを選択するだろう？　これらの問いに答えるために数十年を費やすでしょうし、数十年が経過すれば、答え自体が変わってしまうことに喜びを感じるはずです。

　間違いなく、これらは大きな課題で、私たちだけが答えを出せるのです。

この旅を語るために、たくさんの言葉が使われます。マインドフルネス、自己認識、意識すること、その瞬間にいること、など。これらすべてが意味することは？そして、私たちをよりよい人間にするのに、どのような役割を果たすのでしょうか？

　第1のステップとして、より多くの達成を伴う人生を過ごすために、内面の旅に目覚める必要があります。同時に訪れる自分自身の人生と、すべての厳しい教えに目覚める必要があります。どのようにすれば日々の生活に対して、より意識的に、自己認識的に、マインドフルになれるでしょう？　感情をコントロールし、感情にコントロールされないようにするには、どのように感情とつながればよいでしょうか？

　初めに、私たちは呼吸、思考、行動をコントロールしなくてはなりません。このコントロールによって、リラックスすることを助け、人生の流れをよくしてくれるでしょう。

　簡単そうに聞こえるかもしれませんが、現実には呼吸が答えです。やはり簡単そうに聞こえるかもしれませんが、習得するのは大変です。ただし、習得するだけの価値はあります。というのも、呼吸につながることは、私たち自身と体、精神、感情を関係させることだからです。

　練習は、単に長く息を吸い込み、長く息を吐くこと。そして、息を吸い込む際と息を吐き出す際に、それを意識すること。私たちは散歩の際にも、料理の際にも、歯

磨きの際にも、呼吸を意識しておくべきです。人生のあらゆることに駆り立てられるとき、周囲に引き込まれないように、呼吸とつながっておくのです。

　呼吸とつながることによって、一歩引くことができます。それによって、賢い決定ができるようになります。もっといえば、まだその問題に関わる必要がないと決めて、ただ通り過ぎることもできます。1日中動きながら呼吸とつながっていれば、その瞬間に存在していることができ、その瞬間に十分入り込むことができるのです。

　私たちが欲しいものとは、豊かな瞬間に満ちあふれた1日です。あらゆる人とあらゆるものに気がつく場所こそが、1日なのです。このことを理解し、私たちの行動を豊かにするために呼吸を活用するとき、より多くの平和と感謝を享受できます。

　内なる自分とつながることは、必ずしも答える必要のない、たくさんの質問を生み出します。私の強みと弱みとは何だろう？　何をしたいのだろう？　どこに住みたいのだろう？　核となる信念は何だろう？　これらに対する答えをあきらかにするためには、時間と忍耐を費やすことになるでしょう。美しさは、生活をするにつれて形を変えていくでしょう。

　答えを見つけるためには、思考のプロセスが必要となります。思考のプロセスを見つけるためには、異なる解放口を見つける必要があります。ここでは少しだけ紹介しましょう。

自然とともに外で過ごす。 頭にあるすべてのことについて考えながら、長時間歩くこと。感情を処理する一番の方法は、長時間外を散歩することです。素敵で気楽に、よき深き呼吸をすることは、あらゆる大きな決定を処理するのを助けます。自然は偉大なる友であり、怒りや恐れを吸収し、人生に明瞭さをもたらすことを助けてくれるでしょう。年単位の時間でも、日単位の時間でも、自然は私たちが最も深く思考して共有できるようになるまで準備をして待っていてくれます。

静かな時間。 人によっては新鮮かもしれませんが、静かな時間は不可欠なものです。静かな時間なしに、人生を過ごすことはできません。静かな時間を過ごすことは、紅茶を飲みながら座っているのでも、瞑想や穏やかな散歩でも実現できます。これは心臓の鼓動と呼吸にプラグを差し込む時間なのです。静かな時間を過ごすことは、神経システムを再設定させるのを助けます。活動の合間や始動前の休息は、私たちが行っていることが何であろうとも、それらとよりつながることを助けてくれるでしょう。

ジャーナリング〔「書く瞑想」ともいわれる、考えを書き出すこと〕。癒しを綴りましょう。自分自身に長い手紙を書くことは、大きな問題を処理するために非常に役立ちます。起こっている変化を処理できるように、考えや感情について書き留める時間を、毎日、少しだけ確保して

あげるだけの話です。書き方は自由で構いません。頭に浮かんだことをなんでも書き留めましょう。自分がどれほど直感的であるかを知って驚くはずです。自由なスタイルでの記述は、いままで気がつかなかった洞察力を与えてくれます。書き留めることで、私たちの中に深く根づいていて、表に出るのを待ち望んでいた、生活における感謝と平和を見つけることでしょう。

与えること。他人に与える方法を見つけること。高齢者や子供や動物に与えること。私たちの時間と気持ちを与える機会を増やすこと。

メンタリング。私たちの経験から、他人が学ぶことを手伝うという素晴らしい方法です。常に与えるもの以上に得るものがあるでしょう。

　テクノロジーが私たちを導く先がどこであろうとも、瞬間瞬間がより充実したものであれば、進む道はより快適でしょう。時間を持つことです。時間を取る必要があるのです。
　私たちは素晴らしい、新しい経験をすることでしょう。人生に十分につながることが大切です。忍耐をするためにも、親切を示すためにも、感謝の気持ちを持つためにも。自分自身を知るとき、呼吸につながるとき、瞬間を抱き寄せるとき、そうしたことが表面に現れてくるはずです。私たちの手でテクノロジーを加速させましょう。

そうすることでその果実を享受し、その素晴らしさを堪能できるのです。

結 論

Conclusion

　本書では、まもなくやってくる世界への窓を提供してきた。これまでには決して行わなかったことをするようになるだろうし、これまで行ったことのない場所へ行くことになるだろうし、これまでに経験したことのない方法で旅することになるだろう。そこにはまだわからないリスクや危険もあれば、私たちの伝統の多くが崩壊することもあるだろう。

　ただし、潜在的な上昇気流が、そうしたいかなる不安をもはるかに上回ってしまうはずだ。数十億人の生活が徹底的に改善され、その中には皆さんの生活や皆さんの愛する人たちの生活が当然含まれる。

　皆さんにとって、これらすべてが新しいことだろうから、道案内をするガイド役が必要だ。未来を理解し、皆さんの未来を計画し、案内できるファイナンシャル・プランナーがいれば、非常に大きな価値のあるアドバイスを手にできるだろう。私はこの6年間、アメリカを横断し、多くのカンファレンスで、数千人のファイナンシャル・プランナーにエクスポネンシャル・テクノロジーを説明してきたが、大多数のファイナンシャル・プランナーはエクスポネンシャル・テクノロジーによるファイナンシャル・プランニングへのインパクトについて、訓練されていないばかりか、それに気がついてもいなかった。そのため、ファイナンシャル・アドバイザーを選択する際には注意してか

かる必要があるかもしれない。

　効率的なファイナンシャル・プランニングと、未来に対する正確で現実的な見通しを持って、今後の数十年が皆さんの人生で最も充実した、やりがいのある、満足な時期になりうると信じている。さらにいろいろな新しいものを追求する機会を与えてくれることだろう。

　追求することの1つは、おそらくすべてのことがらで最も重要なことであり、1776年の建国時にわが国でほかの何にも増して確立されたものだ。独立宣言時のトーマス・ジェファーソンによる深い先見の明を拝借するなら、エクスポネンシャル・テクノロジーは、究極的には私たち1人1人に、これまで以上に、想像を超えたより大きなスケールで、より大きな方法で、より多くの人々によって、ある1つのことを追求させてくれるだろう。それは……

　幸福の追求だ！

訳者あとがき

　アメリカのシンギュラリティ大学は、2008年にカーツワイル博士とディアマンディス氏により設立され、NASA、Google、3D Systems などが出資した世界最高水準のテクノロジー研究機関である。本書のディアマンディス氏の序文にあるように、2012年4月、『The Truth About Money TV with Ric Edelman』という公共テレビ番組の第3シリーズにて、26週間にわたってシンギュラリティ大学の教授陣がインタビューに応じた（第4章参照）。その結果、それまではGoogleをはじめとした大企業やスタートアップ企業などが企業戦略を考えるうえでシンギュラリティ大学の講義を参考にしていたところ、一般のアメリカ人までシンギュラリティ大学に注目し始めた（本書第6章の119ページ参照）。

　その余波は日本にまで及んでおり、2007年1月にNHK出版から出版されたカーツワイル博士の『ポスト・ヒューマン誕生』は忘れ去られていたかに思われたが、突如として増刷を重ねることとなり、7刷を迎えた時点であわてて圧縮版の『シンギュラリティは近い』が出版されたが、「突如として増刷がかかった理由」とは、リック・イーデルマン氏の同マネー番組の影響であったと考えるべきであろう。

　テレビとラジオの司会を務め、10冊の書籍がすべて大ベストセラーのイーデルマン氏は、全米最大のファイナンシャル・プランニング会社、イーデルマン・フィナンシャル・サービス社の創業者であったことから、シンギュラリティ大学のExponential

Finance課程の教授にスカウトされた。

　Exponential Finance課程の教授としてリック・イーデルマン氏が最初に着手したことは、シンギュラリティ大学のエクスポネンシャル・テクノロジーを投資対象とするべく、2015年にBlackRockとMorningstarと共同で、世界初のエクスポネンシャル・テクノロジーETF(iShares Exponential Technologies ETF)を完成させたことである(第17章参照)。

　2017年、本書は全米でベストセラーとなり、同時に、日本のNHKにあたるPBSにて『The Truth About Your Future TV』が放送される。これにより、一般のアメリカ人にもエクスポネンシャル・テクノロジーが浸透する。また、BlackRock以外にも、Global X、Kensho、ARKなどのファンドも登場した。

　2018年、リック・イーデルマン氏はイーデルマン・フィナンシャル・エンジンズ社を創業する。同社は130万人の顧客を抱え、35兆円を運用する一大金融機関であるが、エクスポネンシャル・テクノロジーという新資産がポートフォリオに採用された。また、本書の第9章で紹介されているブロックチェーンとデジタル資産に関しては、Exponential Finance課程の教授として特別重要な研究対象であったため、Digital Assets Council for Financial Professionals という学術団体を創設している。さらに、2022年1月からは『The Truth About Your Future with Ric Edelman』というラジオ番組をスタートさせた。

　ここで本書の位置づけについて説明するならば、『ポスト・ヒューマン誕生』『2030年　すべてが「加速」する世界に備えよ』とともに、「シンギュラリティ大学の3部作」を構成していると

いっても過言ではない。

　2005年の『ポスト・ヒューマン誕生』にて、カーツワイル博士は、指数関数的に進化するエクスポネンシャル・テクノロジーに言及し、2020年代の脳科学、ナノテクノロジー、ロボティクスのGNR革命によってナノボットが実用化され、2029年には人間と同等の知能と自らの意志を持つ「強いAI」が誕生し、2045年に「強いAI」が人類の10億倍の能力を持つ特異点を迎え、人類は生来の生物としての能力を超えていくと予測している。

　2017年の本書にて、イーデルマン氏は、エクスポネンシャル・テクノロジーの11産業分野を1つ1つ丁寧に解説し、エクスポネンシャル・テクノロジー産業を投資対象へと転身させると同時に、エクスポネンシャル・テクノロジーによる人生設計上の変化に対応した新たなファイナンシャル・プランニングを提案した。特に、古いテクノロジー企業から新しいテクノロジー企業への産業シフト期に対応するため、就職→退職→大学院→転職→退職→大学院という生涯学習についても言及していた。

　2020年の『2030年　すべてが「加速」する世界に備えよ』にて、ディアマンディス氏は本書を3年分アップデートしながら、エクスポネンシャル・テクノロジーの12産業分野における相互のコンバージョンに焦点を絞って解説を行っている。同書で追加された産業分野とは宇宙であるが、カーツワイル博士の『ポスト・ヒューマン誕生』では、2045年の特異点後には、人類は非生物的知能を携えて宇宙開発へ乗り出すとの予測を先取りしている。

　訳者は、「シンギュラリティ大学の3部作」について、最初に、本書の原書から入門して、次に、『2030年　すべてが「加速」する世界に備えよ』を通読し、最後に『ポスト・ヒューマン誕生』を

精読したが、正直、あの難解なカーツワイル博士の著作に続いて、本書のようなわかりやすい書籍が誕生してきたことは奇跡としかいいようがないと思う。仮に、「シンギュラリティ大学の3部作」の中で、最初に本書を通読された場合には、訳者と同じ読み方が入りやすいように思う。

　本書を通読された方で、さらに続きを知りたい、あるいは著者の活動を知りたい場合、1つ目に、翻訳者の主催するYouTube『The Truth About Money』の2022年2月21日の『The Truth About Your Future ウェビナー』では、リック・イーデルマン氏の説明を日本語で無料視聴することが可能である。2つ目は、2022年1月1日よりスタートした『The Truth About Your Future with Ric Edelman』というラジオ番組を英語であるが無料で視聴できる。3つ目は、『Digital Assets Council for Financial Professionals』も英語であるが無料動画を多数視聴できる（それぞれの試聴方法は巻末参照）。

　最後に、著者の指導により、訳者自身も日本人向けにアレンジした形で、著作を出版したり、YouTubeで解説している。本書を通読された後で、さらに具体的にエクスポネンシャル・テクノロジーへのアプローチを試みるならば、ご参考にされたい。

イーデルマンジャパン
方波見寧

参考文献・推薦図書

さらにエクスポネンシャル・テクノロジーについて学びたい場合は、次の書籍をお勧めする。

『寿命100歳以上の世界　20XX年、仕事・家族・社会はこう変わる』(ソニア・アリソン著／土屋晶子訳／CCCメディアハウス／2013年)

『楽観主義者の未来予測　テクノロジーの爆発的進化が世界を豊かにする』上下巻(ピーター・H・ディアマンディス、スティーブン・コトラー著／熊谷玲美訳／早川書房／2014年)

『仮想通貨の時代』(ポール・ヴィニャ、マイケル・J・ケーシー著／株式会社コスモユノー訳／マイナビ出版／2017年)

『ボールド　突き抜ける力　超ド級の成長と富を手に入れ、世界を変える方法』(ピーター・H・ディアマンディス、スティーブン・コトラー著／土方奈美訳／日経BP社／2015年)

『カレッジ(アン)バウンド　米国高等教育の現状と近未来のパノラマ』(ジェフリー・J・セリンゴ著／船守美穂訳／東信堂／2018年)

『The End of College: Creating the Future of Learning and the University of Everywhere』(Kevin Carey著／Riverhead Books／2015年)(未邦訳)

『シンギュラリティ大学が教える飛躍する方法　ビジネスを指数関数的に急成長させる』(サリム・イスマイル、マイケル・マローン、ユーリ・ファン・ギースト著／小林啓倫訳／日経BP社／2015年)

『フューチャー・クライム　サイバー犯罪からの完全防衛マニュアル』(マーク・グッドマン著／松浦俊輔訳／青土社／2016年)

『The Future of Violence: Robots and Germs, Hackers and Drones—Confronting A New Age of Threat』(Benajmin Wittes and Gabriella Blum著／Basic Books／2015年)(未邦訳)

『How to Create a Mind: The Secret of Human Thought Revealed』(Ray Kurzweil著／ Viking／2012年)(未邦訳)

『The Infinite Resource: The Power of Ideas on a Finite Planet』(Ramez Naam著／University Press of New England／2013年)(未邦訳)

『第五の権力　Googleには見えている未来』(エリック・シュミット、ジャレッド・コーエン著、櫻井祐子訳／ダイヤモンド社／2014年)

『Pardon the Disruption: The Future You Never Saw Coming』(Clayton R. Rawlings、James Randall Smith、Rob Bencini著／Wasteland Press／2013年)(未邦訳)

『ポスト・ヒューマン誕生　コンピュータが人類の知性を超えるとき』(レイ・カーツワイル著／井上健監訳／小野木明恵、野中香方子、福田実訳／NHK出版／2007年)

『スーパーインテリジェンス　超絶AIと人類の命運』(ニック・ボストロム著／倉骨彰訳／日本経済新聞出版社／2017年)

出所（図）

P-1 Intel.

P-2 "Supercomputer Timeline," ジョージ・メイソン大学, mason.gmu.edu.

P-3 The Hamilton Project.

P-4 これは複利の原理を示すための仮想の図解で、特定の投資対象の過去や将来のリターンを表すものではない。

P-5 Futuretimeline.net.

P-6 これは複利の原理を示すための仮想の図解で、特定の投資対象の過去や将来のリターンを表すものではない。

P-7 Peter H. Diamandis and Steven Kotler, "Abundance: The Future Is Better Than You Think," Abundance the Book, February 21, 2012, abundancethebook.com.〔邦訳：『楽観主義者の未来予測　テクノロジーの爆発的進化が世界を豊かにする』上下巻（ピーター・H・ディアマンディス、スティーブン・コトラー著／熊谷玲美訳／早川書房／2014年）〕

1-1 ミシガン大学, Transportation Research Institute, umtri. umich.edu.

1-2 IHS Markit.

1-3 国際電気通信連合, Google.

1-4 ICT Data and Statistics (IDS) Division, International Telecommunication Union.

1-5 Salim Ismail, "Exponential Organizations: Why new organizations are ten times better, faster, and cheaper than yours (and what to do about it)," Exponential Organizations, October 18, 2014, exponentialorgs.com.〔邦訳：『シンギュラリティ大学が教える飛躍する方法　ビジネスを指数関数的に急成長させる』（サリム・イスマイル、マイケル・マローン、ユーリ・ファン・ギースト著／小林啓倫訳／日経BP社／2015年）〕

3-1 CB Insights, McKinsey & Company, Uber, Business Insider, IHS Global Insight.

3-2 Uber.

4-1 国立科学財団.

5-1 Google.

5-2 Gartner.

6-1 国立ヒトゲノム研究所, 国立衛生研究所.

9-1 Expedia.

10-1 Bain Capital Ventures, CB Insights.

10-2 PricewaterhouseCoopers.

10-3 Paul Vigna and Michael J. Casey, "The Age of Cryptocurrency: How Bitcoin and the Blockchain Are Challenging the Global Economic Order," Macmillan Publishers, January 27, 2015, macmillan.com.〔邦訳：『仮想通貨の時代』（ポール・ヴィニャ、マイケル・J・ケーシー著／株式会社コスモユノー訳／マイナビ出版／2017年）

10-4 Peter H. Diamandis and Steven Kotler, "Abundance: The Future Is Better Than You Think," Abundance the Book, February 21, 2012, abundancethebook.com.〔邦訳：『楽観主義者の未来予測　テクノロジーの爆発的進化が世界を豊かにする』上下巻(ピーター・H・ディアマンディス、スティーブン・コトラー著／熊谷玲美訳／早川書房／2014年)〕

10-5 Statista.

10-6 The Economist.

11-1 Marc Goodman, "Future Crimes," Future Crimes, February 24, 2015, futurecrimesbook.com.〔邦訳：『フューチャー・クライム　サイバー犯罪からの完全防衛マニュアル』(マーク・グッドマン著／松浦俊輔訳／青土社／2016年)〕

12-1 Wall Street Journal Market Data Group.

13-1 "2015 Consumer Expenditure Survey," 労働省労働統計局.

13-2 これは複利の原理を示すための仮想の図解で、特定の投資対象の過去や将来のリターンを表すものではない。

14-1 オックスフォード大学.

14-2 オックスフォード大学.

14-3 労働省労働統計局, 国勢調査局.

14-4 労働省労働統計局, 国勢調査局.

14-5 労働省労働統計局, 国勢調査局.

14-6 "Occupational Employment Statistics," 労働省労働統計局.

14-7 オックスフォード大学.

17-1 "Certificates of Deposit," Federal Reserve of Economic Data - Economic ResearchFederal Reserve Bank of St. Louis, Bloomberg 12-Month Deposit Index.

17-2 これは複利の原理を示すための仮想の図解で、特定の投資対象の過去や将来のリターンを表すものではない。

17-3 Ibbotson Associates. 過去の実績は将来の結果を保証するものではない。

17-4 Ibbotson Associates. 過去の実績は将来の結果を保証するものではない。

17-5 Ibbotson Associates. 過去の実績は将来の結果を保証するものではない。

17-6 Ibbotson Associates. 過去の実績は将来の結果を保証するものではない。

17-7 Ibbotson Associates. 過去の実績は将来の結果を保証するものではない。

17-8 これは複利の原理を示すための仮想の図解で、特定の投資対象の過去や将来のリターンを表すものではない。

17-10 Dimensional Fund Advisors. 過去の実績は将来の結果を保証するものではない。

17-11 Morningstar. 過去の実績は将来の結果を保証するものではない。

17-13 Ned Davis Research Group.

17-14 Morningstar. Morningstar Directのデータにもとづいている。

17-15 これは複利の原理を示すための仮想の図解で、特定の投資対象の過去や将来のリターンを表すものではない。

17-16 これは複利の原理を示すための仮想の図解で、特定の投資対象の過去や将来のリターンを表すものではない。

17-17 Morningstar.

17-18 Morningstar.

17-19 Salim Ismail, "Exponential Organizations: Why new organizations are ten times better,faster, and cheaper than yours (and what to do about it)," Exponential Organizations, October 18, 2014, exponentialorgs.com.〔邦訳：『シンギュラリティ大学が教える飛躍する方法　ビジネスを指数関数的に急成長させる』(サリム・イスマイル、マイケル・マローン、ユーリ・ファン・ギースト著／小林啓倫訳／日経BP社／2015年)〕Laura Montini, "Then and Now: How Long It Takes to Get to a \$1 Billion Valuation (Infographic)," Inc., October 8, 2014, inc.com.

17-20 『フォーチュン』,『ウォール・ストリート・ジャーナル』

17-21 iShares, Morningstar. 2016年12月31日時点のデータ。

17-22 iShares, Morningstar. 2016年12月31日時点のデータ。

17-23 iShares, Morningstar. 2016年12月31日時点のデータ。

17-24 iShares, Morningstar. 2016年12月31日時点のデータ。

17-25 iShares, Morningstar. 2016年12月31日時点のデータ。

17-26 iShares, Morningstar. 2016年12月31日時点のデータ。

19-1 SherpaReport.

E-1 Age Wave.

E-2 Age Wave.

E-3 Age Wave.

E-4 Age Wave.

E-5 Age Wave.

E-6 Age Wave.

E-7 Age Wave.

E-8 Age Wave.

E-9 Age Wave.

出所

Prologue: Why Yogi Berra Was Right

"The Future Is Not What It Used to Be," *Quote Investigator*, December 6, 2012, quoteinvestigator.com.

"Intel Timeline: A History of Innovation," *Intel*, 2016, intel.com.

"Moore's Law: What is Moore's Law," *Investopedia*, 2016, investopedia.com.

"50 Years of Moore's Law: Fueling Innovation We Love and Depend On," *Intel*, 2016, intel.com.

John Markoff, "Smaller, Faster, Cheaper, Over: The Future of Computer Chips," *The New York Times*, September 26, 2015, nytimes.com.

Max Chafkin and Ian King, "How Intel Makes a Chip," *Bloomberg Businessweek*, June 9, 2016, bloomberg.com.

Don Clark, "Nvidia Shows Off Its New Titan X Chip for Gamers," *The Wall Street Journal*, July 22, 2016, wsj.com.

Ed Ram, "How will the 5G network change the world?," *BBC News*, December 1, 2014, bbc.com.

Clayton R. Rawlings, James Randall Smith and Rob Bencini, "Pardon the Disruption: The Future You Never Saw Coming," *Wasteland Press*, November 11, 2013, wastelandpress.net.

Elsa Wenzel, "Scientists create glow-in-the-dark cats," *CNET*, December 12, 2007, cnet.com.

Matt McFarland, "The $75,000 problem for self-driving cars is going away," *The Washington Post*, December 4, 2015, washingtonpost.com.

Mary E. Shacklett, "LiDAR and the Driverless Car," *POB-Point of Beginning*, May 15, 2014, pobonline.com.

Peter H. Diamandis and Steven Kotler, "Abundance: The Future Is Better Than You Think," *Abundance the Book*, February 21, 2012, abundancethebook.com.〔邦訳：『楽観主義者の未来予測　テクノロジーの爆発的進化が世界を豊かにする』上下巻（ピーター・H・ディアマンディス、スティーブン・コトラー著／熊谷玲美訳／早川書房／2014年）〕

Vivek Wadhwa, "It's a beautiful time to be alive and educated," *The Washington Post*, August 25, 2014, washingtonpost.com.

"Digital Birth: Welcome to the Online World," *Business Wire*, October 6, 2010, businesswire.com.

Ray Kurzweil, "The Law of Accelerating Returns," *Kurzweil Accelerating Intelligence*, March 7, 2001, kurzweilai.net.

Ray Kurzweil, "The Singularity Is Near: When Humans Transcend Biology," *Singularity*, September 26, 2006, singularity.com.〔邦訳：『ポスト・ヒューマン誕生　コンピュータが人類の知性を超えるとき』(レイ・カーツワイル著／井上健監訳／小野木明恵、野中香方子、福田実訳／NHK出版／2007年)〕

Cliff Saran, "Apollo 11: The computers that put man on the moon," *ComputerWeekly.com*, July 17, 2009, computerweekly.com.

"Buy iPad mini 2," *Apple*, apple.com.

"Computing at the speed of light: Team takes big step toward much faster computers," *Phys.org*, May 18, 2015, phys.org.

William Herkewitz, "Meet The Memcomputer: The Brain-Like Alternative to Quantum Computing," *Popular Mechanics*, July 3, 2015, popularmechanics.com.

Fabio Lorenzo Traversa, Chiara Ramella, Fabrizio Bonani and Massimiliano Di Ventra, "Memcomputing NP-complete problems in polynomial time using polynomial resources and collective states," *Science Advances*, July 3, 2015, advances.sciencemag.org.

Massimiliano Di Ventra and Yuriy V. Pershin, "Memcomputers: Faster, More Energy-Efficient Devices That Work Like a Human Brain," *Scientific American*, February 1, 2015, scientificamerican.com.

Will Knight, "Robots Learn to Make Pancakes from WikiHow Articles," *MIT Technology Review*, August 24, 2015, technologyreview.com.

Part One: A Tour of Exponential Technologies
Chapter One: Connecting with Each Other

"Domino's Pizza, Ford Unveil Latest Ordering App Innovation Using SYNC AppLink System," *Ford*, January 7, 2014, media.ford.com.

"More Americans of all ages spurning driver's licenses," *University of Michigan, Transportation Research Institute*, January 20, 2016, umtri.umich.edu.

Amy Chozick, "As Young Lose Interest in Cars, G.M. Turns to MTV for Help," *The New York Times*, March 22, 2012, nytimes.com.

Jacqueline Detwiler, "The Generation That Doesn't Remember Life Before Smartphones," *Popular Mechanics*, November 19, 2015, popularmechanics.com.

Kyle Chayka, "To Absolutely No One's Surprise, Gamers Ordered $1 Million of Pizza on Xbox in Four Months," *Time*, January 9, 2014, time.com.

James B. Stewart, "Facebook Has 50 Minutes of Your Time Each Day. It Wants More," *The New York Times*, May 5, 2016, nytimes.com.

Felix Richter, "Americans Use Electronic Media 11+ Hours A Day," *Statista*, March 13, 2015, statista.com.

Kia Kokalitcheva, "WhatsApp now has 700M users, sending 30B messages per day," *VentureBeat*, January 6, 2015, venturebeat.com.

"YouTube Company Statistics," *Statistic Brain*, July 7, 2016, statisticbrain.com.

Jim Edwards, "Google Is Now Bigger Than Both the Magazine and Newspaper Industries," *Business Insider*, November 12, 2013, businessinsider.com.

"iTunes and Netflix already dwarf ≫ Future of Digital 2014," *BI Intelligence*, December 5, 2014, slideshare.net.

"Future of Digital 2014," *BI Intelligence, LinkedIn Slideshare*/slideshare.net.

Monica Anderson, "Technology Device Ownership: 2015," *Pew Research Center*, October 29, 2015, pewinternet.org.

Dave Chaffey, "Mobile Marketing Statistics compilation," *Smart Insights*, October 26, 2016, smartinsights.com.

"Industry leaders discussed possibilities of more consumer centric mobile marketing campaigns," *MMA—Mobile Marketing Association*, April 19, 2010, mmaglobal.com.

Cheryl Conner, "Fifty Essential Mobile Marketing Facts," *Forbes*, November 12, 2013, forbes.com.

Robin Sidel, "Wallet War: Banks, Stores Slug It Out With Phone-Pay Apps," *The Wall Street Journal*, July 14, 2016, wsj.com.

Gloria Dawson, "At Sweetgreen, a Suitcase Full of Cash Won't Buy You Lunch," *The New York Times*, July 30, 2016, nytimes.com.

"Mobile Shopping Becomes A Larger Piece of the Pie," *PYMNTS.com*, July 26, 2016, pymnts.com.

Alice Hart-Davis, "Welcome to the new wave of wearable technology," *Newsweek*, June 21, 2015, europenewsweek.com.

Ray A. Smith, "Ralph Lauren to Sell Wearable-Tech Shirt Timed for US Open," *The Wall Street Journal*, August 19, 2015, wsj.com.

Dave Smith, "Google: Pill Passwords And Electronic Tattoos in the Works As Motorola Focuses on Innovating Authentication Methods [VIDEO]," *International Business Times*, May 30, 2013, ibtimes.com.

Shane Walker and Roeen Roashan, "Smart Clothing in Wearable Technologies Report—2015," *HIS Markit*, August 25, 2015, technology.ihs.com.

Clinton Nguyen, "Chaos Theory, Tech Tats: Vice Geeks Out Over Chaotic Moon's Coolest Biowearables," *Chaotic Moon*, November 23, 2015, chaoticmoon.com.

"U.S. and World Population Clock," *United States Census Bureau*, 2016, census.gov.

"Gartner Says 6.4 Billion Connected "Things" Will be in Use in 2016, Up 30 Percent From 2015," *Gartner*, November 10, 2015, gartner.com.

"Internet Users," *Internet Live Stats*, 2016, internetlivestats.com.

"Cisco Visual Networking Index: Global Mobile Data Traffic Forecast Update, 2015–2020 White Paper," *Cisco*, February 1, 2016, cisco.com.

Evgeny Morozov, "Is Smart Making Us Dumb?," *The Wall Street Journal*, February 23, 2013, wsj.com.

Melanie Anzidei, "Running low on milk? Let your fridge tell you," *North Jersey*, January 7, 2016, northjersey.com.

Jane L. Levere, "Smart Luggage for the Connected Age," *The New York Times*, March 9, 2015, nytimes.com.

Maria Konovalenko, "Artificial Intelligence Is the Most Important Technology of the Future," *Institute for Ethics and Emerging Technologies*, July 30, 2013, ieet.org.

"Major Retailers Driving Growth In Mobile Augmented Reality Apps," *ScreenMedia Daily*, September 4, 2012, screenmediadaily.com.

Eli Rosenbergaug, "Concerns Over Rule Banning Sex Offenders From Playing Pokemon Go," *The New York Times*, August 21, 2016, nytimes.com.

Miho Inada, " 'Pokemon Go'-Related Car Crash Kills Woman in Japan," *The Wall Street Journal*, August 25, 2016, wsj.com.

Tim Kelly, "Japanese truck driver playing Pokemon Go kills pedestrian," *Reuters*, August 25, 2016 reuters.com.

Nick Wingfield and Mike Isaac, "Pokemon Go Brings Augmented Reality to a Mass Audience," *The New York Times*, July 11, 2016, nytimes.com.

Sarah E. Needleman, " 'Pokemon Go' May Leave Rivals Hunting for Gamers' Attention," *The Wall Street Journal*, July 26, 2016, wsj.com.

Paul Fontaine, "Icelandic Tour Bus Company Offers Pokemon Go Hunting Trips," *Reykjavik Grapevine*, July 28, 2016, grapevine.is.

Heather Kelly, "Pokemon Go breaks Apple download records," *CNN*, July 22, 2016, cnn.com.

Polly Mosendz and Luke Kawa, "Pokemon Go Brings Real Money to Random Bars and Pizzerias," *Bloomberg*, July 11, 2016, bloomberg.com.

Shona Ghosh, "How a French furniture brand activated Pokemon Go across 200 stores," *Campaign*, July 26, 2016, campaignlive.co.uk.

Kate Stalter, "Three Investing Secrets I Learned From Pokemon GO," *Forbes*, Jul 28, 2016, forbes.com.

Rebecca Hersher, "Holocaust Museum, Arlington National Cemetery Plead: No Pokemon," *NPR The Two-Way*, July 12, 2016, npr.org.

Elad Benari, "Pokemon craze hits Holocaust memorials," *Arutz Sheva*, July 25, 2016, israelnationalnews.com.

Luke Plunkett, "Sick Of Pokemon Go Disturbances, Local Government Asks Game To Remove Pokestops," *Kotaku*, July 24, 2016, kotaku.com.

Emily Zanotti, "Government Considers First Pokemon Go Regulations," *HeatStreet*, July 14, 2016, heatst.com.

Matthew Levinson, "Sberbank Helps Catch Pokemon and Provide Free Insurance for Pokemon Go Players," *Fintech Collective*, July 19, 2016, news.fintech.io.

Mike DiRocco, "Jaguars host 15,000 Pokemon Go fans at EverBank Field," *ESPN*, July 25, 2016, espn.com.

Nick Statt, "Hillary Clinton is holding a campaign event at a Pokemon Go gym," *The Verge*, July 14, 2016, theverge.com.

Brian Crecente, "Japanese government releases warnings, advice ahead of Pokemon Go arrival," *Polygon*, July 21, 2016, polygon.com.

Amelia Warshaw, "Real Dangers in the Fake Pokemon World," *The Daily Beast*, July 16, 2016, thedailybeast.com.

Rachel Vorona Cote, "Kids Illegally Cross Border Between Canada and U.S. in Pursuit of Pokemon," *Jezebel*, July 24, 2016, jezebel.com.

Ken Moritsugu, "Why the Pokemon-McDonald's deal in Japan could be big," *Japan Today*, July 23, 2016, japantoday.com.

Sadie Levy Gale, "Pokemon Go: Man 'impaled on metal fence' while playing game in Stockholm," *Independent*, July 25, 2016, independent.co.uk.

Samit Sarkar, "Pokemon Go player hits cop car while playing behind the wheel, all caught on camera," *Polygon*, July 19, 2016, polygon.com.

Terri Peters, "Baby Pikachu, is that you? Pokemon Go inspires baby names, BabyCenter reports," *Today*, July 26, 2016, today.com.

Brian Cantor, "The Band Perry Performs Via Hologram on "Jimmy Kimmel Live" (Watch Now)," *Headline Planet*, November 4, 2015, headlineplanet.com.

Daniel Kreps, "Andy Kaufman, Redd Foxx Holograms to Tour," *Rolling Stone*, October 23, 2015, rollingstone.com.

Matt Brian, "New smartphone chip will beam high-definition holograms as early as 2015," *Engadget*, June 3, 2014, engadget.com.

Steven Levingston, "Internet Entrepreneurs Are Upbeat Despite Market's Rough Ride," *The New York Times*, May 24, 2000, nytimes.com.

Chapter Two: Big Data

Bernard Marr, "Big Data: 20 Mind-Boggling Facts Everyone Must Read," *Forbes*, September 30, 2015, forbes.com.

"Email Statistics Report, 2015-2019," *The Radicati Group*, March 2015, radicati.com.

Artyom Dogtiev, "App Usage Statistics: 2015 Roundup," *BusinessofApps*, December 14, 2015, businessofapps.com.

"Twitter Usage Statistics," *Internet Live Stats*, internetlivestats.com.

"Percentage of all global web pages served to mobile phones from 2009 to 2016," *Statista*, 2016, statista.com.

"VNI Mobile Forecast Highlights, 2015-2020," *Cisco*, 2016, cisco.com.

"10th Annual Cisco Visual Networking Index (VNI) Mobile Forecast Projects 70 Percent of Global Population Will Be Mobile Users," *Cisco*, February 3, 2016, newsroom.cisco.com.

Joseph Bradley, Joel Barbier and Doug Handler, "Embracing the Internet of Everything to Capture Your Share of $14.4 Trillion," *Cisco*, 2013, cisco.com.

"Out of the box," *The Economist*, November 21, 2015, economist.com.

"What is big data?," *IBM*, 2016, ibm.com.

Salim Ismail, "Exponential Organizations: Why new organizations are ten times better, faster, and cheaper than yours (and what to do about it)," *Exponential Organizations*, October 18, 2014, exponentialorgs.com.〔邦訳:『シンギュラリティ大学が教える飛躍する方法　ビジネスを指数関数的に急成長させる』(サリム・イスマイル、マイケル・マローン、ユーリ・ファン・ギースト著／小林啓倫訳／日経BP社／2015年)〕

"The Rapid Growth of Global Data," *CSC*, 2012, csc.com.

"The Digital Universe of Opportunities: Rich Data and the Increasing Value of the Internet of Things," *EMC*, April 2014, emc.com.

"Gearing Up For Data Deluge from World's Biggest Radio Telescope," *ICRAR*, March 6, 2012, icrar.org.

"SKA Project," *Square Kilometre Array*, 2016, skatelescope.org.

"5 reasons why your data center is everywhere," *Cisco*, 2015, cisco.com.

"5 ways all-in-one minis deliver mighty IT solutions," *Cisco*, 2015, cisco.com.

"5 tips to ensure that big data has a big impact on your organization," *Cisco*, 2015, cisco.com.

"5 steps to aligning IT to the needs of your organization," *Cisco*, 2015, cisco.com.

"6 TB Hard Drive," *Amazon*, 2016, amazon.com.

"Samsung Mass Producing Industry's First 512-Gigabyte NVMe SSD in a Single BGA Package for More Flexibility in Computing Device Design," *Samsung Newsroom*, May 31, 2016, news.samsung.com.

Jennifer Langston, "UW team stores digital images in DNA—and retrieves them perfectly," *University of Washington—UW Today*, April 7, 2016, washington.edu.

James Bornholt, Randolph Lopez, Douglas M. Carmean, Luis Ceze, Georg Seelig and Karin Strauss, "A DNA-Based Archival Storage System," *University of Washington*, 2016, homes.cs.washington.edu.

Leo Hickman, "How algorithms rule the world," *The Guardian*, July 1, 2013, theguardian.com.

Yaniv Taigman, Ming Yang, Marc'Aurelio Ranzato, Lior Wolf, "DeepFace: Closing the Gap to Human-Level Performance in Face Verification," *Facebook*, June 24, 2014, research.facebook.com.

Penny Crosman, "Narrative Science Applies AI to Suspicious Activity Reports," *American Banker*, November 12, 2013, americanbanker.com.

"Welcome to the new era of data storytelling," *NarrativeScience*, 2016, narrativescience.com.

Rich McCormick, "AP's 'robot journalists' are writing about Minor League Baseball now," *The Verge*, July 4, 2016, theverge.com.

"Did a Robot Write This? Or a Wall Street Analyst?," *The Wall Street Journal*, July 7, 2015, wsj.com.

Shelley Podolny, "If an Algorithm Wrote This, How Would You Even Know?," *The New York Times*, March 7, 2015, nytimes.com.

"A Report From Singularity: Big Bright Minds," *Filene*, 2012, Filene.org.

John Markoff, "Synthetic DNA Is Seen as Way to Store Data for Centuries," *NewsDiffs*, December 3, 2015, newsdiffs.org.

Marc Goodman, "Future Crimes," *Future Crimes*, February 24, 2015, futurecrimesbook. com.〔邦訳：『フューチャー・クライム　サイバー犯罪からの完全防衛マニュアル』(マーク・グッドマン著／松浦俊輔訳／青土社／2016年)〕

Matt Wrye, "Jumiya: There's a Direct Link Between Health and Finances," *CUNA—Credit Union National Association*, April 8, 2014, news.cuna.org.

Brian Caulfield, "Big Brains Introduced to Big Problems at Singularity U," *Forbes*, June 19, 2012, forbes.com.

Deena Coffman, "Senate Committee Looks To Regulate Private Data Collection Firms," *IDT911*, December 20, 2013, idt911.com.

Kate Murphy, "Web Photos That Reveal Secrets, Like Where You Live," *The New York Times*, August 11, 2010, nytimes.com.

Caitlin Bronson, "Allstate wants to spy on its auto insurance clients, patent reveals," *Insurance Business*, August 31, 2015, ibamag.com.

Tom Simonite, "Robot Journalist Finds New Work on Wall Street," *MIT Technology Review*, January 9, 2015, technologyreview.com.

"AP expands Minor League Baseball coverage," *AP*, June 30, 2016, ap.org.

Chris Matthews, "Why your car insurance company wants to track your heart rate," *Fortune*, June 19, 2015, fortune.com.

"FTC Recommends Congress Require the Data Broker Industry to Be More Transparent and Give Consumers Greater Control over Their Personal Information," *Federal Trade Commission*, May 27, 2014, ftc.gov.

"Data Brokers: A Call for Transparency and Accountability," *Federal Trade Commission*, May 2014, ftc.gov.

Laurie L. Sullivan, "Global Bioinformatics Efforts to Tame Big Data," *BCC Research*, February 8, 2016, bccresearch.com.

Tina Hesman Saey, "Body's bacteria don't outnumber human cells so much after all," *ScienceNews*, January 8, 2016, sciencenews.org.

"Wireless Medical Devices," *U.S. Food and Drug Administration*, April 7, 2016, fda.gov.

"Software speeds detection of diseases and cancer-treatment targets," *Los Alamos National Laboratory*, December 1, 2014, lanl.gov.

Leo Kelion and James Gallagher, "Google is developing cancer and heart attack detector," *BBC*, October 28, 2014, bbc.com.

Spela Kosir, "Wearables in Healthcare," *Wearable Technologies*, April 15, 2015, wearable-technologies.com.

Aaron Saenz," Smart Toilets: Doctors in Your Bathroom," *SingularityHub*, May 12, 2009, singularityhub.com.

"The best stories come from the heart," *AliveCor*, 2016, alivecor.com.

"Help from above," *The Economist*, July 2, 2016, economist.com.

Seth Berkley, "In Global Shift, Poorer Countries Are Increasingly the Early Tech Adopters," *MIT Technology Review*, May 11, 2016, technologyreview.com.

"MEGA Evolutionary Software Re-Engineered to Handle Today's Big Data Demands," *Oxford University Press*, May 2, 2016, mbe.oxfordJournals.org.

"Apple Introduces ResearchKit, Giving Medical Researchers the Tools to Revolutionize Medical Studies," *Apple*, March 9, 2015, apple.com.

Tracie White, "Stanford launches smartphone app to study heart health," *Stanford Medicine*, March 9, 2015, med.stanford.edu.

Jennie Dusheck, "Genetic research now integrated into MyHeart Counts app," *Stanford Medicine*, March 24, 2016, med.stanford.edu.

Lydia Polgreen, "Scanning 2.4 Billion Eyes, India Tries to Connect Poor to Growth," *The New York Times*, September 1, 2011, nytimes.com.

Basel Kayyali, David Knott, and Steve Van Kuiken, "The big-data revolution in US health care: Accelerating value and innovation," *McKinsey & Company*, April 2013, mckinsey.com.

Tami Deedrick, "It's Technical, Dear Watson," *IBM Systems Magazine*, February 2011, ibmsystemsmag.com.

Betsy Cooper, "Judges in Jeopardy!: Could IBM's Watson Beat Courts at Their Own Game?," *The Yale Law Journal*, August 23, 2011, yalelawjournal.org.

Seth Earley, "Is Watson Technology Practical for Business?," *Baseline*, December 6, 2011, baselinemag.com.

David Gondek, Ph.D., "IBMWatson: What is Watson?" *Predictive Analytics World*, 2011, predictiveanalyticsworld.com.

Toh Kar Inn, "HLB introduces IBM Watson to give fast answers to customers," *The Star Online*, January 12, 2016, thestar.com.

Karen Klinger, " 'Jeopardy!' Man vs. Machine Match Draws Crowd at MIT," *CCTV—Cambridge Community Television*, February 15, 2011, cctvcambridge.org.

Lauren F. Friedman, "IBM's Watson Supercomputer May Soon Be the Best Doctor in the World," *Business Insider*, April 22, 2014, businessinsider.com.

Bill Murdock, "How to select a threshold for acting using confidence scores," *IBM Developer Works*, June 23, 2016, developer.ibm.com.

"Watson supercomputer comes to 14 hospitals," *Advisory Board*, May 7, 2015, advisory.com.

"IBM Watson Hard at Work: New Breakthroughs Transform Quality Care for Patients," *IBM*, February 8, 2013, ibm.com.

"WatsonPaths," *IBM*, 2016, research.ibm.com.

Amelia Heathman, "IBM Watson creates the first AI-made film trailer—and it's incredibly creepy," *Wired*, September 2, 2016, wired.co.uk.

Lucas Mearian, "IBM: Watson will eventually fit on a smartphone, diagnose illness," *Computerworld*, March 5, 2013, computerworld.com.

"Big Surge in Social Networking Evidence Says Survey of Nation's Top Divorce Lawyers," *American Academy of Matrimonial Lawyers*, February 10, 2010, aaml.org.

Lindsay Goldwert, "Facebook named in a third of divorce filings in 2011," *NY Daily News*, May 24, 2012, nydailynews.com.

Elizabeth Dwoskin, "Lending Startups Look at Borrowers' Phone Usage to Assess Creditworthiness," *The Wall Street Journal*, November 30, 2015, wsj.com.

Ron Sender, Shai Fuchs and Ron Milo, "Revised estimates for the number of human and bacteria cells in the body," *bioRxiv*, January 6, 2016, biorxiv.org.

"The Internet knows what you did last summer," *Popular Mechanics*, September 16, 2016, popularmechanics.co.za.

"IBM Watson," *IBM*, 2016, ibm.com.

Don Reisinger, "Why Facebook Profiles are Replacing Credit Scores," *Fortune*, December 1, 2015, fortune.com.

Steven Rosenbush and Laura Stevens, "At UPS, the Algorithm Is the Driver," *The Wall Street Journal*, February 16, 2015, wsj.com.

"ICT Facts and Figures 2016," *ITU*, 2016, itu.int.

Chapter Three: Robotics

Chris Boyette, "Robots, drones and heart-detectors: How disaster technology is saving lives," *CNN*, October 5, 2015, cnn.com.

"50 years Industrial Robots," *International Federation of Robotics—IFR*, 2012, ifr.org.

Dylan Love, "10,000 Robots Will Be Fulfilling Your Amazon Orders Before the End of This Year," *International Business Times*, November 20, 2014, ibtimes.com.

Alex Nixon, "Robinson-based TUG maker Aethon builds on health care trend," *TRIB LIVE*, February 3, 2014, triblive.com.

Terence Chea, "Telepresence Robots Help Physicians Make Diagnoses Remotely," *Gastroenterology Group of Naples*, 2016, ggn-gec.com.

Jonathan O'Callaghan, "Ebola-killing ROBOT destroys the virus in minutes: 'Little Moe' uses flashes 25,000 times brighter than sunlight to kill diseases," *Daily Mail*, October 7, 2014, dailymail.co.uk.

Angad Singh, " 'Emotional' robot sells out in a minute," *CNN*, June 23, 2015, cnn.com.

"Hilton and IBM Pilot "Connie," The World's First Watson-Enabled Hotel Concierge," *IBM*, March 9, 2016, ibm.com.

"Lowe's Introduces LoweBot—The Next Generation Robot to Enhance the Home Improvement Shopping Experience in the Bay Area," *Lowes*, August 30, 2016, newsroom.lowes.com.

"RQ-4 Global Hawk," *U.S. Air Force*, October 27, 2014, af.mil.

"Detect and diffuse—The top 5 military robots for explosive ordnance disposal," *Army-Technology*, September 15, 2014, army-technology.com.

Aaron Saenz, "2000+ Robots in US Ground Forces in Afghanistan," *SingularityHub*, February 17, 2011, singularityhub.com.

Jonathan Silverstein, "The BEAR: Soldier, Nurse, Friend and Robot," *ABC News*, December 20, 2006, abcnews.go.com.

Sharon Gaudin, "U.S. military may have 10 robots per soldier by 2023," *Computerworld*, November 14, 2013, computerworld.com.

"Volvo: Refuse Truck Driver is Supported by Robot," *Business Wire*, September 16, 2015, businesswire.com.

"Shipboard Autonomous Firefighting Robot (SAFFiR)," *Office of Naval Research Science & Technology*, 2014, onr.navy.mil.

Laura Wagner, "WATCH: Golf Robot Named LDRIC Hits A Hole-In-One," *NPR*, February 5, 2016, npr.org.

Marty Biancuzzo, "The Only Two Robots Humans Should Be Afraid Of," *Wall St. Daily*, February 5, 2014, wallstreetdaily.com.

Georgina Prodhan, "Europe's robots to become 'electronic persons' under draft plan," *Reuters*, June 21, 2016, reuters.com.

Katherine Heires, "Rise of the Robots," *Risk Management*, September 1, 2016, rmmagazine.com.

Laura Hautala, "Hello Barbie: She's just insecure," *CNET*, December 4, 2015, cnet.com.

"Jupiter Forecasts Commercial Sales To Increase By 84% In 2016," *DroneBusiness.center*, January 19, 2016, dronebusiness.center.

Maria Kirby, "New FAA drone regulations mean new business opportunities," *BetaNews*, September 2016, betanews.com.

Pierluigi Paganini, "Why civilian drone use is a risky business," *FOX News*, March 31, 2015, foxnews.com.

"Johanna Zmud Named Head of Transportation, Space, and Technology Program at RAND Corporation," *RAND*, January 5, 2011, rand.org.

"Science, Technology, and Policy," *RAND*, 2016, rand.org.

James M. Anderson, "Autonomous Vehicle Technology: A Guide for Policymakers," *RAND*, 2014, rand.org.

James M. Anderson, Nidhi Kalra, Karlyn D. Stanley, Paul Sorensen, Constantine Samaras, Oluwatobi A. Oluwatola, "Autonomous Vehicle Technology: A Guide for Policymakers," *RAND*, 2014, rand.org.

"Motor Vehicle Crash Injuries," *Centers for Disease Control and Prevention*, October 2014, cdc.gov.

"Traffic Safety Facts: 2014 Crash Data Key Findings," *National Highway Traffic Safety Administration*, November 2015, crashstats.nhtsa.dot.gov.

"10 Leading Causes of Death by Age Group Highlighting Unintentional Injury Deaths, United States – 2014," *Centers for Disease Control and Prevention*, February 25, 2016, cdc.gov.

Sean Smith and Patrick Harris, "Truck Driver Job-Related Injuries in Overdrive," *U.S Department of Labor Blog*, August 17, 2016, blog.dol.gov.

Nidhi Kalra and Susan M. Paddock, "Driving to Safety," *RAND*, April 12, 2016, rand.org.

"National Economic Accounts: Current-Dollar and "Real" Gross Domestic Product," *Bureau of Economic Analysis*, September 29, 2016, bea.gov.

Alyssa Abkowitz, "Do Self-Driving Cars Spell Doom for Auto Insurers?," *Bloomberg*, September 10, 2014, bloomberg.com.

"Historical Tables: Table 4.1—Outlays by Agency: 1962–2021," *The White House*, 2016, whitehouse.gov.

Jen Wieczner, "Study: Self-driving cars crash five times as much as regular ones," *Fortune*, October 29, 2015, fortune.com.

Michele Bertoncello and Dominik Wee, "Ten ways autonomous driving could redefine the automotive world," *McKinsey & Company*, June 2015, mckinsey.com.

Lance Whitney, "Google's self-driving cars tear up 3 million miles a day," *CNET*, February 2, 2016, cnet.com.

David Shepardson and Paul Lienert, "Exclusive: In boost to self-driving cars, U.S. tells Google computers can qualify as drivers," *Reuters*, February 10, 2016, reuters.com.

Chris Ziegler, "Elon Musk says next year's Tesla cars will be able to self-drive 90 percent of the time," *The Verge*, October 2, 2014, theverge.com.

Jay Ramey, "Watch an autonomous Audi RS7 fly around the Hockenheim circuit," *Autoweek*, October 21, 2014, autoweek.com.

Cadie Thompson, "Volvo's first self-driving car has a big edge over the competition—and it's coming sooner than you think," *Business Insider*, May 31, 2016, businessinsider.com.

Michael Liedtke, "The Renault-Nissan Alliance is entering the race to build robotic cars with a plan to introduce 10 different models capable of temporarily relieving humans of their driving duties on highways and city streets," *U.S. News & World Report*, January 7, 2016, usnews.com.

"Investment Into Auto Tech on Pace to Break Annual Records," *CB Insights*, July 14, 2016, cbinsights.com.

David Curry, "Google and Ford may partner on self-driving cars at CES 2016," *Digital Trends*, December 22, 2015, digitaltrends.com.

Brooke Crothers, "Google Is Leader in 'Revolutionary' Self-Driving Cars, Says HIS," *Forbes*, November 12, 2015, forbes.com.

"Analyzing the Auto Tech investment Landscape," *CB Insights*, May 19, 2016, cbinsights. com.

"Startups to Watch," *CB Insights*, June 23, 2016, cbinsights.com.

"Who's Who in the Rise of Autonomous Driving Startups," *CB Insights*, June 9, 2016, cbinsights.com.

"Corporates in Autotech," *CB Insights*, April 18, 2016, cbinsights.com.

"Drones and Disrupting Auto," *CB Insights*, June 16, 2016, cbinsights.com.

"Disrupting the Auto Industry: The Startups That Are Unbundling the Car," *CB Insights*, May 26, 2016, cbinsights.com.

"Mcity Test Facility," *University of Michigan—Mobility Transformation Center*, 2016, mtc. umich.edu.

Drew Douglas, "Self-driving Tesla SUV saves Branson man's life," *KY3*, Aug 06, 2016, ky3.com.

Zack Kanter, "How Uber's Autonomous Cars Will Destroy 10 Million Jobs and Reshape the Economy by 2025," *Zack Kanter*, January 23, 2015, zackkanter.com.

David Z. Morris, "Today's Cars Are Parked 95% of the Time," *Fortune*, March 13, 2016, fortune.com.

"Self-Driving Vehicles Offer Potential Benefits, Policy Challenges for Lawmakers," *RAND*, January 6, 2014, rand.org.

Donald Shoup, "Cruising for Parking," *University of California, Los Angeles*, 2007, shoup. bol.ucla.edu.

Chris Roberts, "San Francisco transit agency says drivers seeking parking account for 30 percent of traffic, but data questioned," *The San Francisco Examiner*, September 17, 2013, sfexaminer.com.

David Gilbert, "World's First Driverless Car Insurance Policy Launched in the UK," *International Business Times*, June 8, 2016, ibtimes.com.

"Prevalence of Self-Reported Aggressive Driving Behavior: United States, 2014," *AAA Foundation for Traffic Safety*, 2014, aaafoundation.org.

Robert Wall, "Flying Cars Try to Take Wing," *The Wall Street Journal*, July 8, 2016, wsj. com.

Mike Stevens, "Terrafugia's flying car to launch in 2021," *CarAdvice*, July 27, 2015, caradvice.com.au.

Jon LeSage, "Flying cars grabbing attention and funding right up there with autonomous vehicles," *Green Auto Market*, June 13, 2016, greenautomarket.com.

"9 Companies Building Flying Cars," *Nanalyze*, June 14, 2016, nanalyze.com.

"Flying Car Makes Successful Maiden Flight," *PAL-V*, February 15, 2014, pal-v.com.

Kristin Tablang, "Park Your Private Jet in Your Own Backyard with This New Aircraft Concept," *Forbes*, June 1, 2016, forbes.com.

Ashlee Vance and Brad Stone, "Welcome to Larry Page's Secret Flying-Car Factories," *Bloomberg Businessweek*, June 9, 2016, bloomberg.com.

Jeanne Marie Laskas, "Helium Dreams," *The New Yorker*, February 29, 2016, newyorker. com.

Robert Wall and Costas Paris, "Pilotless Sailing Is on the Horizon," *The Wall Street Journal*, September 01, 2016, wsj.com.

Robert Wall and Costas Paris, "Ship Operators Explore Autonomous Sailing," *The Wall Street Journal*, August 31, 2016, wsj.com.

"History of Velcro Brand and George De Mestral," *Velcro*, 2016, velcro.com.

"Skycar 400," *Moller International*, 2016, moller.com.

Benjamin Snyder, "North Face Will Start Selling Parkas Made from Fake Spider Silk for $1,000," *Fortune*, May 11, 2016, fortune.com.

"Iowa State engineers develop micro-tentacles so tiny robots can handle delicate objects," *Iowa State University*, June 19, 2015, news.iastate.edu.

Peter Reuell, "A swimsuit like shark skin? Not so fast," *Harvard Gazette*, February 9, 2012, news.harvard.edu.

Abigail Doan, "BIOMIMETIC ARCHITECTURE: Green Building in Zimbabwe Modeled After Termite Mounds," *Inhabitat*, November 29, 2012, inhabitat.com.

Dave Smith, "This insane device promises to give you perfect vision for the rest of your life," *Business Insider*, May 22, 2015, businessinsider.com.

"EBR Systems Receives FDA Approval to Begin U.S. Pivotal Study of Wireless Cardiac Pacing System for Heart Failure," *Business Wire*, September 13, 2016, businesswire.com.

Tanya Lewis, "Prosthetic Hand Restores Touch, Heals Phantom Pain," *Live Science*, October 8, 2014, livescience.com.

Melissa Davey, " 'Bionic spine' could enable paralysed patients to walk using subconscious thought," *The Guardian*, February 8, 2016, theguardian.com.

Agata Blaszczak-Boxe, "Lab-Grown Skin Sprouts Hair and Sweats," *Scientific American*, April 4, 2016, scientificamerican.com.

Kelly Hodgkins, "DARPA's ElectRx program seeks to cure ailments with electricity, not drugs," *Digital Trends*, October 7, 2015, digitaltrends.com.

Eliza Strickland, "Exoskeleton Could Quell the Tremors of Parkinson's Disease Patients at Crucial Moments," *IEEE Spectrum*, June 29, 2016, spectrum.ieee.org.

"Amy's Story," *Amy Purdy*, 2016, amypurdy.com.

Marianne Meadahl, "SFU researchers build better bionic hand," *Simon Fraser University*, May 3, 2016, sfu.ca.

Sara Reardon, "Welcome to the Cyborg Olympics," *Nature*, August 3, 2016, nature.com.

"The Future of Sports," *The Future of Sports*, September 2015, futureof.org.

"The Athlete," *The Future of Sports*, 2016, futureof.org.

Tanya Lewis, "World's First Robot-Staffed Hotel to Open in Japan," *Live Science*, February 5, 2015, livescience.com.

"Military Robots Tools And Weapon," *Armyofrobots.com*, 2016, armyofrobots.com.

Jonathan Silverstein, "The BEAR: Soldier, Nurse, Friend and Robot," *ABC News*, December 20, 2006, abcnews.go.com.

"SAFFiR Firefighting Robot," *Virginia Tech*, March 31, 2014, me.vt.edu.

Michael Liedtke, "The Renault-Nissan Alliance is entering the race to build robotic cars with a plan to introduce 10 different models capable of temporarily relieving humans of their driving duties on highways and city streets," *U.S. News*, January 7, 2016, usnews.com.

"Investment into Auto Tech on Pace to Break Annual Records," *CB Insights*, July 14, 2016, cbinsights.com.

"CarplaneR—built for reality," *Carplane*, February 2, 2016, carplane.de.

Margaret Rhodes, "The North Face's 'Moon Parka' Is Spun from Faux Spider Silk," *Wired*, December 2, 2015, wired.com.

Cadie Thompson, "The world's largest air purifier is about to travel across China sucking in smog," *Business Insider*, June 30, 2016, businessinsider.com.

Chapter Four: Nanotechnology and Materials Science

"Size of the Nanoscale," *United States National Nanotechnology Initiative*, 2016, nano.gov.

"What is Nanotechnology?," *United States National Nanotechnology Initiative*, 2016, nano.gov.

Sebastian Anthony, "7nm, 5nm, 3nm: The new materials and transistors that will take us to the limits of Moore's law," *Extreme Tech*, July 26, 2013, extremetech.com.

"The new Nature Research solution for Nanotechnology," *A*STAR/Nanowerk*, May 29, 2014, nanowerk.com.

Alexa Liautaud, "Stanford engineers reach breakthrough in nanotechnology advancement," *The Stanford Daily*, October 2, 2013, stanforddaily.com

Nancy S. Giges, "Top 5 Trends in Nanotechnology," *The American Society of Mechanical Engineers*, March 2013, asme.org.

"Silicon dioxide," *BBC*, 2016, bbc.co.uk.

"Nanotechnology in sports equipment: The game changer," *Nanowerk*, May 27, 2013, nanowerk.com.

Wei-xian Zhang, "Nanoscale Iron Particles for Environmental Remediation: An Overview," *Journal of Nanoparticle Research*, August 2003, link.springer.com.

Bhupinder Singh Sekhon, "Nanotechnology in agri-food production: an overview," *US National Library of Medicine, National Institutes of Health*, May 20, 2014, ncbi.nlm.nih.gov.

Mallanagouda Patil, Dhoom Singh Mehta, and Sowjanya Guvva, "Future impact of nanotechnology on medicine and dentistry," *US National Library of Medicine National Institutes of Health*, May–August 2008, ncbi.nlm.nih.gov.

"The Story of Graphene," *Manchester 1824—The University of Manchester*, 2016, graphene.manchester.ac.uk.

Roni Peleg, "Strengthening Solar Cell Performance with Graphene," *Renewable Energy World*, June 15, 2015, renewableenergyworld.com.

David Burgess, "Graphene: the patent landscape in 2015," *Intellectual Property Office blog*, March 25, 2015, gov.uk.

Michael Andronico, "5 Reasons Graphene Will Change Gadgets Forever," *Laptop*, April 14, 2014, laptopmag.com.

Dexter Johnson, "Graphene and Perovskite Lead to Inexpensive and Highly Efficient Solar Cells," *IEEE Spectrum*, September 8, 2015, spectrum.ieee.org.

Jesus de La Fuente, "Graphene Applications & Uses," *Graphenea*, 2016, graphenea.com.

Mike Williams, "Another tiny miracle: Graphene oxide soaks up radioactive waste," *RICE University News & Media*, January 8, 2013, news.rice.edu.

Kristine Wong, "Filtering water with graphene," *Berkeley Engineering*, January 15, 2016, engineering.berkeley.edu.

"IU scientists create 'nano-reactor' for the production of hydrogen biofuel," *Indiana University Bloomington Newsroom*, January 4, 2016, news.indiana.edu.

"High-strength lightweight fabric for inflatable structures US 8663762 B2," *Google*, March 4, 2014, google.com.

Tibi Puiu, "Graphene proves to be fantastic radio waves absorber," *ZME Science*, February 26, 2014, zmescience.com.

Andrew Myers, "Straintronics: Engineers create piezoelectric graphene," *Stanford Engineering*, March 15, 2012, engineering.stanford.edu.

Qin Zhou, Jinglin Zheng, Seita Onishi, M.F. Crommie, and A. Zettl, "Graphene Electrostatic Microphone and Ultrasonic Radio," *University of Nebraska–Lincoln*, 2016, engineering.unl.edu.

Zhong Yan, Guanxiong Liu, Javed M. Khan and Alexander A. Balandin, "Graphene quilts for thermal management of high-power GaN transistors," *Nature Communications*, May 8, 2012, nature.com.

Kelly Lignos Ziv, "Is Graphene the New Steel?," *Fieldlens*, May 5, 2014, fieldlens.com.

Jared Sagoff, "Graphene proves a long-lasting lubricant," *Phys.org*, October 14, 2014, phys.org.

Lopez-Dolado, Gonzalez-Mayorga, and Gutierrez, Serrano, "Immunomodulatory and angiogenic responses induced by graphene oxide scaffolds in chronic spinal hemisected rats," *US National Library of Medicine National Institutes of Health*, May 10, 2016, ncbi. nlm.nih.gov.

Michael Berger, "Graphene nanosensor tattoo on teeth monitors bacteria in your mouth," *Nanowerk*, March 29, 2012, nanowerk.com.

Jim Pomager, "Graphene Biosensors—The Next Frontier in Medical Diagnostics?," *Med Device Online*, September 18, 2014, meddeviceonline.com.

"Could elastic bands monitor patients' breathing?," *University of Surrey*, August 15, 2014, surrey.ac.uk.

"PEN Inc. Develops Graphene-Based Product for Use in Medical Imaging," *Yahoo! Finance*, October 28, 2015, finance.yahoo.com.

"Graphene shown to safely interact with neurons in the brain," *University of Cambridge*, 2016, cam.ac.uk.

Michael Tinnesand, "Graphene: The Next Wonder Material?," *ACS—American Chemical Society*, 2016, acs.org.

David Hochman, "An ethical diamond venture that has backing from Leonardo DiCaprio," *CNBC*, June 8, 2016, cnbc.com.

Blaine Friedlander, "Nanotech transforms cotton fibers into modern marvel," *Phys.org*, July 8, 2015, phys.org.

Brad Jones, "New optical chip can switch between states 90 billion times each second," *Digital Trends*, July 27, 2015, digitaltrends.com.

"New research uses nanotechnology to prevent preterm birth," *EurekAlert!*, February 1, 2016, eurekalert.org.

Nanostructure 'Cages' Could Capture Cancer-Fighting Drugs and Deliver Them to Diseased Cells," *HNGN—Headlines & Global News*, September 02, 2013, hngn.com.

Alessandro Pirolini, "Producing Unstainable T-Shirts with the Help of Nanotechnology," *AZoNano*, November 26, 2014, azonano.com.

"Risk of nanotechnology difficult for insurers to assess: Ernst & Young," *Canadian Underwriter*, December 17, 2013, canadianunderwriter.ca.

"Nanotechnology to outer space: ten top tech innovations of 2014," *The Conversation*, December 16, 2014, theconversation.com.

Dexter Johnson, "Graphene and Perovskite Lead to Inexpensive and Highly Efficient Solar Cells," *IEEE Spectrum*, September 8, 2015, spectrum.ieee.org.

Mike Williams, "Graphene composite may keep wings ice-free," *RICE University News & Media*, January 25, 2016, news.rice.edu.

Zhong Yan, Guanxiong Liu, Javed M. Khanx and Alexander A. Balandin, "Graphene-Graphite Quilts for Thermal Management of High-Power GaN Transistors," *Cornell University Library*, March 27, 2012, arxiv.org

"A new way to treat and prevent acne through nanotechnology," *George Washington University Medical Center*, July 15, 2015, nanowerk.com.

"MRI Probe Pairs Magnetic Nanostructure with Antibody for Early Detection of Alzheimer's Disease," *AZoNano*, December 23, 2014, azonano.com.

"Nanotechnology treatment reprograms immune cells to reverse autoimmune disease," *Medical Xpress*, February 17, 2016, medicalxpress.com.

"Nanotechnology Revolutionizes Eye Drops," *University of Reading*, October 6, 2014, cemag.us.

"New nanoparticle reveals cancer treatment effectiveness in real time," *Phys.org*, March 28, 2016, phys.org.

"Terminal Breast Cancer Treatment via Nanotechnology Produces 'Astounding' Results; Vanishes Disease Completely," *Latin Post*, March 15, 2016, latinpost.com.

"Nanoparticle therapy that uses LDL and fish oil kills liver cancer cells," *UT Southwestern Medical Center*, February 8, 2016, utsouthwestern.edu.

Megan Fellman, "First genetic-based tool to detect circulating cancer cells in blood: NanoFlares light up individual cells if breast cancer biomarker is present," *Northwestern Now*, November 17, 2014, news.northwestern.edu.

"Scientists use nanoparticles to fight ovarian cancer (w/video)," *Florida International University*, October 23, 2014, nanowerk.com.

"Son of Ex-Minister Malima in historic medical discovery," *Jamii Forums*, August 11, 2014, jamiiforums.com.

Sharon Gaudin, "MIT uses nanotech to hit cancer with one-two punch," *Computerworld*, May 9, 2014, computerworld.com.

Renu, "Nanotechnology may prevent Cancer from spreading," *Jagran Josh*, January 15, 2014, jagranjosh.com.

"UCLA Nanotechnology Researchers Prove Two-Step Method for Potential Pancreatic Cancer Treatment," *University of California, Los Angeles, Health Sciences*, November 12, 2013, newswise.com.

"Nanotherapy effective in mice with multiple myeloma," *Washington University School of Medicine*, May 21, 2015, nanotech-now.com.

"Nano-scaffolds made for converting stem cells into cells," *Mehr News Agency*, January 25, 2016, en.mehrnews.com.

"Nanotechnology delivery system offers new approach to skin disease therapies," *EurekAlert!*, February 29, 2016, eurekalert.org.

Andy Walker, "Bionic biospleen uses nanotechnology to eradicate bloodborne diseases," *Gearburn*, September 15, 2014, gearburn.com.

Richard Harth, "A nanotechnology fix for nicotine dependence," *The Biodesign Institute*, July 2, 2013, nanowerk.com.

Jasmine Sola, "New nanoscale imaging agent provides better picture of the gut," *University of Wisconsin-Madison*, July 24, 2014, nanowerk.com.

Michelle Starr, "Sony patents contact lens that records what you see," *CNET*, May 2, 2016, cnet.com.

"Nanocomposite sensors detect toxic gases," *Mehr News Agency*, February 14, 2016, en.mehrnews.com.

Darwin Malicdem, "New nanotechnology sends molecules to injury site to 'tell bone to repair itself,' " *International Business Times*, January 15 2016, ibtimes.com.

"Strong teeth: Nanostructures under stress make teeth crack resistant," *Helmholtz Association of German Research Centres*, June 10, 2015, nanotech-now.com.

Brian Mastroianni, " 'Spermbots': Scientists design tiny motor to help sperm swim," *CBS News*, January 18, 2016, cbsnews.com.

Liz Ahlberg, "Tiny electronic implants monitor brain injury, then melt away," *University of Illinois at Urbana-Champaign*, January 19, 2016, nanotech-now.com.

"New ceramic firefighting foam becomes stronger when temperature increases," *ITMO University*, December 14, 2015, nanotech-now.com.

"Researchers use nanotech. to repair oil, gas pipelines," *Mehr News Agency*, December 6, 2015, en.mehrnews.com.

"Hygienic Nano Floor Coverings with Application in Production Lines, Therapeutic Centers Head to Market," *Fars News Agency*, November 3, 2015, nanotech-now.com.

Jennifer Chu, "Hydrogel superglue is 90 percent water: New 'water adhesive' is tougher than natural adhesives employed by mussels and barnacles," *MIT News*, November 9, 2015, news.mit.edu.

Sharon Gaudin, "Cornell team building heart-monitoring, bug-fighting smart clothes,"*Computerworld*, October 17, 2013, computerworld.com.

Luke Dormehl, "High-tech shirts change their pattern and color in response to pollution or radiation," *Digital Trends*, July 29, 2016, digitaltrends.com.

"Silver Replaced with Copper Nanoparticles to Produce Antibacterial Fabrics," *Fars News Agency*, August 25, 2014, nanotech-now.com.

"Scientists Invent New Nanotech Smartphone Jeans," *PRWeb*, April 16, 2014, prweb.com.

Andrea Alfano, "Nanotechnology Makes It Possible to Print Extremely Bright Colors Without Using Ink," *Tech Times*, June 12, 2015, techtimes.com.

"Nano memory cell can mimic the brain's long-term memory," *RMIT University*, May 14, 2015,nanotech-now.com.

"Total recall: Missing memories have been restored in mice with Alzheimer's disease," *The Economist*,March 19, 2016, economist.com.

"Adept Armor Unveils Nanotechnology-Based Fabric Guard and Glass Guard," *AZoNano*, January 31, 2014, azonano.com.

"Smart keyboard cleans and powers itself—and can tell who you are," *American Chemical Society*, January 21, 2015, acs.org.

David Szondy, "Tiny gel tags indicate when packages food has spoiled," *New Atlas*, March 19, 2014, newatlas.com.

Grant Banks, "Magnetic nanosponges more effective at soaking up spills," *New Atlas*, January 20, 2014, newatlas.com.

"New Nanotechnology Tool Detects Avian Flu Virus on Farms," *The Poultry Site*, April 13, 2015, thepoultrysite.com.

"Smartphone battery fully charges in thirty seconds," *StoreDot Ltd*, April 17, 2014, energyharvestingjournal.com.

Iqbal Pittalwala, "Chemists use nanotechnology to fabricate novel rewritable paper," *University of California, Riverside*, December 2, 2014, nanowerk.com.

Billy Hallowell, " 'Virtually Indestructible' Bible Built With 'Space Age Nanotechnology' Might Last You a Lifetime: It 'Literally Walks on Water,' *The Blaze*, August 4, 2014, theblaze.com.

"Nanotechnology researcher develop fire resistant paper coated with nanowires," *Chinese Academy of Sciences*, January 16, 2014, nanowerk.com.

"Patent awarded for genetics-based nanotechnology against mosquitoes, insect pests," *Kansas State University*, November 12, 2014, nanowerk.com.

"New solar power nanotechnology material converts 90 percent of captured light into heat," *University of California, San Diego*, October 29, 2014, nanowerk.com.

"Physicists build reversible laser tractor beam," *Australian National University*, October 20, 2014, nanowerk.com.

A'ndrea Elyse Messer "Tailored flexible illusion coatings hide objects from detection," *Penn State*, October 13, 2014, nanowerk.com.

Mary-Ann Russon, "Nanotech 'Nose' Sniffs Out Bombs From Five Metres Away," *International Business Times*, July 1, 2014, ibtimes.co.uk.

"Nanotechnology coating signals when equipment is too hot to handle," *New Jersey Institute of Technology*, July 4, 2014, nanowerk.com.

Karen M. Koenig, "Singing Paint and Other Attention-Grabbing Marketing," *Woodworking Network*, April 1, 2014, woodworkingnetwork.com.

"Using nanotechnology to protect grain exports," *University of Adelaide*, February 5, 2014, nanowerk.com.

Catherine Townsend, "CSI Canal Street: How scientists are using nanotechnology to crack down on fake designer bags," *Daily Mail*, December 24, 2013, dailymail.co.uk.

"Holtec Completes Nuclear Fuel Storage Basket That Use Nanotechnology," *Holtec*, November 29, 2013, nuclearstreet.com.

"Nanomechanical sensor detects levels of antibiotics in blood," *University College London*, March 2, 2014, nanowerk.com.

Michael B. Farrell, "Blood tests in minutes, not days or weeks," *Boston Globe*, September 30, 2013, bostonglobe.com.

Daniel Rapcencu, "Nanotechnology Comes to High Tech Building Environments [video]," *Device Magazine*, August 5, 2013, devicemag.com.

"Baldness Remedies Could Get Boost from New 3D Hair Follicle Model," *Genetic Engineering & Biotechnology News*, July 19, 2013, genengnews.com.

"Nanotechnology approach could lead to 'artificial skin' that senses touch, humidity and temperature," *American Technion Society*, July 8, 2013, nanowerk.com.

"Nanotechnology researchers use graphene to develop ultra-strong nanocomposite," *KAIST*, August 26, 2013, nanowerk.com.

Caroline Winter, "Material Progress: Five Substances of the Future," *Bloomberg*, June 9, 2016, bloomberg.com.

Chapter Five: 3D Printing

Bob Tita, "How 3-D Printing Works," *The Wall Street Journal*, June 11, 2013, wsj.com.

"How does 3D printing work?," *3DPrinting.com*, 2016, 3dprinting.com.

Scott J. Grunewald, "The Rolls-Royce Phantom Now Has More Than 10,000 3D Printed Parts, BMW Looks to Expand Use Across Entire Line of Cars," *3DPrint.com*, July 15, 2016, 3dprint.com.

George Putic, "Metal 3-D Printers May Revolutionize Industry," *VOA*, June 5, 2015, voanews.com.

Bulent Yusuf, "20 Best Cheap 3D Printers Under $500/$1000 in Fall 2016," *All3DP*, November 2, 2016, all3dp.com.

"Aviation," *3DPrinting.com*, 2016, 3dprinting.com.

Martin LaMonica, "Harvard Spin-off Voxel8 Takes 3D Printing Into Electronics," *Xconomy*, January 5, 2015, xconomy.com.

"First FDA-Approved Medicine Manufactured Using 3D Printing Technology Now Available," *Aprecia Pharmaceuticals*, March 22, 2016, aprecia.com.

TJ McCue, "3D Bioprinting BioBots Wants Piece of $50 Billion Pharmaceutical Industry Research Spend," *Forbes*, March 11, 2015, forbes.com.

Jay Cassano, "Matching People Who Have 3-D Printers with Children Who Need Prosthetic Hands," *Fast Company & Inc.*, February 2, 2015, fastcoexist.com.

Bob Yirka, "Tiny Robotic Swimmers Could Travel Through Bloodstream to Deliver Drugs," *Robotics Trends*, November 6, 2014, roboticstrends.com.

"Micro-camera can be injected with a syringe," *Phys.org*, June 27, 2016, phys.org.

"At Nike the Future is Faster, and it's 3D," *Nike News*, May 17, 2016, news.nike.com.

J. Rafael Tena, Moshe Mahler, Thabo Beeler, Max Grosse, Hengchin Yeh and Iain Matthews, "Fabricating 3D Figurines with Personalised Faces," *Disney Research*, November–December 2013, disneyresearch.com.

"Forecast: 3D Printers, Worldwide, 2015," *Gartner*, September 17, 2015, gartner.com.

Clare Scott, "3D Printing is So Last Week . . . Say Hello to '5D Printing' at Mitsubishi Electric Research Labs!," *3DPrint.com*, June 24, 2016, 3dprint.com.

"What is 3D printing?," *3DPrinting.com*, 2016, 3dprinting.com.

Scott J. Grunewald, "The Rolls-Royce Phantom Now Has More Than 10,000 3D Printed Parts, BMW Looks to Expand Use Across Entire Line of Cars," *3DPrint.com*, July 15, 2016, 3dprint.com.

"3D printing scales up," *The Economist*, September 7, 2013, economist.com.

Megan Gannon, "How 3D Printers Could Reinvent NASA Space Food," *Space.com*, May 24, 2013, space.com.

Priyanka Dayal McCluskey, "3-D printer helps doctors prep for complex surgeries," *Boston Globe*, January 18, 2015, bostonglobe.com.

Rob Stein, "Doctors Use 3-D Printing to Help a Baby Breathe," *NPR*, March 17, 2014, npr.org.

Mary-Ann Russon, "Beijing Doctors Implant World's First 3D-Printed Vertebra into 12-Year-Old Boy," *International Business Times*, August 19, 2014, ibtimes.co.uk.

"Cancer patient receives 3D printed ribs in world first surgery," *CSIRO*, September 11, 2015, csiro.au.

Steve Henn and Cindy Carpien, "3-D Printer Brings Dexterity to Children with No Fingers," *WBUR News*, June 18, 2013, wbur.org.

TJ McCue, "3D Bioprinting BioBots Wants Piece of $50 Billion Pharmaceutical Industry Research Spend," *Forbes*, March 11, 2015, forbes.com.

Tanya Lewis, "3D-Printed Material Mimics Biological Tissue," *Live Science*, April 4, 2013, livescience.com.

Bridget Butler Millsaps, "3D Printing to Make Impact in the Insurance Industry: Trials in the UK Offer Replacement of Bespoke Items," *3DPrint.com*, April 14, 2016, 3dprint.com.

Louis Columbus, "2015 Roundup of 3D Printing Market Forecasts and Estimates," *Forbes*, March 31, 2015, forbes.com.

Donna Taylor, "Move over 3D printing, self-assemblng [sic] 4D-printed materials are on the way," *New Atlas*, June 3, 2013, newatlas.com.

Randy Rieland, "Forget the 3D Printer: 4D Printing Could Change Everything," *Smithsonian.com*, May 16, 2014, smithsonianmag.com.

Tom DiChristopher, "From teeth aligners to engine parts, 3-D printing business grows," *CBNC*, August 17, 2013, cnbc.com.

Chapter Six: Medicine and Neuroscience

James Klatell, "Meet The 95-Year-Old Graduate," *CBS News*, May 11, 2007, cbsnews.com.

"Ruth Flowers aka 'Mamy Rock' dies at 82," *Thirst4Beats*, May 30, 2014, thirst4beats.com.

"Oldest tandem parachute jump (male)," *Guinness World Records*, Junes 27, 2014, guinnessworldrecords.com.

Erik Horne, "VIDEO: Johanna Quaas, 89, the world's oldest active gymnast, to be honored in Oklahoma City," *NewsOK*, May 14, 2015, newsok.com.

Neil Amdur, "Former Longtime Coach Accuses Hunter College of Age Discrimination," *The New York Times*, September 3, 2015, nytimes.com.

Karen Crouse, "100 Years Old. 5 World Records," *The New York Times*, September 21, 2015, nytimes.com.

"America's Got Talent 87-Year-Old Singer Charms Socks Off Nick Cannon," *2Paragraphs*, June 2, 2015, 2paragraphs.com.

Dan Fitzpatrick, "Rising U.S. Life Spans Spell Likely Pain for Pension Funds," *The Wall Street Journal*, October 27, 2014, wsj.com.

Elizabeth Arias, Ph.D., "National Vital Statistics Reports, Volume 54, Number 14—United States Life Tables, 2003," *Centers for Disease Control and Prevention*, March 28, 2007, cdc.gov.

"Global Health and Aging," *National Institute on Aging, National Institutes of Health, and World Health Organization*, October 2011, who.int.

"A Reimagined Research Strategy for Aging," *SENS Research Foundation*, 2016, sens.org.

"Cover Trail: The Forever Pill," *Bloomberg Businessweek*, February 12, 2015, bloomberg.com.

Bill Gifford, "Does a Real Anti-Aging Pill Already Exist?," *Bloomberg Businessweek*, February 12, 2015, bloomberg.com.

Max Roser, "Life Expectancy," *Our World In Data*, 2016, ourworldindata.org.

"Global Health and Aging—Living Longer," *National Institute on Aging*, 2016, nia.nih.gov.

"This Baby Could Live to Be 142 Years Old, *Time*, February 23, 2015, backissues.time.com.

"The Human Genome Project Completion: Frequently Asked Questions," *National Human Genome Research Institute (NHGRI)*, October 30, 2010, genome.gov.

"We sequence your whole genome to help you improve your health, longevity, and much more. Order now for $999," *Veritas Genetics*, 2016, veritasgenetics.com.

"A 26-hour system of highly sensitive whole genome sequencing for emergency management of genetic diseases," *Genome Medicine*, September 30, 2015, genomemedicine.biomedcentral.com.

"Genetic testing in minutes with gold nanoprobes," *NanoWerk*, May 29, 2014, nanowerk.com.

Mark Johnson and Kathleen Gallagher, "Sifting through the DNA haystack," *The Milwaukee Journal Sentinel*, December 21, 2010, archive.jsonline.com.

Mark Johnson and Kathleen Gallagher, "Gene insights lead to a risky treatment," *The Milwaukee Journal Sentinel*, December 25, 2010, archive.jsonline.com.

"Prof. Sia Develops Innovative Lab-on-a-Chip," *Columbia University Engineering*, July 31, 2011, engineering.columbia.edu.

"Jack Andraka Reflects on His Work in Cancer," *American Society of Clinical Oncology (ASCO)*, May 26, 2016, am.asco.org.

Brooke Borel, "The high schooler who invented a test for pancreatic cancer: A Q&A with 'teenage optimist' Jack Andraka," *TED Blog*, July 11, 2013, blog.ted.com

John Travis, "Making the cut," *American Association for the Advancement of Science (AAAS)*, December 18, 2015, science.sciencemag.org.

"10 Breakthrough Technologies 2014," *MIT Technology Review*, technologyreview.com.

Tom Simonite, "10 Breakthrough Technologies of 2015: Where Are They Now?," *MIT Technology Review*, December 26, 2015, technologyreview.com.

"10 Breakthrough Technologies 2016," *MIT Technology Review*, technologyreview.com.

Declan Butler, "Brazil asks whether Zika acts alone to cause birth defects," *Nature*, July 25, 2016, nature.com.

"First trial of CRISPR in people: Chinese team approved to test gene-edited cells in people with lung cancer," *Nature*, July 28, 2016, nature.com

Alison Abbott, "Major funder tracks impact," *Nature*, July 28, 2016, nature.com.

Angela She, "CRISPR in Neuroscience: How Precision Gene Editing May Unravel How the Brain Works (and Why It Sometimes Doesn't)," *Harvard University*, April 6, 2016, sitn.hms.harvard.edu.

Anne Trafton, "New approach to boosting biofuel production," *MIT News*, October 2, 2014, news.mit.edu.

Tim Folger, "The Next Green Revolution," *National Geographic Magazine*, 2016, nationalgeographic.com.

"FDA concludes Arctic Apples and Innate Potatoes are safe for consumption," *U.S. Food and Drug Administration*, March 20, 2015, fda.gov.

"Recent Trends in GE Adoption," *United States Department of Agriculture—Economic Research Service(USDA ERS)*, November 3, 2016, ers.usda.gov.

Ariel Schwartz, "The $325,000 Lab-Grown Hamburger Now Costs Less Than $12," *Fast Company & Inc.*, April 1, 2015, fastcoexist.com.

Adele Peters, "These Makers Are Building the Products Disaster Areas Need—in the Place Where They're Needed," *Fast Company & Inc.*, August 29, 2016, fastcoexist.com.

David Pimentel and Marcia Pimentel, "Sustainability of meat-based and plant-based diets and the environment 1,2,3," *The American Journal of Clinical Nutrition*, 2003, ajcn.nutrition.org.

Stacey Rosen, Karen Thome, and Birgit Meade, "Food Security of Developing Countries Expected to Improve Through 2026 as Food Prices Fall and Incomes Rise," *United States Department of Agriculture—Economic Research Services (USDA—ERS)*, June 30, 2016, ers.usda.gov.

Alexandra Ossola, "Genetically Modified Mosquitos Massively Reduce Dengue Fever Risk," *Popular Science*, July 6, 2015, popsci.com.

Jennifer Kay, "Millions of genetically modified mosquitoes could be released in Florida Keys," *Sun Sentinel*, January 25, 2015, sun-sentinel.com.

"2015 Plastic Surgery Statistics Report: Cosmetic Plastic Surgery Statistics," *American Society of Plastic Surgeons*, 2015, plasticsurgery.org.

Daniel S. Hamermesh, "Beauty Pays: Why Attractive People Are More Successful," *Princeton University Press*, April 21, 2013, press.princeton.edu.〔邦訳：『美貌格差　生まれつき不平等の経済学』(ダニエル・S・ハマーメッシュ著／望月衛訳／東洋経済新報社／2015年)〕

Sumathi Reddy, "Fertility Clinics Let You Select Your Baby's Sex," *The Wall Street Journal*, August 17, 2015, wsj.com.

Elizabeth Arias, Ph.D., "United States Life Tables, 2003," *National Vital Statistics Reports*, March 28, 2007, cdc.gov.

Alice Park, "A New Technique That Lets Scientists Edit DNA Is Transforming Science—and Raising Difficult Questions," *Time*, June 23, 2016, time.com.

"Jack Andraka Reflects on His Work in Cancer," *ASCO*, May 26, 2016, am.asco.org.

John Travis, "Making the cut: CRISPR genome-editing technology shows its power," *Science*, December 24, 2015, science.sciencemag.org.

David Cyranoski, "Chinese scientists to pioneer first human CRISPR trial," *Nature*, July 21, 2016, nature.com.

Shirley S. Wang, "Scientists Cook Up Lab-Grown Beef," *The Wall Street Journal*, August 5, 2013, wsj.com.

"The Hottest Tech in Silicon Valley Made This Meatball," *Fortune*, May 1, 2016, fortune. com.

"Biotechnology allows growing very low nicotine tobacco," *Farm Journal's AGPRO*, January 26, 2016, agprofessional.com.

Chapter Seven: Energy and Environmental Systems

"Smog Free Project," *Studio Roosegaarde*, 2016, studioroosegaarde.net.

Elisabeth Braw, "World's first smog filtering tower goes on tour," *The Guardian*, September 19, 2015, theguardian.com.

John Cairns, "NIMBY, BANANA, CAVE and other acronyms," *News-Optimist*, October 3, 2012, newsoptimist.ca.

Robert Walton, "Washington Post: Utility industry is 'waging a campaign' against rooftop solar," *Utility Dive*, March 10, 2015, utilitydive.com.

Luke Edwards, "Future batteries, coming soon: charge in seconds, last months and power over the air," *Pocket-lint*, May 24, 2016, pocket-lint.com.

David L. Chandler, "An 'Almost Perfect' Battery," *MIT Technology Review*, October 20, 2015, technologyreview.com.

Andy Boxall, "Graphene batteries may slash your phone recharge time to 15 minutes," *Digital Trends*, July 11, 2016, digitaltrends.com.

Mike Williams, "Carbon's new champion," *RICE University News & Media*, October 9, 2013, news.rice.edu.

Louise Donovan, "Your computer is about to achieve transcendence," *Lifeboat Foundation*, April 28, 2014, lifeboat.com.

Gregoire Molle, "How Blockchain Helps Brooklyn Dwellers Use Neighbors' Solar Energy," *NPR*, July 4, 2016, npr.org.

Samuel Taylor Coleridge, "The Rime of the Ancient Mariner (text of 1834)," *Poetry Foundation*, poetryfoundation.org.

"United Nations Global Issues: Water," *United Nations*, 2016, un.org.

"Global Diarrhea Burden," *Centers for Disease Control and Prevention*, 2016, cdc.gov.

"Facts About Children, Women & The Safe Water Crisis," *Water.org*, 2016, water.org.

Celine Nauges and Jon Strand, "Water Hauling and Girls' School Attendance: Some New Evidence from Ghana," *Springer Link*, Jul 9, 2015, link.springer.com.

"Facts about Water: Statistics of the Water Crisis," *The Water Project*, August 31, 2016, thewaterproject.org.

"Indoor air quality guidelines: household fuel combustion," *World Health Organization*, 2016, who.int.

"Household air pollution and health," *World Health Organization*, February 2016, who.int.

Eleanor Chute, "For clean water, take a page from Carnegie Mellon researcher's book," *Pittsburgh Post-Gazette*, August 22, 2015, post-gazette.com.

"Reinvent the Toilet Challenge," *Bill & Melinda Gates Foundation*, 2016, gatesfoundation. org.

Ariel Schwartz, "Take a Seat on This Gates-Funded Future Toilet That Will Change How We Think About Poop," *Fast Company & Inc.*, February 20, 2014, fastcoexist.com.

"Facts and trends. Water. Version 2," *The World Business Council for Sustainable Development*, 2009, sswm.info.

Marissa Brassfield, "USDA: Global Food Insecurity Will Drop in Next Decade," *Abundance Insider*, July 15, 2016, diamandis.com.

"USDA predicts global food insecurity will drop to 6% of world population from 17% today," *Next Big Future*, July 7, 2016, nextbigfuture.com.

Lucy Wang, "World's largest smog-sucking vacuum cleaner could rid cities of pollution," *Inhabitat*, January 16, 2016, inhabitat.com.

Pallava Bagla, "Scientists Make Sea Water Drinkable, Produce 6.3 Million Litres a Day," *NDTV*, May 6, 2016, ndtv.com.

Natalie Myhalnytska, "Norwegian Startup Created Solution That Turns Desert Soil into Fertile Soil," *Magazine MN*, Mar 21, 2016, magazine-mn.com.

Lulu Chang, "Wind turbines now produce enough power to energize 19 million U.S. homes," *Digital Trends*, December 29, 2015, digitaltrends.com.

"About TAHMO," *TAHMO*, 2016, tahmo.org.

Hal Hodson, "Sensors to give early storm warnings to people near deadly lake," *New Scientist*, December 15, 2015, newscientist.com.

Doug Woodring and Steve Russell, "How Plastics-to-Fuel Can Become the Next Green Machine (Op-Ed)," *LiveScience*, September 21, 2015, livescience.com.

Leanna Garfield, "The world's largest vertical farm will produce 2 million pounds of lettuce every year," *Business Insider*, April 7, 2016, businessinsider.com.

"Sorek Desalination Plant, Israel," *Water Technology*, 2016, water-technology.net.

David Talbot, "The world's largest and cheapest reverse-osmosis desalination plant is up and running in Israel," *MIT Technology Review*, 2015, technologyreview.com.

"Irrigation & Water Use: Overview," *United States Department of Agriculture Economic Research Service*, 2016, ers.usda.gov.

"U.S. could feed 800 million people with grain that livestock eat, Cornell ecologist advises animal scientists," *Cornell University—Cornell Chronicle*, August 7, 1997, news.cornell. edu.

John Pohly, "How Much Water???," *Colorado State University*, 2016, colostate.edu.

Cynthia Nickerson and Allison Borchers, "How Is Land in the United States Used? A Focus on Agricultural Land," *United States Department of Agriculture Economic Research Service*, March 1, 2012, ers.usda.gov.

"Major Land Uses," *United States Department of Agriculture Economic Research Service*, October 11, 2016, ers.usda.gov.

"Our complete line of Aeroponic Systems," *Aeroponics.com*, 2016, aeroponics.com.

Sarah DeWeerdt, "Can Cities FeedUs?," *University of Washington*, August 27, 2010, conservationmagazine.org.

"Revolutionary ultrasonic nozzle that will change the way water cleans," *University of Southampton*, November 10, 2011, southampton.ac.uk.

"Newark steel mill becoming world's largest vertical farm," *myCentralJersey.com*, August 19, 2016, mycentraljersey.com.

"Trends in Higher Education: Tuition and Fees and Room and Board over Time, 1976-77 to 2016–17, Selected Years," *CollegeBoard*, 2016, trends.collegeboard.org.

"$100 in 1980 → $287.64 in 2015," *The Bureau of Labor Statistics*, 2016, in2013dollars. com.

James B. Steele and Lance Williams, "Who got rich off the student debt crisis," *Reveal*, June 28, 2016, revealnews.org.

Julia Glum, "Student Debt Crisis 2016: New Graduates Owe a Record-Breaking Average $37,000 In Loans," *International Business*, May 6, 2016, ibtimes.com.

Dave Rathmanner, "2016 College Students and Personal Finance Study," *LendEDU*, May 26, 2016, lendedu.com.

"More Than Eighty Percent of Americans with Student Loans Make Sacrifices to Meet Monthly Payment," *American Institute of CPAs*, May 12, 2016, aicpa.org.

Emil Venere, "New environmental cleanup technology rids oil from water," *Purdue University*, April 4, 2016, purdue.edu.

"Solution Found—Technology Available to Clean Up EPA Contamination Disaster of the Animas River in Colorado," *PR Newswire*, August 13, 2015, prnewswire.com.

Pam Frost Gorder, "Scientists develop mesh that captures oil—but lets water through," *The Ohio State University*, April 15, 2015, news.osu.edu.

Sean Yeaton, "Robotic sailboats built to clean up oil spills," *CNN*, October 20, 2011, cnn. com.

Darren Quick, "MIT researchers devise technique to clean up oil spills using magnets," *New Atlas*, September 13, 2012, newatlas.com.

"Milkweed guzzles litres of oil," *Science Illustrated*, June 1, 2016, pressreader.com.

Troy Turner, "Sea Cleaning Drones," *Yanko Design*, May 21, 2012, yankodesign.com.

Carol Rasmussen, "NASA/Forest Service Maps Aid Fire Recovery," *NASA Jet Propulsion Laboratory, California Institute of Technology*, April 9, 2015, jpl.nasa.gov.

"The New Generation Fire Shelter," *National Wildfire Coordinating Group*, March 2003, nwcg.gov.

Leslie Reed, "Aerial 'fire drone' passes Homestead test," *University of Nebraska–Lincoln*, April 22, 2016, news.unl.edu.

Jason Reagan, "Korean Firefighting Drone Takes the Heat," *Dronelife.com*, January 27, 2016, dronelife.com.

Mark Prigg, "Could 'hover homes' protect California from the big one? Firm reveals plans to raise houses on giant magnets in event of quake," *Daily Mail*, June 10, 2015, dailymail.co.uk.

Janet Lathrop, "New Radar System Helped Dallas Area in Christmas Tornado Outbreak," *University of Massachusetts at Amherst*, January 25, 2016, umass.edu.

Avery Thompson, "India Is Building a $60 Million Monsoon-Predicting Supercomputer," *Popular Mechanics*, June 12, 2016, popularmechanics.com.

Narendra Shrestha, "Our new anti-earthquake technology could protect cities from destruction," *The Conversation*, July 2, 2015, theconversation.com.

Joni Blecher, "A Photovoltaic Balloon Could Bring Electricity to Disaster Zones," *Smithsonian.com*, December 19, 2014, smithsonianmag.com.

James Maynard, "Flirtey Drone Delivers Drugs from Ship to Shore," *Tech Times*, June 24, 2016, techtimes.com.

"Military Portable Aluminium Roadways, Temporary Runways and Helipads," *army-technology.com*, 2016, army-technology.com.

Chapter Eight: Innovations in Education

Andrew Woo, "Is Student Debt Stopping Millennials from Homeownership?," *Apartment List*, May 19, 2016, apartmentlist.com.

"Trends in Higher Education: Types of Loans," *CollegeBoard*, 2016, trends.collegeboard.org.

Dave Rathmanner, "January 2016 Student Loan Borrower Survey," *LendEDU*, January 22, 2016, lendedu.com.

Josh Mitchell, "School-Loan Reckoning: 7 Million Are in Default," *The Wall Street Journal*, August 21, 2015, wsj.com.

Josh Mitchell, "155,000 Americans Had Social Security Benefits Cut in 2013 Because of Student Debt," *The Wall Street Journal*, September 10, 2014, wsj.com.

"Parents Save for Kids' College Despite Carrying Student Debt," *College Savings Foundation*, 2015, collegesavingsfoundation.org.

"High School Students and Their Parents Save for a Broad Range of Higher Education Paths," *College Savings Foundation*, September 20, 2016, collegesavingsfoundation.org.

"Consumer Reports Partners with Reveal to Investigate the Nation's $1.3 Trillion Student Debt Crisis—What Caused It and What People Can Do About It," *Consumer Reports*, June 28, 2016, consumerreports.org.

Drew, "18 Insane Things Graduates Would Do to Get Rid of Their Student Loan Debt," *Student Loan Report*, June 21, 2016, studentloans.net.

A Stronger Nation 2016, *Lumina Foundation*, 2016, luminafoundation.org.

Status Dropout Rates, "Institute of Education Sciences," *National Center for Education Statistics*, May 2016, nces.ed.gov.

Donna Rosato, "Having the College Money Talk: 10 key questions every family should discuss," *Consumer Reports*, June 28, 2016, consumerreports.org.

Victoria Simons and Anna Helhoski, "2 Extra Years in College Could Cost You Nearly $300,000," *NerdWallet*, June 21, 2016, nerdwallet.com.

"Review nationwide student transfer behavior," *The Successful Registrar*, 2012, studentclearinghouse.org.

Yuritzy Ramos, "College students tend to change majors when they find the one they really love," *Borderzine*, March 15, 2013, borderzine.com.

Jeffrey J. Selingo, "College (Un)bound: The Future of Higher Education and What It Means for Students," *Jeff Selingo*, April 28, 2015, jeffselingo.com. 〔邦訳：『カレッジ（アン）バウンド　米国高等教育の現状と近未来のパノラマ』（ジェフリー・J・セリンゴ著／船守美穂訳／東信堂／2018年）〕

Nick Anderson and Danielle Douglas-Gabriel, "Nation's prominent public universities are shifting to out-of-state students," *The Washington Post*, January 30, 2016, washingtonpost.com.

"Traditional residence hall, Elkin, closed for 2015–16," *The Penn*, August 24, 2015, thepenn.org.

"Drexel to Open Newest Market Street Landmark a Recreation Center Complex," *Drexel Now*, February 5, 2010, drexel.edu.

Lawrence Biemiller, "Campus Architecture Database: University Center," *The Chronicle of Higher Education*, June 16, 2010, chronicle.com.

Georgia Tech Athletic Association, Financial Statements, *Georgia Tech Athletic Association*, June 30, 2015 and 2014, fin-services.gatech.edu.

Jaison R. Abel, Richard Deitz, and Yaqin Su, "Are Recent College Graduates Finding Good Jobs?," *Federal Reserve Bank of New York*, 2014, newyorkfed.org.

Jeffrey J. Selingo, "College Isn't Always the Answer," *The Wall Street Journal*, May 26, 2016, wsj.com.

Jaison R. Abel and Richard Deitz, "Do the Benefits of College Still Outweigh the Costs?," *Federal Reserve Bank of New York*, 2014, newyorkfed.org.

Douglas Belkin, "Big Perks for College Presidents," *The Wall Street Journal*, June 16, 2016, wsj.com.

Mary Beth Marklein, "College major analysis: Engineers get highest salaries," *USA TODAY*, May 24, 2011, usatoday.com.

Richard Arum and Josipa Roksa, "Academically Adrift: Limited Learning on College Campuses," *University of Chicago Press*, 2010, press.uchicago.edu.

Brad Plumer, "Only 27 percent of college grads have a job related to their major," *The Washington Post*, May 20, 2013, washingtonpost.com.

"Marking 10-year partnership, UNICEF and Gucci celebrate education successes across Africa and Asia," *United Nations News Centre*, June 3, 2015, un.org.

"Filling classrooms with poorly trained teachers undercuts education gains, warns UN," *United Nations News Centre*, October 2, 2014, un.org.

"Sustainable Development Goal for Education Cannot Advance Without More Teachers," *United Nations Educational, Scientific and Cultural Organization*, October 2015, uis. unesco.org.

"UN News—Nearly 69 million new teachers needed to achieve global education goals, UNESCO reports," *UN News Centre*, October 5, 2016, un.org.

Julie Petersen and Shauntel Poulson, "To Drive Innovation in Education, Foundations Are Starting to Act Like Venture Capitalists," *Impact Alpha*, April 6, 2016, impactalpha.com.

"2015 Global Edtech Investment Spikes to Record $6.5 Billion," *The Business Journals*, January 4, 2016, bizjournals.com.

"Higher Education Retail Market Facts & Figures," *National Association of College Stores*, 2016, nacs.org.

"Achieving the Dream Launches Major National Initiative to Help 38 Community Colleges in 13 States Develop New Degree Programs Using Open Educational Resources," *Achieving the Dream*, June 14, 2016, achievingthedream.org.

Danielle Douglas-Gabriel, "College courses without textbooks? These schools are giving it a shot," *The Washington Post*, June 15, 2016, washingtonpost.com.

Bob Ludwig, "WOW! UMUC Wins National Award for Eliminating Textbooks in All Undergraduate Courses," *University of Maryland University College*, November 20, 2015, globalmedia.umuc.edu.

Krystal Steinmetz, "This Simple Idea Could Cut Costs for College Students Across the US," *Money Talks News*, March 2, 2015, moneytalksnews.com.

Paul Sawers, "Udacity turns 5: Sebastian Thrun talks A.I. and plans for a nanodegree in self-driving cars," *VentureBeat*, July 4, 2016, venturebeat.com.

Tamar Lewin, "Instruction for Masses Knocks Down Campus Walls," *The New York Times*, March 4, 2012, nytimes.com.

Dhawal Shah, "By the Numbers: MOOCS in 2015," *Class Central*, December 21, 2015, classcentral.com.

"Online Master of Science in Computer Science," *Georgia Tech College of Computing*, 2016, omscs.gatech.edu.

"2016–2017 Tuition and Fee Rates per Semester," *Georgia Institute of Technology*, 2016, omscs.gatech.edu.

"Our mission is to provide a free, world-class education for anyone, anywhere," *Khan Academy*, 2016, khanacademy.org.

"Khan Academy Resources: A Postsecondary Mathematics Research Project," *WestEd*, 2016, wested.org.

Mike Snider, "Cutting the Cord: The Great Courses' new streaming service," *USA TODAY*, August 9, 2015, usatoday.com.

Arthur Scheuer, "Xavier Niel explains 42: the coding university without teachers, books or tuition," *VentureBeat*, June 16, 2016, venturebeat.com.

Fremont, "42: Revolutionary Coding University Free, Non-Profit and Open to All," *42*, May 17, 2016, 42.us.org.

"Lighting the spark of learning," *Hole-in-the-wall*, 2016, Hole-in-the-wall.com.

"Starbucks partners with Arizona State University, offers online college program to workers," *NY Daily News*, June 16, 2014, nydailynews.com.

Mikhail Zinshteyn, "A For-Profit College Initiative That Just Might Work," *The Atlantic*, November 24, 2015, theatlantic.com.

Lindsay Gellman, "What Happened When a Business School Made Tuition Free," *The Wall Street Journal*, April 6, 2016, wsj.com.

"Endowment," *Harvard University*, 2016, harvard.edu.

"The Yale Investments Office," *Yale Investments Office*, 2016, investments.yale.edu.

"About UoPeople," *University of the People*, 2016, UoPeople.edu.

"2016 Retention/Completion Summary Tables," *ACT*, 2016, act.org.

"College Is Not Affordable," *Pew Research Center*, 2016, pewresearch.org.

"New Educational Goal but Chronic Shortages of Teachers," *UNESCO Institute of Statistics*, October 2015, uis.unesco.org.

"Infographic: Course Materials—Student Spending and Preferences," *The National Association of College Stores*, 2016, nacs.org.

Ben Popken, "College Textbook Prices Have Risen 1,041 Percent Since 1977," *NBC News*, August 6, 2015, nbcnews.com.

"Helping More Community College Students Succeed," *Achieving the Dream*, 2016, achievingthedream.org.

Tamar Lewin, "Instruction for Masses Knocks Down Campus Walls," *The New York Times*, March 4, 2012, nytimes.com.

Kevin Carey, "The End of College: Creating the Future of Learning and the University of Everywhere," *Penguin Random House*, March 3, 2015, penguinrandomhouse.com.

"Courses and Specializations," *Coursera*, 2016, coursera.org.

"Leadership," *Coursera*, 2016, coursera.org.

"Online Master of Science in Computer Science," *Georgia Tech—College of Computing*, 2016, omscs.gatech.edu.

"2016–2017 Tuition and Fee Rates per Semester—Fall 2016," *Georgia Institute of Technology*, 2016, bursar.gatech.edu.

"A personalized learning resource for all ages," *Khan Academy*, 2016, khanacademy.org.

"Our Supporters," *Khan Academy*, 2016, khanacademy.org.

"A free, world-class education for anyone, anywhere," *Khan Academy*, 2016, khanacademy.org.

Mike Snider, "Cutting the Cord: The Great Courses' new streaming service," *USA TODAY*, August 9, 2015, usatoday.com.

"Aaron Sorkin Teaches Screenwriting," *MasterClass*, 2016, masterclass.com.

"Starbucks partners with Arizona State University, offers online college program to workers," *NY Daily News*, June 16, 2014, nydailynews.com.

Mikhail Zinshteyn, "A For-Profit College Initiative That Just Might Work," *The Atlantic*, November 24, 2015, theatlantic.com.

"Harvard Congressional Report," *Harvard University*, March 31, 2016, harvard.edu.

"The Yale Investments Office," *Yale Investments Office*, 2016, investments.yale.edu.

"Combating Zika Virus through Education: New Tuition-Free Health Studies Degree Launched," *University of the People*, May 3, 2016, uopeople.edu.

"Trends in Student Aid 2015," *College Board*, 2016, trends.collegeboard.org.

Chapter Nine: The Future of Leisure and Recreation

Brian Sigafoos, "Estimated Sport Participants, 2000 Based on BRPS Survey," *Quora*, November 5, 2014, quora.com.

Jeffrey M. Jones, "As Industry Grows, Percentage of U.S. Sports Fans Steady," *Gallup*, June 17, 2015, Gallup.com.

"In Case You Missed It: A Lake Tahoe Resort Gets a 'Snow Factor,' A 1,000-Passenger Cruise Navigates the Northwest Passage—and More!," *Scientific American*, August 1, 2016, scientificamerican.com.

Megan Michelson, "U.S. Ski Areas Can Now Make Snow in the Summer," *Outside Online*, May 26, 2016, outsideonline.com.

Josh Dean, "Kelly Slater Built the Perfect Wave. Can He Sell It to the World? The Surfing legend's top-secret machine could change the sport forever," *Bloomberg Businessweek*, May 24, 2016, bloomberg.com.

"Fantasy Sports Services in the US: Market Research Report," *IBIS World*, 2016, ibisworld.com.

"Fantasy Sports Services in the US: Market Research Report," *IBIS World*, May 2015, ibisworld.com.

Darren Heitner, "The Hyper Growth of Daily Fantasy Sports Is Going to Change Our Culture and Our Laws," *Forbes*, September 16, 2015, forbes.com.

"So Many Apps, So Much More Time for Entertainment," *The Nielsen Company*, June 11, 2015, nielsen.com.

Anne Freier, "Mobile devices generate more emotional ad engagement than TVs," *mobyaffliates*, January 8, 2016, mobyaffiliates.com.

Jane McGonigal, "Video Games: An Hour a Day Is Key to Success in Life," *The Huffington Post*, February 15, 2011, huffingtonpost.com.

"KeyArena History," *KeyArena at Seattle Center*, 2016, keyarena.com.

"Prize Pool," *The International DOTA 2 Championships*, 2016, dota2.com.

"Fantex, Inc.," *U.S Securities and Exchange Commission*, January 13, 2016, sec.gov.

Jeffrey M. Jones, "As Industry Grows, Percentage of U.S. Sports Fans Steady," *Gallup*, June 17, 2015, gallup.com.

Darren Heitner, "The Hyper Growth of Daily Fantasy Sports Is Going to Change Our Culture and Our Laws," *Forbes*, September 16, 2015, forbes.com.

"Industry Demographics: Actionable Insights & Insightful Data," *Fantasy Sports Trade Association*, 2016, fsta.org.

"The International DOTA 2 Championships," *DOTA 2*, 2016, dota2.com.

"KeyArena History," *Key Arena at Seattle Center*, 2016, keyarena.com.

Chapter Ten: Financial Services Innovation

Shira Ovide, "Silicon Valley's Soft Landing," *Bloomberg*, January 8, 2016, bloomberg.com.

Juro Osawa, "China Mobile-Payment Battle Becomes a Free-for-All," *The Wall Street Journal*, May 22, 2016, wsj.com.

"China's economy grew by around 7 percent in 2015, services made up half of GDP—Premier," *Reuters*, January 16, 2016, reuters.com.

"National Income and Product Accounts Gross Domestic Product: Fourth Quarter and Annual 2015(Third Estimate) Corporate Profits: Fourth Quarter and Annual 2015," *BEA—Bureau of Economic Analysis*, March 25, 2016, bea.gov.

Prachi Salve, "Not 264 Million, Middle Class Is 24 Million: Report," *IndiaSpend*, October 29, 2015, indiaspend.com.

Bob Pisani, "Here's where fintech is heading next," *CNBC*, June 6, 2016, cnbc.com.

Deirdre Kelly, "Massive money-transfer industry disrupted by startups," *The Globe and Mail*, May 30, 2016, theglobeandmail.com.

T.S., "Why does Kenya lead the world in mobile money?," *The Economist*, May 27, 2013, economist.com.

"Overcome Cash Flow Gaps. Get Paid Instantly," *Fundbox*, 2016, fundbox.com.

"Loyalty Capital empowers local businesses to do more for you and the community," *Zipcap*, 2016, zipcap.com.

Ruth Simon, "The Coffee-Break Loan: Business Owners Promised Money in Five Minutes," *The Wall Street Journal*, March 12, 2016, wsj.com.

"Personal Loans," *Lending Club*, 2016, lendingclub.com.

PTI, "Consumer, SME loan market to reach $3 trillion in 10 years: Report," *The Economic Times*, July 13, 2016, economictimes.indiatimes.com.

Peter Diamandis, "Pebble Time Crowdfunding > $20 million," *Peter Diamandis*, 2016, diamandis.com.

"Our mission," *Kickstarter*, 2016, kickstarter.com.

"Top 10 Best Rated Crowdfunding Sites," *Consumer Affairs*, 2016, consumeraffairs.com.

"Raise Money for Charity," *GoFundMe*, 2016, gofundme.com.

Debbie Strong, "High School Senior with Two Jobs and Scholarships STILL Can't Afford College—So She Does Something Crazy," *Woman's World*, April 19, 2016, womansworld.com.

"7 Year-Old Virginia Boy Raises $10,000 for Elementary Schools in Flint, Michigan," *Sunny Skyz*, February 22, 2016, sunnyskyz.com.

"President Obama To Sign Jumpstart Our Business Startups (JOBS) Act," *The White House*, April 05, 2012, whitehouse.gov.

"Crowdfunding Industry Statistics 2015 2016," *CrowdExpert.com*, 2016, crowdexpert.com.

"Ultrasound Nerve Segmentation," *Kaggle*, 2016, Kaggle.com

Alexander Hatcher, "Crowdsourcing Your Drug Dealer," *Word Press*, April 30, 2014, hatcheralexander.wordpress.com.

Alicia H. Munnell, " 'Alternative work arrangements' now 16% of workforce," *MarketWatch*, April 28, 2016, marketwatch.com.

"Ready to declutter your wardrobe?," *Vinted*, 2016, vinted.com.

"Welcome to your dream closet," *Le Tote*, 2016, letote.com.

Kate Silver, "Finally, You Can Rent a Farm Animal," *Bloomberg*, August 17, 2016, bloomberg.com.

Ellen Huet, "What Really Killed Homejoy? It Couldn't Hold On to Its Customers," *Forbes*, July 23, 2015, forbes.com.

"Earn money hiring your stuff. Find rentals at neighborly prices," *Open Shed*, 2016, openshed.com.au.

"Find your perfect parking space," *JustPark*, 2016, justpark.com.

"On-Demand, 24/7: The best of your city delivered in minutes," *Postmates*, 2016, postmates.com.

"Shipping made easy," *Shyp*, 2016, shyp.com.

"BorrowMyDoggy connects dog owners with local dog lovers across the UK and Ireland for walks, sitting, and happy holidays," *BorrowMyDoggy*, 2016, borrowmydoggy.com.

"We Do Chores. You Live Life," *TaskRabbit*, 2016, taskrabbit.com.

"Find the Best Wineries & Wine Tasting," *CorkSharing*, 2016, corksharing.com.

"The future of dining is here: Join us at a communal table with hosts in over 200+ cities," *EatWith*, 2016, eatwith.com.

"What do you need done? Find it on Fiverr. Browse. Buy. Done," *Fiverr*, 2016, fiverr.com.

"Find a New Experience: Discover and book unique experiences offered by local insiders," *Vayable*, 2016, vayable.com.

"How can I earn money on Skillshare?," *Skills Share*, 2016, help.skillshare.com.

"Business experts on your terms," *Hourly Nerd*, 2016, hourlynerd.com.

"Quirky: The Invention Platform," *Quirky*, 2016, quirky.com.

"TechShop is a vibrant, creative community that provides access to instruction, tools, software and space. You can make virtually anything at TechShop. Come and build your dreams!," *TechShop*, 2016, techshop.ws.

"Welcome to the world of trips. Homes, experiences, and places—all in one app," *Airbnb*, 2016, airbnb.com.

"The Crowdshipping Community," *PiggyBee*, 2016, piggybee.com.

Erin Carson, "10 rideshare apps to crowdsource your commute," *TechRepublic*, April 10, 2014, techrepublic.com.

"Your cars for every occasion," *DriveNow*, 2016, de.drive-now.com.

"RENT THE CAR: Own the adventure," *Turo*, 2016, turo.com.

Douglas Macmillan, "GM Invests $500 Million in Lyft, Plans System for Self-Driving Cars," *The Wall Street Journal*, January 4, 2016, wsj.com.

"Free to List Your Desk or Office Space," *Desks Near Me*, 2016, desksnear.me.

"Sharing Marketplace for Business Equipment and Services," *Floow2*, 2016, floow2.com.

"Be the Founder Of Your Life," *WeWork*, 2016, wework.com.

Eliot Brown, "WeWork Targets Asia as Valuation Hits $16 Billion," *The Wall Street Journal*, March 10, 2016, wsj.com.

Randyl Drummer, "WeWork and Other Shared-Office Providers Aiming to Reinvent How Office Leasing Works," *Costar*, March 24, 2016, costar.com.

"Introducing the YouEconomy," *Success*, June 10, 2016, success.com.

Abha Bhattarai, "After shoppers return items, some buyers try selling them again," *The Washington Post*, July 1, 2016, washingtonpost.com.

"The sharing economy—sizing the revenue opportunity," *PWC*, 2016, pwc.co.uk.

Drew Desilver, "More older Americans are working, and working more, than they used to," *Pew Research Center*, June 20, 2016, pewresearch.org.

"Defeat Malaria," *International SOS*, April 11, 2016, internationalsos.com.

"A child dies every minute from malaria in Africa," *World Health Organization*, 2016, afro.who.int.

"About MalariaSpot," *Malaria Spot*, 2016, malariaspot.org.

Gunther Eysenbach, "Crowdsourcing Malaria Parasite Quantification: An Online Game for Analyzing Images of Infected Thick Blood Smears," *National Center for Biotechnology Information*, November 29, 2012, ncbi.nlm.nih.gov.

"The Science Behind Foldit," *Foldit*, 2016, fold.it.

"Global Fintech Investment Growth Continues in 2016 Driven by Europe and Asia, Accenture Study Finds," *Accenture*, April 13, 2016, newsroom.accenture.com.

"Sea Hero Quest," *Sea Hero Quest*, 2016, seaheroquest.com.

"Play Sea Hero Quest and #gameforgood," *Alzheimer's Research UK*, 2016, alzheimersresearchuk.org.

Sarah Kaplan, "Two minutes playing this video game could help scientists fight Alzheimer's," *The Washington Post*, May 7, 2016, washingtonpost.com.

Charlie Sorrel, "Use It Or Lose It-How Brain Exercise Fights Alzheimer's," *Fast Company & Inc.*, August 19, 2016, fastcoexist.com.

"Raymond Orteig—$25,000 prize," *Charles Lindbergh*, 2016, charleslindbergh.com.

Alan Boyle, "SpaceShipOne wins $10 million X Prize," *NBC News*, October 5, 2004, nbcnews.com.

Brian Caulfield, "Rocket Man," *Forbes*, February 1, 2012, forbes.com.

"This privately built, piloted craft reached space and returned safely, expanding opportunities for commercial spaceflight," *SpaceShipOne*, 2016, Airandspace.si.edu.

"Identify Organisms from a Stream of DNA Sequences," *InnoCentive Challenge*, 2016, innocentive.com.

Gail Porter, "NFL, Under Armour, GE & National Institute of Standards and Technology (NIST)Announce Five Winners of Head Health Challenge III," *NIST*, December 15, 2015, nist.gov.

Tomas Kellner, "Failing Better: $2 Million Innovation Challenge Seeks Advanced Materials to Protect Football Players from Brain Injury," *GE Reports*, January 30, 2015, gereports.com.

"Carbon Monoxide Poster Contest Winners," *United States Consumer Product Safety Commission*, 2016, cpsc.gov.

"NIDA Issues Challenge to Create App for Addiction Research," *National Institute on Drug Abuse*, November 3, 2015, drugabuse.gov.

Dr. Ellen Gilinsky, "A Summit to Remember," *The EPA Blog*, May 18, 2016, blog.epa.gov.

Jon Greenberg, "47% say they lack ready cash to pay a surprise $400 bill," *Punditfact*, June 9, 2015, Politifact.com.

"UFA2020 Overview: Universal Financial Access by 2020," *The World Bank*, August 18, 2016, worldbank.org.

Mary Wisniewski, "Campaign to Legalize Lottery-Like Savings Awards Gains Momentum,"*American Banker*, September 30, 2014, americanbanker.com.

Richard Eisenberg, "Will Prizes Get More Low-Income People to Save?," *Forbes*, July 17, 2015, forbes.com.

Ben Steverman, "Put in $25, Get $10,000 Back. Your Bank Becomes a Casino," *Bloomberg*, September 23, 2014, bloomberg.com.

Bill Fay, "How Credit Unions And Banks Are 'Gamifying' Savings," *Debt.org*, July 2, 2015, debt.org.

Christina Lavingia, "How Lottery Savings Accounts Fool You into Saving More," *Go Banking Rates*, April 29, 2014, gobankingrates.com.

Melissa Schettini Kearney, Peter Tufano, Jonathan Guryan and Erik Hurst, "Making Savers Winners: An Overview of Prize-Linked Savings Products," *The National Bureau of Economic Research*, October 2010, nber.org.

"World Bank Group and a Coalition of Partners Make Commitments to Accelerate Universal Financial Access," *The World Bank*, April 17, 2015, worldbank.org.

"Standard of living in India," *Wikipedia*, 2016, Wikipedia.org.

"Uncertainty in the Aftermath of the U.K. Referendum," *International Monetary Fund*, July 19, 2016, imf.org.

James Manyika, Sree Ramaswarny, Somesh Khanna, Hugo Sarrazin, Gary Pinkus, Guru Sethupathy and Andrew Yaffe, "Digital America: A tale of the haves and have-mores," *McKinsey & Company*, December 2015, mckinsey.com.

James Manyika, "Are you part of the digital haves or the have-mores?," *McKinsey & Company*, December 17, 2015, mckinsey.com.

Christopher Mims, "31% of Kenya's GDP is spent through mobile phones," *Quartz*, February 27, 2013, qz.com.

Syed Zain Al-Mahmood, "Mobile Banking Provides Lifeline for Bangladeshis," *The Wall Street Journal*, June 23, 2015, wsj.com.

"Digital Pathways to Financial Inclusion: Findings from the First FII Tracker Survey in Kenya?," *InterMedia*, July 2014, finclusion.org.

Kalyeena Makortoff, "Kenya launches first mobile-only bond," *CNBC*, October 1, 2015, cnbc.com.

"5 billion people to go online by 2020: Google," *The Times of India*, November 20, 2015, timesofindia.indiatimes.com.

Robert D. Boroujerdi and Christopher Wolf, "Themes, Dreams and Flying Machines," *The Goldman Sachs Group*, December 2, 2015, goldmansachs.com.

Melody Petersen, "Google may invest in SpaceX to back Elon Musk's satellite project," *Los Angeles Times*, January 19, 2015, latimes.com.

Robert Wall, "OneWeb Plans Further Microsatellite Funding Round," *The Wall Street Journal*, June 25, 2015, wsj.com.

Cara McGoogan, "Facebook's solar-powered internet drone takes maiden flight," *The Telegraph*, July 22, 2016, telegraph.co.uk.

"Project Loon," *X*, 2016, x.company.

"Li-fi 100 times faster than wi-fi," *BBC News*, November 27, 2015, bbc.com.

Peter Diamandis, "Mobile is eating the world," *Peter Diamandis*, 2016, diamandis.com.

Dominic Frisby, "Zimbabwe's trillion-dollar note: from worthless paper to hot investment," *The Guardian*, May 14, 2016, theguardian.com.

Steve H. Hanke, "R.I.P. Zimbabwe Dollar," *CATO Institute*, 2016, cato.org.

Gertrude Chevez-Dreyfuss and Nikhil Subba, "U.S. tech company files bitcoin ETF application with SEC," *Reuters*, July 12, 2016, reuters.com.

"Bitcoin ATMs in United States," *Coin ATM Radar*, 2016, coinatmradar.com.

Michael J. Casey and Paul Vigna, "BitBeat: Payments Industry Rep Weighs in on a 'Revolutionary Time," *The Wall Street Journal*, June 24, 2014, wsj.com.

Emanuel Derman, " 'The Age of Cryptocurrency,' by Paul Vigna and Michael J. Casey," *The New York Times*, March 18, 2015, nytimes.com.

Stan Higgins, "Central Bank Digital Currencies Could Boost GDP, Bank of England Says," *CoinDesk*, July 18, 2016, coindesk.com.

Sophia Yan, "China wants to launch its own digital currency," *CNN*, January 22, 2016, money.cnn.com.

"Justice Department Convenes Summit on Digital Currency and the Blockchain," *United States Department of Justice*, November 9, 2015, justice.gov.

Justin OConnell, "More US Colleges & Universities Offering Bitcoin Courses in the Fall," *Cryptocoins News*, August 27, 2015, cryptocoinsnews.com.

"IRS Virtual Currency Guidance: Virtual Currency Is Treated as Property for U.S. Federal Tax Purposes; General Rules for Property Transactions Apply," *Internal Revenue Service*, March 25, 2014, irs.gov.

Pete Rizzo, "CFTC Ruling Defines Bitcoin and Digital Currencies as Commodities," *CoinDesk*, September 17, 2015, coindesk.com.

Rachel Emma Silverman, "Charities Seek Donations in Bitcoin," *The Wall Street Journal*, April 12, 2015, wsj.com.

Anna Irrera, "UBS Building Virtual Coin for Mainstream Banking," *The Wall Street Journal*, September 3, 2015, wsj.com.

Matthew Finnegan, "Bitcoin and beyond: Which banks are investing in the blockchain?," *Techworld*, April 08, 2016, techworld.com.

John Biggs, "Citibank Is Working On Its Own Digital Currency, Citicoin," *TechCrunch*, July 7, 2015, techcrunch.com.

"Citi Crosses $1 Trillion Transaction Value Milestone in Institutional Mobile Banking," *Business Wire*, February 23, 2016, businesswire.com.

Anthony Cuthbertson, "Bitcoin now accepted by 100,000 merchants worldwide," *International Business Times*, February 4, 2015, ibtimes.co.uk.

Darren Rovell, "Sacramento Kings to accept Bitcoin," *ESPN*, January 16, 2014, espn.com.

Kate Gibson, "Report: Nearly 5 million Bitcoin users by 2019," *CBS News*, March 17, 2015, cbsnews.com.

Sydney Ember, "Data Security Is Becoming the Sparkle in Bitcoin," *The New York Times*, March 1, 2015, nytimes.com.

Maria Aspan, "Why Fintech Is One of the Most Promising Industries of 2015," *INC. Magazine*, September 2015, inc.com.

Liz Alderman, "In Sweden, a Cash-Free Future Nears," *The New York Times*, December 26, 2015, nytimes.com.

Greg Garneau, "The Blockchain, the Wheel, Airplane and the Internet Are the Four Greatest Inventions," *IHB*, February 9, 2014, ihb.io.

Erin Sullivan, "World's first Bitcoin marriage to take place at Walt Disney World," *Orlando Weekly*, October 1, 2014, orlandoweekly.com.

Minouche Shafik, "A New Heart for a Changing Payments System," *Bank of England*, January 27, 2016, bankofengland.co.uk.

Gideon Gottfried, "Blockchain Platform Colu Partners With Revelator in Push to Fix Music's Data," *Billboard*, August 18, 2015, billboard.com.

Nathaniel Popper, "Bitcoin Technology Piques Interest on Wall St.," *The New York Times*, August 28, 2015, nytimes.com.

"US Congress cites for a national policy for blockchain technology," *The Paypers*, July 22, 2016, thepaypers.com.

Cory Dawson, "Vt. eager for blockchain, but agencies slow to change," *Burlington Free Press*, July 26, 2016, burlingtonfreepress.com.

"IBM to Open Blockchain Innovation Center in Singapore to Accelerate Blockchain Adoption for Finance and Trade," *IBM*, July 11, 2016, ibm.com.

Oscar Williams-Grut, "Santander is experimenting with bitcoin and close to investing in a blockchain startup," *Business Insider*, June 17, 2015, businessinsider.com.

"Blockchain, Mobile and the Internet of Things," *Insights*, March 17, 2016, insights.samsung.com.

Olivia Cain, "Counterfeit aircraft parts in the USA," *NetNames*, March 11, 2014, netnames.com.

Luke Parker, "LenderBot by Deloitte and Stratumn to bring insurance to the sharing economy using bitcoin's blockchain," *Brave New Coin*, July 14, 2016, bravenewcoin.com.

B. Holmes, "Jetcoin Gears up to Disrupt the Sporting Industry," *Brave New Coin*, April 22, 2015, bravenewcoin.com.

Gertrude Chavez-Dreyfuss, "Overstock to issue stock to be traded on blockchain platform," *Reuters*, March 16, 2016, reuters.com.

"Profiles in Innovation—Blockchain Putting Theory into Practice," *The Goldman Sachs Group, Inc.*, May 24, 2016, scribd.com.

Jigmey Bhutia, "Robots will destroy 15 million jobs warns Bank of England," *International Business Times*, November 13, 2015, ibtimes.co.uk.

"Support Blue Angel Jeff Kuss Family," *GoFundMe*, 2016, gofundme.com.

"Can computer vision spot distracted drivers?," *Kaggle*, August 1, 2016, kaggle.com.

"Maximize sales and minimize returns of bakery goods," *Kaggle*, June 8, 2016, kaggle.com.

"Can you detect duplicitous duplicate ads?," *Kaggle*, July 11, 2016, kaggle.com.

"Help improve outcomes for shelter animals," *Kaggle*, March 21, 2016, kaggle.com.

"Annual Nominal Fish Catches," *Kaggle*, 2016, kaggle.com.

"Welcome to Eleven James," *Eleven James*, 2016, elevenjames.com.

"M-PESA Timeline," *Safaricom*, 2016, safaricom.co.ke.

"Why does Kenya lead the world in mobile money?," *The Economist*, May 27, 2013, economist.com.

"Overcome Cash Flow Gaps. Get Paid Right Away," *Fundbox*, 2016, fundbox.com.

Ruth Simon, "The Coffee-Break Loan: Business Owners Promised Money in Five Minutes," *The Wall Street Journal*, March 12, 2016, wsj.com.

"Mary Kay Inc. has tapped one of its own, Julia A. Simon, to serve as Chief Legal Officer and Corporate Secretary," *Direct Selling News*, December 7, 2016, directsellingnews.com.

Abha Bhattarai, "After shoppers return items, some buyers try selling them again," *The Washington Post*, July 1, 2016, washingtonpost.com.

"Global capital markets: Entering a new era," *McKinsey & Company—McKinsey Global Institute*, September 2009, mckinsey.com.

"GDP (current US$)," *The World Bank*, 2015, data.worldbank.org.

"World Economic Outlook October 2016," *International Monetary Fund*, 2016, imf.org.

"Digital Pathways to Financial Inclusion. Findings from the First FII Tracker Survey in Kenya," *DocPlayer*, July 2014, docplayer.net.

Kalyeena Makortoff, "Kenya launches first mobile-only bond," *CNBC*, October 1, 2015, cnbc.com.

"Property Trading Game from Parker Brothers: Monopoly Electronic Banking Edition," *Hasbro*, 2016, hasbro.com.

"Digital Currencies," *Bank of England*, 2016, bankofengland.co.uk.

"2015 Gift Card Sales to Reach New Peak of $130 Billion," *PR Newswire*, December 8, 2015, prnewswire.com.

Chapter Eleven: Safety and Security

Monica Davey, "Chicago Police Try to Predict Who May Shoot or Be Shot," *The New York Times*, May 23, 2016, nytimes.com.

"Vancouver police arrest more than 100 in riot," *CBC News*, June 16, 2011, cbc.ca.

Bill Mann, "Social Media "Vigilantes" I.D. Vancouver Rioters—And Then Some," *The Huffington Post*, July 2, 2011, huffingtonpost.ca.

Chapter Twelve: The Dark Side

Elizabeth Weise, "Robocalls are worse than annoying—they're likely scams," *USA TODAY*, July 28, 2016, usatoday.com.

"27M Americans Lost an Average of $274 in Phone Scams Last Year, According to New Report from Truecaller," *WebWire*, January 25, 2016, webwire.com.

Michael Sainato, "Stephen Hawking, Elon Musk, and Bill Gates Warn About Artificial Intelligence," *Observer*, August 19, 2015, observer.com.

"Hyatt Hotels Current Valuation," *Macroaxis*, November 30, 2016, macroaxis.com.

Grace Caffyn, "Bitcoin Pizza Day: Celebrating the Pizzas Bought for 10,000 BTC," *CoinDesk*, May 22, 2014, coindesk.com.

"7,500 Online Shoppers Unknowingly Sold Their Souls," *FOX News*, April 15, 2010, foxnews.com.

David Boroff, "Creator of website hitmanforhire.net took on clients, committed extortion, authorities say," *NY Daily News*, February 29, 2012, nydailynews.com.

Nick Bilton, "Girls Around Me: An App Takes Creepy to a New Level," *The New York Times*, March 30, 2012, bits.blogs.nytimes.com.

Toivo Tanavsuu, "From file-sharing to prison: A Megaupload programmer tells his story," *Arstechnica*, June 24, 2016, arstechnica.com.

Herb Weisbaum, "Warning: Burglars read the obituaries, too," *NBC News*, June 27, 2012, business.nbcnews.com.

Eric Mack, "Twitter, Facebook, Foursquare: Tools of the modern burglar?," *CNET*, April 5, 2012, cnet.com.

Jennifer Levitz, "Online Daters Are Falling Prey to Scams," *The Wall Street Journal*, 2016, wsj.com.

Ramanujam Venkatesan, Arvind Choudhary and Satyendra Kuntal, "Kidnap and Ransom Insurance: at an Inflection Point," *Cognizant*, 2016, cognizant.com.

Edward C. Baig, "Mattel unveils rebooted ThingMaker as 3D printer," *USA TODAY*, February 13, 2016, usatoday.com.

Devlin Barrett, "Threat of Plastic Guns Rises," *The Wall Street Journal*, November 13, 2013, wsj.com.

Brittany Vonow, "KING OF THIEVES Incredible criminal career of Hatton Garden heist mastermind Brian Reader exposed in new book," *The Sun*, September 3, 2016, thesun.co.uk.

Matt Levine, "Guy Trading at Home Caused the Flash Crash," *Bloomberg View*, April 21, 2015, bloomberg.com.

Olga Kharif, "Mobile Payment Fraud Is Becoming a Pricey Problem," *Bloomberg Businessweek*, February 12, 2015, bloomberg.com.

Chris P., "Mobile malware getting out of control? Study claims 614% increase on year, Android accounts for 92% of total infections," *Phone Arena*, June 28, 2013, phonearena.com.

Marc Tracy, "A Body of Data, Exposed," *The New York Times*, September 11, 2016, nytimes.com.

Mark Newgent, "Baltimore Examiner going out of business," *The Red Maryland Network*, January 29, 2009, redmaryland.com.

"Cincinnati Post stops the press after 126 years," *NBC News*, December 31, 2007, nbcnews.com.

Nick Madigan, "An Abrupt End to the Tampa Tribune After a Blow Delivered by Its Rival," *The New York Times*, May 20, 2016, nytimes.com.

Jeffrey Pfeffer, "The case against the 'gig economy,' " *Fortune*, July 30, 2015, fortune.com.

Sarah Knapton, "Robot mother builds 'cube babies' then watches them take first steps," *The Telegraph*, August 12, 2015, telegraph.co.uk.

"Current Report Filing (8-k)," *ADVFN*, 2016, advfn.com.

"Cincinnati Financial Chairman to Retire from Active Company Employment," *PR Newswire*, August 12, 2016, prnewswire.com.

Becky Yerak, "Allstate: Driverless cars could threaten our business," *Chicago Tribune*, February 22, 2016, chicagotribune.com.

Leslie Scism, "Driverless Cars Threaten to Crash Insurers' Earnings," *The Wall Street Journal*, July 26, 2016, wsj.com.

Danni Santana, "Allstate's Tech Company Reveals New View of Telematics Value," *Insurance Networking News*, August 11, 2016, insurancenetworking.com.

Theo Francis, "The Driverless Car, Officially, Is a Risk," *The Wall Street Journal*, March 3, 2015, wsj.com.

Caitlin Bronson, "Self-driving cars will be bad for insurance, Buffett says," *Insurance Business*, May 3, 2016, ibamag.com.

Mayo Clinic Staff, "Spinal cord injury—causes," *Mayo Clinic*, October 8, 2014, mayoclinic.org.

Christopher Langner, "Commodities' $3.6 Trillion Black Hole," *Bloomberg*, February 18, 2016, bloomberg.com.

Alfred Ng, "Florida woman's hit-and-run escape foiled after her own car calls police on her," *NY Daily News*, December 6, 2015, nydailynews.com.

Thomas Claburn, "Google Automated Car Accidents: Not Our Fault," *Information Week*, May 12, 2015, informationweek.com.

Andrea Peterson and Matt McFarland, "You may be powerless to stop a drone from hovering over your own yard," *The Washington Post*, January 13, 2016, washingtonpost.com.

Laura Wagner, "North Dakota Legalizes Armed Police Drones," *NPR*, August 27, 2015, npr.org.

"Gartner Says Uses of 3D Printing Will Ignite Major Debate on Ethics and Regulation," *Gartner*, January 29, 2014, gartner.com.

David Daw, "Criminals Find New Uses for 3D Printing," *PCWorld*, October 10, 2011, pcworld.com.

James Legge, "US government orders Cody Wilson and Defense Distributed to remove blueprint for 3D-printed handgun from the web," *Independent*, May 10, 2013, independent.co.uk.

Andy Greenberg, "$25 Gun Created With Cheap 3D Printer Fires Nine Shots," *Forbes*, May 19, 2013, forbes.com.

Bridget Butler Millsaps, "Australia's Gold Coast: Loaded 3D Printed Gun Found in Raid of Sophisticated Meth Lab," *3D Print*, December 10, 2015, 3dprint.com.

Dan Bilefsky, "The Graying Thieves Who Nearly Got Away With a Record Heist in London," *The New York Times*, December 12, 2015, nytimes.com.

"Hatton Garden: Who were the jewellery heist raiders?," *BBC News*, January 14, 2016, bbc.com.

Carol Matlack, "Instead of Playing Golf, the World's Elderly Are Staging Heists and Robbing Banks," *Bloomberg*, May 28, 2015, bloomberg.com.

"HGP Write FAQ," *The Center of Excellence for Engineering Biology*, 2016, engineerinbiologycenter.org.

Curt DellaValle, "Monsanto's GMO Weed Killer Damages DNA," *AgMag*, July 17, 2015, ewg.org.

Oscar Williams-Grut, "After Firing Its CEO, Lending Club Is Facing a Crisis," *Inc.*, May 17, 2016, inc.com.

"Flash Robs," *Crime Museum*, 2016, crimemuseum.org.

"Flash Rob," *Wikipedia*, 2016, wikipedia.org.

Julie Jargon and Ilan Brat, "Chicago Police Brace for 'Flash Mob' Attacks," *The Wall Street Journal*, June 9, 2011, wsj.com.

Sonia Azad, "Flash Mob Robbery Caught on Camera at Galleria Area Store," *ABC 13 Eyewitness News*, December 9, 2011, abc13.com.

Dan Scanlan, "Saturday night flash mob takes over Jacksonville Walmart," *The Florida Times Union*, July 17, 2012, jacksonville.com.

Renae Merle, "Wells Fargo fires 5,300 people for opening millions of phony accounts; company fined $185M," *Chicago Tribune*, September 9, 2016, chicagotribune.com.

Chris Isidore and David Goldman, "Volkswagen agrees to record $14.7 billion settlement over emissions cheating," *CNN Money*, June 28, 2016, money.cnn.com.

Mark Calvey, "Printer giant HP thinks it oughta be in pictures," *San Francisco Business Times*, September 28, 1997, bizjournals.com.

Mike Spector, Dana Mattioli and Peg Brickley, "Can Bankruptcy Filing Saving Kodak?," *The Wall Street Journal*, January 20, 2012, wsj.com.

Tim Worstall, "Jaron Lanier's 'Who Owns The Future?' What On Earth Is This Guy Talking About?," *Forbes*, May 15, 2013, forbes.com.

"David S. Rose," *David Rose Photography*, 2016, davidsrose.com.

Giovanni Rodriguez, "The Exponential Enterprise: Your Most Feared Competitor Now Has a Name," *Forbes*, October 31, 2014, forbes.com

Brian Stelter, "News Corporation Sells MySpace for $35 Million," *The New York Times*, June 29, 2011, mediadecoder.blogs.nytimes.com.

Bill Tancer, "MySpace Moves Into #1 Position for all Internet Sites," *Experian Marketing Services*, July 11, 2006, experian.com.

"NewsCorp, which paid $580 million for MySpace has sold it for $35 million," *The Oregonian*, June 29, 2011, oregonlive.com.

Pete Cashmore, "MySpace, America's Number One," *Mashable*, July 11, 2006, mashable.com.

"Company Overview of Hyatt Hotels Corporation," *Bloomberg*, September 27, 2016, bloomberg.com.

Sam Matthews, "The Investor's Introduction to Hyatt Hotels," *Market Realist*, December 30, 2015, marketrealist.com.

"Our Company," *Hyatt*, September 27, 2016, investors.hyatt.com.

"Hyatt Hotels Corporation," *Google*, 2016, google.com.

Rolfe Winkler, "The Secret Math of Airbnb's $24 Billion Valuation," *The Wall Street Journal*, June 17, 2015, wsj.com.

"Quicken Loans Fast Facts," *Quicken Loans*, 2016, quickenloans.com.

"CEO Interview: Bill Emerson," *PwC*, 2016, pwc.com.

Jerry Hirsch, "Elon Musk: Model S not a car but a 'sophisticated computer on wheels,'" *Los Angeles Times*, March 19, 2015, latimes.com.

Richard N. Foster and Sarah Kaplan, "Creative destruction," *McKinsey & Company*, September 2001, mckinsey.com.

Kim Gittleson, "Can a company live forever?," *BBC News*, January 19, 2012, bbc.com.

Fortune Editors, "The results of the 2015 Fortune 500 CEO survey are in . . . ," *Fortune*, June 4, 2015, fortune.com.

"LIMRA Survey: More Than Half of Financial Executives Surveyed Predict Outside Disruption in Life Insurance Market," *LIMRA*, January 13, 2015, limra.com.

Joseph Steinberg, "These Devices May Be Spying on You (Even in Your Own Home)," *Forbes*, January 26, 2014, forbes.com.

"French taxi drivers destroy livery cabs in violent anti-Uber protest," *New York Post*, June 25, 2015, nypost.com.

Robert Schmidt, "The Pitched Battle Over Mutual Fund Reports You Probably Don't Even Read," *Bloomberg*, August 23, 2016, bloomberg.com.

"Senior Citizens Depend On Paper Social Security Checks," *Consumers for Paper Options*, 2016, paperoptions.org.

"Paper Savings Bonds: Bring Back an Important American Tradition," *Consumers for Paper Options*, 2016, paperoptions.org.

"SEC Filings, 10-Q," *Cincinnati Financial Corporation*, September 30, 2015, phx. corporate-ir.net.

"Section 1: 10-K (10-K): The Travelers Companies, Inc.," *United States Securities and Exchange Commission*, December 31, 2015, investor.travelers.com.

Henry Fountain and Michael S. Schmidt, " 'Bomb Robot' Takes Down Dallas Gunman, but Raises Enforcement Questions," *The New York Times*, July 8, 2016, nytimes.com.

"Your Full-Service Life Insurance Brokerage," *Pinney Insurance*, 2016, pinneyinsurance.com.

Andrew Hessel, Marc Goodman and Steven Kotler, "Hacking the President's DNA," *The Atlantic*, November 2012, theatlantic.com.

Alice Park, "U.K. Approves First Studies of New Gene Editing Technique CRISPR on Human Embryos," *Time*, February 1, 2016, time.com.

Nicholas Wade, "Scientists Seek Moratorium on Edits to Human Genome That Could Be Inherited," *The New York Times*, December 3, 2015, nytimes.com.

"Our Mission: To Understand the Blueprint of Life. Home of GP-write and HGP-write," *The Center of Excellence for Engineering Biology*, 2016, engineeringbiologycenter.org.

Neil Gough, "Online Lender Ezubao Took $7.6 Billion in Ponzi Scheme, China Says," *The New York Times*, February 1, 2016, nytimes.com.

Ruth Simon, "Crowdfunding Sites Like GoFundMe and YouCaring Raise Money—and Concerns," *The Wall Street Journal*, February 29, 2016, wsj.com.

Peter Moskowitz, "Crowdfunding for the Public Good Is Evil," *Wired*, March 16, 2016, wired.com.

Erik Ortiz, "Chicago clothing store loses $3,000 worth of jeans in flash robbery," *NY Daily News*, July 30, 2012, nydailynews.com.

Jeff Bennett, "Thieves Go High-Tech to Steal Cars," *The Wall Street Journal*, July 5, 2016, wsj.com.

"How We See It: Autonomy and Self-Driving Cars," *Car and Driver*, June 17, 2016, blog. carand driver.com.

Joel Achenbach, "107 Nobel laureates sign letter blasting Greenpeace over GMOs," *The Washington Post*, June 30, 2016, washingtonpost.com.

"And the 2016 World Food Prize goes to . . . Biofortified Sweet Potatoes," *Golden Rice Project*, 2016, goldenrice.org.

"Targeting Aging with Metformin," *American Federation for Aging Research*, 2016, afar. org.

"Robotic surgery technique to treat previously inoperable head and neck cancer tumors," *University of California, Los Angeles, Health Sciences*, December 20, 2014, sciencedaily. com.

Part Two: What Exponential Technologies Mean for Personal Finance

Chapter Thirteen: The Financial Plan You Need Now for the Future You're Going to Have

"Life Expectancy for Social Security," *Social Security Administration*, 2016, ssa.gov.

Dan Fitzpatrick, "Rising U.S. Life Spans Spell Likely Pain for Pension Funds," *The Wall Street Journal*, October 27, 2014, wsj.com.

Sarah Knapton, "World's first anti-ageing drug could see humans live to 120," *The Telegraph*, November 29, 2015, telegraph.co.uk.

Johannes Koettl, "Boundless life expectancy: The future of aging populations," *Brookings*, March 23, 2016, brookings.edu.

Peter Diamandis, "Demonetized Cost of Living," *Peter Diamandis*, 2016, diamandis.com.

Peter H. Diamandis and Steven Kotler, "Bold: How to Go Big, Create Wealth and Impact the World," *Diamandis*, February 2015, diamandis.com.〔邦訳：『ボールド　突き抜ける力』(ピーター・H・ディアマンディス、スティーブン・コトラー著／土方奈美訳／日経BP社／2015年)〕

Joanna Stern, "This $50 Smartphone May Be All You Need," *The Wall Street Journal*, July 19, 2016, Javed Anwer, "Ringing Bells Freedom 251 review: A miracle that it exists and works like a phone," *India Today*, August 12, 2016, indiatoday.intoday.in.

Sascha Segan, "Hands On with the $20 Indian Android Tablet," *PC Magazine*, November 29, 2012, pcmag.com.

"The shirt you can't get dirty: Researchers create ultralight coating that can repel alcohol, coffee, oil and even petrol," *Daily Mail*, January 17, 2013, dailymail.co.uk.

Tom McKay, "Nobody is Buying a PC Anymore—Here's Why," *News.Mic*, December 3, 2013, mic.com.

Franklin B. Tucker, "With Full Slate, Planning Punts Possible Airbnb Regs to Summer Review," *Belmontonian*, January 7, 2016, belmontonian.com.

Matthew Wilde, "Food inflation: Rising transportation costs increase grocery bills," *Cedar Valley Business Monthly*, April 15, 2012, wcfcourier.com.

Chapter Fourteen: Career Planning

Robert E. Scott, "The Manufacturing Footprint and the Importance of U.S. Manufacturing Jobs," *Economic Policy Institute*, January 22, 2015, epi.org.

Carl Benedikt Frey and Michael A. Osborne, "The Future of Employment: How susceptible are jobs to computerisation?," *Oxford Martin School, University of Oxford*, September 17, 2013, oxfordmartin.ox.ac.uk.

"Databases, Tables & Calculators by Subject," *Bureau of Labor Statistics Data*, November 23, 2016, data.bls.gov.

Isabelle Fraser, "How you will buy your house in 2025: drones, virtual reality and big data," *The Telegraph*, March 8, 2016, telegraph.co.uk.

Ira Monko, "Artificial Intelligence in Real Estate: Today, Tomorrow and the Future," *OnBlog*, June 9, 2016, onboardinformatics.com.

Craig Guillot, "Your smartphone: A great tool for a better remodeling project?," *Bankrate*, November 3, 2015, bankrate.com.

Matt Burns, "This Could Be the Mortgage Industry's iPhone Moment," *TechCrunch*, November 24, 2015, techcrunch.com.

Michele Lerner, "How Do Real Estate Agents Get Paid?," *Realtor.com*, December 3, 2013, realtor.com.

Karen Turner, "Meet 'Ross,' the newly hired legal robot," *The Washington Post*, May 16, 2016, washingtonpost.com.

Stacy Liberatore, "Your AI lawyer will see you now: IBM's ROSS becomes world's first artificially intelligent attorney," *Daily Mail*, May 13, 2016, dailymail.co.uk.

Melissa Korn, "Imagine Discovering That Your Teaching Assistant Really Is a Robot," *The Wall Street Journal*, May 6, 2016, wsj.com.

Mark Lelinwalla, "Drone-Guided Robot Bulldozers Being Used in Japan to Combat Construction Labor Shortage," *Tech Times*, October 14, 2015, techtimes.com.

Patricia A. Daly, "Agricultural employment: has the decline ended?," *Bureau of Labor Statistics*, 2016, bls.gov.

"Data: National Agricultural Statistics Service (NASS)," *USDA Office of the Chief Economist*, 2016, usda.gov.

"History & Background," *United States Department of Agriculture Economic Research Service*, 2016, ers.usda.gov.

Ian D. Wyatt and Daniel E. Hecker, "Occupational changes during the 20th century," *Bureau of Labor Statistics*, March 2006, bls.gov.

"Agriculture 1950: Changes in Agriculture, 1900 To 1950," *Bureau of Census*, 2016, census.gov.

"Population profile of the United States, 1976," *Bureau of Census*, 2016, census.gov.

"Top 20 Facts About Manufacturing," *National Association of Manufacturers*, 2016, nam.org.

Lauren Csorny, "Careers in the growing field of information technology services," *Bureau of Labor Statistics*, April 2013, bls.gov.

"U.S. Tech Industry Employment Surpasses 6.7 Million Workers," *CompTIA*, February 29, 2016, comptia.org.

"Occupational Employments Statistics—Occupational Employment and Wages, May 2015," *Bureau of Labor Statistics*, 2016, bls.gov.

"Occupation Outlook Handbook—Travel Agents," *Bureau of Labor Statistics*, 2016, bls.gov.

"Occupation Outlook Handbook—Software Developers," *Bureau of Labor Statistics*, 2016, bls.gov.

Eckehart Rotter, "Facts and Figures," *German Association of the Automotive Industry*, 2016, vda.de.

"World Robotics 2015 Industrial Robots," *International Federation of Robotics*, 2016, ifr.org.

Chris Weller, "Law firms of the future will be filled with robot lawyers," *Tech Inside*, July 7, 2016, techinsider.com.

Karen Turner, "Meet 'Ross,' the newly hired legal robot," *The Washington Post*, May 16, 2016, washingtonpost.com.

James Bessen, "How Computer Automation Affects Occupations: Technology, Jobs, and Skills." *Boston University School of Law*, November 13, 2015, bu.edu.

Katie Allen, "Technology has created more jobs than it has destroyed, says 140 years of data," *The Guardian*, August 18, 2015, theguardian.com.

"Automation and anxiety," *The Economist*, June 25, 2016, economist.com.

"World-Class Finance Orgs Drive Higher Value, Great Agility Than Peers While Spending More Than 40 Percent Less," *The Hackett Group*, August 27, 2015, thehackettgroup.com.

Frank Tobe, "Huge employer in China makes big step toward robots," *The Christian Science Monitor*, November 17, 2011, csmonitor.com.

"Digital American: A Tale of the Have and Have-Mores," *McKinsey & Company*, December 2015, mckinsey.com.

Steven Johnson, "The Creative Apocalypse That Wasn't," *The New York Times Magazine*, August 19, 2015, nytimes.com.

"The Data Journalism That Wasn't," *Future of Music Coalition*, 2016, futureofmusic.org.

Chapter Fifteen: College Planning

Harriet Edleson, "Older Students Learn for the Sake of Learning," *The New York Times*, January 1, 2016, nytimes.com.

Kerry Hannon, "Over 50 and Back in College, Preparing for a New Career," *The New York Times*, April 3, 2015, nytimes.com.

Chapter Sixteen: Protecting Your Privacy

"Be in the know with TransUnion®: Get your Credit Score & Report," *TransUnion*, 2016, transunion.com.

"Your Credit, Your Identity," *Equifax*, 2016, equifax.com.

"What's your FICO® Credit Score?," *Experian*, 2016, experian.com.

"About the United States Postal Service," *United States Postal Service*, 2016, usps.com.

"Give your mailbox a makeover," *DMAchoice.org*, 2016, dmachoice.thedma.org.

"HTTPS and HTTP Difference," *Instant SSL by Comodo*, 2016, instantssl.com.

"Publications: Identity Theft and Your Social Security Number," *Social Security*, 2016, ssa.gov.

"Deceased Taxpayers—Protecting the Deceased's Identity from ID Theft," *Internal Revenue Service*, 2016, irs.gov.

Jason Cipriani, "Two-factor authentication: What you need to know (FAQ)," *CNET*, June 15, 2015, cnet.com.

"A 12-point checklist for victims of identity theft," *Bankrate*, 2016, bankrate.com.

"TeleCheck: Who is TeleCheck?," *First Data*, 2016, firstdata.com.

"Why is Certegy® involved in my transaction?," *Certegy*, 2016, askcertegy.com.

"Welcome to the Federal Financial Institutions Examination Council's (FFIEC) Web Site,"*FFIEC—Federal Financial Institutions Examination Council*, 2016, ffiec.gov.

Chapter Seventeen: The Investment Strategy You Need for the Future

"Tax Rules on Early Withdrawals from Retirement Plans," *Internal Revenue Service*, March 18, 2013, irs.gov.

"CPI Inflation Calculator," *Bureau of Labor Statistics*, 2016, bls.gov.

David Hunkar, "Duration of Stock Holding Periods Continue to Fall Globally," *Top Foreign Stocks*, September 6, 2010, topforeignstocks.com.

"Compare highest CD rates," *Bankrate*, 2016, bankrate.com.

Tim McMahon, "Annual Inflation," *Inflation data*, 2016, inflationdata.com.

Michael W. Roberge, Joseph C. Flaherty, Jr., Robert M. Almeida, Jr., and Andrew C. Boyd,"Lengthening the Investment Time Horizon," *MFS*, July 2016, mfs.com.

Warren Fiske, "Mark Warner says average holding time for stocks has fallen to four months," *PolitiFact*, July 6, 2016, politifact.com.

Michael Rawson and Ben Johnson, "2015 Fee Study: Investors Are Driving Expense Ratios Down," *Morningstar*, 2016, news.morningstar.com.

Rob Silverblatt, "How Mutual Fund Trading Costs Hurt Your Bottom Line," *US News*, March 4, 2013, money.usnews.com.

John C. Bogle, "Arithmetic of 'All-In' Investment Expenses," *Financial Analysts Journal*, January/February 2014, cfapubs.org.

Landon Thomas Jr., "At BlackRock, a Wall Street Rock Star's $5 Trillion Comeback," *The New York Times*, September 15, 2016, nytimes.com.

Jeff Schlegel, "BlackRock, Morningstar and Ric Edelman Team Up for New ETF," *Financial Advisor Magazine*, March 26, 2015, fa-mag.com.

"BlackRock Launches iShares Exponential Technologies ETF," *Business Wire*, March 24, 2015, businesswire.com.

Todd Shriber, "Edelman, iShares Launch Exponential Technologies ETF," *ETF Trends*, March 24, 2015, etftrends.com.

"Morningstar Exponential Technologies Index," *Morningstar*, 2016, morningstar.com.

"iShares Exponential Technologies ETF," *iShares*, 2016, ishares.com.

"XT iShares Exponential Technologies ETF XT Quote Price News," *Morningstar*, 2016, etfs.morningstar.com.

"iShares Plans an Exponential Technology ETF," *Zacks*, January 6, 2015, zacks.com.

Aaron Levitt, "The 10 Technology ETFs You Should Consider," *ETFdb*, June 2, 2016, etfdb.com.

David Sterman, "5 Unique ETFs to Diversify Your Portfolio," *Street Authority*, July 9, 2015, streetauthority.com.

Chapter Eighteen: Where You'll Live in the Future

"Public Policy," *Naturally Occurring Retirement Communities*, 2016, norcs.org.

"Working With NORC Programs and Villages," *Irving Levin Associates*, 2011, levinassociates.com.

"Community-Centered Solutions for Aging at Home," *U.S. Department of Housing and Urban Development*, Fall 2013, huduser.gov.

Susan Luxenberg, "For Boomers & Their Aging Parents," *HomeSmart*, February 19, 2011, homesmart.org.

"Newest Communities," *Fellowship for Intentional Community*, 2016, ic.org.

"Communities by Country," *Fellowship for Intentional Community*, 2016, ic.org.

"Welcome to the Fellowship for Intentional Community," *Fellowship for Intentional Community*, 2016, ic.org.

"About the Fellowship for Intentional Community," *Fellowship for Intentional Community*, 2016, icorg.

"Cohousing in the United States: An Innovative Model of Sustainable Neighborhoods," *The Cohousing Association of the United States*, April 22, 2016, cohousing.org.

Keith Wardrip, "Fact Sheet: Cohousing for Older Adults," *AARP*, March 2010, aarp.org.

"Senior Cohousing: Completed and In-Process Communities," *The Cohousing Association of the United States*, July 15, 2016, cohousing.org.

"Roommate Agreement," *The Big Bang Theory*, 2016, the-big-bang-theory.com.

"What Is an Ecovillage," *Red Iberia de Ecoaldeas*, 2016, rie.ecovillage.org.

Kim Velsey, "Celebrity Rejects," *Observer*, May 11, 2016, observer.com.

"About United States of America," *Co-operative Housing International*, 2016, housinginternational.coop.

"A Look at Student Housing Cooperatives," *Fellowship for Intentional Community*, 2016, ic.org.

Andrew Scharlach, Carrie Graham and Amanda Lehning, "The 'Village' Model: A Consumer-Driven Approach for Aging in Place," *Oxford Journals*, March 30, 2011, gerontologist.oxfordjournals.org.

"Village to Village Network helps communities establish and manage their own Villages," *Village to Village Network*, 2016, vtvnetwork.org.

Sherri Snelling, "The Village Movement: Redefining Aging in Place," *Next Avenue*, June 4, 2012, nextavenue.org.

"What percentage of the American population lives near the coast?," *National Oceanic and Atmospheric Administration*, 2016, oceanservice.noaa.gov.

Christopher Mims, "Driverless Cars to Fuel Suburban Sprawl," *The Wall Street Journal*, June 20, 2016, wsj.com.

Chapter Nineteen: A Second Home

Adam Desanctis, "Vacation Home Sales Retreat, Investment Sales Leap in 2015," *National Association of Realtors*, April 6, 2016, nar.realtor.com.

"Where's Your Next Hideaway," *The Hideaways Club*, 2016, thehideawaysclub.com.

"Celebrate Your Love for Travel . . . Year After Year," *Banyan Tree Private Collection*, 2016, btprivatecollection.com.

"Timeshares and Vacation Plans," *Federal Trade Commission*, 2016, consumer.ftc.gov.

"Travel Well. Live Inspired," *Inspirato*, 2016, inspirato.com.

"Your Home. Away From Home," *Destination M*, 2016, destination-m.com.

"It's Your World. Enjoy it!," *Quintess Collection*, 2016, quintess.com.

"Timeshares and Vacation Plans," *Federal Trade Commission*, 2016, consumer.ftc.gov.

Chapter Twenty: Long-Term Care in the Future

Loraine A. West, Samantha Cole, Daniel Goodkind and Wan He, "65+ in the United States: 2010," *United States Census Bureau*, June 2014, census.gov.

"A Profile of Older Americans: 2015," *Administration on Aging*, 2016, aoa.acl.gov.

"Cost of Care," *Genworth Financial*, June 22, 2016, genworth.com.

"Who Needs Care?," *Administration on Aging*, 2016, longtermcare.gov.

Barbara Feder Ostrov, "Why Long-term Care Insurance Is Becoming a Tougher Call," *Time*, March 8, 2016, time.com.

Chapter Twenty-one: Estate Planning for the Family of the Future

Peter Diamandis, "Are We Moving Closer to Having Designer Babies?," *The Huffington Post*, October 2, 2016, huffingtonpost.com.

Michael J. Rosenfeld, "Marriage, Choice, and Couplehood in the Age of the Internet," *Stanford University*, April 20, 2016, web.stanford.edu.

Kimberly Leonard, "Moms Are Older Than They Used to Be," *U.S. News*, January 14, 2016, usnews.com.

Wendy Wang and Kim Parker, "Record Share of Americans Have Never Married," *Pew Research Center*, September 24, 2014, pewsocialtrends.org.

"17 Percent Have Said 'I Do' More Than Once, Census Bureau Reports," *United States Census Bureau*, March 10, 2015, census.gov.

Belinda Luscombe, "How Shacking Up Before Marriage Affects a Relationship's Success," *Time*, March 12, 2014, time.com.

Amanda Gardner, "More U.S. Couples Living Together Instead of Marrying, CDC Finds," *U.S. News*, April 4, 2013, health.usnews.com.

Glenn Stanton, "What Is the Actual US Divorce Rate and Risk?," *The Witherspoon Institute*, December 16, 2015, thepublicdiscourse.com.

Jennifer Newton, "Over 50s fuel U.S. divorce revolution: Record number of older couples break up with a quarter now splitting later in life," *Daily Mail*, November 3, 2015, dailymail.co.uk.

Sam Roberts, "Divorce After 50 Grows More Common," *The New York Times*, September 20, 2013, nytimes.com.

D'Vera Cohn, "How many same-sex married couples in the U.S.? Maybe 170,000," *Pew Research Center*, June 24, 2015, pewresearch.org.

Warner Todd Huston, "Interracial Marriages on the Rise in the US," *Breitbart*, January 4, 2015, breitbart.com.

Ron L. Deal, "Marriage, Family & Stepfamily Statistics," *Smart Stepfamilies*, April 2014, smartstepfamilies.com.

"10 Percent of Grandparents Live with a Grandchild, Census Bureau Reports," *United States Census Bureau*, October 22, 2014, census.gov.

Dawn, "Single Mother Statistics," *Single Mother Guide*, September 17, 2016, singlemotherguide.com.

"Surprising facts about birth in the United States," *Baby Center*, April 2015, babycenter.com.

"Marriage and Divorce," *Centers for Disease Control and Prevention*, 2016, cdc.gov.

"Marriages and Divorces," *Divorce Statistics*, 2016, divorcestatistics.org.

"32 Shocking Divorce Statistics," *McKinley Irvin Family Law*, October 30, 2012, mckinleyirvin.com.

"Why Marriage Matters: Facts and Figures," *For Your Marriage*, 2016, foryourmarriage.org.

"Unmarried Childbearing," *Centers for Disease Control and Prevention*, 2016, cdc.gov.

Rae Ellen Bichell, "Average Age of First-Time Moms Keeps Climbing in the U.S.," *NPR*, January 14, 2016, npr.org.

"How Many Children Were Adopted in 2007 and 2008," *Child Welfare Information Gateway*, September 2011, childwelfare.com.

Karen Valby, "The Realities of Raising a Kid of a Different Race," *Time*, 2016, time.com.

Jennifer J. Wioncek and Michael D. Melrose, "Florida Passes Fiduciary Access to Digital Assets Act," *Wealth Management*, June 27, 2016, wealthmanagement.com.

Erik Sherman, "State lets heirs access dead person's online accounts," *CBS News*, August 19, 2014, cbsnews.com.

"What is a legacy contact on Facebook?," *Facebook*, 2016, facebook.com.

"About Inactive Account Manager," *Google*, 2016, support.google.com.

"Beyond the bucket list: Experience leisure in a whole new way," *Merrill Lynch*, 2016, ml.com.

Epilogue: Welcome to the Greatest Time of Your Life

Alyssa Brown and Lindsey Sharpe, "Americans' Financial Well-Being Is Lowest, Social Highest," *Gallup*, July 7, 2014, gallup.com.

索引

著者プロフィール

リック・イーデルマン (Ric Edelman)

全米最大の独立系投資顧問会社であるイーデルマン・フィナンシャル・エンジンズ社の創業者。同社では130万人の顧客から35兆円を預かり運用している。2012年からはシンギュラリティ大学にてエクスポネンシャル・ファイナンス課程の教授を兼任している。また、ブロックチェーンとデジタル資産を研究する学術団体Digital Assets Council for Financial Professionalsを設立し代表を兼任している。さらに、ラジオ番組のパーソナリティを30年以上務めて、2022年1月からは『The Truth About Your Future with Ric Edelman』のホストを行っている。

著書の『The Truth About Money』、『The New Rules of Money』、『The Truth About Your Future』などはすべてがニューヨークタイムズベストセラーとなっている。2022年5月には『The Truth About Crypto』が出版される。また、金融ビジネス以外にも、アルツハイマー病の新薬開発や介護ロボットの企業を経営している。

訳者プロフィール

方波見寧 (かたばみ・やすし)

イーデルマンジャパン代表取締役。著書に『2030年すべてが加速する未来に備える投資法』(プレジデント社)、『家庭の金銭学』(リック・イーデルマン氏との共著、きんざい)、『21世紀最大のお金づくり』(徳間書店)がある。www.edelman.co.jp

The Truth About Your Future

本書の理解を深めるために、リック・イーデルマン氏が作成したビデオを無料で視聴できます。日本語での吹き替えをしています。

DNAコンピュータ、3Dプリンター、ナノロボット、CRISPR CAS9、手術用ロボットなど、たくさんの写真が登場することで、本書の理解は数倍進むことになるでしょう。以下のURLからアクセスしてください。

https://youtu.be/F-oGch3fUnU

DAC FP | Digital Assets Council
of Financial Professionals

Connecting the Financial Services and Digital Assets Communities

Blockchain • Bitcoin • Digital Assets
NFTs • DeFi • DAOs • CBDCs

Providing financial advisors, executives and managers in the financial services industry with the training, advice and consulting services they need to succeed.

- Certificate in Blockchain and Digital Assets Course
- Exclusive Webinars
- Inside Digital Assets Articles
- DACFP VISION Conference Annual Event
- Video Interviews
- Special Resources and Downloads

Founded by America's #1 Financial Advisor
Ric Edelman

All three leading trade publications – Investment Advisor, RIABiz and InvestmentNews – have named Ric Edelman one of the most influential people in the financial planning and investment management profession.

Find the tools you need to succeed at
dacfp.com

本書内容に関するお問い合わせについて

このたびは翔泳社の書籍をお買い上げいただき、誠にありがとうございます。弊社では、読者の皆様からのお問い合わせに適切に対応させていただくため、以下のガイドラインへのご協力をお願い致しております。下記項目をお読みいただき、手順に従ってお問い合わせください。

● ご質問される前に

弊社Webサイトの「正誤表」をご参照ください。これまでに判明した正誤や追加情報を掲載しています。

正誤表　https://www.shoeisha.co.jp/book/errata/

● ご質問方法

弊社Webサイトの「刊行物Q&A」をご利用ください。

刊行物Q&A　https://www.shoeisha.co.jp/book/qa/

インターネットをご利用でない場合は、FAXまたは郵便にて、下記"翔泳社 愛読者サービスセンター"までお問い合わせください。
電話でのご質問は、お受けしておりません。

● 回答について

回答は、ご質問いただいた手段によってご返事申し上げます。ご質問の内容によっては、回答に数日ないしはそれ以上の期間を要する場合があります。

● ご質問に際してのご注意

本書の対象を越えるもの、記述個所を特定されないもの、また読者固有の環境に起因するご質問等にはお答えできませんので、予めご了承ください。

● 郵便物送付先およびFAX番号

送付先住所　〒160-0006　東京都新宿区舟町5
FAX番号　　03-5362-3818
宛先　　　　（株）翔泳社 愛読者サービスセンター

ブックデザイン　竹内 雄二
DTP　株式会社 シンクス

2030年代へ備えるマネー・プラン
シンギュラリティに向けて急加速する技術革新が金融・経済・生活を一変させる

2022年3月25日　初版第1刷発行

著　　　者　リック・イーデルマン
訳　　　者　方波見 寧（かたばみ やすし）
発 行 人　佐々木 幹夫
発 行 所　株式会社 翔泳社（https://www.shoeisha.co.jp）
印刷・製本　株式会社 広済堂ネクスト

ISBN978-4-7981-7454-9　　　　　　　　　　　　　　　Printed in Japan